PSYCHOLOGY OF LYING:
THEORIES AND APPLICATIONS

说谎心理学
教 程

中国科学院大学心理学系主任
中国科学院心理研究所所长

傅小兰 / 著

中信出版集团 | 北京

图书在版编目（CIP）数据

说谎心理学教程 / 傅小兰著 .-- 北京：中信出版社，2022.1
ISBN 978-7-5217-3038-8

Ⅰ.①说… Ⅱ.①傅… Ⅲ.①谎言—心理学分析—教材 Ⅳ.① C912.69

中国版本图书馆 CIP 数据核字（2021）第 059560 号

说谎心理学教程
著者： 傅小兰
出版发行：中信出版集团股份有限公司
（北京市朝阳区惠新东街甲 4 号富盛大厦 2 座　邮编　100029）
承印者： 中国电影出版社印刷厂

开本：787mm×1092mm 1/16　　　印张：23.25　　字数：500 千字
版次：2022 年 1 月第 1 版　　　　印次：2022 年 1 月第 1 次印刷
书号：ISBN 978-7-5217-3038-8
定价：98.00 元

版权所有·侵权必究
如有印刷、装订问题，本公司负责调换。
服务热线：400-600-8099
投稿邮箱：author@citicpub.com

目 录

序 VII

第 1 章 说谎与识谎 001

1.1 何为说谎 002
1.2 谎言的多样性 005
1.3 谎言识别的研究意义 007
1.4 说谎与识谎的"猫鼠博弈" 009

第 2 章 谎言识别的过去、现在和未来 013

2.1 谎言识别的过去 013
2.2 谎言识别的现在 017
2.3 谎言识别的未来 021

第 3 章 谎言研究的理论与方法 025

3.1 说谎的线索与识别理论 025
3.2 全息偏离谎言识别理论和方法 029
3.3 谎言研究的方法与技术 034

第 4 章 说谎的认知 037

4.1 说谎的认知过程 038
4.2 说谎时的大脑反应 039

第 5 章　说谎的情绪反应及生理变化　049

5.1　说谎的情绪反应　049
5.2　说谎时的自主神经生理反应　054
5.3　影响说谎时生理反应的因素　060

第 6 章　说谎的意志过程　063

6.1　说谎者的意志　063
6.2　说谎的筹谋阶段　066
6.3　说谎的执行阶段　074

第 7 章　说谎的个体和群体差异　079

7.1　说谎的性别差异　079
7.2　说谎的年龄差异　081
7.3　说谎的个性差异　085
7.4　说谎的民族和文化差异　092

第 8 章　情境与个体偏好　097

8.1　说谎随情境改变的动机基础　097
8.2　信息披露程度　100
8.3　交流媒介　101
8.4　社会评价　104
8.5　个体对谎言的偏好　106
8.6　时间和练习的影响　109

第 9 章　说谎得逞的影响因素　113

9.1　从另一个角度研究说谎　113
9.2　说谎者操纵的因素　115
9.3　谎言内容中的因素　119
9.4　说谎行为表现中的因素　124
9.5　听众自身的因素　126
9.6　团队与说谎　129
9.7　自我欺骗　132

第 10 章　生理反应　135

10.1　基于生理反应测谎概述　135
10.2　基于生理反应的测谎方法　138
10.3　基于生理反应测谎的相关问题　143

第 11 章　基于面部线索的谎言识别　147

11.1　面部表情概述　147
11.2　面部表情与说谎　149
11.3　其他面部相关线索与说谎　154

第 12 章　基于身体姿态的谎言识别　159

12.1　身体姿态线索概述　160
12.2　说谎的身体姿态线索　163

第 13 章　基于言语内容的谎言识别　169

13.1　说谎的言语线索　170
13.2　言语内容真实性评估工具　172

第14章 生理信号的自动识别 181

14.1 说谎者的生理信号反应模式 181
14.2 人工智能与测谎：利用生理信号测谎的特征提取 190
14.3 人工智能与测谎：利用生理信号测谎的分类方法 193

第15章 微表情 199

15.1 微表情数据库 199
15.2 微表情的智能分析 206

第16章 姿态线索的自动识别 211

16.1 人体姿态信息的采集、量化与姿态识别 212
16.2 人体姿态与欺骗行为数据库 219

第17章 语音线索 223

17.1 语音测谎系统的一般框架 224
17.2 声学特征与谎言相关性分析 225
17.3 语音线索自动识别 229
17.4 语音自动测谎的展望 236

第18章 多模态信息 239

18.1 什么是多模态 239
18.2 多模态谎言数据库 241
18.3 多模态线索融合 248
18.4 多模态线索识别展望：时间模式分析 250

第 19 章　谎言识别的个体和群体差异 255

19.1　谎言识别的性别差异　255
19.2　谎言识别的年龄差异　257
19.3　谎言识别的个性差异　260
19.4　谎言识别的民族与文化差异　262
19.5　谎言识别的职业差异　266

第 20 章　谎言识别能力的提升 271

20.1　谎言识别的需求与分类　271
20.2　非职业人群提升识别谎言能力的途径　273
20.3　谎言识别训练的有效性　276
20.4　职业人群提升谎言识别能力的途径　282

第 21 章　走向应用的谎言识别 287

21.1　谎言识别在国家安全领域的应用　287
21.2　谎言识别在司法审讯领域的应用　290
21.3　谎言识别在临床诊断领域的应用　294
21.4　谎言识别在商业领域的应用　296
21.5　谎言识别在日常生活中的应用　298

参考文献　303

序

中信出版社于2020年1月出版了我主编的《说谎心理学》。当年，参与该书写作的部分老师就开始在大学里给本科生或研究生讲授"说谎心理学"课程或开设专题讲座。我也在中国科学院大学夏季第三学期给研究生讲授了20学时、1学分的"说谎心理学"公共选修课。2020年，因疫情影响，改为线上授课，只有39人选修；2021年，则在中国科学院大学美丽的雁栖湖校区授课，有214人选修，还有不少学生因教室人数限制未能选上这门课。众多学生之所以选修这门课程，一方面可能是因为他们认识到识别谎言在人际交往和生活中的重要性，另一方面可能是因为自己有志于在未来开展与谎言识别相关的研究。

谎言的本质和识别谎言的有效线索，始终都是人们普遍关注的问题。我们写作《说谎心理学》这本书，以及开设"说谎心理学"课程，就是要介绍心理学家如何定义说谎，如何识别谎言。《说谎心理学》总结了国内外最新的前沿研究发现，系统全面地为读者呈现了说谎和谎言识别研究领域的完整图景。《说谎心理学》兼顾科学与科普，具有较高的可读性，适合于广泛的读者群体，既面向高等院校心理学、认知科学、社会学、犯罪学等学科方向的学生及科研工作人员，也面向从事司法、公安、刑侦、安检、海关等实际工作的专业技术人员，同时希望对大众读者有所裨益。在研究相关问题的团队中，人手一册《说谎心理学》的现象已屡见不鲜。

但是，我们在授课过程中发现，《说谎心理学》篇幅长、内容多，且有些章节像综述，而有些章节又偏科普，作为大学本科生和研究生课程的教科书并不理想。因此，十分有必要再出一本符合教科书标准的教材。我们的计划得到中信出版社的支持，《说谎心理学教程》的写作随即提上日程。该教程依然包含21章，分别从说谎行为的概述与研究历史、说谎的心理过程与特点、谎言识别的线索、自动谎言识别技术，以及谎言识别能力差异与训练这5个方面展开，全面梳理了说谎心理学研究的基本框架和脉络，既有助于说谎心理学初学者入门，也为其未来提升能力和水平奠定了基础。该教程的写作团队，除有个别调整外，基本上还是《说谎心理学》的原班人马，具体信息如下：

第 1 章 说谎与识谎（梁静，崔倩）

第 2 章 谎言识别的过去、现在和未来（曲方炳，庄昀）

第 3 章 谎言研究的理论与方法（宋胜尊，曲方炳）

第 4 章 说谎的认知（赵科，伍海燕）

第 5 章 说谎的情绪反应及生理变化（刘烨，伍海燕）

第 6 章 说谎的意志过程（范伟）

第 7 章 说谎的个体和群体差异（赵敏芳，李开云，莫凡）

第 8 章 情境与个体偏好（唐红红）

第 9 章 说谎得逞的影响因素（励奇添）

第 10 章 生理反应（刘烨）

第 11 章 基于面部线索的谎言识别（张明，申寻兵）

第 12 章 基于身体姿态的谎言识别（李贺，陈宥辛）

第 13 章 基于言语内容的谎言识别（李贺）

第 14 章 生理信号的自动识别（陈通）

第 15 章 微表情（王甦菁，李婧婷）

第 16 章 姿态线索的自动识别（陈宥辛，于业达）

第 17 章 语音线索（李雅，陶建华）

第 18 章 多模态信息（周雅洁，陈文锋）

第 19 章 谎言识别的个体和群体差异（赵敏芳，莫凡，李开云）

第 20 章 谎言识别能力的提升（开治中）

第 21 章 走向应用的谎言识别（申寻兵，崔占玲，陈蕾）

《说谎心理学教程》基于认知心理学、认知神经科学和计算机科学的前沿研究，系统地剖析了谎言识别的内在机制和外在规律，具有高度的科学性、基础性、学术性和前沿性，有助于学习者系统地了解说谎心理学的研究方法和谎言识别的相关测试技术，把握该领域的发展趋势，进一步夯实专业知识，是一本非常适合高等学校心理学及相关专业、国家安全、公安刑侦、司法审讯等领域的本科生和研究生教材。

最后，我要感谢全体作者，并再次感谢中信出版集团股份有限公司董事长王斌先生、财经事业部总经理朱虹女士、本书项目负责人张飚先生、魏辰翔女士、王金强编辑，以及所有对出版本书给予支持、帮助和付出努力的人。虽说我们目前还无法实现完美的谎言识别，但我们相信借助对人类说谎心理机制的深入理解，以及人工智能时代的到来，谎言识别准确率定能大幅提升。

  任重而道远，让我们学以致用，深入探索，勇于创新，不断追求更卓越的谎言识别技术与方法。

傅小兰

中国科学院心理研究所

中国科学院大学心理学系

脑与认知科学国家重点实验室

2021 年 11 月 2 日

第 1 章
说谎与识谎

> 楚门：你是谁？
>
> 克里斯托弗：我是创造者，创造了一个受万众欢迎的电视节目。
>
> 楚门：那么我是谁？
>
> 克里斯托弗：你就是那个节目的明星。
>
> 楚门：那么一切都是假的？
>
> 克里斯托弗：你是真的，所以才有那么多人看你。听我劝告，外面的世界跟我给你的世界一样虚假，有一样的谎言、一样的欺诈……

上述对话出自电影《楚门的世界》。电影的主人公楚门从出生开始就是一场大型真人秀节目的主角，他生活中的每一秒都有上千部摄像机对着他，他周围的所有人都是演员，包括他最好的朋友、身边的妻子……所有人都在努力掩盖事情的真相，在一个虚拟的世界里编织着近乎完美的谎言。当楚门得知这一切后决心不惜一切代价逃出这个虚假的世界，也意味着他将离开原本熟悉且舒适的生活。然而，作为该节目的导演和制片人——克里斯托弗想尽办法竭力阻止，于是发生了上面的对话。

正如对话所言，楚门的世界是假的，但楚门是真的。我们每个人都是楚门。我们生活的世界确实和克里斯托弗所创造的世界一样，不乏谎言和欺诈。但也正如电影结局楚门毅然走出被设定的虚假世界、迈向真实世界一样，人类也从未停止识别谎言、探寻真相的步伐。

说谎与识谎不仅仅是许多电影的主题，也一直是心理学家感兴趣的问题。心理学家进行了大量的研究，试图了解人们是如何说谎的，以及人们又是如何识别谎言的。

1.1 何为说谎

提到说谎，大家似乎都不陌生，但你真的了解说谎吗？

1.1.1 掩耳盗铃：日常生活中的自我欺骗是说谎吗

春秋时期，晋国贵族范氏被其他四家贵族联合打败后逃往齐国。有一个小偷见范氏家有一口美钟，想盗走它，但钟又重又大，于是他取来铁锤想将其敲碎并偷走，结果钟声大振，他急忙用手捂住耳朵，发现钟声变小，以为只要捂住自己的耳朵，就能防止他人听到，于是他每砸一下，就用双手捂住耳朵，最后人们听到钟声，蜂拥而至把他捉住了。这则掩耳盗铃的故事，描绘了典型的自欺欺人的情景。

童话故事《皇帝的新装》中那个爱慕虚荣、昏庸无能的皇帝也是自我欺骗者。当所有百姓指出"他确实没穿什么衣服呀"的时候，他虽然觉得百姓们说的话可能是真的，但为了个人脸面，更加装出一副高傲的样子，让游行大典继续进行，成为大家的笑柄。

日常生活中的自我欺骗也比比皆是。社会心理学研究发现人类存在"自我服务偏差"，我们通常从好的方面看待自己，将好的结果归因于内部因素，而将坏的结果归因于外部因素（Forsyth, 2007）。比如多数司机——甚至大部分曾因车祸而住院的司机——都认为自己比一般司机驾车更安全且更熟练，而在遇到交通事故时总是说"不知从哪里钻出一辆车，把我撞了"。那么日常生活中诸如此类的自我欺骗是说谎吗？

研究者的回答是否定的。曾经风靡一时的美剧《别对我说谎》的主人公原型，较早研究说谎的美国加州大学旧金山分校心理学家保罗·埃克曼（Paul Ekman）认为说谎必须具备有意性，即说谎是个体有意为之的行为。个体往往意识不到上述维护自我利益/形象的认知偏差其实是自我欺骗，因而自我欺骗不是说谎。

根据说谎的有意性特征，可以区分谎言和假话。谎言并不一定是假话，说谎者可能提供真实的信息，但其意图在于说谎；假话也不一定是谎言，诚实者也可能由于记忆或行为的差错而提供虚假的信息，或无意识地压抑了真实信息，但却没有说谎的意图。

1.1.2 见证奇迹：魔术是说谎吗

大卫·科波菲尔（David Copperfield）是当今最伟大的魔术师，他用超乎常人的想象力，完成了一次次令人惊叹的魔术表演。他曾在数百万观众面前让一架7吨重的喷气式飞机消失；让美国的自由女神像在现场和电视机前的上千万观众面前消失；让自己飘浮在科罗拉多大峡谷实现空中行走；让自己穿越中国的长城等。那么大卫·科波菲尔的每次魔术表演都是在说谎吗？保罗·埃克曼认为说谎还需具备无预警性，即说谎对象事先对说谎并不知情。魔术表演的观众期待并享受魔术带来的惊喜，他们是知道并乐于"被骗"的，因此魔术不是说谎。

1.1.3 兵不厌诈：军事活动中的欺诈是说谎吗

从古至今，打仗用兵，都是真真假假，虚虚实实，隐蔽自己，迷惑敌人，所谓"兵者诡道，出奇制胜"。《孙子兵法》《三十六计》多有描述军事欺诈计谋，例如，空城计、调虎离山、瞒天过海、暗度陈仓、欲擒故纵等。军事活动中的欺诈属有意为之且无预警性，因而是说谎。

虽然研究者普遍认同说谎需具备有意性和无预警性特征，但其根据各自研究目的对说谎所下的定义还是略有差异的。对此，一些研究者指出列举说谎的不同定义并没有多大意义，但从诸多定义中抽取一些共同要素是很关键的（Masip, Garrido, & Herrero, 2004）。他们认为说谎行为同时具备以下三个要素：意图要素、信息要素和信念要素。正是上述三个要素构成了判断一种行为是不是说谎的标准。下面对这三个要素进行逐一阐述。

1. 意图要素

说谎的第一要素是有意性（如前所述，有意性也是说谎的一大特征）。说谎是个体有意而为的，无论成功与否。某人记不起某件事情或者其记忆被污染，以至于不能做出关于目击事件的准确描述，这时他并没有说谎，只不过是犯了杰拉尔德·R. 米勒（Gerald R. Miller）（1983）所说的"诚实的错误"。因而虚假信息的传递既可有意为之，也可无意为之，还需确定传递者的意图，才能判断其是否说谎。

2. 信息要素

可以从三个方面对说谎中的信息予以界定：一是信息操纵的策略；二是信息操纵的属性；三是信息操纵的载体。

（1）信息操纵的策略：隐瞒、伪造信息

保罗·埃克曼认为隐瞒真实信息和伪造虚假信息是说谎的两种主要方式。此外，还有其他信息操纵的策略，如最小化策略和最大化策略（Ekman, 1975）。最小化策略可以看作隐瞒，是真实信息的部分隐瞒。最大化策略（例如，一个人中等程度高兴却表现出非常高兴）更像是伪造。

（2）信息操纵的属性：事实的或情绪的信息

说谎者所传递的信息，既可以是所看到或知道的事实，也可以是自身的情绪状态。根据信息的这种属性，可以将谎言划分为事实性谎言和情绪性谎言。事实性谎言违反客观事实，例如，小偷否认自己的偷窃行为。情绪性谎言则违反个体情绪体验，例如，强颜欢笑。然而这两类谎言的界限并不那么清晰，事实性谎言经常同时伴随着情绪性谎言（Ekman, 1981, 1985, 1992）。原因在于说谎者对事实说谎时可能会担心被揭穿而产生害怕情绪，也可能因说谎而产生内疚情绪，还可能因成功误导他人而产生兴奋和快乐情绪（Ekman & Frank, 1993; Ekman & O'Sullivan, 1989），而掩饰这种种情绪就得靠情绪性谎言。

（3）信息操纵的载体：言语或非言语

说谎可能是"一个句子、一个单词，乃至一个手势"。欺骗性信息能够通过言语或非言语的方式进行传递。保罗·埃克曼和同为美国加州大学旧金山分校的心理学家华莱士·V. 弗里森（Wallace V. Friesen）（1969）将非言语动作分为象征、阐述、情绪表达、调节和适应五类。这些动作原则上会被说谎者操纵。

其中阐述性动作和适应性动作被研究较多。阐述性动作，即伴随言语活动出现的具有比较固定频率的手部动作，通常用于修改或补充言语内容，例如，在人们用言语描述物品的同时，会用两只手掌间的距离表示该物品的大小、高度、宽度等。美国加州大学圣塔芭芭拉分校著名的谎言研究专家贝拉·德保罗（Bella DePaulo）等（2003）总结了16项有关阐述性动作的研究，发现人们在说谎时阐述性动作会减少。适应性动作是为了满足自我或身体的某些需要（Ekman & Friesen, 2010），例如，将手放在胸口以平复情绪。一些研究发现，人们在说谎时出现的适应性动作减少（Caso et al., 2006），并且其时间也更短（Enright, Beattie, & Taheri, 2010）。

3. 信念要素

说谎是一种工具性策略，是获取某种结果的手段。说谎者试图使对方产生或维持一种信念，尽管说谎者认为该信念是虚假、错误的，但该信念可能使得对方做出有益于说谎者的行为。例如，嫌疑人（发送者）在警察（接收者）面前否认参与犯罪（说谎），旨在让警察相信他没有犯罪（虚假信息），从而能够逃脱惩罚（发送者的利益）。

综上，研究者将说谎定义为"通过言语或非言语的形式，有意地隐瞒、伪造或以其他任何形式操纵有关事实、情绪的信息，以诱导他人形成或维持一种沟通者本人认为是假的信念，无论成功与否，均可被视作说谎"（Masip, Garrido, & Herrero, 2004）。本书将采用这一定义，认为说谎既包含言语形式，也包含非言语形式，是一种操纵信息以使他人形成错误信念的行为，这种行为可能成功，也可能失败。

小结

本节主要介绍了说谎的概念。研究者认为说谎行为中包含意图要素、信息要素和信念要素，通过言语或非言语的形式，有意地隐瞒、伪造，或以其他任何形式操纵有关事实、情绪的信息，以诱导他人形成或维持一种沟通者本人认为是假的信念，无论成功与否，均可被视作说谎。

思考题

1. 请举例说明日常生活中的说谎现象。
2. 请根据意图要素、信息要素和信念要素对某一具体说谎行为进行分析。

1.2 谎言的多样性

16世纪文艺复兴时期法国伟大的思想家蒙田对谎言的复杂性和多面性有非常形象的描述："如果谎言像真理一样，只有一副面孔，我们就可以与之相处得好些。因为这样一来，我们就可以承认说谎者所要说的反面是确实无疑的真理，但是真理的反面有千万张面孔和一片无边无际的旷野。"

1.2.1 谎言的善与恶

设想你与一位多年不见的老同学相见，你可能会说下面哪句话呢？
A：很多年没见，你一点也没变。
B：哎呀，你胖了，头发白了，也稀疏了，你看上去老了。
如果选A，听者可能认为你在说谎，几十年过去，人不可能没变化。但听者往往乐于接受这个善意的谎言（也被称作白色谎言或他向型谎言），随后会是愉悦的交谈。

如果选 B，听者或许不想再见到你，这没准就是你们最后一次见面——人们并不总是想知道事情的真相。

在现实生活中出于为他人着想而说的善意的谎言并不少见。从社会交往的角度看，善意的谎言只要适度，就有利于社会交往和人际和谐。

若说谎只是为了说谎者自身的利益，则是自向型谎言，也被称作"黑色谎言"。逃避惩罚是自向型谎言的一个强有力的动机。一个人为了自我保护或逃避责任，极可能说谎。这种动机的谎言所造成的影响不一，可能微乎其微，也有可能危害极大。

此外，还有一类为了保护集体利益而说出的谎言，被称作蓝色谎言。这类谎言对群体内的成员有利，而对群体外的成员不利。蓝色谎言的命名源自警察制服颜色，因为人们认为警察有时候会为了保护自己群体的势力或利益而说谎。在成人的世界里，蓝色谎言到处都是，尤其是在体育、商业和政治领域。比如篮球运动员为了团队荣誉而掩盖队友犯规的事实，卧底情报人员为了国家安全隐瞒个人的真实身份以骗取对方的信任。

1.2.2　谎言风险的高与低

以说谎的后果为标准，谎言可分为高风险谎言、低风险谎言和零风险谎言。

高风险谎言攸关说谎者的长远利益与根本利益，例如，间谍的谎言关乎生命。低风险谎言关乎说谎者暂时、无关大局的利益，例如，对同学说去图书馆学习而实际上去网吧打游戏。善意的谎言往往是零风险谎言。

说谎的后果越严重，说谎者的心理负担越大，越有可能表露出谎言识别线索。

1.2.3　谎言成分的多与少

以说谎的方式为标准，谎言可分为直接的谎言、夸张的谎言和不易察觉的谎言。

直接的谎言是指谎言是完全虚假的，谎言中所传递的信息与事实是完全相反的。例如，嫌疑人否认自己犯下的罪行，正在逛街购物的学生称自己在准备考试等。

夸张的谎言是指说谎者夸大事实或传递的信息超过了事实。例如，人们与朋友约会迟到时可能会过分表达自己的遗憾心情，在工作面试中过分表现自己的勤奋等。

不易察觉的谎言则是指说谎者故意通过避免或遗漏某些细节的方式，或者通过粗略说明事实的方式来误导对方。例如，美国前总统克林顿依据所谓"性关系"的狭义定义，声称自己与莱温斯基有过亲密关系，但未发生"性关系"。

小结

本节介绍了谎言的多样性，具体包括：根据说谎动机可划分为善意的谎言和自向型谎言；根据说谎的后果可划分为高风险谎言、低风险谎言和零风险谎言；根据说谎的方式可划分为直接的谎言、夸张的谎言和不易察觉的谎言。

思考题

1. 说谎行为有积极的意义吗？这种积极意义是如何实现的？请结合社会活动中的一些实例来思考。
2. 是否还存在其他类型的谎言？如果有，请举例说明。

1.3 谎言识别的研究意义

古今中外，谎言在人们的生活中非常普遍。有调查显示，我们大多数人每天会遭受近200次欺骗。当然其中绝大多数属于善意的谎言和无关紧要的中性谎言。例如，朋友对你说"你最近身材越来越棒啦"，可能内心的想法是不忍让每日疯狂健身、节食的你感到失望。这种谎言能否被识破无伤大雅。但是，有些谎言却关系重大，上至国家命运，下至个人安危。

《史记·项羽本纪》中记载：西楚霸王项羽在垓下[①]被刘邦的军队围困后，兵少粮尽，四面楚歌。项羽竭尽全力趁着深夜带着八百名士兵向南杀出重围，希望能够渡过乌江到江东谋划东山再起，但在刘邦军队的一路追杀下，迷失了前行的方向。在一个路口，他面对眼前的左右两条路犹豫不定，就向附近的一个农夫问路，农夫故意骗他说往左走。项羽相信了他，于是带领士兵向左边的路继续行进，不料却陷入一片低洼地之中无法前行[②]，汉军因此才追上他们。因兵力悬殊，项羽自觉大势已去，愧对江东父老，最终含恨自刎乌江，楚国灭亡。

诈骗，一个古老而又时常花样翻新、变种层出不穷的犯罪形式，如今已然成为严重扰

---

① 今安徽省灵璧县境内。
② 原文："项王至阴陵，迷失道，问一田父，田父绐曰'左'。左，乃陷大泽中。"绐：欺骗。司马迁. 史记 [M]. 北京：中华书局，2007: 46-90.

乱社会秩序、危害公民人身财产安全的不安定因素。诈骗犯的一则谎言，可能会让一个家庭人财两空，欲哭无泪。2016年，山东临沂女生徐玉玉被骗走近万元学费后，伤心欲绝，郁结于心，导致心脏骤停，不幸离世。更为遗憾的是，类似的案件还在各地不断上演。

上述案例表明，无论是国家层面，还是个人层面，谎言识别都十分重要。对于谎言识别的深入研究，正在社会生活的许多方面展现出它的重大意义，尤其是临床、司法、国家安全、金融、人力资源等领域。

著名微表情研究专家保罗·埃克曼教授在其文章中记载了一个案例：一个名叫玛丽的重度抑郁症患者，向其治疗师表达了她经过治疗已经完全康复，想回家休养的想法。玛丽在提出请求的时候，神情愉悦而放松，显得十分乐观。治疗师以为她真的恢复了，于是同意了她的请求。但玛丽却意外地改口说自己刚才说了谎，其实是准备这次回去之后实施自杀。万幸的是，玛丽在关键时刻承认了自己的自杀企图，医院将她留下来继续治疗直到她真正康复。这件事吸引了很多心理学家和精神科医生的注意，保罗·埃克曼教授在对该视频进行逐帧回放时，发现当治疗师问玛丽未来计划时，她的脸上掠过一丝稍纵即逝的强烈痛苦、绝望的微表情（Ekman & Friesen, 1969）。这个案例激发了研究者们对微表情探索兴趣的同时，也说明了医生准确识别患者是否说谎的重要性。在临床领域，准确识别患者谎言，了解患者对特定事或人的真正态度和想法，则可以更准确地评估患者，对症治疗，避免延误时机，减少患者的痛苦，有时甚至能挽救患者的生命。

不仅如此，在众多其他领域，准确甄别谎言同样重要。例如，在司法领域，法官准确判断犯罪嫌疑人和证人是否撒谎，有助于掌握案件真实信息，从而做出公平公正的判决。在国家安全领域，安检人员准确识别恐怖分子的谎言，可极大地保证公共安全。同时，也可以识别对外间谍对国家机密的忠诚度，防止被策反。在金融领域，准确识别贷款者是否在说谎，能让骗贷者无所遁形，最大限度地防范金融风险。在人力资源领域，一些重要干部岗位的人员任用，关系着企业、组织未来的兴衰，准确判断被考察人的谎言，可以减少高级干部收受回扣、泄露商业机密现象的出现。不仅如此，对于普通人来说，面对当今社会层出不穷的各式骗局，具备一定的谎言识别能力也能保障个人的人身财产安全。因此，开展谎言识别研究，寻找有效的谎言识别线索，提升人们的谎言识别能力，尤为重要。

小结

本节结合古今中外的具体事例，详细阐述了谎言识别的重要意义。谎言识别在司法、国家安全、金融风险防范、人力资源等领域具有重要作用。

思考题

1. 举例说明谎言识别的重要性。
2. 了解微表情在谎言识别中的重要作用。

1.4 说谎与识谎的"猫鼠博弈"

为了不为谎言所欺，从古至今人们从未停止对于谎言识别方法的探索。无论是古代通过的神识法、刑识法，还是近代测谎仪器的使用（这些方法会在第 2 章详细介绍），人们一直想寻找到类似"匹诺曹的鼻子"那样灵验的线索。事实上，全世界的人对于说谎的表现都有一些普遍信念。例如，在研究说谎行为的实验室中，63.66% 的参与者都提到了"注视回避"，28.15% 的参与者认为撒谎者都比较紧张，25.30% 的参与者认为说谎的人逻辑与内容不清晰，25.04% 的参与者认为人们是否撒谎可以通过说谎者的非言语线索进行判断（National Research Council, 2003）。那么，这些被认为是谎言"标志物"的线索的可靠性有多大呢？

一些关于谎言识别准确率的研究数据似乎显得很"悲观"。未经特殊培训或仪器辅助的谎言识别者，通过非言语线索识别谎言的准确率通常介于 45%~60%，也就是说，只比随机抛一枚硬币判断正反面的准确率略高一点而已（Bond & DePaulo, 2006; DePaulo, Stone, & Lassiter, 1985; Kraut, 1980; Vrij, 2000）。同时，研究也表明，即使对于专业的识谎者，如警察、法官、海关工作人员等，他们的识谎能力也不比外行人高多少。由此可见，识别谎言对大多数人而言都极具挑战性。

不仅"肉眼凡胎"的普通人识别谎言很困难，就算有了各种技术手段和仪器设备的加持，这些技术手段助力人们识谎的有效性依然受到质疑。例如，一提到测谎仪，人们觉得它非常神秘，往往会联想到电影等文艺作品里的相关情节——嫌疑人被捆在椅子上，身上、手指上连接了很多电极和导线，测谎专家一脸严肃地提出问题，嫌疑人一边回答，测谎仪一边记录参数的变化，不久之后他便认罪，案件真相大白……这种情景更多是编剧一厢情愿的想象。事实上，测谎仪一般指的是多导生理仪，是对皮肤电、心率、血压、呼吸等生理活动参数进行监测的设备。多导生理仪并不能探测谎言，只能探测到伴随说谎而变化的生理活动。同时，测谎仪并不是万能的，它只对没有经验的生手有比较明显的效果，对于那些心理素质强、社会阅历丰富的老油条，或者受过训练的特工人员，测谎仪的结果就非常不可靠了。例如，在1992年美国影片《本能》中，警探们对测谎仪奉若神明，而莎朗·斯通饰演的漂亮迷人的高智商女作家凯瑟琳却轻而易举地通过了测谎仪的测试，虽然事实证明她确实是杀人凶手。这种"漏检"的情况在现实中也大量存在。因此，多导生理仪的准确性越来越受到质疑，科学家们也一直在寻找新的识谎方法。

西班牙格拉纳达大学的研究人员通过热成像技术发现人们在说谎时鼻子和前额周围的区域温度会上升。也就是说，说谎可能会让人的鼻子产生变化，但不是变长了，而是变热了。此外，多伦多大学的李康教授通过血谱光学成像技术发现儿童说谎的时候，脸颊的血流会下降，鼻子的血流会上升（Liu et al., 2018）。上述有趣的发现被称为"匹诺曹效应"。通过热成像技术来检测谎言听起来具有良好的应用前景，但是该技术目前还不能适用于大规模的安检。这是因为热成像技术更可能将目标锁定在大量因紧张、兴奋或其他个体差异而使面部温度升高的无辜乘客，却无法识别真正的恐怖分子（Pavlidis, Eberhardt, & Levine, 2002; Vrij et al., 2016）。

谎言识别之所以如此困难：一方面是由于说谎并不一定伴随着某种特定的动作、语言或生理反应，另一方面是由于说谎者有时会刻意使用反测谎的手段迷惑识谎者。反测谎是指被测试者使用手段对抗和干扰测谎过程的行为（Honts et al., 1996）。权威研究数据显示，反测谎对于基于多导生理仪测谎的可靠性产生了严重威胁（National Research Council, 2003）。现在你只要打开搜索引擎，搜索关键词"反测谎"，就会出现大量的网站、详细教程教你如何通过谎言测试。基于对测谎仪识别原理的了解，教程会告诉说谎者在回答基线问题时，在头脑中默默想象恐怖或令人兴奋的画面，或是计算复杂的数学题，甚至是采用咬舌头等方法来提高身体的紧张程度，以达到迷惑测谎人员的目的。说谎者有准备的应对和训练无疑会给谎言识别带来更多的挑战和困难。

说谎和识谎的关系像是一种"猫鼠游戏"。研究者们试图通过各种手段、线索识破说谎者的伎俩，而说谎者也在不断提升自己的反测谎能力以逃避惩罚。为了能更好地甄别说谎者，应对日益高超的反测谎手段，谎言识别研究者一直在寻找更加有效的测谎指标。于是，基于脑电事件相关电位技术（ERP）、功能性磁共振成像技术（fMRI）等生理测谎的新发展应运而生，同时更加隐蔽的非接触式测谎方法也越来越受到关注，如微表情和身体姿态测谎、声压测谎（基于声音信号的特征，详见第17章）等。美国《连线》杂志报道，自"9·11"恐怖袭击事件发生以来，美国联邦机构已经投入数亿美元资金开展谎言识别的相关研究工作，旨在识别美国机场和出入境通道中可能潜藏的涉恐人员。近几年，随着AI（人工智能）迅速兴起，AI测谎技术也开始被寄予厚望，甚至人们称它是谎言识别的未来。相比传统的测谎技术，AI测谎强大的分析和计算能力，不仅能实现实时测谎，甚至能根据一些潜在关联的动作"迹象"预测谎言的发生。

总之，人类天生具有高超的说谎能力，各种各样的测谎手段不断被研发出来希望能够有效地应对。说谎与识谎就像鼠与猫的博弈，永远处在"魔高一尺，道高一丈"的发展变化过程中。反测谎在使实施测谎、出具结论更困难的同时，也促进了新的、更有效的测谎技术手段的诞生。利用认知神经科学的有关原理进行测谎成为近来测谎研究的新趋势，我们期待这些新技术的应用能为人们带来更多真相。

小结

本节介绍了谎言识别的常用技术方法及相应的测谎线索。同时指出说谎与识谎是一种博弈关系，尽管人类天生具有高超的说谎能力，但人类也在不断地研发各种各样的测谎手段来积极应对。

思考题

1. 本节中提到的测谎技术有哪些优势和劣势？
2. 谎言识别的未来趋势是什么？如何实现？

第 2 章
谎言识别的过去、现在和未来

谎言识别虽然是一个比较新的名词,但并不是一个新事物。人类的谎言识别实践始于人类社会的早期,谎言识别方法也层出不穷,并一直伴随人类文明的发展不断进步。下面,我们就来一起回溯人类在不同历史时期的谎言识别实践,解析科学仪器出现之后的谎言识别技术,并展望基于迅猛发展的科技手段和方兴未艾的人工智能进行谎言识别的前景。

2.1 谎言识别的过去

最早的谎言识别实践可追溯到蒙昧时代的神灵裁判,即借助神灵的力量来帮助判断是否有人在说谎。在生产力低下的蒙昧时代,人类因迷信而对周围的世界心存恐惧。当族群中出现一些难以判断真假的情况时,人们便会求诸自然界最令人信服和畏惧的法官——神灵。在争议双方真假难辨时,裁判者(一般是部落长老)往往求助于无形的神灵,将终局裁判权交给神灵这一人类共同崇拜且信服于其力量的偶像。历史上最早的谎言识别实践可谓是在恐惧中诞生,并与神灵结下了不解之缘。

神灵裁判主要有"神誓法"和"神判法"两种形式[①](羊芙葳,2010)。

2.1.1 以"神灵"的名义起誓:神誓法

在日常生活中,我们通常会听到或看到这样的场景:一旦被质疑在说谎,当事人往往会信誓旦旦地说:"我对天发誓,如果我说了假话,就让我天打雷劈。""谁说谎,谁就是小

---

① 神灵裁判,又称神识法,包含神誓法和神判法,在不同专著中指代相同。

狗。"这种自我辩解的方式体现着神誓法的历史传承。

神誓法是在纠纷双方就案件事实提出相互冲突的陈述时，当事人及相关证人以向神灵发誓或发诅咒的方式证明其陈述真实的方法（盖世梅，李明和，2007）。若在向神起誓的过程中表现出神态慌乱，或者在宣誓后出现某种报应的迹象，便可据此判断陈述人在说谎。神誓法有不同的内容和形式要求。

首先，誓言内容有明确的法律规定。公元 9 世纪的盎格鲁－撒克逊法律中就规定了当事人的誓词表述，如原告人需要做如下誓言："我在上帝面前宣誓指控他就是盗窃我财物的人。这不是出于仇恨、嫉妒或其他非法目的，也不是出于不实传言或信念。"（靳学仁，2007）。

其次，形式也有很严格的规定。一般来说，由神职人员在专供祭祀的地方举行庄严的宗教仪式。誓言要祈祷本民族尊奉的神灵，然后再在圣物前宣誓或诅咒。不同的民族在不同的时期使用不同的圣物。

早在西方原始社会和奴隶社会时期，神誓法就已盛行。古巴比伦王国（约前3500—前729）的《汉谟拉比法典》中就有关于神誓法的记载："倘若自由民之妻被其丈夫发誓诬陷，而她没有在与其他男子共寝时被捕，则她应对神宣誓，并得回其家。"法兰克王国（481—843）的《萨利克法典》中规定"誓言"可以作为法律证据形式，并且要求当事人以神的名义发表誓言，证明自己所言属实，没有说谎（何家弘，张卫平，2000）。

神誓法在中国的古老原始社会中也已出现，并盛行于夏、商、周，到春秋战国以后才逐渐减少。《周礼·秋官·司盟》中有这样的叙述："有狱讼者，则使之盟诅。"① "凡盟诅，各以其地域之众庶，共其牲而致焉。既盟，则为司盟共祈酒脯。"② "盟诅"，即"对神立誓诅咒"，（誓言）都要记于册、存于官。小事违誓当墨或鞭，大事违誓当杀（陆新淮，2005）。神誓残存于秦、汉等朝，明、清时期仍有出现。

历史的车轮进入现代法治社会之后，大多数国家不再提倡神誓法，但神誓法的形式仍留存在现代西方文化下的诉讼场景和人们的生活之中。比如，现在我们可以在很多有宗教信仰国家的法庭上看到这样的情景：证人在宣誓出庭做证之前，都会将手按在《圣经》或《古兰经》上，对上帝或先知宣誓承诺自己所说的每一句话都基于事实。即便在没有宗教信仰的国家，证人也会被要求在《宪法》面前宣誓自己所言属实（Vrij, 2005）。

神誓法反映了早期社会中人类对自然环境和自我与他人关系的认知处于相对初级阶段，很多自然现象仅凭有限的经验难以解释，于是便求诸"无所不能"的神灵。但神誓法的盛

---

① 如果有（因契约）发生诉讼的，就先让他们盟诅。此处盟诅指对神立誓诅咒。
② 凡举行盟诅，各使当事人所在地的民众供给所需的牲畜，并把民众召集在一起。盟诅之后，又为司盟提供祈神所需的酒脯。

行也有一定的心理学依据：在神誓法的基本流程中，说谎嫌疑人需要在其族群信仰的神灵面前宣誓，这会使当事人处于特定的心理压力氛围，因为他知道或相信，他所信仰的那位万能、公正、无所不在的神正在看着自己，这无形中产生了心理压力，当事人会感受到被他人监督。迫于这样的情境和心理压力，发誓人很有可能说出真实情况。如果发誓人依然选择说谎，则会下意识地表现出一些说谎线索（面部表情、身体姿态、语音语调等），且很可能被他人识破。

2.1.2 来自"神灵"的裁判：神判法

很显然，如果当事人和助誓人都愿意发誓，且发誓的过程中没有特殊的现象或行为出现，那么人们就无法通过神誓法来识别谁在说谎。于是人们发展出谎言识别的新方法——神判法，即在当事人宣誓以后，由其族群所信仰的神来做出判断，通常是让被怀疑说谎的一方在进行了某种仪式（如弥撒、祈祷或念咒等）后，在神的面前经受真实或潜在痛苦和危险的考验，由神来识别其是否在说谎。

神判法的进行依赖人类无法肉眼可观的神灵，因此谎言识别的主动权被转移到神灵身上。我国学者羊芙葳（2010）从形式和科学性上将神判法分为以下三种类型。

第一，肉体考验法。基于"说真话的人是不会受伤的，神只会惩罚说谎的人"这种信仰，将当事人置于水、火、毒、热油甚至猛兽之中，观察其在这些凶险情境中的表现，以及是否会受到伤害：未受伤表明没说谎，若受伤则表明该人在说谎。

肉体考验的形式五花八门，如在文艺作品或影视剧中经常看到由肉体考验改变而来的惊险情节：当事人需要将手伸进装满沸水或滚烫的油中取出某一物品，用手抓握或用舌头触碰烧红的烙铁，根据当事人是否受伤判断其是否说谎。今天看来，肉体考验的应用逻辑不在于观察当事人是否会受伤，而在于通过裁决者的察言观色和逻辑推理来判断当事人在面对肉体考验时的外部表现，因此更依赖裁决者的识谎经验。

第二，基于运气和概率的方法，包括卜卦、抽签、《圣经》考验法、独角兽、蛇神判断、圣水判断法等。这些在古代应用十分广泛的方法现今已很罕见，只偶见于现代社会的某些偏远地区。事实上，这些方法均无法从科学角度进行验证和预判，就像是在玩掷色子的游戏一样，最终说谎和说真话都有 50% 的概率。

在长久的实践过程中，人们逐渐发现依靠神灵来判断谁在说谎并进行裁决可能会带来不公正，并且当事人完全可以通过作弊或暗中操作等手段来通过这种测试，比如，在进行肉体考验之前提前做好防护措施（如在触碰烧红的烙铁之前提前在手上涂一层蜡），或以更极端的方式威胁或收买掌握评判结果的法官。

第三，有一定科学依据的新形式，包括通过决斗识谎，根据嚼完面粉或小米后的干湿程度进行的面包小米识谎、刺血后根据血流是否自行凝结判断是否说谎的刺血识谎等。虽然这些方法均源自古老的谎言识别实践，但已开始显露谎言识别与科学思想结合的萌芽。如在决斗识谎中，审判者预期说谎的一方会因自己内疚而无法以最正直的姿态决斗，容易失败。在面包小米识谎中，说谎造成的心理压力可能会导致唾液分泌减少。

随着科学技术的进步和人类社会的发展，传统识谎实践中经常使用的神誓法和神判法逐渐消失。虽然现代西方法庭上仍然存在一些类似神誓法的形式（如证人宣誓活动），但这种宣誓活动的形式重于内容，并且证人若说谎，将受到法律的制裁而非神灵的惩罚。这种宣誓的形式更多出于对传统文化的传承，以及人类对于信仰、道德、良知的敬畏。

2.1.3 来自肉体的考验：刑识法

随着人类社会逐渐进入皇权时代，人类谎言识别的实践日益脱离神灵和宗教的帮助，开始转为刑识法，采用严酷的刑讯手段来获得供词或寻求真相（羊芙葳，2010）。

刑识法通常表现为"刑讯逼供"+"精神折磨"，即通过肉刑或变相肉刑以及精神折磨等手段来逼迫当事人说出事实真相。肉刑在运用过程中往往会产生身体与精神的不适甚至伤害，如古代的"五刑"[①]、现代的针扎、电击以及罚冻、罚站、水封闭[②]、吵耳朵[③]等。精神折磨则是通过谩骂、虚假承诺、药物逼供等手段折磨、伤害人的心理（羊芙葳，2010）。剧烈的肉体疼痛和非人的精神折磨往往使得当事人心理崩溃，只得认罪或道出真相。当然这也不排除会有许多屈打成招的冤假错案。

刑识法可以追溯到古希腊、古罗马时代，如罗马共和国时期的《国王朱利宪法》规定，在叛逆罪案件中可以进行刑讯；在罗马帝国初期，刑识法开始普遍适用于公民。14世纪，刑讯在欧洲成为谎言识别和刑事调查最常用的方法，同时演变出各种花样，其中一些方式极端惨无人道，如火刑、血刑、轮刑、滚油刑等。随着人权进步思想的兴起和一些思想家的抨击，18世纪末至19世纪初各国法律均开始禁止刑讯逼供，并且形成了一套遏制其使用的法律原则、制度与措施。在民主进步、人权思想深入人心的当代，已很少采用刑讯逼供的审讯方法，但在一些威胁国家安全和人民生命安全的特殊案件中，如对待危险或恐怖的犯罪分子时，审讯时仍然可能会采用刑讯方法。

[①] 见下文介绍。
[②] 把嫌疑人头高脚低绑在一块木板上，脸用玻璃纸盖上，然后开始泼水。由于玻璃纸遮住了口鼻，嫌疑人很快就会感到窒息，产生一种快要憋死的恐惧感。
[③] 用强音干扰，刺激嫌疑人的听力系统，致使其难以安静或入眠，最后精神紊乱，难以抵抗。

在中国，刑讯法也有几千年的历史并在今时今日仍有影响。在奴隶社会，刑识法的经典表现为"五刑"：墨（在脸上或额头上刻字涂墨）、劓（割鼻子）、剕（也作腓，即砍脚）、宫（毁坏生殖器）和大辟（死刑）。进入封建社会后，演变成笞、杖、徒、流和死，其中笞刑以十为一等，分五等，即从十到五十下；杖刑以十为一等，分五等，即从六十到一百下；徒刑的刑期分一年、一年半、二年、二年半、三年五等；流刑的里程分两千里、两千五百里、三千里三等；死刑分绞刑和斩刑。随着统治者思想的进步，后来刑讯者只在那些反复盘问后仍没有突破、拒不认罪的人身上实行刑讯手段，律法也逐步规定了刑识的方法和步骤。

刑识法在识别谎言的过程中发挥了重要作用，其废止也经历了很长时间。1908年清朝末期的《大清现行刑律》，在中国法制史上首次明令废止了刑讯的使用（羊芙葳，2010）。1949年中华人民共和国成立以后，尤其是《刑事诉讼法》颁行以后，中国法律全面禁止刑讯逼供，但时至今日因刑讯逼供造成的冤假错案仍然不断见诸报端（靳学仁，2007）。

综上所述，古老的神誓法和神判法在人类迷信时期曾广泛应用于识别谎言，之后通用的刑识法则以肉体疼痛或精神折磨为手段来甄别谎言。当今社会，神誓法和神判法早被废止，刑识法也被明令禁用，人们如何识别谎言呢？

小结

本节主要介绍了早期谎言识别实践的产生背景、主要阶段以及发展历程，具体包括基于神灵审判的神誓法和神判法，以及基于肉体考验的刑识法，在每一阶段中详细列举了每种方法的具体形式。谎言识别实践的早期发展见证了人类由蒙昧时代逐渐走向皇权时代的认知发展进程，但这种发展受时代和科学发展的局限，仍在继续进步。

思考题

1. 神誓法、神判法和刑识法是否有一定的科学依据？
2. 如何评价三种谎言识别方法的发展历程？

2.2　谎言识别的现在

现代谎言识别技术——测谎仪的诞生，源于一个猜想：人们说谎时的心理状态与说真话时不同，可能是情绪反应的差异[①]，也可能是认知负荷的差异[②]等，种种差异会通过血压升高等自主神经反应表现出来，因此通过检测人们在接受讯问时的生理反应变化，也许可以实现谎言识别（National Research Council, 2003）。于是研究者们开始研发基于生理反应变化的测谎仪。

2.2.1 传统测谎仪的出现

传统测谎仪的研究始于19世纪末。1895年，意大利实证主义犯罪学派创始人龙勃罗梭（Cesare Lombroso，1835—1909）将当时已经在生理学研究中成熟应用的水力脉搏描记法引进到测谎研究中，成为首位依据情绪的生理反应测谎的人。水力脉搏描记法是将被试的手和前臂插入密闭容器的温水中，记录容器内的液压变化，从而观察被试的脉搏和血压变化的方法。1914年，意大利心理学家贝努西（Vittorio Benussi，1878—1927）使用马莱（Marey）呼吸描记器进行测谎实验，发现说谎时伴随着吸气/呼气时长比例的变化，将这种比例变化作为谎言识别指标，准确率高达97.5%。直到现在，吸气/呼气时长比例依然是一个重要的测谎指标。

1917年，美国心理学家马斯顿（William Marston，1893—1947）和芒斯特伯格（Hugo Munsterberg，1863—1916）发现说谎和血压变化存在高度正相关，并据此设计了测谎仪。该测谎仪能够每分钟测量5次收缩压与舒张压，并且将数据绘制成血压变化图，根据图形变化分析被试者是否在说谎。受马斯顿启发，拉尔森（John Augustus Larson，1892—1965）在1921年发明了第一台真正意义上的现代测谎仪——多种波动描记器，可以同时连续测量血压、脉搏和呼吸的变化。1926年，拉尔森的助手基勒（Leonarde Keeler，1903—1949）对多种波动描记器进行改良，更名为基勒测谎仪，同时申请了专利，并致力于将现代测谎仪推广应用于刑事侦查和审讯以及人事测评领域。

20世纪90年代以后，传统测谎仪已进入由计算机辅助处理数据的时代。经过多次改良，传统测谎仪能够测量的指标已达12个，不但包括最初的血压、脉搏和呼吸，而且扩充到皮肤电、肌肉活动、声带颤动等（羊芙葳，2010；Kleinmuntz & Szucko, 1984; Ansley, 2008）。

与测谎仪的研发同步，研究者们逐渐开发出具有针对性的测谎审讯流程，也就是经过标准化的测谎问题编排的程序和方法。基勒的助手约翰·里德（John Reid）于1947年开发了准

---

① 说谎者害怕被揭穿，会有恐惧、负罪感、焦虑等情绪状态，并且说谎是一种高风险行为，因此说谎者可能处于一种高度激活的情绪状态。
② 说谎者需要处理自己所知的真实信息和提供给被欺骗者的虚假信息之间的冲突，因此在交流过程中有更高的认知负荷。

绳问题测试法（control question test，CQT），将和当事人个人情况有关、很可能获得不诚实回答的准绳问题，与和案件事实、情节有关的目标问题，按照一定的原则组合在一起，向被试者提问。CQT假设，罪犯更害怕与案件相关的目标问题，会对目标问题有更强的反应；而无辜者更害怕准绳问题，会对准绳问题有更强的反应。因此，比较当事人对两类问题的反应，可以探查其是否与案件有关，是否在说谎。1959年，大卫·莱克肯（David Lykken）开发了犯罪情节测试法（guilty knowledge test，GKT）。GKT通常包括一系列多重选择问题，每个问题包含一个罪行相关细节的选项，以及几个内容相似但是与罪行无关的控制选项。GKT假设罪犯知道罪行相关细节，在看到犯罪细节选项时会产生较强的生理反应，而无辜的人则不会出现这种特别反应。在CQT和GKT之外，研究者还开发了紧张峰测试、问题交叉测试、真假比对测试、缄默测试、扑克实验等测谎范式（羊芙葳，2010；Kleinmuntz & Szucko, 1984）。

2.2.2 传统测谎仪（多导生理仪）的替代品

在传统的多导生理仪之外，研究者们还开发了多种新型测谎技术。在美国国家研究委员会对测谎仪科学依据的审查报告中，将目前的测谎技术分为四大类（National Research Council, 2003）。

第一类是使用特殊设备检测自主神经活动的技术，包括传统的多导生理仪，以及各种新发现的生理指标（心肌收缩力、心输出量、总外周阻力、皮肤温度等），该技术关注的主要是自主神经系统的活动。其中，热成像仪在测谎上的作用更受到人们的关注，它的优势在于：不需要借助导线或电极等设备连接到被试者身上，可以直接进行测量。小样本实验室研究与现场研究都表明热成像仪测谎具有很高的准确度。不过，热成像仪大规模应用于测谎时的信效度还有待进一步研究的数据支持（Pavlidis, Eberhardt, & Levine, 2002; Warmelink et al., 2011）。

第二类技术是近年来流行的大脑功能检测技术。使用正电子发射断层扫描和功能性磁共振成像等脑成像技术，研究者们发现，人在说谎时其大脑部分区域（如前额叶、顶叶和后侧扣带回等）呈现独特的激活模式（Spence et al., 2001; Langleben et al., 2002）。也有研究者试图使用脑电技术中的P300成分来测谎（Rosenfeld et al., 1991）。类似研究的总准确率大约达到85%，与皮肤电指标的测谎准确率大体相同（Johnson & Anderson, 1990; Farwell & Donchin, 1991; Allen & Iacono, 1997）。但是，认知神经科学研究的结果也表明，说谎的神经机制十分复杂，将脑成像和ERP技术实际应用于测谎也需要进一步提高外部效度与便携性。

第三类技术主要是根据行为线索（例如，声音、表情、躯体动作和语言分析等）进行测谎。自20世纪80年代起，各种利用语音压力作为测谎指标的测谎仪就被发明了出来。

其中计算机语音压力分析仪能够检测人说话时发音肌肉的微小震颤，从而判断说话者是否在说谎，已得到很广泛的应用（National Research Council, 2003）。

第四类是公开直接地调查嫌疑人和事件相关的背景信息，以及利用问卷等方式收集信息来比较陈述与事实之间的矛盾之处的技术。

2.2.3 测谎仪的局限性

目前的测谎仪仍存在一些局限。其一，研究者并未能说明特定的自主神经反应究竟对应着怎样的心理活动。测谎仪难以区分因说谎造成的紧张焦虑和因情境不适应造成的紧张焦虑，容易出现轻率概括错误。其二，测谎仪及其理论假设往往忽视了客观存在的个体差异。有针对性的训练能够帮助说谎者骗过基于部分测谎指标的检测（Van et al., 2012），如有意加快回答速度，混淆说真话和说谎的反应时间（Hu, Chen, & Fu, 2012）。其三，不同的自主神经反应指标之间的相关性较低，甚至存在负相关。例如，心率和皮肤电在某些任务中存在负相关（Lacey et al., 1963）。同样的刺激对不同的被试或在不同的情境中对相同的被试所引发的生理反应也存在相当大的差异（Kosslyn et al., 2002; Larsen et al., 2008）。

综上所述，测谎仪及其理论基础亟待深入研究并加以完善。在实际应用中，我们不应盲目信任测谎仪，只能将其作为辅助工具来参考，而使用测谎仪的具体工作人员应该接受严格培训，采用标准化的测谎流程。

小结

谎言识别实践进入科学时代以后，科学家们开始关注谎言过程伴随的生理变化，并尝试通过不同指标和方法对这种变化进行记录，基于此开发出早期的传统测谎仪，这似乎给测谎者提供了谎言识别的放大镜，提升了谎言识别的效率。在研发测谎仪的同时，研究者同时关注审讯流程的不断更新，开发出CQT和GKT等经典的测谎范式。随着现代测谎技术的不断发展，研究者们又进一步开发出多种新型测谎技术，结合生理、大脑、行为和背景信息调查等多方面的线索，这些变化极大地提升了谎言识别的准确率。但是测谎仪及其理论基础仍需要不断完善。

思考题

1.测谎仪的主要原理是什么？

2. 测谎仪的结论是否可信？该如何评价及运用其结论？

2.3 谎言识别的未来

"人类每天说谎十次，但我们仅仅能有一半的概率正确识别。综合使用生理学、语音学等信息，计算机可以做得更好。"[①]

我们相信，随着人工智能技术的发展，融合很多高新技术手段的智能化的谎言识别技术将被广泛地应用于人们的日常生活和工作场景，更好地满足人们日益增长的美好需求。例如，随着人们生活水平的提高以及工作的需要，跨国旅游或出差是一种常态，而目前过海关时的费时耗力已成为人们快节奏生活里的绊脚石。不过，随着人工智能以及生物辨识技术的快速发展，未来旅客将会发现自己过海关时面对的不再是人，而是一台人工智能机器。在某边境入关口岸，发生着下面的一幕：

> 一位待办理入关手续的旅客站在一台自动取款机大小并带有两个监控摄像头的机器面前，只需轻触一下"开始"按键，屏幕中央便会出现一个拟人头像，头像开始提问：
> "你是中华人民共和国的公民吗？"
> "是的。"[机器显示：通过（面部表情无变化、声音反应无变化、眼睛运动无变化）]
> "过去你被逮捕过吗？"
> "没有。"[机器显示：警告（面部表情无变化、言语反应明显延迟、瞳孔明显放大）]
> "过去五年你有正当工作吗？"
> "是的。"[机器显示：警告（眉毛明显抬升、言语反应的末尾声调明显提升、眼睛运动无变化）]
> "你有没有使用过违禁药品？"
> "没有。"[机器显示：报警（眉毛明显抬升、言语反应明显延迟、言语反应末尾声调明显提升、瞳孔明显放大）]

---

① 摘自 wired 官网。

上面演示的是科学家正在研发的面向实际应用的拟人谎言检测器的工作场景①。未来有望投入使用的这种新机器融合了面部表情、言语反应、眼睛运动等多模态线索，能够快速且无侵入进行谎言识别，成为人工智能应用于谎言识别领域的典范。此外，随着谎言识别技术的日益成熟，它还能在金融信托、招聘面试、人力资源等更多领域大显身手。

2.3.1 谎言识别技术的多学科领域交叉融合和人工智能时代

随着多学科领域的深入交叉融合和人类社会进入人工智能时代，融合心理学、犯罪学和计算机科学等多个学科成果的新方法会不断涌现。谎言识别的准确率和自动化程度也将不断提升。马里兰大学的拉里·戴维斯（Larry Davis）团队近期开发了一套欺骗分析和推理引擎（deception analysis and reason engine, DARE）人工智能系统②。在该系统的前期训练中使用了大量的法庭对话视频，人工智能系统需要对视频中的表情和微表情（如皱眉、扬眉、唇角翘起、嘴唇突出和歪头等）以及声音线索模式进行分析，最终判断当事人是否在说谎。训练结果表明，DARE 在谎言检测方面的表现要优于普通人，并且在预测个体是否说谎方面的成绩显著高于普通人。在当前法庭审判中测谎仪等设备证据尚无法成为采信证据的背景下，DARE 很可能成为提供测谎证据的新渠道。但该系统目前尚在进行更广阔的生态效度测试，它在其他场景中的应用值得期待。

美国犹他大学心理学家约翰·基尔舍（John Kircher）团队研发出基于眼球运动的谎言识别系统：眼睛运动欺骗测试（ocular-motor deception test, ODT）③。被测试者对计算机上呈现的问题做出是或否的回答，系统通过计算机算法来提取其眼睛运动的一系列指标，如瞳孔扩张细节、反应时间、阅读时间等，从而判断其是否在说谎。相较于传统的测谎仪，该系统不受被测试者种族或民族、性别、年龄等因素干扰。未来在快速发展的人工智能技术加持下，这项眼球分析工作很可能变得更加细腻，对谎言的识别准确率将会更高，并且相对于传统谎言识别方式，人工智能时代的谎言识别可能使人类具备另外一种新能力：预测谎言。在个体还未说话时，人工智能通过对非言语信息的检测和分析就能判断其是否会说谎。

2.3.2 谎言识别的需求与研究现状的矛盾

但是，在推进谎言识别应用的过程中，基础研究与应用需求之间存在不小的矛盾，主

---
① 摘自 wired 官网。
② Wu Z, Singh B, Davis L S, et al.. Deception detection in videos. arXiv preprint arXiv:1712.04415, 2017.
③ 摘自犹他大学官网。

要体现在如下几个方面。

第一，尽管存在上述种种谎言识别仪器，并且逐渐融入更多不同的信息，但测试者的作用至关重要。谎言识别仪器的作用只有在测试者适时提出正确问题、灵活运用各种策略引导被测试者讲真话时才会得到最大限度的发挥。如果没有称职的测试者，谎言识别仪器的作用则无从谈起。

第二，尽管谎言识别研究的各个领域都在考察评估不同指标的有效性程度，并将可能有效的指标应用到实际场景中，但是目前的结果依然不尽如人意。邦德和德保罗（2006）的元分析研究发现，对于未受过特殊训练的人而言，其欺骗识别准确率平均为53.98%。另外，有元分析研究考察了不同群体在识别谎言时的准确率，结果发现有专业背景的实验参与者（如法官、警员、侦探、心理学家）与普通大学生参与者之间并没有显著差异，识别准确率较高的人群是教师、社会工作者、罪犯。表2-1总结了在实验室中基于不同线索进行谎言识别的准确率，多数在50%~60%，部分采用基于标准的内容分析方法（criteria-based content analysis, CBCA）和现实监控理论（reality monitoring, RM）的研究准确率达到70%左右（Vrij, 2008）。实验室研究得出的指标有效性本身并不高，在这种情况下将实验室范式和结论应用于实际情境，出现错误的可能性更大。

表2-1 不同谎言识别方法识别谎言的准确率

不同谎言识别方法		准确率（%）		总计
		真实	说谎	
非言语和言语线索	新手（实验室研究）	63	48	
	专家（实验室研究）	56	56	
语言分析	CBCA（实验室研究）	71	71	
	RM（实验室研究）	72	66	
生理线索分析	CQT测谎仪（实验室研究）	60~84	74~82	
	GKT测谎仪（实验室研究）	83~99	76~88	
	基于GKT的P300分析（实验室研究）	88	82	
	fMRI（功能性磁共振成像技术）	—	—	78~93
	CQT测谎仪（现场研究）	53~75	83~89	
	GKT测谎仪（现场研究）	94~98	42~76	
	多导生理仪（呼吸、身体运动、皮肤电）	—	—	74.5
	fNIRS（功能性近红外光谱技术）	—	—	71.6
	综合fNIRS+多导生理仪	—	—	86.5

第三，谎言识别的实验室研究发现某一线索之后，经过媒体宣传，人们会像"科学家"一样不断在自己的生活中验证这种线索是否真正有效，并在面对需要说谎的情境时，对自

己的某一特定线索做出主动控制或抑制,最终会导致这一线索的效应量越来越低。例如,心理学家发现了真笑和假笑的区分性线索之后①,该发现在不同领域得到了广泛应用,比如广告行业、表演行业等。人们会有意克制自己表现出假笑的面部动作模式,尽量显得真实。这样就进入一个谎言线索的发现与应用之间的矛盾———一个猫捉老鼠的不断循环的游戏。

第四,在利用人工智能进行说谎相关的表情或动作识别时,必须考虑一些特殊情况,比如一些生理性动作(嘴歪眼斜、单侧眉毛抽动,或者其他没有任何情绪意义的鼻孔呼吸、张合等)在人工智能设备的检测和分析过程中,是否会被当作有情绪意义的信息纳入分析指标?又如传统的测谎技术碰到的普遍问题:说真话的人因为紧张出现的和说谎者类似的生理特征表现,人工智能技术能不能准确地发现其中的细微分别?

小结

随着人工智能技术的发展,融合多种高新技术的智能化谎言识别技术将被广泛地应用于人们的日常生活和工作场景,更好地满足人们日益增长的美好需求。但在推进谎言识别应用的过程中,基础研究与应用需求之间存在不小的矛盾。借助对人类说谎心理机制的深入理解,以及人工智能时代的到来,谎言识别经历了从无到有、从朴素主义到科学主义的发展,识别的准确率也大幅提升。尽管到目前为止,我们仍无法就何时能够实现完美的谎言识别给出准确的答案和可能的时间节点,但无论历时多久,我们都愿意一直努力探索并追求更卓越的谎言识别技术与方法。

思考题

1. 未来人工智能技术是否能帮助人类百分之百地识别谎言?
2. 人工智能技术在谎言识别领域的应用会对人类社会产生什么影响?

---

① 1862年,法国生理学家杜彻尼·德博洛尼(Duchenne de Boulogne)就开始对真假笑容的肌肉运动特点进行研究,后来,研究者发现两者的区分主要在于脸颊是否上提、眼角是否出现鱼尾纹,以及左右半脸在形态上是否对称等(Ekman, 2009)。

第 3 章
谎言研究的理论与方法

匈牙利有一句谚语："人被赋予了用来说话的舌头和用来隐藏思想的言辞。"谎言是我们生活中普遍存在的一种现象，甚至可以说是生活的重要组成部分之一。我们除了必须考虑欺骗的心理功能外，还必须考虑其社会学意义。谎言因何产生、源于怎样的心理机制，以及如何识别谎言，既是人们十分关心的日常问题，也是研究者艰辛探究的科学难题。现代人类对谎言的科学研究始于 19 世纪末至 20 世纪初期，多个学科如语言学、社会学、心理学、行为学等从不同的视角对谎言问题进行了研究与探讨，其成果与应用也越来越呈现出多学科的交叉与融合景象。研究者试图揭示人们说谎的语言特征、说谎的内在心理过程、说谎的外部表现，并努力探索谎言识别的线索、方法与技术等。随着对谎言研究的不断深入，研究者不仅进行了大量实证研究，还提出了若干理论模型和理论假设；不仅进行了大量的人工观察与推断，还不断尝试计算机自动识别。本章主要介绍谎言研究的四种理论，全息偏离谎言识别理论和方法，以及谎言研究的方法与技术。

3.1 说谎的线索与识别理论

关于说谎的线索及其识别方法，前人提出的有关理论模型主要有非言语线索泄露理论（Ekman & Friesen, 1969）、自我展示理论（DePaulo, 1992）、欺骗四因素理论（Zuckerman et al., 1981）和人际欺骗理论（Buller & Burgoon, 1996）。

3.1.1 非言语线索泄露理论

保罗·埃克曼发展出的非言语线索泄露理论（Nonverbal Leakage Theory），是关于说谎线索的第一个有影响力的理论（Ekman & Friesen, 1969）。该理论描述了两类线索：泄露线索和欺骗（说谎）线索。泄露线索是说谎者试图尽力隐藏其真实感受，但却因隐藏不到位而呈现出来的各种行为表现。例如，当一个人有意抑制或尽力掩饰某种面部表情时，他依然可能会泄露一些细微的表情。虽然这些表情的表达时间很短，但所表达的情绪本身仍然可被检测到并被识别出来。因此这些被泄露的短暂、细微的表情就可能成为谎言的泄露线索。埃克曼提出，观察者甚至有可能通过分析说谎者的情绪状态，断定那些与真实的情绪表达有所不同的说谎线索（Ekman, 2009）。例如，忧虑可能会导致说谎者使用更高的音调、更快的语速和更大的声音，以及伴随更多的语误等；而当说谎者面向信任自己的人撒谎时，则可能产生愧疚情绪，这有可能成为识别谎言的线索（Ekman, 2009）。愧疚会引发哪些说谎线索，尚待继续研究，但其中包括与悲伤有关的一些线索，如更低沉的音调、更缓慢的语速、更柔和的音量等已经被认定与说谎有关。另外，这些说谎线索既可能源自消极情绪，也可能源自积极情绪；既可能源自说谎者真实的情绪体验，也可能源自虚假的情绪表达（DePaulo et al., 2003）。

3.1.2 自我展示理论

如何预测说谎线索？德保罗从自我展示的角度回答了这一问题（DePaulo et al., 1992）。他认为，人们的行为是以向他人传递特定的角色和个人品质的方式进行的。无论是谎言，还是真实的言语交流，都涉及说话人的自我展示，其本质区别在于：谎言的自我展示常含有两种不合理成分。第一种不合理成分是说谎者对其虚假的自我展示的接受程度更低，完全不同于对真实自我展示的接受程度。这是由于说谎者不占有道德制高点，情感投入更少，并且缺乏支持其谎言的知识经验。因此，在别人看来，说谎者更不自在、愉快体验更少、显得更紧张。第二种不合理成分是说谎者更谨慎。说谎者刻意为别人留下好印象，这需要耗费大量的心理资源，同样会导致其言语表达时的自在程度更低、愉快体验更少、更紧张等（DePaulo et al., 2003）。

另外，个体自我展示的风格与其自尊水平有关。高自尊的人，自我展示表现出自我提高的行为动机，更关注如何吸引他人的注意等；而低自尊的人，则往往采用保护性的自我表现，避免他人注意自己的能力，更加关注如何避免给人以消极印象，而不是关注如何给他人留下积极美好的印象（DePaulo et al., 1996）。

3.1.3 欺骗四因素理论

欺骗和真实表达之间到底存在怎样的差异？朱克曼等从欺骗与真实表达在心理状态上的差异出发，研究说谎线索，提出了欺骗四因素理论（Zuckerman et al., 1981）。该理论关注了四种说谎线索，即泛化的生理唤醒、说谎伴随的情感、试图控制外显行为和较高的认知加工负荷。具体来说，说谎者可能体验到更强的生理唤醒，如心率加快、皮肤温度增高或降低，并伴有相应的外部可观测到的表现，如瞳孔放大、眨眼频繁、音调增高等。说谎者也可能表现出更多与内疚或恐惧相关的复合情绪表现，如焦躁不安、不愉快等。在朱克曼提出的四因素理论中，后两个因素都强调认知线索的重要性。例如，说谎者总是试图控制其行为动作，以免谎言被识破。但恰恰是这种试图控制行为动作或言语表达的心理，反而容易让谎言不攻自破。例如，回答询问或讯问时显得格外有准备、表情不自然，或因为经过了太多遍的心理彩排而把话说得异常流畅，或者说谎者的行为表现过于夸张，言语行为与非言语行为表现不一致等。另外，说谎者为了隐藏或歪曲真相、偏离事实而编造谎言，往往需要付出额外的认知负荷。这意味着，他此时不仅需要抑制真实信息，还要编造虚假信息（Walczyk et al., 2014）。因此，有可能导致说谎者说话的反应时间更长、言语停顿更多、重复（踌躇不决）更多、解释说明更少、言语错乱增多、内容更空洞匮乏、词语和音调更单调等。在外显行为上，可能会表现出瞳孔放大、手势减少等。

欺骗四因素理论既关注到说谎与真实表达在情绪上的差异，也关注到两者之间在认知负荷方面的差异。此外，研究者还关注到说谎者比说真话者更在意自身的印象管理。因此，说谎者为了给人留下更真诚、更实在的印象，会努力使言行看起来更可信，减少令人生疑的行为举止（Cutler & Zapf, 2015）。

3.1.4 人际欺骗理论

布勒和伯贡等从人际传播中的关系视角来研究欺骗问题，提出了人际欺骗理论（Buller & Burgoon, 1996）。该理论有三个假设：（1）欺骗和其他传播形式几乎相同，都是为了达到一些重要目的，如劝说成功、人际和谐、交谈顺利等而实施的传播行为；（2）欺骗者借助信息管理，通过选择操控信息的特性，如准确度、完全度、正确性、相关性等进行欺骗；（3）在欺骗这种传播形式中，信息接收者既影响欺骗的时间进程，又是欺骗结果的积极参与者。

从欺骗过程看，信息发送者试图通过精心操控信息、自身行为和形象，使信息接收者相信虚假信息或结论。事实上，欺骗者试图传递假信息，但也担心被对方发现，因此会努力提高信息的可信性。同时，信息接收者试图辨别或察觉信息的真实性，对发送者的信息真实与否，也可能持怀疑态度。布勒和伯贡从人际交互的角度，说明预测说谎线索不仅要考虑信息发出者的情绪、动机、操控技巧等个体因素的影响，还要考虑人际的交互影响，如人际知觉、人际影响、人际互动等。他们提出，说谎者撒谎时处于一种多任务状态，需要监控说谎的对象有无可疑迹象并且据此调整自己的行为。由于说谎过程中大脑承载的认知负荷较高，在说谎开始的时候，说谎者处理信息可能面临较大难度，但久而久之，说谎者在交互情景中会表现得更直接、更沉着、更流畅，同时认知卷入度更深等（Buller & Burgoon, 1996）。正所谓"谎言重复一千遍，看起来就像真理"，体现的正是说谎者对说谎技巧在重复多遍后的驾轻就熟。

另外，说谎者表现出的行为模式，也受其自身的前景期待、行动目标、行为动机、与说谎对象的关系等因素影响（DePaulo et al., 2003）。布勒和伯贡把说谎和识谎看作"你来我往"的人际互动过程。一般来说，如果某人说了谎，那么他所从事的就是一种策略性行为。这种行为因为歪曲了信息的真实性，所以往往是一种不全面、无关、模糊和间接言语行为。

小结

本节主要介绍了说谎及谎言识别相关的四种理论模型。保罗·埃克曼发展出说谎线索相关的第一个有影响力的理论——非言语线索泄露理论，描述了两类线索：泄露线索和欺骗（说谎）线索。德保罗提出自我展示理论用以预测说谎线索，与真实言语相比，谎言的自我展示常含有两种不合理成分：第一种不合理成分是说谎者对其虚假的自我展示的接受程度更低、自在程度更低、愉快体验更少、显得更紧张；第二种不合理成分是说谎者更谨慎。朱克曼从欺骗与真实表达在心理状态上的差异出发研究说谎线索，提出了欺骗四因素理论，包括泛化的生理唤醒、说谎伴随的情感、试图控制外显行为和较高的认知加工负荷。布勒和伯贡等从人际传播的关系视角提出了人际欺骗理论。从欺骗过程看，信息发送者试图通过精心操控信息、自身行为和形象，使信息接收者相信虚假信息或结论。

思考题

1. 相比于言语线索，非言语线索在谎言识别中有哪些优势？
2. 试比较国外四种谎言研究理论，哪些有助于谎言机器识别？

3.2 全息偏离谎言识别理论和方法

如果仔细翻阅词典，无论是全世界使用人数最多的汉语，还是世界最通用的英语，用来描述说谎的词语不在少数。如果仔细筛查不难发现，"实话"的同义词很少，但"说谎"的同义词在一部词典中占据好几页篇幅。本节介绍的全息偏离谎言识别理论和方法，由国内学者羊芙葳提出。该理论基于中国文化背景与语言习惯、非言语表达含义，归纳总结了谎言的言语指征与副言语指征，建立了一个解释力较强、有预测或标识价值的指征系统，为人们日常交流和特殊情境下系统识别谎言提供了抓手。

3.2.1 谎言的言语指征

谎言的言语指征，又称为谎言的言语指标，整体来说具有以下四个特点：偏离性、与说谎行为的共现性、失控性、可识别性（羊芙葳，2012）。通常分为通用型言语指征、被动型言语指征和主动型言语指征，表3–1分别从言语行为、言语方式和言语内容三个维度对这三种言语指征进行了列举。

表3–1 谎言言语指征一览

指征类型	具体指征	举例
通用型	言语行为	停顿异常，语速异常，音高异常，语调异常
	言语方式	用词指征：喜欢用歧义词、模糊词、概括词、语气词 用句指征：喜欢用歧义句、强调句、反问句 修辞手段指征：夸张、反语、比喻、反问、反复
	言语内容	信息过量，表达笼统（缺少具体和关键信息、直接引用他人的言语），转移注意力（转移话题、转移焦点），不合语境
被动型	言语行为	声气小，表述不清，停顿多且长
	言语方式	用词指征：叹词较多、人称代词较少、用词重复频率降低 用句指征：简单回答、套用问话、间接回答
	言语内容	随口应答，答语谨慎（思考时间更长，犹豫迟疑，假装不知，生硬地重复，答语更少、更笼统、更模糊，避重就轻和轻描淡写），装傻卖呆，语含破绽（失口露馅、语无伦次、自相矛盾）
主动型	言语行为	声势过大，嗓门过大，重音明显，语调夸张
	言语方式	用词指征：制造概念陷阱，制造数字陷阱，制造形容词陷阱，制造詈言（俗称骂人的话）陷阱 用句指征：制造语序陷阱，制造断句陷阱，制造语境陷阱，修辞方面的指征表现为飞白（明知其错故意仿效）、曲解、婉曲
	言语内容	长篇大论，异常的客气话，粗鲁的言辞，狡猾的误导，屡现的强调语

3.2.2 谎言的副言语指征

副言语,又被称为态势语,是指所有无声而有形的符号现象,包括手势、姿势、面部表情、对话时的位置和距离等。它往往与言语同时使用或单独使用,表示某种意义,传达某种信息、感情或态度(《中国大百科全书·语言文字卷》,1988)。

人类的副言语具有遗传性、持续性、即时性、立体性、形象性、非结构性的特点,具体包括体态语、服饰语、时间语、空间语。体态语是指人体各部分的静态或动态信息,运用身体的变化,如表情、动作、姿势、身体空间距离等作为传递信息、交流思想感情的辅助工具,是一种非语言符号。服饰语包括服装、饰物和化妆等信息,是在交际场合通过服装和饰品传递出的信息。时间语是有关时间处理的信息,人们对时间的感觉和理解,反映了不同的社会价值观念、传统习俗和生活方式。空间语是有关空间处理的信息,如对人际距离、身体接触、所处位置、公众领域与个人领域的感觉与理解。

杨晓黎统计了与体态语有关的约 860 个汉语成语,归纳区分为面部表情、身体动作、声音暗示、服装容饰四大基本类型,其分布比例为:面部表情约占 48.8%,身体动作约占 24.5%,声音暗示约占 14%,服装容饰约占 12.5%(杨晓黎,2013)。那么,人类在说谎时会表现出哪些副言语特点呢?表 3-2 列举了说谎者常见的副言语指征。

表 3-2 说谎者副言语指征一览[①]

指征类型	具体指征	举例
通用型	准备	深呼吸,清喉咙,吞口水
	思考	用手支撑下巴;将双手握成拳状,然后支撑在两个太阳穴部位;一动不动地坐着
	紧张	肌肉处于紧张状态;笑容僵硬,动作呆板
	观察	斜眼瞟人,暗中瞄一眼,东张西望,眼神闪烁,目光直勾勾地盯着
	矛盾	张开手掌的同时鼻尖出汗、体姿僵硬
	逃逸	两腿交叉,身体倒向侧面;只坐在椅子的角上;双脚指向门口
被动型	眼部	无法直视对方;眼神飘忽,游移躲闪;瞳孔放大;眨眼过多,揉眼睛,惯用右手的人向左看
	脸部	惊喜地瞪大了眼睛,却紧闭嘴唇;红脸;神情不自然
	手部	感到不自在而无处可放;在口袋里紧紧抓住裤子;手不自觉地摩擦;双手紧抓着置于小腹附近,夹紧手臂

[①] 羊芙葳. 谎言的识别 [M]. 北京:商务印书馆,2012:201-231.

（续表）

指征类型	具体指征	举例
被动型	嘴部	双唇紧闭，嘴角下垂，嘴唇颤抖，用舌头舔嘴唇，捂嘴（将手握成拳状遮在嘴上）
	头颈肩部	把头撇开，不面对对方；头部、脖子僵直；脑袋低垂；肩部向下牵拉；肩部给人以内缩、弯曲感
	腰部	浅浅而坐，一副随时要站起来的姿势；僵硬的背部；弓背；转过身说话时以后背示人
	腿脚部	腿部颤抖，膝盖发软，把脚抬起放到了椅子底下，脚磨蹭地面，用鞋或脚轻轻地打节奏
主动型	眼睛误导	把眼睛瞪得老大；目光坚定，暗含观察
	神态误导	故作心中无愧的姿态，比平常更镇静；假笑；故作吃惊；故作天真；故作茫然；道貌岸然
	注意力误导	抽泣，擦泪，擤鼻涕，不停踱步
	关系误导	嬉皮笑脸，满脸堆笑，使劲握手，伪装热情
	态度误导	手势多，过分热情，声音大，叼着香烟，把玩咖啡杯

以腿部动作为例。腿部动作反映人们内心想法和感受的情形有很多，例如，摆出起跑姿势的双腿是典型的逃离反应，而双腿的冻结或僵直反应则是人们感到威胁时的一种静止状态，这是大脑边缘系统为人类提供的有效的自保线索。

3.2.3 全息排查偏离法

同时借助谎言的言语指征和副言语指征识别谎言的方法，被称为全息排查偏离法。全息排查偏离法是指发现信息偏离后，通过对相关的全部信息逐个进行排查，将发现的偏离在全息中寻找，以证明其存在是正常的、合理的或不合理的方法。如果发现的偏离在全息中找到，那么该偏离就被全息证"伪"，说明被鉴定的言语对象并非说谎性偏离，而是"实话"。[①]

1. 全息排查偏离法的规则

全息排查偏离法所遵循的规则可描述为以下 4 个。（1）甄别为实话的必要条件：发现的偏离被全息证明为"非说谎性偏离"（全息证"伪"偏离）。（2）甄别为实话的充分条件：所有被发现的偏离全部被全息证明为"非偏离"，无一例外。（3）甄别为谎话的必要条件：

---

① 全息，用心理学的语言理解是指个体与说话者同理心或共情的程度，共情程度越高，越容易理解并识别言者的心理，也更容易辨别言者是否在说谎。

全息证明"偏离"的确是"偏离"（全息证"实"偏离）。（4）甄别为谎话的充分条件：有且至少有一项被发现的偏离无法被全息证明为"非偏离"。

2. 全息排查偏离法的规律

在全息排查偏离法中，全息的调度与运用有以下 6 个规律。（1）全息必须真实、正确。（2）全息不一定要全，只要够用就行。（3）全息不一定要全，但一定要够用。（4）全息越多、越直接、越确定、越典型、越揭示本质，结论越可靠。（5）当全息之间互相矛盾时，对全息进行比较，看何者占优势。（6）若是全息不够，则要创造条件了解全息（羊芙葳，2012）。

全息排查偏离法的核心是把要识别的言语放在全息背景下进行检验，排查偏离的基本程序如图 3-1 所示。

发现偏离　▶　把握全息　▶　用全息排查偏离

图 3-1　全息排查偏离法识别谎言流程

能否根据信息推出真相，与听者的全息度有关。如果听者与言者产生全息共振，即听者由己及人，与言者产生认知的、情感的全息体验——通俗地说，即换位思考引发认知认同和情感共鸣。假设自己是听者，与言者的感情与态度越接近，越容易推出真相。听、说双方层次越接近，越容易全息；全息得越多，识别率越高。因此，听者的探索欲越强，识别率越高；两者的背景、经历相似度越高，谎言识别率越高。如果听者属于冷漠之人，往往因为封闭自己的全息世界而被假象蒙蔽。[①]

从副言语的角度来说，人体的每一部分都有单独表意功能，同时又与相关相邻部位共同传达某种信息。虽然不是所有的副言语都有意义，但有的副言语一定有意义，而有意义的副言语一定有动机。全部的真相就摆在你面前，就看你知道多少。说谎者会尽量使用自认为可产生真实效果的措辞与表达方式。理论上，言语有多少种表达方式，谎言就有多少种伪装手段。生活中，谎言的偏离指征是有限但有用的，无论是对于说谎者，还是对于识谎者，都有启迪作用。[②]

"谎言的全息排查偏离法，是谎言识别的一种新思路。人们完全可能了解某个具体谎言的全息背景。偏离是显化了的潜信息，人们完全有可能通过直觉或观察捕捉到。"[③]从逻辑上

[①] 羊芙葳. 谎言的识别 [M]. 北京：商务印书馆，2012：297.
[②] 羊芙葳. 谎言的识别 [M]. 北京：商务印书馆，2012：297.
[③] 羊芙葳. 谎言的识别 [M]. 北京：商务印书馆，2012：325.

看，用全息排查偏离的思路符合逻辑规律，而借助全息排查偏离的过程，可以用文字描述、固定，经得起推敲与反证。这一方法的优势在于无须任何仪器设备，适用环境广泛，适用对象具有普适性、可操作性强的特点，易于训练。

全息排查偏离法的运用

在警方排查案发时间内何某的所作所为时，何某交代说，他与自己所在公司的财务总监许某在一起。警方询问许某，许某说自己当时在吃饭，何某确实跟他在一起。

由于有不在现场的证人，警方最初排除了何某的嫌疑。然而，在案件的后续侦查过程中发现，何某的武校同学邢某某的三轮车在案发现场和抛尸现场都出现过，于是何某再次被警方讯问，许某也再次接受询问。许某这次的证词反映"自己当晚喝了酒，何某是自由活动的"。

同时，警方关注了何某在案发当晚的驾车活动轨迹，何某当晚的活动轨迹与其常规的活动轨迹差别很大，出城和入城的时间严重违反常规。

警方最终认定何某既有作案时间，又有作案动机。可见，警方掌握嫌疑人的全息度越高，越容易识别嫌疑人的谎言，越容易做出准确的判断。

资料来源：《雨夜白裙子》，中央电视台《今日说法》栏目，2014年12月27日播出。

小结

本节主要介绍了谎言的言语指征和副言语指征，以及基于两种指征的全息排查偏离法。言语指征又被称为谎言的言语指标，有四个特点：偏离性、与说谎行为的共现性、失控性、可识别性。副言语指征是指所有无声而有形的符号现象，包括手势、姿势、面部表情、对话时的位置和距离等。在两种指征的基础上，研究者发展出全息排查偏离法，其基本原理是发现信息偏离后，通过对相关的全部信息逐个进行排查，将发现的偏离在全息中寻找，以证明其存在是正常的、合理的或不合理的方法。如果发现的偏离在全息中找到，那么该偏离就被全息证"伪"——说明被鉴定的言语对象并非说谎性偏离，而是"实话"。全息排查偏离法是同时借助谎言的言语指征和副言语指征识别谎言的方法。

思考题

1. 谎言的言语和副言语指征在生活中有哪些具体表现？
2. 全息排查偏离法在谎言的人工识别与机器识别方面有哪些优势？

3.3 谎言研究的方法与技术

人们在面对如何辨明周围的人是否在说谎这样的问题时，会意识到自己是那么无能为力，因此，人类世世代代一直在苦苦寻求识别他人说谎的方法。

3.3.1 多导生理测试技术

首台测谎仪由美国加州大学伯克利分校医科学生拉尔森研制。这种装置可以同时连续测量血压、脉搏和呼吸。此后，基勒又研制出了基勒测谎仪，所测量的生理参数中增加了皮肤电。技术的不断进步提高了测谎效率，同时也使装置的体积越来越小。

在刑事侦查实践中，多导生理测试技术被用于鉴别无辜者、知情人、嫌疑人。这一技术是国内以中国人民公安大学武伯欣教授等为代表的工作者，经过大量真实案例测试总结出来的一系列宝贵经验，具体流程如图3-2所示。

犯罪心理痕迹动态描绘阶段 → 犯罪测试题目编制阶段 → 测前访谈阶段 → 测试实施阶段 → 图谱评判阶段 → 测后讯问阶段

图 3-2 犯罪心理测试的一般流程

多导生理测试中的常用测试方法，通常分为两类。第一类，测试被测试者的"认知"，即测量其对某一犯罪情节是否知情。第二类，测试"说谎"，判断被测试者在某一问题上是否说谎。测试方法是在一组测试题中，观察被测试者在不同类型问题上的反应，判断被测试者对与案件相关问题的回答是否真实。

3.3.2 认知脑电测谎技术

认知脑电测谎技术又被称为"脑电波测谎技术""脑指纹技术"，其关键技术是事件相关电位技术。事件相关电位技术作为当前脑科学研究的先进技术之一，被罗森菲尔德等首次应用于心理测试并获得成功（Rosenfeld & Nasman, 1987），为警方的侦查工作开辟了一条新路径。

与犯罪事件相关的脑电位检测是通过给被测试者呈现与案件相关、无关以及与自己有关的词语、图片等刺激，将所诱发的脑电位变化进行分类比对，判断被测试者是否了解案情、与案件是否有关、是否参与实施了犯罪行为的科学鉴识过程。

认知脑电测谎技术成为目前最先进的测谎技术之一。尤其是应用图像刺激技术，给被测试者提供一个相对客观的视觉空间，再次唤起被测试者对当时情景的信息提取过程，容易实现对各种作案场景的辨识检测。对有生理缺陷的被测试者如聋哑人，同样可以进行测试，而不受言语能力和听觉能力影响。

3.3.3 语音测谎技术

人们在说真话时，会使用正常的语音模式，不管说的是什么话题，都会有一定的节奏和声调，而说谎者经常会在谈话过程中加快或减慢语速。语音测谎的基本原理及具体参数详见第 17 章。一个人的语速突然加快，可能是因为他说的这套谎言已被他在不同场合说过多遍，或在心里彩排过无数次，所以相当娴熟。语速减慢，可能是因为个体体验到认知负荷的增加，需要回忆哪些谎言已经说过，而现在又该怎样把当前的谎话说好。相反，人们在说真话时，并不需要花费心思编造事实，语速就会均匀流畅。

另外，说谎者在说谎和说真话时的声调会有所不同：通常情况下，说谎者因为心理压力增大导致声调升高，在回答定罪问题时可能出现口吃、停顿或发音错误。另外，除了语音模式的变化外，说谎者往往会说错更多的词语。

3.3.4 眼动追踪测谎技术

随着眼动追踪技术的发展，研究者开始将眼动追踪技术应用于测谎研究。例如，叶小卉运用眼动仪，尝试以瞳孔直径作为测谎的观测指标，运用犯罪情节测试法（GKT）的测谎范式，旨在从两个方面——选取更有效的反应指标和改进GKT的问题设置，降低GKT的假阳性率（叶小卉，2009）。该项研究验证了GKT模式下的认知和说谎成分的作用，结果表明，通过瞳孔直径的变化，可以对不同类型被测试者做出较为准确的区分。

基于瞳孔变化的测谎系统，其原理在于人的主观意识难以控制瞳孔大小的变化。当人说谎时难免会情绪波动，引起交感神经活动，瞳孔放大。这项技术主要的工作内容包括：视线跟踪及眼睛的定位、瞳孔的精确定位、瞳孔孔径的测量方法、心理学方面的测试技术等。

3.3.5　fMRI测谎技术

fMRI技术通过测量脑部神经元活动所引发的血液动力学变化，根据被测试者的被监测大脑区域的变化，推断大脑区域活动与人的各种认知和行为之间的映射关系。2001年，fMRI技术开始被用于多动症患儿的撒谎识别研究。

美国宾夕法尼亚大学的朗莱本（Langleben）教授，通过比对被测试者说谎话时和说真话时的大脑影像发现：说谎时被测试者的大脑血液动力学信号增加，尤其在前扣带回皮层、前额叶上部、左运动前区皮质、运动皮质以及前顶叶皮质等脑区，信号活动较为激烈，这些区域都与中枢神经系统的抑制反应有关。后来，朗莱本又尝试将fMRI技术从单纯的理论研究领域延伸到实践应用领域，甚至引入法院的庭审实践，以探讨这项技术用于解决现实社会问题的可能性（张筱晨，李学军，2009）。

小结

本节主要介绍了谎言识别研究的几种技术方法，如多导生理测试技术、认知脑电测谎技术、语音测谎技术、眼动追踪测谎技术和fMRI测谎技术，不同技术方法有其发展历史和特点，共同致力于提升谎言识别的准确率。

思考题

1. 不同谎言识别技术是否存在最优选择？
2. 多特征融合测谎技术应该如何整合判别依据？

第 4 章
说谎的认知

说谎是普遍存在的社会行为，几乎每个人都有过说谎或被谎言侵扰的经历。在幼儿时期，人们可能就学会了有意识地使用谎言（Fu et al., 2007）。人在说谎时有哪些独特表现呢？人们可能很容易就联想到说谎的人不敢直视对方，眼神躲闪，交叉自己的手臂和双腿等。说谎是一种非常隐蔽的社会行为，现实状况可能与人们的想象完全不同。研究数据显示，正常人识别说谎的准确率在 54% 左右，甚至与谎言识别紧密关联的工作人员（如法官、警察、检察官等）的准确率也只是处于随机水平（Bond & DePaulo, 2006）。

说谎是高级心理活动的产物，大脑是其物质载体。在过去的几十年里，研究者都在尝试把 ERP 技术和 fMRI 技术引入法庭等场所作为判定是否说谎的客观测量工具。因为人们可以故作镇定掩饰自己的说谎行为，而大脑却很难"伪装"起来，这些"尝试伪装"的"努力"也必定会反映在大脑活动的各项指标中。区别于传统的测谎仪，这两种技术测量的是中枢神经系统（大脑）而不是外周神经系统（皮肤电、心率、血压和呼吸）的活动，在研究认知加工过程中最为常见。

采用脑电技术甄别谎言的先驱是罗森菲尔德团队（Rosenfeld et al., 1988）。例如，在一个研究中，实验参与者从装有 9 个物体的盒子里"偷"走其中一个，之后呈现刚才被"偷"的那个物体，或者其他 8 个实验中未曾见过的物体中的一个。同时，实验参与者要做一个与研究目的无关的数量计算工作，结果显示，所"偷"的物体诱发了更大波幅的脑电 P300 成分。fMRI 技术最早被应用于说谎的研究则见于 2001 年（Spence et al., 2001）。实验参与者在实验前需完成一份包含 36 个问题的问卷，以便记录他们在当天是否做过某种行为。例如，是否整理过床铺、是否服用过药片之类的问题。实验参与者对每个问题回答是或不是。实验刺激采用视觉和听觉两种呈现方式，实验参与者需要根据提示规则来决定诚实还是不诚实作答。结果表明人们在说谎时，反应时间更长，同时腹内侧前额叶显著激活。研究者认为腹内侧前额叶是抑制情绪的脑区，在说谎的过程中起到抑制真实情绪的作用（Spence et al., 2008）。

4.1 说谎的认知过程

从认知加工过程的角度，我们把说谎分为意图阶段、执行阶段和反馈阶段。说谎的意图阶段的主要任务是谋划说谎。一般而言，如果不是病理性问题，说谎行为背后必定有某种意图，无外乎是为了保护自己，提升自己或者影响他人。我们不仅欺骗别人，还欺骗自己相信不真实的事情。这是因为说谎的意图通常与自尊和自我保护联系在一起。我们说谎是为了努力创造出最好的自己，不必面对另一个不完美的自我带来的后果。这意味着我们可能会谎报自己的技能或成就，使他人更尊重我们；或者是为了掩盖错误，这样我们就不会失去这种尊重。我们也会通过说谎来避免惩罚。

说谎的意图具体而言可能有以下几种。第一，隐瞒罪行，远离麻烦。第二，维护声誉。一个正在康复的吸毒者面对潜在的雇主或意中人，可能会隐瞒或者尽量少提及自己在戒毒所中度过的时间。该类谎言是为了避免羞耻或尴尬。第三，避免伤害别人的感情。孩子们很早就学会了懂礼貌，在他们收到不喜欢的礼物后也会表达"这个礼物我太喜欢了，谢谢"。这些善意的谎言之所以区别于其他类型的谎言，是因为它们没有恶意。第四，增加地位和声誉。有些谎言是在没有明显的外部刺激的情况下完成的。这种类型的谎言源于自恋。说谎者通过一些伪装，让别人觉得自己更有才华、更有能力，从而赢得他人的青睐。

说谎的第二个阶段为说谎执行阶段。在这个阶段，说谎者需要隐瞒客观真实的信息，同时要把错误或者虚构的想法表达出来。执行过程对说谎的重要性是显而易见的。不论说谎前后的认知和情感如何，最终都要求执行与事实不相符的行为。一个谎言成功与否的关键在执行阶段，因为这个阶段担负着一个重要的任务——处理与事实矛盾的反应和真实反应的倾向之间的冲突。该冲突解决得越好，则谎言成功的可能性越大。

一般人说谎都是在"高压力"情境下进行的，说谎者需要避免涉及自己的真实想法，往往采用"远离"的方法，尽量不去触碰事件真实的部分。对于真实的部分，说谎者会尽量少说或者回避此类信息。说谎者需要表达自己的虚假想法，这样就需要更多的话语去弥补漏洞。因此，说谎者说话可能比平常更多，且说话的逻辑会更差一些。同时，说谎者面临更大的冲突，所以说话的语言会比平常更加别扭，没有平时说话顺畅。有研究者通过实证方法也发现说谎是一步一步进行的。随着一个人说谎经验的增加，说谎会变得越来越容易。那是不是意味着有的人能通过练习变得更善于说谎呢？确实，执行功能好的人更容易执行说谎行为，随着说谎行为的增加，这些说谎的人也可能变得更"面不改色，心不跳"。

说谎的第三个阶段为反馈阶段。说谎是否成功还依赖外界的反馈，人际说谎更是如此。在交互过程中,说谎者更在意对方的反馈。因为在说谎的过程中,说谎者期待不被揭穿,所以当反馈刺激尤其与说谎内容相关时,说谎者会更加关注。对于"低水平"的说谎者,更害怕看对方的眼睛,他们害怕反馈会干扰其说谎行为的完成。而对于"高水平"的说谎者,会更关注对方的反应(如表情),并及时调整说谎的策略,规避谎言的破绽。如果谎言被揭穿,说谎者的情绪反应会变得更加强烈,甚至乱了阵脚。

小结

本节主要从认知加工进程的角度介绍说谎行为,研究者把说谎分为意图阶段、执行阶段和反馈阶段。意图阶段的主要任务是谋划说谎;说谎者在执行阶段需要隐瞒客观真实的信息,同时要把错误或者虚构的想法表达出来;在决定说谎,隐藏真实的想法,执行错误的行为后,还有一个外界信息的反馈,这个阶段为反馈阶段。

思考题

1. 说谎的意图主要有哪些?
2. 简述说谎行为的加工过程。

4.2 说谎时的大脑反应

说谎作为一种有意识的社会行为,包含一系列认知活动过程,如动作意图、执行控制、反应抑制等(Farah et al., 2014; Spence et al., 2004; Vrij, 2008)。如果想准确获知说谎的加工过程,就需要解码大脑。目前解码手段主要集中在脑电波变化或脑区激活变化上。它们分别从时间(加工进程)和空间(脑区激活)两个维度给我们提供了说谎的一些蛛丝马迹。

4.2.1 说谎时脑电发生了什么变化

脑电是指特定事件(如外部刺激或者应激反应)诱发的脑电波反应,可以反映感知、记忆、思维等心理过程中大脑的变化。说谎时,大脑的电位活动变化可以通过高时间分辨率的脑电设备进行记录。通过说谎和不说谎条件的对比,我们可以找到说谎的关键指标。

1. 说谎与 P300 成分

自塞缪尔·萨顿（Samuel Sutton）等人（1965）首次发现了内源性事件相关电位的 P300 成分，P300 成分在记忆中表现最为凸显。比如，你的早餐一般是牛奶和面包，如果在计算机屏幕上出现"面条"和"面包"两个词语或者两张图片，那应该能猜到哪个词语或者哪张图片会诱发你更大的 P300 成分。20 世纪 80 年代以来，研究者们开始将 P300 成分应用于说谎的研究中。美国学者彼得·罗森菲尔德等人首次利用脑电技术探索说谎的脑机制（Rosenfeld et al., 1988）。实验中设置了三种刺激，即探测刺激（与案件有关）、无关刺激（与案件无关）和目标刺激（与案件无关，但需注意）。结果发现无论对于犯罪者，还是无辜者而言，探测刺激和目标刺激均比无关刺激诱发了更大的 P300 波幅。有趣的是，犯罪者的探测刺激诱发的 P300 波幅明显大于无辜者探测刺激诱发的 P300 波幅。这说明 P300 成分在说谎与非说谎条件下有很大不同。P300 波幅甚至还与说谎的动机有关，你越是想隐瞒的信息，越会诱发更大波幅的 P300 成分（Kubo & Nittono, 2009）。

经过 30 多年的发展，ERP 技术，尤其是 P300，可以作为说谎时的判断依据已经广为人知。但是，P300 成分有时候也会受到反测谎技术的影响（Rosenfeld et al., 2004）。这种反测谎技术包括心理反测谎，即故意不对相关刺激表现出很强的注意。比如犯罪嫌疑人看到了自己作案的工具，却故意盯着图片的四周方框。同时也包括生理上的反测谎，如在不同刺激出现时动手指或者脚趾等微小动作，或者眨眨眼睛。有人还专门针对这一问题进行了一项研究，结果表明无反测谎组的 P300 的击中率是 82%，而反测谎组的击中率却骤然降到 18%，可见反测谎不容小觑。正所谓魔高一尺，道高一丈，为了提高 P300 甄别谎言时应对反测谎的能力，研究者对已有的谎言机制研究范式进行了创新（Rosenfeld et al., 2008）。在他们新的研究方法上，会先后呈现两种不同类型的刺激。先呈现一个 300 毫秒白色词作为刺激 1（犯罪相关刺激或无关刺激），实验参与者需尽快反馈是否看见了刺激。在短暂刺激间隔后，呈现刺激 2（为目标刺激或非目标刺激），要求实验参与者按键判断是否为目标刺激。如绿色为一类，按 1 键；红色、蓝色、黄色和紫色为另一类，按 2 键。这样连续呈现的方式限制了个体运用反测谎方式，因为你必须正确回答目标刺激，不然就很容易被"逮着"（Meixner & Rosenfeld, 2011）。

2. 说谎与 N400 成分

除了 P300 成分，N400 成分也是说谎时的一个有力证据。它是一个经典的、和语义冲突相关的内源性指标，由美国人马尔塔·库塔斯（Marta Kutas）等研究者（1980）首先发现。它产生于前后矛盾的词语或句子，波峰潜伏期在刺激出现后 400 毫秒左右（Kutas & Hillyard, 1980），甚至有人称之为"语言相关电位"。N400 的变化既可以出现在语言刺激与预期间的差异上，也可以出现在知识前后不一致的情况下。比如给你呈现一个句子，"我们爬过了一座山"。同时，再给你呈现另外一个句子"我们爬过了一座树"。后面这个句子相比前面的句子会诱发你更大的 N400 波幅。因为"一座"这个量词一般都是和"山"联系在一起的，而很少和"树"在一块使用。因此，语义的违背就会产生更大的 N400 波幅。当然，以 N400 为指标的说谎相关研究也是基于这个原理。在说谎时，话语是言不由衷甚至是口是心非的。这样实际记忆与真实表达之间就会存在互相矛盾的地方，这就会在 N400 这个成分上表现出来。蒂莫西·波阿斯（Timothy Boaz）等人（1991）以犯罪相关信息为材料，给受测者观看录制的入室盗窃案（有罪情况）或纽约市内场景（无辜情况）的录像带，然后让他们阅读犯罪相关的短语，这些短语可能是真实的也可能是错误的描述。他们不需要对陈述的真实性做出任何反应。受测者对"真"（真实描述犯罪相关信息的）和"假"（和真实犯罪信息不一致的）句子的 N400 成分在 Cz 和 Pz 点的波幅存在差异。

3. 说谎与其他脑电成分

除了 P300 和 N400 成分，与说谎关联的还有 CNV（contingent negative variation，关联性负变化）、MFN（medial frontal negativities，内侧额叶负波）等成分。方方等人（2003）的一个研究中，实验参与者需要根据熟悉与否对人脸做出反应，但也需故意对目标人脸做出欺骗性反应，以"欺骗计算机"。实验参与者被告知计算机可以判断他们是否诚实。在实验的每个试次中，如果实验参与者成功地欺骗了计算机，并且他们的回答被认为是诚实的，他们会得到奖励，否则会受到惩罚。在这个模拟说谎实验中，实验参与者说谎反应前的 CNV 比诚实反应前的 CNV 有明显的负向偏转。这个成分更多反映了说谎的筹划，或者是准备执行说谎前的特征。那可不可以认为 CNV 就能够反映说谎前的意图呢？为了区分 CNV 和 P300 在说谎不同阶段的作用，研究者操纵了说谎反馈，比较了 P300 和 CNV 在不同条件下的反应。P300 成分的反应不受反馈影响，而 CNV 的鉴别效果受反馈影响，在有反馈条件下对犯罪者的鉴别力更强（崔茜等，2009），这也进一步说明 CNV 更多反映的是说谎意图。如果实验参与者知道后面有反馈，则会有更大的负向偏转。而 P300 更多反映的是记忆痕迹，真实反应时 P300 波幅会更大，不会受反馈影响。

说谎执行过程肯定有更大的反应冲突，必定反映在脑电指标上。其中，MFN 脑电成分也与说谎有联系。雷·约翰逊（Ray Johnson）等人（2004）采用脑电发现说谎与反映执行功能的内侧额叶负波有关。首先让实验参与者记忆一定数量的词语，然后进行三种指导语条件下的新旧再认测验。一种是完全诚实的反应，即对学过的词回答"是"，对未学习过的词回答"否"。这个条件下是真实作答，不需要更多的意志努力。第二种反应是完全说谎反应，即对学过的词回答"否"表示未学过，对未学习过的词回答"是"表示学过。这个条件下是完全虚假的作答，每一题都需要随时监控自己的大脑，以免说错。第三种反应则是随机说谎反应，由自己决定对什么刺激进行说谎。这个条件下，实验参与者会轻松很多，想说谎就说谎，想不说谎就可以不说谎。当然，总体上对旧词和新词的说谎/诚实回答比例维持在1∶1左右。P300成分在不同条件下都存在明显的新旧效应，即旧词较新词会诱发P300的更大波幅。这说明了记忆的优势效应，正是因为记得深，所以看得重。而完全说谎条件相比完全诚实条件诱发了更大的MFN，波幅并不会受到练习影响。在完全说谎的条件下，实验参与者冲突重重，需要对每一个回答进行监测。MFN可能就是反映了前扣带皮层的活动，该区域涉及反应监测和冲突检测。

除了MFN，涂桑等人（2009）发现了另一个说谎时的冲突监测的脑电成分。在400~700毫秒的时间窗口，说谎反应诱发了比诚实反应更大的负波成分（N400~700; Tu et al., 2009）。被动说谎比主动说谎可能会面临更大的认知冲突，因为是被胁迫说谎。伍海燕、傅根跃和臧燕红也通过ERP考察了主动说谎和被动说谎神经机制的差异。实验通过一个有趣的二类刺激范式控制主动说谎和被动说谎（每轮有先后两个刺激，实验参与者如果对第一个刺激说谎，那么他们必须对第二个刺激进行诚实反应，反之如果他们对第一个刺激进行了诚实反应，就需要对第二个刺激说谎）。研究者认为对第一个刺激的反应就是主动诚实或者主动说谎，而对第二个刺激的反应则为被动说谎或者被动诚实。结果发现被动说谎比主动说谎诱发了更大波幅的N200成分（Wu, Hu, & Fu, 2009）。里卡多·卡里恩（Ricardo Carrión）等人（2010）采用一种更生态化的面对面游戏范式考察了出于欺骗目的的诚实和说谎反应的神经机制。通过操纵有欺骗目的和没有欺骗目的的动机因素，让实验参与者进行说谎或者诚实反应，结果发现说谎反应和说谎意图下的诚实反应都诱发了内侧前额叶的N450成分。这个结果说明了脑电成分对说谎和诚实反应的区分很可能反映的是实验参与者欺骗反应的动机。

但是，ERP对于说谎的研究也有明显的局限性。ERP技术要求实验参与者主动配合，并且在测试过程中不能有多余的动作或眨眼等。同时，现有的研究主要为实验室研究，现场研究十分不足，对该技术的生态效度还存在质疑。为了更好地规避这些问题，提高ERP技术在说谎认知过程中的作用，未来可以对这一技术进行拓展，如单试次的脑电分析、基于机器学习的隐瞒信息测试，还可以发展更多内隐测试范式对抗反测谎，以及通过多指标结合的方式进行ERP测试等。

4.2.2 说谎时大脑的血氧信号如何变化

认知任务的fMRI研究主要探讨不同实验条件下的血氧水平依赖（blood oxygenation level dependent）信号。在经典的fMRI实验设计中，一般通过对比两个或者多个条件下的血氧变化。例如，比较一个实验参与者在休息或者说真话的状态下的血氧变化信号，通过这种比较发现说谎和非说谎条件下相同或者不同的脑区差异。利用fMRI技术进行说谎神经机制研究的理论基础是当说谎相关大脑区域的神经元变得活跃时，流经该区域的血流量就会增加，而这种血流量的变化可以被fMRI技术记录（Huettel, Song, & McCarthy, 2004）。因此根据fMRI技术，我们可以直观地检测说谎过程中激活的大脑区域。与ERP技术不同，fMRI的优点在于其高空间分辨率。因此fMRI特别适合考察说谎与否，以及不同说谎类型的神经机制差异。

从2001年开始，来自各国的科学家开始使用代表血氧水平依赖信号探测实验室中说谎时的大脑激活（Spence et al., 2001; Lee et al., 2002）。在早期研究中，通过fMRI技术区分说谎和诚实反应的准确率已经超过75%（Davatzikos et al., 2005; Kozel et al., 2005）。在第一个fMRI研究发表后，宾夕法尼亚大学和南加利福尼亚大学分别申请了专利，fMRI可以测谎一事马上得到《纽约时报》等报纸的报道，引起公众的极大兴趣。法律与伦理学界的研究者们开始衡量fMRI如何运用于说谎检测（Greely & Illes, 2007; Moriarty, 2008），主要关注点在其应用的社会风险、法律意义和个人隐私等问题。

一系列研究结果表明，人在说谎时，大脑的额叶和顶叶的脑网络更活跃。相反，说真话时相比说谎却没有发现更多脑区的参与。大多数认知神经科学家认为说谎比诚实反应需要更多额外的努力。这种额外的努力旨在抑制说真话或者产生一些看起来真实的反应。通过采用更加生态化的刺激，有研究发现边缘系统在说谎时也有激活（Hakun et al., 2009）。还有研究认为伪造的记忆激活了一个分布式神经网络，包括前额叶、颞叶和顶叶皮层等（Lee et al., 2002）。已有脑成像的研究表明，说谎可能主要涉及执行功能的脑区，具体包括背外侧前额叶、腹外侧前额叶等区域；还包括与冲突检测和情绪相关的脑区，如前扣带回、杏仁核等脑区。总体而言，说谎涉及了对诚实反应的抑制、监测反应冲突和情绪反应等心理过程，而说谎的社会交往属性决定了不同类型说谎的脑机制不尽相同。

1. 执行说谎、抑制真实反应的脑区

肖恩·斯彭斯（Sean Spence）等研究者分别采用了视觉和听觉两种呈现方式（Spence et al., 2001）。结果发现两种通道的结果有高度的一致性，和诚实反应相比，说谎反应更多地激活了内侧前额叶，双侧腹外侧的前额皮层以及左侧前运动区等脑区。由于腹外侧前额皮层与条件学习和动作反应抑制有关，作者认为这一脑区的激活和说谎反应的按键反转有关，即抑制真实反应，做出说谎反应。为了证明说谎中腹外侧前额皮层与反应抑制的关系，肖恩·斯彭斯等人进行了口头说谎的研究，也证明腹外侧前额皮层的反应抑制功能在说谎中起着关键作用（Spence et al., 2004, 2008）。但是，还有一个问题是前额叶的活动是否特异于故意说谎的过程。另外两项 fMRI 研究试图回答这个问题。为了探索与真实记忆、虚假记忆和欺骗相关的神经活动，诺布希托·亚伯（Nobuhito Abe）等人（2008）使用由语义关联组成的单词列表进行了 fMRI 实验，这些语义关联的列表很容易诱发实验参与者的错误记忆。而这一研究发现前额叶的活动与欺骗性反应相关而不是和语义错误相关（Abe et al., 2008）。香港大学心理学系李湄珍等人（2009）也发现了说谎过程中前额叶活动的增加，而在无意识的记忆错误中没有观察到这种激活。因此，这些研究结果表明，说谎相关的前额叶活动反映的是故意说谎的心理。此外，研究者通过一个元分析，对执行控制三个方面（工作记忆、抑制控制和任务切换）的 9 张激活似然估计图像与说谎反应的激活似然估计图像进行了对比，发现腹外侧前额叶皮层、前脑岛和前扣带回皮层等与说谎相关的大脑区域在任务执行控制中被激活（Christ et al., 2009）。

同时，前额叶受损的病人的证据进一步说明该脑区尤其是腹外侧前额叶和背外侧前额叶等在说谎中的作用。诺布希托·亚伯等人（2009）使用认知任务来检查帕金森病患者的说谎能力。帕金森病患者的认知功能受损，如额叶执行功能存在障碍。有趣的是，帕金森病患者被更多地描述为"诚实"的人，因为他们倾向于不欺骗他人（Abe et al., 2009）。正如预测的那样，帕金森病患者相比正常对照组更难做出欺骗性反应。正电子断层扫描技术（PET）的结果也显示，该类患者背侧和右侧前额叶区域的代谢率降低。他们团队的另外一项 fMRI 也发现，与健康的人相比，帕金森病患者的前额叶皮层，特别是背外侧前额叶皮层激活降低。这些结果进一步说明该脑区在抑制诚实反应和做出说谎反应方面发挥着关键作用（Abe et al., 2005）。

2. 冲突监控与情绪反应脑区

乔治·加尼斯（Giorgio Ganis）等人（2003）的研究对比了即兴的说谎和基于记忆的说谎。在这两个条件下，都发现前额叶和双侧海马旁回及小脑等脑区激活。但是，即兴的说谎更多地激活了负责冲突监控和解决的前扣带回皮层。后来的研究者试图分离前额叶和扣带皮层两个脑区在说谎过程中的作用。诺布希托·亚伯等人（2007）采用 PET 技术考察了两种不同类型的说谎的神经机制，一是对做过的事件进行否认，二是对未做过的事件谎称自己做过。成像的结果显示前额叶的背侧、腹侧、内侧皮层和两种说谎有关。不过前扣带回区域的激活仅仅和否认事实型说谎有关。这些结果表明前额叶的外侧和内侧皮层在说谎时有普遍意义，而前扣带回则只在否认发生过的事情时明显激活，足见其在冲突控制中的作用。

近年来，越来越多关于说谎的 fMRI 研究关注个体在经济行为或者自我经济利益驱动下的说谎行为。因为这类研究考虑到欺骗行为在经济行为中的普遍性，所以该类科学研究具有更强的应用性。为了研究自发说谎和被要求说谎在神经机制上的不同，殷丽君等人（2017）在实验中让参与者掷色子下注，让他们预测下注结果，并在结果出来后报告他们的预测是否准确。通过比较发现，实验参与者在自发说谎和被要求说谎时的情绪效价评估和神经反应不同。相比被要求说谎，实验参与者在自发说谎时，右背外侧前额叶皮层、右腹外侧前额叶皮层和右顶下缘角回显著激活。这三个区域与决策过程中的认知控制有关。他们还在实验中对利他动机的说谎与利己动机的说谎进行了对比，发现实验参与者更容易因为利他动机说谎。从神经机制上来看，与利己动机说谎相比，实验参与者在利他动机说谎时，前脑岛的激活明显降低。此前的研究表明，前脑岛是与说谎相关的关键脑区之一（Baumgartner, Gianotti, & Knoch, 2013; Christ et al., 2009; Farah et al., 2014）。但由于前脑岛对负面社交十分敏感，研究者推测，前脑岛在利他动机说谎时激活的下降或许与这种行为对消极情绪的调节有关，也就是如果因为利他说谎，实验参与者可能没有那么内疚。

诺布希托·亚伯等人（2007）采用更为社会性的说谎范式（由另一个实验者告知实验参与者欺骗之前的一个实验者），分离了前额叶皮层和杏仁核对个人事件或信息说谎的作用。该研究证实了前额叶在说谎中的作用。另外该研究首次发现说谎过程中杏仁核的激活，证实了社会性说谎中的情绪反应成分（Abe et al., 2007）。该结论被近年另外一项基于自我利益的说谎研究进行扩展，其证实杏仁核在自我利益驱动下的说谎中会不断适应（Garrett et al., 2016）。

3. 说谎的脑神经环路

当然，说谎的脑成像研究越来越关注其说谎的神经环路。也就意味着，说谎不仅仅是某一个区域的激活，更多的是一个分布式的神经网络在起作用。额顶网络、扣带皮层和皮层下结构共同组成了说谎的神经环路。丹尼尔·兰勒本（Daniel Langleben）等研究者（2002）开始了基于 GKT 的 fMRI 研究，用说谎反应减去诚实反应的脑活动，结果发现了前扣带回及其邻近的额上回、前顶区、背外侧前额叶区、皮层下结构的尾状核在说谎时的活动更强烈。由于前扣带回和背外侧前额叶区两个脑区已被证实与涉及抑制优势反应的执行功能、注意分配等认知加工过程密切相关，这一结果再次证实了隐瞒信息的说谎首先要抑制诚实反应，然后监测和解决反应冲突。此外，前扣带回的激活还可能和说谎伴随的情绪反应相关。研究者对此范式进行了改进，包括基于机器学习的 fMRI 谎言甄别等（Davatzikos et al., 2005; Hakun et al., 2008）。丹尼尔·兰勒本等人（2005）采用改进的 GKT 范式重新进行了 fMRI 研究，发现说谎反应与背外侧前额叶、前扣带回、左侧额下回、脑岛、顶叶区等脑区的激活有关。李湄珍教授进行伪装失忆范式的 fMRI 说谎神经机制研究（Lee et al., 2002, 2009），发现说谎反应伴随着更多的双侧背外侧前额叶、顶内侧、扣带回与尾状核等部位的激活，并提出前额叶-顶叶-皮层下结构的说谎神经环路。

弗兰克·科泽尔（Frank Kozel）等人（2001）率先将模拟情景应用到 fMRI 的谎言神经机制研究。他们要求实验参与者对藏钱的位置进行说谎，从而得出了隐瞒说谎的相关神经机制，发现包括右侧眶额皮层、额下回、额中回、扣带回和左侧前额叶在内的脑区都与之相关。还有研究者采用更为生态化的实验任务（模拟开枪的情景），结果也发现说谎会激活前额叶、海马、前部扣带回和脑岛等区域（Mohamed et al., 2006）。同时，研究者还开始关注社会交互中的说谎的脑机制。卡米拉·西普（Kamila Sip）等人（2010）的研究采用了一种社会交互的游戏考察了更为接近现实生活的说谎的神经机制。在竞争条件下，诚实和说谎反应都激活了前额皮层，但说谎激活了更多的运动前区和顶叶皮层。研究者认为这两个区域和说谎反应的选择有关（Sip et al., 2010）。凯莉·鲍姆加特纳（Kelli Baumgartner）等人（2009）设计了一个信任博弈的游戏，考察了实验参与者违背承诺的说谎的脑机制。结果发现违背承诺的说谎反应激活了更多的背外侧前额叶、前扣带回和杏仁核区域，表明了这种说谎反应涉及情绪冲突和需要抑制诚实反应，这也和之前的说谎研究结论一致。

然而，由于研究方法自身以及已有研究的局限性，脑成像技术在说谎研究中的有效性会受到一些因素影响。第一，现有的脑成像研究都是用说谎反应减去诚实反应得出某些激活脑区，所以鉴别的是参与者群体说谎反应产生的大脑激活，而很少会对单个实验参与者是否属于说谎者进行鉴别。第二，是对于说谎比诚实反应激活更多的脑区的结果的质疑。fMRI 检测到的血流增加可能是由于焦虑、恐惧或者与说谎无关的其他情绪状态等交替作用的结果。并且，即便特定脑区的血氧增加表示说谎，目前的结果对于这些特定的区域也存在不一致。第三，和 ERP 一样，对于 fMRI 在说谎研究中应用最严厉的批评同样来自对其生态效度的质疑。fMRI 的结果取决于受测者的合作，并且很容易受到反测谎的干扰。第四，fMRI 对于头动特别敏感，需要受测者长时间保持静止不动，轻微的头部活动就会破坏图像，从而影响研究结果。

小结

说谎作为一种有意识的社会行为，包含一系列心理过程，如动作意图、执行控制、反应抑制等。要准确获知说谎的加工过程，需要解码大脑。目前解码手段主要集中在脑电波变化或脑区激活变化上。说谎时脑电波发生的变化主要在 P300、N400 以及其他脑电成分上。P300 成分在说谎与非说谎条件下有很大不同。P300 波幅甚至还与说谎的动机有关。N400 成分是一个经典的和语义冲突相关的内源性指标。除了 P300 和 N400 成分，与说谎关联的还有 CNV、MFN 等成分。脑电波变化或脑区激活变化分别从时间（加工进程）和空间（脑区激活）两个维度给我们提供了说谎的一些蛛丝马迹。

思考题

1. 解码说谎现有的脑指标有哪些？它们各自的优势是什么？
2. 当人们说谎时，脑电波主要在哪些成分上有所差异？

第 5 章
说谎的情绪反应及生理变化

不管我们自己是否承认,说谎行为几乎每天都在我们身边发生,甚至发生在我们自己身上。例如,遇到自己讨厌的人时,出于礼貌的假意客套;被人指责时,迫于无奈不得不低头的虚与委蛇。因此,人们根据生活经验,结合对自己身心体验的反省,早已总结出说谎行为的诸多特点。其中被大家普遍接受的一点,就是说谎通常会伴随特定的情绪反应,例如,害怕谎言被识破而引发的恐惧,或者由于欺骗行为导致的内疚,甚至自认为说谎成功时的沾沾自喜。人们根据自己的经验也捕捉到很多说谎时身体发生的生理变化,而且也认识到这些变化可能与说谎时的紧张情绪有关。人们通常把这些变化看作"匹诺曹的鼻子",作为识别他人谎言的线索。例如,说谎时由于恐惧或者焦虑而引发的面红心跳、手心出汗、呼吸急促、口干舌燥、不由自主地哆嗦等。人们根据这些生活常识和口耳相传的处世经验,也逐渐摸索出一些用于识别说谎行为的方法。例如,在第 2 章中曾提到,在中国古代,要求犯罪嫌疑人咀嚼小米或面粉然后吐出,以此来判断其是否说谎,这就是利用了说谎时情绪紧张导致唾液分泌减少这一生理反应特点。

5.1 说谎的情绪反应

基于说谎时产生的一系列情绪和生理变化,测量生理反应的测谎技术已经被应用于司法刑侦、商业金融、国家安全等领域,但是人在说谎时为什么会产生一系列情绪反应和生理变化呢?这些变化是否具有普遍、固定、可识别的模式?解答这些问题在社会实践中具有十分重要的意义。

5.1.1 说谎与情绪的关系

近30多年的说谎行为和测谎研究表明说谎与情绪之间存在密切关系，甚至说谎和欺骗行为本身就是情绪性的：一方面，情绪驱动人去说谎和欺骗；另一方面，说谎反过来又会激发说谎者的情绪（Buller & Burgoon, 1996）。情绪和情感是人对客观事物的态度体验，以及相应的生理、心理和行为反应。情绪和情感反映了主体与客观刺激和周围环境之间的关系。不管是人类，还是动物，当受到对自身生存和发展有利的刺激，或处于对自身生存和发展有利的环境中时，都会产生正性的情绪或情感，反之则产生负性的情绪或情感。说谎时的情绪特点同样也符合这样的规律（Ekman & Friesen, 1969; Zuckerman, Depaulo, & Rosenthal, 1981），而且情绪和情感贯穿了说谎的整个过程。

1. 说谎的动机与情绪

人为什么会说谎？人说谎的原因千变万化、各不相同。在说谎之前，每个人都会先产生说谎的动机。

（1）动机与情绪概述

动机与情绪有着密不可分的关系。动机是驱动我们产生行为的内在力量。情绪的动机维度理论认为，情绪不但具有正负性效价和强度，也具有动机维度（Gable & Harmon-Jones, 2010; Carver & Harmon-Jones, 2009）。不同的情绪状态由于其动机强度和指向的不同，也会驱动个体做出不同的行为反应。例如，高动机强度的负性情绪有愤怒和恐惧，愤怒会驱动个体攻击引起他愤怒的对象，而恐惧则会驱动人们快速逃离引起他恐惧的对象。正如前文所述，情绪会驱动人去说谎和欺骗，情绪是说谎的内在动机（Buller & Burgoon, 1996）。

（2）趋利避害的说谎动机

通常，人们说谎的主要动机是为自己谋取各种各样的利益或者避免损失。趋利避害，这是生物的本能。趋利避害的内在动机是情绪系统在起作用。获取利益便是给自己的生存或者发展带来好处，因此利益的获取不但从客观上对自身的生存和发展有帮助，主观上也会给自己带来正性的情绪、快乐、满足，甚至成就感。说谎的另一个主要动机是避免负性结果。为了避免给自己带来麻烦，或者为了掩饰自己犯下的错误而躲避惩罚，个体试图通过谎言来降低对自身利益的损害。尤其是在司法和刑侦领域的测谎情境中，说谎通常是为了逃避法律责任和被处以刑罚的严重后果（Kristina & Matthias, 2018）。

（3）成就感与说谎动机

有时，人们说谎可能并不会给自己带来实质性的利益，而仅仅是寻求成功地掩人耳目、蒙蔽他人的刺激感和成就感。说谎之所以会给人带来刺激感和成就感，是因为说谎类似于人与人之间的博弈，存在失败的风险，需要一定的技巧和自我控制能力。美国加利福尼亚大学心理学家保罗·埃克曼在他的《说谎——揭穿商业、政治与婚姻中的骗局》一书（Ekman, 1985）中提到，20世纪50年代初期，他在芝加哥大学就读时，该校学生以到学校经营的书店偷书为娱，甚至新生入学后的"入门仪式"之一便是偷书。埃克曼在书中也总结了三种说谎快感最大的情形：第一，被欺骗的对象本身难以愚弄；第二，所实施的谎言本身具有挑战性，需要隐瞒或者编造的情节和信息非常有难度；第三，有局外人知道或者关注这个谎言，并且对说谎者的说谎和欺骗技巧表示赞赏。

（4）道德感与说谎动机

另一个与说谎动机密切相关的情绪是道德感，以及随之而来的罪恶感和羞耻感。如果说生物本能的趋利避害作为一种外部的诱因会促使人为了利益去说谎，或者因为惧怕说谎带来的严厉惩罚而不说谎，那么道德感，以及随之而来的罪恶感和羞耻感则是关于说谎的内在准绳。道德感强烈的人，可能会预见到说谎行为所带来的沉重的罪恶感和羞耻感，从而避免说谎。埃克曼（Ekman, 1985）认为，羞耻感和罪恶感是两种不同的情绪，罪恶感是个体的自我批判，是在别人不知道自己说谎的情况下的自我反省，而羞耻感则是源于谎言败露时，他人对说谎主体的非议所带来的情绪体验。

虽然道德感是约束人们说谎的内在准则，但并不是所有人，或者人并不是在任何时候，都会对说谎产生羞耻感和罪恶感，例如，某些具有精神病态人格的人。当一个人将说谎和欺骗作为自己谋生的手段，或者习以为常时，那么这个人在头脑中便会合理化自己的谎言和欺骗行为，从而不会产生羞耻感和罪恶感。例如，上面提到的埃克曼大学时代流行的偷书行为，大学生们合理化自己的偷书行为，并没有感到任何罪恶感和羞耻感（Ekman, 1985）。

还有很多情况下，人们对特定的说谎行为抱有"特赦"心理，把说谎和欺骗当作特定情况下被允许的行为。例如，人们对于卧底警察、国家机器的间谍特工、谈判专家、外交领域的政客、面对重症病人的医生、商场里的促销员（他们的赞美和恭维，很可能都是程式化的，而非发自内心）等人群的职业行为是完全可以接受的。对于这些人来说，说谎和欺骗是他们所从事的职业必须具备的一种技能，这种技能甚至攸关性命或国运。

2. 说谎过程与情绪

说谎行为实施的过程与情绪密不可分（Buller & Burgoon, 1994; 1996）。说谎行为通常包含欺骗性的言语内容，以及附属的言语（那些与谎言本身无关的言语信息）和非言语信息（语气、语调等语音信息，以及表情、肢体动作和姿态等），附属的言语和非言语信息通常都是用于传递情绪性的信息。

（1）伴随说谎的伪装情绪

人们在说谎的时候通常需要伪装自己的情绪来掩饰内心的真实感受，或者通过故意的情绪表达来误导，甚至诱使他人相信其谎言。一旦人们采用情绪性的表现来误导、诱骗他人，那么情绪本身也就成为谎言的一部分。每个人在成长的过程中，无一例外都习得了大量在某种社会情境下应该表现出的某种特定情绪、情感的知识和经验。例如，当朋友或者亲人在向我们转述一件令他非常扬扬得意的事情时，我们应该表现出欣赏的神情；当我们去看望危重的病人时，应该说很多宽慰病人的话，假装病人快要好起来。

但是，并不是所有人都能够充分利用这些知识，并且能够把自己的情绪矫饰得滴水不漏。20世纪90年代，轰动美国的美式橄榄球运动员辛普森杀妻案在调查之初，警方在证据不足的前提下，认为辛普森具有重大的杀人嫌疑。这是因为辛普森在向探员否认自己犯有杀害前妻的罪行时，并没有表现出非常强烈的悲痛情绪。探员基于之前采访受害人家属的经验，主观地认为辛普森有很大的嫌疑，然后便炮制了各种证明辛普森杀人的证据，这严重违反了美国司法体系所严格遵守的程序公正原则，因此最终辛普森被判定对其妻子和情夫的死亡仅仅负民事责任，此案成为美国历史上"疑罪从无"①的最有名案件。在这个案例中，辛普森没有能够很好地矫饰自己的情绪，他对前妻的冷酷态度导致警方先入为主地认为他有嫌疑，从而发生了伪造证据的闹剧。

（2）说谎行为引发的情绪

正如第4章所介绍的，说谎行为可以分为意图、执行和反馈三个阶段。在每个阶段中，说谎者都需要隐瞒客观真实的信息，建构错误或者虚构的信息，并采用恰如其分的方式把自己建构的信息表达出来，这些都需要付出认知努力来保证说谎最终成功。在这个过程中，说谎者需要处理基于真实信息的反应倾向与基于虚假信息的反应倾向之间的冲突，或者说需要抑制真实反应。因此，真实反应倾向与虚假反应倾向之间的冲突，增加了说谎者的认知冲突和认知负荷，消耗说谎者的认知资源，不但使其反应时间变长（Suchotzki

---

① 疑罪从无原则最早源于古罗马法的"罪案有疑，利归被告"的原则，从有利于被告的角度出发，做出从宽或从免的判决，之后被大多数西方国家的宪法或者国际条约采纳。中国的法律也采用疑罪从无原则，中国《刑事诉讼法》第二百条第三项规定：证据不足，不能认定被告人有罪的，应当作出证据不足、指控的犯罪不能成立的无罪判决。

et al., 2017），而且说谎者为了努力使谎言成功，会对自己行为过度控制，引起情绪唤醒水平升高，这种现象被称为动机损害效应（motivational impairment effect, Ben-Shakhar & Elaad, 2003; DePaulo & Kirkendol, 1989）。因此，当说谎者希望自己的谎言成功的动机越强烈时，就越需要付出更多的认知努力，对自己说谎时的行为表现进行更强的控制，那么这些认知活动可能会使他更加紧张和焦虑。

（3）预测说谎后果引发的情绪

对于大多数人来说，谎言败露所带来的负性结果会让说谎者不安、恐惧和焦虑。除了害怕谎言败露所引发的恐惧和焦虑，愧疚感和罪恶感也是说谎时以及说谎之后常见的情绪体验。虽然担心谎言败露会引发恐惧和焦虑，但是如果这种恐惧或者焦虑的情绪比较轻微，非但不会使说谎行为失败，反而会使说谎者始终保持警惕，更加注意控制自己的言行和神态。但是，如果这种恐惧和焦虑的程度比较严重，那么说谎者则很可能会在说谎过程中表现出异常的行为特点和生理反应。因此，埃克曼认为，传统测谎仪测的不是谎言本身，而是情绪信号（Ekman, 1985）。

接下来，我们将简要介绍说谎情绪的三个成分，并在 5.2 节深入介绍说谎情绪的神经生理反应。

5.1.2 说谎情绪的三个成分

目前，心理学研究者普遍认为情绪包括主观体验、外部表现和生理唤醒三个成分。相应的，说谎的情绪反应也对应三个成分：说谎的主观体验、外部表现和生理唤醒。

正如本节所介绍的，说谎时伴随的主观体验非常复杂多变，有可能是恐惧、焦虑，也可能是羞愧、内疚，还可能是扬扬得意、暗自窃喜，在此不再详述。

情绪的外部表现主要包括面部表情、姿态表情和语调表情，是情绪主观体验的外部行为表现。在所有外部行为表现中，微表情被认为是最具有识别谎言价值的面部表情。美国福克斯广播公司播出的电视剧《别对我说谎》更是将微表情渲染上一层神秘色彩，也将保罗·埃克曼关于微表情的研究带入大众的视野。

任何一种情绪的产生都会同时伴随脑部的神经生理反应，以及全身外周神经、内分泌系统等的变化，也就是生理唤醒。通常伴随情绪发生的生理唤醒不太容易受人的主观意志控制，所以成为测量情感、测谎的相对客观的指标。因此，多导生理记录仪（也就是传统意义上的测谎仪）已经被广泛地应用到与情绪有关的研究，以及谎言识别领域，用来记录对情绪变化敏感的多项生理指标，然后进行综合分析。

小结

本节主要介绍了说谎的情绪反应。说谎行为与情绪紧密关联,情绪会驱动人说谎和欺骗,情绪是说谎的内在动机。通常人们说谎的主要动机是趋利避害,也有可能是寻求欺骗成功的刺激感和成就感,而道德感以及随之而来的罪恶感和羞耻感则是约束人说谎的内在力量。说谎行为实施的过程也与情绪密不可分。当采用情绪性的表现来帮助说谎时,情绪本身也成为谎言的一部分。在准备说谎、实施说谎行为的过程中对说谎行为结果的预测会引发复杂的内心情感体验。说谎的情绪反应对应三个成分:说谎的主观体验、外部表现和生理唤醒,传统的测谎仪测量的是人在说谎时的自主神经生理反应。

思考题

1. 说谎动机与情绪之间有什么关系?
2. 道德感如何影响人的说谎行为?
3. 说谎时可能伴随哪些情绪体验?

5.2 说谎时的自主神经生理反应

大脑是参与说谎的主要神经结构。大脑皮层以及皮层下核团不但参与说谎的认知加工,也参与情绪过程。近期大量的认知科学和神经生物学研究表明,认知与情绪之间相互依赖、相互影响,它们的神经机制还存在功能整合,共同构成了行为活动的基础(Ochsner & Phelps, 2007; Pessoa, 2008)。除了中枢神经系统,外周神经系统与情绪情感体验的关系也非常密切。外周神经系统包括传入和传出躯体与内脏的感觉运动神经。从中枢神经传出到内脏的神经,主要支配内脏各器官的肌肉、腺体的活动,称为自主神经系统。我们通常能够自己感受到的情绪所带来的身体变化,如血压上升、手心出汗等,其实是自主神经系统在起作用。

5.2.1 自主神经系统简介

自主神经系统具有较高的独立性,不易受主观意志支配,可以进行自主活动,因此也被称为不随意神经系统或植物性神经系统。自主神经系统能调节内脏和血管平滑肌、心肌和腺体的活动，由交感神经系统和副交感神经系统两部分组成，两者既拮抗又协调地调节内分泌、身体代谢、体温、睡眠、血压等生理反应。交感神经的兴奋保证在应激状态下给人体提供更多的能量，使反应更快、力量更强。副交感神经系统的作用正好相反，主要负责保持身体在安静状态下的生理平衡，以节省不必要的消耗。

5.2.2　情绪与自主神经系统

当前学术界普遍认同，当人受到情绪性刺激，导致情绪强度增大时，机体的生理唤醒水平也相应提高。但是，在心理学和生理学界，对于人类在不同情绪状态下是否存在特异性的自主神经反应模式却一直存在争议（Kreibig, 2010）。有的心理学家认为，特定的情绪体验对应着特定的自主神经生理反应（Ekman, Campos, & Davidson, 2013）；但是也有心理学家认为，内脏和腺体的活动非常缓慢，无法与快速形成的情绪体验相对应（Barrett, 2006）。

人在说谎时，有两方面的因素会引起个体情绪紧张，生理唤醒水平显著升高。正如在5.1节介绍的，一方面因素源于说谎过程本身。由于编造说谎内容（从记忆中提取适当的信息、组织语言内容圆谎等）和控制说谎行为（控制自己的面部表情、身体姿势来掩藏说谎的事实）需要付出的认知努力大幅增加，生理唤醒水平升高。另一方面因素源于担心谎言败露所带来的负性结果而产生紧张、恐惧和焦虑。

5.2.3　说谎时的自主神经生理反应指标

1. 皮肤电

（1）皮肤电简介

皮肤电反应（galvanic skin response, GSR）是当机体受外界刺激或情绪状态发生改变时，其自主神经系统的活动引起皮肤内血管的舒张和收缩，以及汗腺分泌的变化，从而导致皮肤电阻发生改变的现象。通俗来讲，当人们情绪紧张时，导致手心出汗，而在我们肉眼能够观察到出汗之前，皮肤的潮湿程度已经发生变化，并且会引起皮肤电阻的明显下降。通常，皮肤电指标反映了个体的情绪唤醒程度，情绪强度越大，生理唤醒越强烈，皮肤电反应越大。

（2）皮肤电与测谎

早在20世纪20年代，日本心理学家就发现皮肤电在说谎后会降低，建议将皮肤电指标应用于测谎（Akamatsu, Uchida, & Togawa, 1933），甚至还对一个间谍进行了测试，这也是心理生理测谎方法在日本的第一次应用实践。20世纪20年代到50年代，几乎所有测谎仪都涵盖皮肤电指标。大卫·莱克肯进一步认为采用皮肤电指标，并结合犯罪情节测试法（有关这种测试的详细介绍请见第10章），可以较好地鉴别说谎者（Lykken, 1960）。

有研究者正在探索新的适用于皮肤电指标的心理测试范式来进行测谎研究。例如，通过条件学习结合电击反应，增强说谎反应的皮肤电反应值，从而提高识别准确率（Tomash, 2013）。此外，采用新的皮肤电反应分析方法，如基于单试次的皮肤电反应的时间序列分析等，可能提高皮肤电指标的有效性（Bach et al., 2009）。

2. 呼吸

1913年，贝努西在罗马的意大利心理学会议上报告了采用呼吸模式来辨别说谎的研究，并于次年发表《呼吸变化在测谎中的影响》。他还对比了自然观察法与呼吸记录法对说谎识别的准确性，结果发现自然观察法的准确率接近随机水平，而呼吸测量法则几乎100%准确。他因此提出说谎与诚实对应的呼吸模式存在差异这一研究问题，并认为呼吸的改变与说谎时的情绪相关。

进入21世纪，依然有很多研究在探讨呼吸模式与情绪的关系。例如，一项考察恐惧和悲伤两种负性情绪的生理反应研究，关注的指标包括呼吸率、呼吸深度、呼吸停顿、呼吸抑制和呼吸周期变异，结果发现恐惧和悲伤情绪都会伴随着呼吸周期变异的增大，其他指标则无明显变化（Kreibig, 2007）。另外一些对压力和抑郁进行的多指标研究也证实了呼吸反应和情绪状态的关系（Stephens, Christie, & Friedman, 2010）。

有研究采用模拟犯罪实验，发现呼吸线长度可以有效地甄别说谎行为（Kircher & Raskin, 1988）。后续的研究还发现呼吸偏移长度能有效地识别说谎（Kircher & Raskin, 2002）。当然，这些研究发现与使用的呼吸指标和计分方式有关（Honts & Handler, 2014）。然而也有一些研究表明，呼吸指标对说谎并不敏感。一些新的呼吸函数计算方式（Lepine et al., 2016），如结合呼吸和热成像的分类方式，可能有助于未来更好地检测说谎行为（Deepika et al., 2016）。

3. 心率和心率变异性

（1）心率和心率变异性简介

心率是指每分钟心跳的次数。健康成人在安静状态下每分钟的心跳次数一般为60至100次。年龄、性别和一些生理因素会影响心率的快慢。心率变异性是逐次心跳周期差异的变化情况。目前普遍认为心率变异性可以反映自主神经系统的活性，是定量评估心脏交感神经与迷走神经张力,及其平衡性的重要指标。

（2）心率和心率变异性与测谎

一项采用模拟犯罪范式的研究发现心率变化的指标在犯罪情节测试中的探测准确率更高（Bradley et al., 1981）。值得注意的是，说谎诱发的心率反应更慢，而不是人们通常想象的那样更快（Kircher et al., 2005, Raskin & Hare, 1978）。

研究者认为，这种心率减慢与说谎反应中对犯罪有关信息的定向反应有关（Graham & Clifton, 1966）。基于这一假设，采用模拟犯罪的范式的结果发现，在与犯罪细节有关的图片出现 5 秒内，观察到明显的心率减慢现象（见图 5-1）（Verschuere et al., 2004）。在经典的犯罪情节测试范式中，与犯罪相关的刺激出现的 3 秒左右，心率首先减慢，然后短时间内变快，而在 5 秒之后又开始减慢，减慢的过程可能持续 10 秒（Matsuda, 2009）。这与研究者认为隐瞒信息的定向—防御反应假设是一致的，即从看到犯罪相关刺激到 3 秒，个体对其的定向反应促使早期的心率减慢，之后产生的心率加快过程则与个体在加工犯罪相关信息后产生的防御反应有关（Hirota et al., 2009）。但是也有很多研究表明心率有效性只是略高于随机水平（Grubin & Madsen, 2005; Bradley & Ainsworth, 1984; Podlesny & Raskin 1978）。

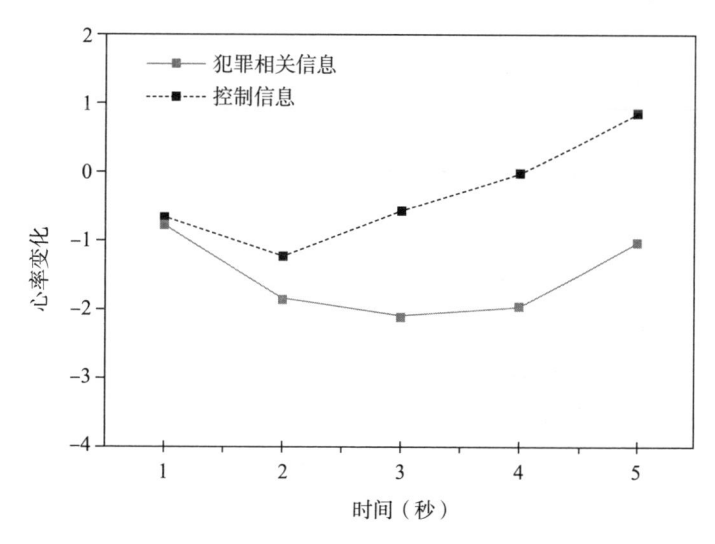

图 5-1 犯罪信息（相比无关控制信息）引发的早期心率减速现象

4. 血压

血压是指血管内血液对血管壁的侧压力。在测谎中常用的生理指标是动脉血压，包括收缩压和舒张压，以及两者的平均血压。1915 年，威廉·马斯顿记录侦讯过程中嫌疑人回答不同问题时的血压反应，发现能很好地鉴别说谎和诚实回答。

近现代，血压的记录和分析已被广泛应用于测谎实践。压力情况下的心血管反应与血压增加有密切关系，说谎者的血压平均升高 12mmHg（Igosheva et al., 2007）。2015 年的一项研究中，研究者先让实验参与者进行一个模拟盗窃的任务，再通过控制问题测试，结合血压和其他生理指标，发现对模拟犯罪者具有较高的识别率（Honts & Reavy, 2015）。

5. 皮肤温度

皮肤温度也是心血管反应的重要指标。早在 20 世纪 60 年代，美国军方就开始使用红外线扫描仪来检测皮肤温度进行测谎。伴随红外线扫描仪的应用发展，有关皮肤温度的谎言识别研究更多地进入人们的视野。

2002 年，《自然》杂志发表的一项研究采用热成像技术，记录实验参与者在回答偷盗有关问题时的面部温度反应，结果发现说谎的同时伴随面部温度升高（Pavlidis et al, 2002）。另一项研究采用扑克牌游戏，发现当打扑克的人准备进行有风险的说谎行为时，其面部温度比保持诚实时的温度更低（Panasiti et al., 2016）。

6. 瞳孔和眨眼

眼球运动的速度、眼跳距离和注视停留时间等都和个体的认知状态有很大关系，瞳孔直径大小与情绪也有密切关系（Bayer et al., 2017）。在与谎言相关的眼睛指标中，瞳孔大小是伴随现代眼动技术发展最被认可的指标之一。因为在刑事测谎中，犯罪者看到作案现场的信息时会因为注意定向和情绪唤醒等产生明显的瞳孔直径变化。1996 年的一项研究通过模拟犯罪和犯罪情节测试考察瞳孔直径与说谎之间的关系，结果发现瞳孔直径能较好地区分"犯罪者"和控制组（Lubow & Fein, 1996）。

另外一个较受关注的眼动生理指标则是眨眼频率。一项研究发现说谎前的眨眼频率会显著降低，而在说谎反应完成后，则会伴随眨眼频率的增加（Leal & Vrij., 2008）。在 2014 年一项犯罪情节测试的研究中，实验者询问实验参与者喜欢的食物、演员以及与任务有关的问题，结果发现在说谎过程中会伴随眨眼频率的降低（Perelman, 2014）。

相比其他指标，基于眼动指标的说谎识别有较大优势。首先，实验参与者因为要注意刺激，而难以反测谎。其次，相比于现代其他类测谎仪器，其数据分析和测试成本较低。

7. 皮质醇

（1）皮质醇简介

皮质醇又名氢化可的松，是从肾上腺皮质中分泌的肾上腺皮质激素，是下丘脑 – 垂体－肾上腺系统的产物。下丘脑－垂体－肾上腺系统是应对压力、应激情境的主要生理通路。当人面临压力或者应激情境时，也就是情绪唤醒水平升高时，情绪刺激作用于下丘脑，通过一系列复杂的生物生化反应和垂体的共同作用，促使肾上腺皮质释放皮质醇（Putnam et al., 2005）。一般来说，皮质醇的分泌是一个相对缓慢的过程，当人们感觉到压力或者应激情境后的5到10分钟，血液中的皮质醇浓度仍处于或接近基线水平。到了大约10分钟以后，血液中的皮质醇浓度才开始升高。20分钟以后，血液中的皮质醇浓度才达到最高峰。

（2）皮质醇与测谎

皮质醇可反映人的压力状态，因此也被用来测谎。但是由于皮质醇反应的延迟，以及其浓度测定比较复杂，需要专门的检测试剂盒，因此并没有成为一个被广泛关注的测谎指标。

8. 测谎指标的其他问题

测谎时常会综合测试多个指标。如传统的测谎仪，都是多指标同时记录且通过不断改进计分和分类模型来达到识别谎言的目的。其实不同生理指标之间会相互影响。例如，血压、呼吸和心率等都是相互关联的生理指标。此外，与压力有关的肌肉颤动（ten Brinke et al., 2012）等相关生理指标，也已被应用于谎言识别研究。

此外，一些面部肌肉运动产生的生物电信号也可以用于测谎。由于人的面部表情直接反映内心情绪情感，而且人很难有意识地控制产生面部表情的肌肉运动（Ekman, 1992; Levenson et al., 1992），即使人故意压抑，面部也会产生微表情。因此通过对脸部左侧额部和皱眉肌的肌电反应监测，也能够相对比较准确地识别人的情绪和情感状态（Ekman & Rosenberg, 2005; Lindsey et al., 2011）。

小结

本节主要介绍个体在说谎时产生的一系列神经生理反应。当人的心理状态发生变化时，尤其是情绪状态发生变化时，我们的自主神经系统也会发生相应的生理变化。近代发展起来的科学测谎方法就是基于其中的自主神经生理反应，其中常用的是皮肤电、呼吸、心率、血压等指标。虽然外周生理反应指标已经被广泛应用于测谎领域，但是对于人在说谎时的自主神经反应模式是否会出现稳定而显著的特征模式这个问题，现在还没有明确答案。

思考题

1. 说谎时可能产生的面红心跳、手心出汗、呼吸急促、口干舌燥等生理反应，其背后的生理机制是什么？
2. 有哪些外周神经生理指标被用于测谎？它们反映了什么心理特点？
3. 说谎心理过程与交感神经和副交感神经的关系是什么？

5.3 影响说谎时生理反应的因素

人在说谎时的自主神经反应模式是否会出现像"匹诺曹的鼻子"那样稳定而显著的特征模式？这个问题目前还没有明确答案。虽然通过多导生理仪采集自主神经生理反应进行测谎，已经被广泛应用于实践领域，但是在学术领域，对这个问题的探索和争议却仍未停止。

5.3.1 个体差异

人体是高度复杂的有机体。即使不涉及说谎这样高度复杂的社会化行为，每个人的自主神经生理反应也各不相同。因此，通常测谎时都是同一个人的生理状态进行自我对比。例如，如果一个人在相关问题上的生理反应显著异于他在无关问题上的生理反应，那么有可能这个人在相关问题上撒了谎。这种测试问题设计的方法在刑侦等实践领域也被称为心理测试技术，需要掌握专门知识、经验非常丰富的专家针对不同的施测需求来设计相应的测谎问题，以提高测谎的准确性，避免出现假阳性。另外，影响说谎行为的其他因素也可能会对说谎时的生理反应产生影响，例如，人格特征。有的人更容易紧张和焦虑，也就是特质性焦虑人格。

5.3.2 环境因素

环境因素在人的心理健康、行为发展、情绪等方面发挥着非常重要的作用。其中，客观的物理环境因素，如恶劣天气、气温、光线、颜色、噪声等都会对人的生理与心理状态产生潜在影响。个体所处的心理社会环境也会对个体的生理与心理状态产生巨大影响，例如，拥挤、人际的距离。除了以上因素，人类的生理和行为功能几乎都建立在周期性节律的基础上，个体的生物节律与个体的情绪和认知、生理和心理健康都有着非常密切的联系。上述因素与人体的自主神经生理反应息息相关，因此如果我们通过仪器观测到某种自主神经生理变化，这种变化到底是由说谎引发的，还是由上述这些无关因素导致的，可能很难分辨。

5.3.3 训练和干预

人具有情绪调节的能力，一旦个体感知到自己的情绪状态偏离正常或者期望的状态，可以借助一些方法和手段进行有意识的自我调节。因此，个体情绪调节能力的训练和干预是影响生理反应的另一个主要因素，也是用来对抗测谎仪，进行反测谎训练的一个重要方面。

1. 生物反馈法调节情绪

目前，使用最广泛的情绪情感调节方法是生物反馈法，通过传感器采集人体外周或者中枢神经生理活动信息（包括脑电、心电、皮肤电、呼吸等），通过一定的技术处理，并即时地转换成直观的视觉或听觉反馈信息，让人们能够马上直观地看到自己当前的生理活动情况，并尝试通过控制自己的身体改变视觉或听觉信息。经过一段时间的学习和训练，人们逐步建立操作性条件反射，学会在一定范围内对自己的生理活动进行控制，用来校正偏离正常范围的生理活动，甚至达到预防和治疗心理疾病的目的。

2. 认知重评调节情绪

除了生物反馈法之外，最近的研究表明，认知重评也是一种有效的情绪调节方法。认知重评是指个体通过改变自己对情绪事件的理解，改变对情绪事件意义的认识来降低情绪反应。认知重评通常有两种方式：指导性认知重评和自发认知重评。指导性认知重评是用指导语的方式要求实验参与者从新的视角认识情绪事件，采用认知重评策略来调节情绪。

3. 其他调节生理反应的手段

除了上面两种方法，还有一些小技巧可以显著影响我们的生理反应。例如，皮肤电反应有一定的周期，需要几秒才能达到峰值，然后逐渐回落。一般来说，普通人在不了解相关知识的情况下很难控制自己的皮肤电反应。但是，如果掌握了一些有意操控的技巧，人们还是可以通过一些简单的动作干扰自己的皮肤电反应，例如，咬舌头、脚趾用力抠地、使劲按压手指等。

小结

本节主要介绍影响说谎时的生理反应的各种因素。虽然情绪与生理反应、说谎与生理反应之间存在某种映射关系，但由于人体是一个非常复杂的有机体，而且人所处的外界自然环境与自身的生理系统息息相关，因此，在我们研究说谎与生理反应之间的关系时，要综合考虑个体差异、环境因素、训练与干预等相关因素，才能更加清晰地认识说谎和生理反应之间的关系，这也将有助于提高谎言识别的准确性。

思考题

1. 说谎时产生的生理反应可以通过训练改变吗？为什么？
2. 说谎时产生一系列情绪反应和生理变化是否具有普遍、固定、可识别的模式？为什么？
3. 说谎时的外周生理反应受到哪些因素影响？

第6章
说谎的意志过程

世间说谎的人千千万万，说出的谎言也各有千秋，但唯一的相同点是那虚假的话语，都曾令人坚定不移地相信过，以致人们混淆了真与假的界限，把谎言当作真相。谎言的诞生是说谎者深思熟虑斟酌、处心积虑思考的结果。说谎者不仅要有说谎的动机，还要有成熟的心理理论。有了说谎动机，确定了说谎目的，则进入谎言的执行阶段。谎言能否顺利执行，受到个体自我控制能力或自我控制资源的影响。而个体的自我控制能力具有两面性：一方面，有效的自我控制可以帮助人们更好地说谎；另一方面，自我控制也可以帮助人们拒绝说谎，即抑制谎言的诞生。

俗话说"一旦说出了一个谎言，就需要千千万万个谎言去圆"。说谎不仅会给别人留下不好的印象，也可能会给自己带来意想不到的伤害。尽管如此，有时人们还是不由自主地说谎。人们说谎的动机是什么呢？影响谎言发生的因素又是什么呢？对于这些疑问，科学家们还没有完全研究清楚。因此，有必要探查谎言发生的动机、影响因素和机制，从而更深入地了解和预测谎言的发生发展。

谎言的意志过程，包含了谎言从筹谋到执行，以及影响谎言执行的意志因素等。这将会涉及意志、意志与说谎的关系、谎言的筹谋阶段，包括谎言的不同的动机类型及其不同阶段心理理论的发展，以及谎言的执行过程，自我控制和执行控制是决定说谎能否成功的因素。

6.1 说谎者的意志

如果将人看作提线木偶，那意志就是操纵木偶的细线。意志在说谎的过程中是不可替代的，它可以引导人们做出各种行为以达到自己的目的。在意志的操控下，每个说谎者都可以根据自己的动机或心理状况编造谎言。意志同样可以帮助说谎者说出难以被识破的谎言。总之，意志在谎言的筹谋和执行中扮演了重要角色，深入了解人们说谎的意志对于人们识别和侦破谎言有重要的现实意义。

6.1.1 意志概述

意志是意识能动性的集中表现，是意识的重要方面。意识可以通过意志来反作用于客观现实。人们在思考时，如果不加入意志，意识就只是头脑内的"客观事实"，没有办法加入"自己的主观臆断"进行思考（张西方，1999）。生活中，意志支配和调节人们的各种行动，人们的大多数行为都受意志控制，在说谎时也是一样。而意志在谎言的诞生中具有两面性：一方面，可以抑制个体的谎言；另一方面，可以对谎言进行加工美化，使其符合逻辑。

意志在人的心理与行为之中起着调控作用，主要调控人的认知和情感过程（陈静欣，苏彦捷，2005）。正因为意志很重要，所以要了解说谎，就要了解意志的具体内容和作用。谎言的诞生要经历筹谋和决定实施两个阶段，想要谎言看起来毫无破绽，就需要好好筹谋。意志品质与说谎的心理阶段的关系如表 6–1 所示。

表 6–1　意志品质与说谎的心理阶段的关系

心理阶段		意志品质[1]
筹谋阶段	分析现状 设置目的[2]	果断性
	选择方法 做出决定	
决定实施阶段	执行决定 达到目标	自制性 坚韧性
	随时监控 不断调整	

说谎者在说谎之前的筹谋有以下几个部分：分析现状，根据自己的意图、动机设置欺骗的目标等。人们要想成功说谎就要选择恰当的方法，而此时人们需要具备果断性等意志品质。因为快速果断地说谎不易察觉，优柔寡断则会被轻易识破。

在筹谋之后人们就需要执行，但也需要随时根据对方的疑惑而调整，直到对方相信这个谎言为止。在这个过程中，说谎者需要具有坚忍的意志，才能很好地在说谎中取得最后的胜利。

---

[1] 中国心理卫生协会，中国就业培训技术指导中心. 心理咨询师（基础知识）[M]. 北京：民族出版社，2015.
[2] 萧浩辉. 决策科学辞典 [M]. 北京：人民出版社，1995.

6.1.2 意志与说谎的相关研究

豪梅·马西普（Jaume Masip）等人（2005）认为说谎至少有三个元素：讲话者有虚假信息；他坚信这个虚假信息；有向人们说谎的目的。刘润刚等人（2006）将"说谎"定义为：通过语言或非语言的方法，有目的地蒙蔽、捏造有关真正实例或情绪的内容，以引诱接受者形成或维持一种假的信念，无论成功失败均视作说谎。在这个定义中，在意志的指导下有目的地使自己的行为隐藏客观事实，这种目的具有谎言成分（Clark & Watkins, 1984）。

心理学家根据不同的动机对谎言进行了分类——白谎与黑谎。白谎即善意的谎言，是为了避免伤害他人或让他人高兴而说的谎言，是利他的。人们在这个过程中总是发挥着自己善良的意志活动，即使两个人对话中有"谎言"的存在，人们也是乐于接受的。黑谎是恶意的，是为蒙蔽错误或逃避责罚而说的假话，是利己的。所以谎言分类的界定是以意志分类为基础的。西塞拉·博克（Sissela Bok）（1997）指出白谎可以使人们的生活更美好，而黑谎对社会的和谐发展是不利的。

心理学的研究者对意志与说谎的关系展开了研究。研究发现儿童的意志力越强，隐藏说谎的表现越好（黎建斌，2012）。在这个研究中测量了很多与意志自制性有关的项目。可以看出意志是隐藏说谎的关键，若是儿童有坚定和果断的意志力，他们就可以轻易隐藏说谎行为（张文静，徐芬，张瑞平，2007）。

小结

谎言是说谎者深思熟虑的结果，说谎过程需要动机和意志来支撑，且说谎行为的发生过程中，意志是不可替代的。谎言的意志过程包括谎言从筹谋到执行和影响谎言执行的意志因素等。这涉及意志的概念、意志与说谎的相关研究、谎言的筹谋，包括谎言的动机类型及其不同阶段心理理论的发展以及谎言的执行过程。意志是意识能动性的集中表现，意志在人的心理与行为之中起着调控作用，主要是对人们的认知和情感过程进行调控（陈静欣，苏彦捷，2005）。心理学研究者对意志与说谎的关系展开了深入研究，发现意志是隐藏说谎的关键，同时也会影响儿童对不同类型说谎的道德判断。意志在谎言的筹谋和执行中扮演了重要角色，深入了解人们说谎的意志对于人们识别和侦破谎言有重要的现实意义。

思考题

1. 意志的概念是什么？
2. 意志在人的生活中发挥什么作用？其在说谎行为的发生过程中重要性如何？
3. 意志品质与说谎的心理阶段的关系是什么？

6.2 说谎的筹谋阶段

谎言的发生需要人们反复斟酌，以便根据自己的动机更顺利地欺骗他人。但是人们总是根据不同的动机来筹谋谎言，所以要想了解如何筹谋，一定要先了解说谎的动机。成年人在心理状态已经成熟的条件下会根据自己的动机筹谋谎言，但在儿童发展阶段，就算儿童的谎言不能用成人的道德标准去衡量，父母也要从小培养孩子诚实的品质。随着年龄的增长，谎言会编造得更加精致，说谎能力会随着心理理论的发展而提高，坎迪达·彼得森（Candida Peterson）等人（1995）认为这种提高也是儿童认知能力发展提高的表现。因此，要正视儿童的说谎行为，还需结合不同阶段的认知发展特点。

6.2.1 说谎的动机

寻找谎言背后的缘由即可解决问题，获得真相，而缘由就是人们说谎的动机。多项研究指出不同的需要组成了说谎动机。这表明谎言是在不同动机的驱使下出现的。影响说谎的动机有内因和外因，最大的内因是需要和内驱力。比如小偷偷窃却不承认，因为某物对他充满了诱惑，获得某物就是偷窃的诱因。诱因通常可以分为两种：一种驱使人们得到它；另一种驱使人们远离它。比如人们做错事不想被惩罚，就会用说谎来逃避。由此可以看出，动机是由需要与诱因共同组成的。所以当有人说谎时，可以先了解他的需求或找到其诱因，顺藤摸瓜就能找出原因。

打翻了姑妈的花瓶沉默不言，偷了同学的铅笔死不承认，对考试作弊得来的好成绩沾沾自喜。人总是在不同动机下说着不同类型的谎言。那么到底有多少种动机指导人们说谎呢？

在心理学的研究中研究者把动机与行为当作两个相对的概念，行为是个体外显活动的体现，而动机是促使个体发生活动的内在动力。要想了解谎言的发生过程，就要从动机下手。至于人们为何说谎，研究者有不同的见解。

丹尼斯·特纳（Denys Turner）（1975）根据不同的说谎频次提出5种不同的说谎动机并发现了不同说谎动机的占比。它们分别是：（1）为了自己的面子（55.2%）；（2）为了增大社会的联络性（9.9%）；（3）当发生冲突时，为了减少暴力事件的发生（22.2%）；（4）为了影响人际关系（9.6%）；（5）为了获得权利或维护自己的权利（3.2%）。你可以发现人为了自己的面子而说谎的占比最大。

哈姆（Hample）（1980）根据受益人的不同将谎言的动机分为四类：一是为了自己的利益；二是为了维护两者之间的关系；三是为了对方的利益；四是为了其他原因。他还发现，为了自己的利益而说谎比其他类别多2倍，这表明说谎者大多是为了自己的利益。

黛博拉·喀莎（Kashy Deborah）等人（1996）也认为，人们会为了自己和别人获取很大的利益与逃避严重的惩罚而说谎。为了游戏、获取利益和自我夸大则属于另一种说谎动机。另外，说谎的动机还可能是向权威进行挑战（Ekman, 1989）。西塞拉·博克（1979）提出人们说谎还有可能是因为想开玩笑。

卢乐珍（1999）从儿童说谎的角度分析说谎动机的产生，她认为儿童说谎的动机可能有6种：（1）"童言无忌"的谎言；（2）得不到自己想要的东西而产生的"酸葡萄心理"；（3）显示自己的能力与地位；（4）帮助朋友躲避惩罚；（5）躲避使自己恐惧的事；（6）得到某种利益。

朱艳新（2003）依据不同的交往动机，将动机分为三个类型：善意性、利己性和玩笑性。夏艳芳（2010）把说谎分为不清楚性说谎、有目的性说谎、保护自我性说谎、比拟性说谎、报仇性说谎、寻开心性说谎和表现性说谎。

通过梳理大量的心理学说谎研究发现，虽然每个研究者都从不同的角度进行了分类与分析，但重叠度很高，它们大致可以分为以下几种。

第一种是游戏性的：有些人想通过说谎的方式，使别人受到惩罚或被人嘲笑，从而得到乐趣。比如你在愚人节的时候告诉自己的同桌，"老师叫你去办公室"。

第二种是逃避惩罚：人们无论是有意还是无意地违反这些规范，都不希望自己受到惩罚。有时人们为了逃避惩罚，就选择说谎来掩藏自己的错误，这就产生了说谎动机。例如，你在考试的时候作弊了，为了逃避惩罚，你很有可能表现出"受害者"姿态。

第三种是获取利益：说谎可以带来某种利益。比如较高的学术地位可以带来较高的社会地位，所以就有学术造假；又如一个人假装自己家中特别贫困可以获得学校和国家的贫困补助，则他很有可能会在陈述自己的家境时添油加醋。

第四种是自我夸大：因为夸大自己能得到他人的欣赏，从而提升自己的社会地位。也可能为了博得他人的同情，夸大自己的痛苦。比如你这次考试考得很差，可能会被别人嘲笑或被家人责备，如果你说你在考试时生病发烧了，就可能避免被嘲笑或被责备。

第五种是保护他人：善意的谎言。有些人说谎不一定是为了自己，而是为了保护他人。在社会交往中，我们会避免让对方感到不舒适而说谎。如果你的朋友来到你家不小心弄坏了你最心爱的玩具，当他感到非常抱歉且不知所措时，你可能会告诉他这个玩具本来就有问题，这可以维持人际关系。

在浏览了上述内容后，你也许对说谎及其动机有了一定了解。我们都知道，大多数的谎言实质上都是为了自己。但人不是纯粹的"经济人"，也会为了别人而编造出善意的谎言，这种谎言的出发点是好的，是为了帮助别人达到更好的生活与状态。比如为了避免伤害对方或是为了缓和气氛，而说的一些与事实不符的话（Levine & Schweitzer, 2014）。白谎有两个特征：一是刻意性，人们明明知道真相却说出不相符的"事实"；二是特殊性，在知道具体事实的情况下，为了减少对被说谎者的伤害而说谎（刘秀丽，史华一，张娜，2016；张娜，刘秀丽，2014）。

贺舟颖等人（2010）通过情境故事访谈法，调查了7~12岁的96名小学生对不同动机类型说谎的道德评价。研究发现7岁儿童更看重"事实"，只有在对说谎进行道德评价时，才考虑对方的说谎动机及当下的情境因素。9~12岁的儿童对白谎会有转折点，他们会考虑说谎的类型，会对白谎区别对待。随着年龄的增长，儿童对白谎的评价分数也显著提高。他们的研究还发现，当结果是物质奖励时，儿童的说谎行为相对较多。朱艳新（2003）的研究也发现，儿童对白谎有较高的评价，且高于玩笑性说谎和只利己的谎言，这些结果表明儿童会考虑对方的说谎动机。也许儿童已经明白，白谎往往是为了维护人际关系。

李康（Lee K）等人（1997）发现，青少年和大学生认为白谎不是谎言。朱艳新（2003）研究发现，随着年龄的增长，儿童的白谎会增加。这也许表明到了一定年龄，人们大多认为白谎不是真正的谎言。王丽等人对说谎的研究也发现，大学生出于善意而说谎的机会较多，这也许与他们从小就习得的观念有关（王丽，胡英君，2008）。他们认为善意的谎言能帮助他们维护对方的利益。大学生也会为了自己的利益说谎。大学生说谎大多是希望自己被尊重和认可，他们被虚荣心驱动，通过说谎的方法获得大家的认可（王益文，林崇德，2004）。

从这些研究中不难看出，善意的谎言要比恶意的谎言更能被人们接受，因为恶意的谎言与其他行为相比更容易被视为严重违背道德的行为。刘秀丽等人的研究发现，谎言动机会增加内疚和羞愧，这两种情感在人们感知别人和管理自己的行为方面发挥很大作用，给人们将来准备说谎提供"情感"体验（刘秀丽，张娜，2014）。

善意的谎言

雨果和巴尔扎克是两位伟大的作家,他们建立了深厚的友谊。有一次,巴尔扎克去雨果家做客。雨果让巴尔扎克到处看看,于是巴尔扎克就参观了雨果的房子。当他在雨果的书房走动时,只听见啪的一声,原来是巴尔扎克把雨果的笔筒碰掉了,看到这个被摔得四分五裂的笔筒,巴尔扎克难过极了,因为他知道雨果很喜欢这个笔筒,也知道这个笔筒很珍贵。于是他告诉雨果自己不小心把这个笔筒弄坏了,并希望得到雨果的原谅。这时,雨果大笑了起来,说:"没关系,这只是一个赝品,不值钱的,我改天再买一个……"听到朋友的解释,巴尔扎克这才松了一口气,没有刚才那么自责了。

其实这个笔筒是无价之宝,也是雨果的心爱之物。即使这个笔筒已经摔碎了,雨果还是把它收藏了起来。为什么雨果会向巴尔扎克说这个笔筒不值钱呢?原来雨果是怕巴尔扎克知道真相后心怀愧疚,郁郁寡欢。雨果认为这个笔筒远远比不上两人的友谊,所以才向巴尔扎克说了这个善意的谎言。

6.2.2 说谎与心理理论

人类很早就开始对说谎进行研究,但以往的研究大多都是站在成人的行为或道德问题的视角进行的(刘秀丽,2005)。直到 20 世纪 80 年代,心理理论的出现使得研究者们从另一个角度对说谎进行了定义:说谎是指人们有意图培养对方的错误信念,以使对方产生错误或进入这一误区的行为(Wimmer & Perner, 1983)。从心理理论的视角研究说谎可以贯穿人的一生。

普雷马克(Premark)和伍德乐夫(Woodruff)最早提出了心理理论(Premack & Woodruff, 1978)。广义上的心理理论不仅仅是理解自己的信念和意图,并且同样也能理解他人的心理,推测他人的行为。当今的心理学家们一致认为,心理理论处于日常生活中人的一系列心理因果事件中,构成了前科学知识体系,最后组成有关心理的知识。这个知识体系可以预测或解释人的行为,也许无法直接观察到,但却无时无刻不影响着人们的生活。这个知识体系与其他科学理论一样,有产生、发展和成熟的过程。对这一过程的研究,也许可以帮助人们更好地理解说谎。心理理论是伴随着儿童年龄的增长而发展的。如果从心理理论的视角对说谎展开研究，要从儿童的视角展开。所以如果据此给心理理论从狭义上下一个定义，就是儿童能不能站在对方的角度思考问题（徐芬，包雪华，傅根跃，1999）。

总的来说，根据前人的研究，心理理论是儿童关于愿望、信念等概念之间如何相互联系、如何组织在一起的思考与理解（王益文，林崇德，2004）。心理理论的成熟也标志着儿童的成长。在心理理论与说谎行为的研究中，大多数研究者都是从儿童阶段开始进行研究的（陆丽娟，2016），多数研究把心理理论的发展作为研究说谎筹谋阶段的重要主题。

1. 信念与说谎

信念是人们对具体世界的心理看法，它可以表现为：为了达成自己的目的，人们根据心中的信念进行活动。即使有时候这种信念是错误的（Wimmer & Perner，1983），比如说谎去欺骗别人，此时人们即使知道说谎不正确，也会说谎。这个错误信念是人们说谎前就存在的。他们先是让自己对信念开始说谎，然后指导自己说谎（详见第1章）。

前面已经提到信念与说谎的关系，同时也提到信念是指个体的一种心理状态，是人们根据自己的需要定向采取行动的意识（徐芬，刘英，荆春燕，2001）。信念可以分为两种：一是真实信念，指人们所说内容与具体客观世界相符，如鱼在水里游；二是错误信念，即人们所说的内容是错误虚假的，与客观世界不符，如鱼在地上走。当儿童理解了他人的错误信念时，表明儿童的心理理论发展成熟。这种错误的内容表示人们有错误信念，就产生了说谎现象。然而，人们有时也会把事物看错，或观点跟不上事物的变化，或从他人处获得了错误信息，这些不属于谎言（刘秀丽，2004）。

生活中我们总是与他人有各种各样的关系。维持关系需要理解他人心里的想法。有的信念直接影响人们对事情的理解，尤其是儿童。儿童对"错误信念"的理解，是他们心理理论发展的关键，标志着儿童说谎能力的发展水平。比如，小明把自己喜欢的乒乓球藏在一个红盒子里，不让其他人看到，然后就离开房间出去玩了。小强也喜欢这个乒乓球，他在小明不知情的情况下把这个乒乓球从红盒子里拿出来，放到了一个黄盒子里。如果问听故事的儿童："如果小明回来了他会去哪儿找这个乒乓球？"这是一个经典的错误信念任务（莫书亮，2007）。通常，3岁以下的儿童很难正确回答这一问题，因为他们在信念认知上还不是特别成熟，他们认为小明会去黄盒子里找乒乓球，但事实上，在小明的信念中乒乓球在红盒子里。所以在这个阶段，儿童的错误回答并不是在说谎，只是因为他们还不能正确区分各级错误信念，随着年龄的增长他们会逐渐提高对错误信念的识别能力。李东林（2008）的研究表明，4岁左右的儿童开始对错误信念有了自己的思考，且明白错误信念的存在，他们对说谎的识别能力也会得到发展。威默（H. L Wimmer）和约瑟夫·佩纳（Josef Perner）（1983）认为，在人与物、人与人之间的社会关系中起关键作用的是一级信念，它主要描述自己对客观事实的思考，但并不能很好地揭示社会互动的本质。然而，这些研究所探讨的仅是儿童对于一级错误信念的认知。张文新等人（2004）的研究发现，随着儿童年龄的增长，他们可以观察到更多的心理状态。他们可以从理解"小明认为乒乓球在一个黄盒子里面"发展到"小红认为小明认为乒乓球在一个黄盒子里面"，前面的理解即是一级信念，而后面则是二级信念（刘娟，2008）。儿童对于这种信念的理解可以帮助他们获得更多自己想要的东西，因为他们开始懂得在爸爸妈妈心情好的时候询问是否可以购买自己想要的礼物。二级信念的发展，在儿童筹谋说谎的过程中起着重要的辅助作用，它帮助儿童即使站在别人的角度说谎，也能使这个谎言看起来更加真实。

目前，到底哪个年龄阶段是理解错误信念的关键期仍存在争议。陆丽娟（2016）认为某种错误信念的出现可能发生在3岁左右的孩子身上。例如，3岁甚至2岁的儿童，就可以自动发生说谎行为，且他们可以明白对方的错误信念。迈克尔·钱德勒（Michael Chandler）等人（1989）的研究表明，2岁左右的幼儿在游戏时，为了自己想要的玩具就有可能欺骗对方（Chandler, Fritz, & Hala, 1989）。他们还发现，3岁儿童可以制造错误的信息且控制真实信息的出现，能够使他人产生错误信念。艾伦·波拉克（Alan Polak）和保罗·哈里斯（Paul Harris）（1999）的研究发现5岁左右的孩子不承认自己有偷看行为，这与他们的错误信念的发展有密切关系。儿童可以伪装真实的想法，以达到欺骗对方的目的。刘秀丽（2004）的研究发现，5岁半和6岁的儿童可以从对一级错误信念的理解逐渐过渡到对二级错误信念的理解。

波拉克（Polak）和哈里斯（Harris）（1999）采用抵制诱惑的范式研究儿童在说谎上的表现，结果发现儿童的确可以成功说谎。这主要是二级错误信念对儿童说谎行为的发生提供了指导。刘秀丽、王益文和林崇德的文章提到，7~11岁儿童会假装自己是无辜的，主要是因为他们对二级错误信念的理解能力有明显增长（王益文，林崇德，2004；刘秀丽，2005）。这些研究均表明，心理理论的发生发展给儿童说谎行为提供了指导，使得儿童可以成功地向别人说谎。此外，国内研究人员发现心理理论发展较成熟的儿童说谎能力高于发展水平较低的儿童（刘秀丽，车文博，2006；刘秀丽，张娜，2014）。这些研究都发现了儿童的错误信念与说谎的发生发展存在密不可分的关系，这为人们解释说谎提供了新思路。

2. 意图与说谎

心理理论中不仅有"错误信念"这种可以指导儿童说谎的概念，而且有"意图"的概念，这可以进一步解释说谎发生的缘由。意图是人的一种心理状态，它可以直接帮助人们达到自己的目的。大多数研究人员认为意图在愿望和行为之间起着某种中介作用，意图在说谎过程中是不可替代的，它促使人们采取某种行为，从而实现自己的愿望。

既然意图在谎言的筹谋阶段发挥着重要作用，那么到底意图是什么呢？意图是人们做某事的决心，意图对自己的想法进行行为选择，最后把想法表现为内生的意图行为（杨丽珠等，2017）。在人们说谎之前，会先经过意图的指导，然后呈现说谎行为。当然，这一切取决于说谎意图的程度，程度越强烈，就越会促使人们通过说谎来达到目的。

已有研究表明，通过人们的行为意图和行为结果可以判断一个人是否说谎。其中对行为意图的理解是人类进行谎言识别的重要依据。人们对说谎的判断，会依据他们的心理状态编码整合他们的意图及相关信息，最后做出合理、有效的判断。所以，意图是帮助人们了解其行为的依据。在一个人行动之前，对其意图进行分析，我们会更好地明白其行为倾向，从而就会发现说谎行为的背后是由意图指导的。

对意图的理解可以帮助我们预判一个人接下来的行为倾向，这种对意图的理解早在婴儿期就出现了。郑小蓓等人对婴儿意图的理解进行了探讨，但是对于意图理解能力到底来自先天遗传，还是后天经验，并未得到直接答案（郑小蓓，孟祥芝，朱莉琪，2010）。研究还发现意图理解是伴随着幼儿的心理理论发展的，婴儿期的说谎可能并不是有目的的行为，人们不能以成人的视角来看待。

了解了意图与说谎之间的关系，我们发现并没有成熟的理论可以直接支撑意图的存在，大多数的证据来自心理理论。现在也有研究者正在研究婴儿动作的意图推理过程，或许这些研究可以进一步支撑意图的存在。

路易莎·萨托里（Luisa Sartori）（2011）等人提出先天机制论，他们认为婴儿天生可以识别一些特殊线索，会根据不同的线索判断别人的意图和行为结果以达到目的。普雷马克（1990）认为婴儿会根据他人的意图来解释他们的行为。盖尔盖伊·奇布劳（Gergely Csibra）等人提出了"合理性准则"，他们认为婴儿会把动作归因为有目的的行为（Csibra & Gergely, 2007）。这些研究结果告诉我们，有时候人的撒谎能力可能是天生的，因为从婴儿阶段就拥有了观察对方意图的能力。

当下也有一些研究者提出后天经验理论来支持婴儿的心理理论，他们认为婴儿通过社会学习得到的经验可以帮助他们理解别人的意图。有些后天经验也得到了模仿学习理论的支持，该理论认为站在他人的角度对他人的动作进行理解，就形成了类似模仿性的心理状态。随着认知神经科学的发展（赛李阳，2012），对镜像神经元的研究为这个机制提供了认知神经科学证据。国外的相关研究首次为意图推理提供了神经科学的基础——镜像神经元，后来有很多研究人员做了大量的研究发现，镜像神经元和情绪理解、语言和非语言交流、心理理论机制有关。这表明镜像神经元系统在社会认知中发挥着很重要的作用（Gallese & Goldman, 1998）。意图推理可以帮助人们识别他人说谎的动机，以帮助人们及时阻止有害谎言的出现。

6.2.3 心理理论与说谎的相关研究

目前研究者们站在新的角度探讨儿童说谎的发生发展，主要探讨的是儿童阶段的说谎是如何伴随他们的心理理论发生发展的。目前他们的观点大致可以分为两种：（1）一些研究人员认为2~3岁的幼儿可能出现说谎行为，但儿童说谎行为主要出现在4岁之前（马金祥，温秀芳，2004）；（2）另一些研究人员认为只有拥有心理理论的儿童才可能说谎，因为只有在他们可以洞察他人的心理状态，并对他人的行为关系有了一定认知后，才拥有说谎和理解说谎的能力。4岁左右就是儿童心理理论成熟的关键时期。迈克尔·刘易斯（Michael Lewis）（1989）等人的研究表明3岁的儿童能够隐藏自己的"心情"，欺骗成人，已经具备说谎的能力，这个研究支持第一个观点。另一些研究支持第二个观点。比如，约翰·塞特（John Seiter）（2007）和贝特·索甸（Beate Sodian）等人（1991）观察儿童是否可以通过操控他人的信念来理解"说谎"的发生，让别人做出错误的行为使其无法达到目的。结果发现，4岁的儿童能够通过向别人说谎来控制对方"某些事件的发展"，但是3岁儿童目前还没有这样的能力。琼·佩斯金（Joan Peskin）（1996）考察了儿童隐瞒自己的意图不让别人发现的能力，结果表明，4岁儿童能隐瞒自己的意图并为了不被发现而说谎，但3岁儿童不能。这些研究支持第二个观点。

4岁之前的儿童为什么不能完成说谎任务呢？有研究者提出三个原因：第一，4岁之前的儿童不明白可以通过说谎来建立错误信念；第二，他们不能理解什么是错误信念；第三，他们没有编制一个完整的故事以欺骗他人的能力。这三个关键原因中，到底哪个才是主要的，还需要依靠以后的研究结果支撑（徐芬，郭筱琳，2016）。

综上所述，幼儿说谎的发生发展大致上是随着他们的心理理论发展的，但说谎的目的与意图也有独特性。这种谎言虽然区别于成人的谎言，但人们也要正确对待。一开始，也许幼儿的谎言并不是有目的或是有其他意图的，倘若他们养成了不好的习惯，对之后的人生会有不可估量的影响。所以家长正确处理孩子说谎很重要，首先要分析他们说谎的原因和目的，正确对待他们的需求，给予他们正确的引导与教育，使其心理得到健康均衡发展。

小结

人们总是根据不同的动机来筹谋自己的谎言，了解说谎的筹谋情况，要先了解说谎的动机。在不同的阶段，谎言有着不同的性质和动机。通过对大量的心理学说谎研究的梳理，说谎的动机大致分为5种：游戏性的、逃避惩罚、获取利益、自我夸大和保护他人。说谎是指人们有意培养对方的错误信念。从心理理论的视角，研究说谎可以贯穿人的一生，不同年龄阶段的心理理论都可以作为说谎的筹谋阶段的基础。谎言是在说谎的动机或心理理论的指导下发生的。

思考题

1. 说谎的动机有哪几类？
2. 什么是白谎？
3. 信念、意图和说谎之间有什么关系？
4. 不同阶段的心理理论有什么不同表现？

6.3 说谎的执行阶段

谎言是在说谎的动机或是心理理论的指导下发生的。当人们有了准备说谎的动机或意图时，在不同动机指导下的说谎能顺利发生吗？这是本小节要分析的内容——如何执行说谎。

6.3.1 自我控制与说谎

人们的意志对说谎有巨大作用。其中人对意志的监控与调节主要依靠自我控制进行，而自我控制在调节人的行为上有重要作用。意志可以调控人们的心理与行为，而自我控制更重视人是如何意识和调节自己的意志的（王曦，李树义，2001）。所以自我控制通常被认为是说谎执行决定阶段的重要因素。

自我控制指个体调节自己的行为，并使其与自己的价值和社会期望相符合的一种能力（陆丽娟，2016）。它可以抵制外在的物质与精神诱惑，延迟自己的需要，帮助制订和完成计划，以及采用合适的方式融入社会情境。为了保持或促进自己与他人的合作，抑制自己不必要或有害的行为的这种能力又被称为自我控制能力。自我控制能力强的人可以协助实施谎言。但在自我控制能力较弱的情况下，它在说谎行为中也能发挥监督作用。当人准备说谎时，说谎带来的负面感受和想要说实话的冲动会产生冲突，这时自我控制便开始发挥作用。自我控制能力强的个体可以很好地抑制自己想要说真话的冲动。可见自我控制可以控制说谎的执行和发生。自我控制能力一方面可以帮助人们调节自己的行为，使行为结果更好（肖澎湘，2018）。比如当人们想要偷懒的时候，自我控制能力强的人可以让自己先完成任务再放松。另一方面，当人们说谎时，自我控制能力强的人能更好地克服说谎的焦虑和内疚等不良体验，抑制说真话的冲动，执行说谎的准备（范伟，钟毅平，傅小兰，2016）。他们在生活中会比一般的人取得更大的成就，他们可以克制自己不去说谎，或者不为自己的利益而说谎。

当然人们有时候还是会为了自己的利益说谎，但是自我控制能力较强的人可能会"三思而后行"，所以不太容易说谎。有研究发现，自我控制能力强的人会赢得更多人的信任。他们不会轻易说谎，因为他们知道一个谎言需要更多谎言来弥补，最后当谎言被揭穿时，会失去他人的信任。所以自我控制总是指导人们少说谎。

有研究者把自我控制资源解释为：在工作或执行任务时会消耗人们一定的能量，这时这种能量就处于不饱满的状态，且在接下来的任务中会表现不佳，不能很好地解决问题或是达不到自己的目的，这种能量就叫作"自我控制资源"（黎建斌，2012）。由此可见，自我控制资源作为一种认知资源并不是无限的。当某事所用的自我控制资源较多时，用于其他事件的资源就会减少。当自我控制资源充足时，人可以更好地控制自己，听从意志的安排以达到目的。当自我控制资源衰竭时，人也就无法控制自己，不知道接下来如何有效地完成事情。比如当人的大脑处于疲劳状态且认知资源耗尽时，再遇到其他事，就没有能量应对了。董蕊发现企业员工的不道德行为之所以多发生在下午，是因为员工经历了整个上午的工作，自我控制资源消耗殆尽，可能会失去对道德的把控（肖澎湘，2018）。面对诱惑，若是没有足够的自我控制能力，人就有可能掉入陷阱。当出现利己诱惑时，人们很有可能做出不符合自己价值观的行为。尤其在人的自我控制资源不足时，说谎发生的概率更高，人们无法很好地权衡说谎的好处与不良后果，容易为了眼前的利益而说谎。吉诺·弗朗西斯卡（Gino Francesca）等人（2008）研究发现，道德认同需要一定的自我控制资源，若是自我控制资源损耗，人们就很可能无力抵挡不道德行为。

电视剧中经常出现警察在审讯嫌疑人时大多采用疲劳战术。刚开始时，嫌疑人还可能思路清晰，坚持不说真话，但经过一段时间，他们的自我控制资源被消耗，在接下来的审讯中，他们会放弃维护自己没有犯罪的谎言。因为当自我控制资源损耗时，嫌疑人无法做到滴水不漏，一旦出现破绽就会被警察发现，最终破案。这是个反例，因为当人们损耗了自我控制资源，为了实现某种不容易达到的目的时，可能会选择说谎。而警察审讯嫌疑人是为了不让嫌疑人说谎，告诉他们实话。有些嫌疑人一开始不想承认自己的罪行，保持抵抗，同时也为了不暴露自己的罪行说谎，但是经过警察轮番提问，他们的自我控制资源衰竭，此时没有多余的资源再去编谎言了，说出来的谎话逻辑混乱，漏洞百出，只能乖乖坦白。

6.3.2 说谎者的执行控制过程

自我控制不仅可以帮助人们顺利欺骗他人，也可以控制自己不说谎。此外，执行控制也可以帮助谎言顺利诞生。这个概念来自发展心理学，它可以调节人们在日常生活中的技巧和习惯，修正人们对事物的反应，并在必要的时候改变人们执行的任务（史艺荃，周晓林，2004）。因此，它也可以调节人们筹谋说谎的动机或意图，甚至改变谎言产生的方向。

当然，人在说谎的时候也会出现执行控制的操作，它可以帮助人们更好地说谎，控制自己的行为不被发现（Sip et al., 2008）。周晓林的研究也发现执行控制可以让人们完成正常的有目的的活动，让整个社会和谐有序运作。要是执行功能出现障碍，就会导致人在多个方面表现不正常（周晓林，2004）。这些研究都说明执行控制可以帮助人们更好地说谎。

综上可知，执行功能有助于人实施计划和解决问题（Lewis et al., 1989; 林瑞文，2016）。同样，人们想要顺利完成说谎，就要用好执行控制。比如人们要控制自己不说实话，并做出与客观事实相反的反应，这就是说谎的开始。贝特·索甸和凯瑟琳·泰勒（Catherine Taylor）等人（1991）进行的一系列研究发现，人在说谎时，执行控制过程占用了较多的认知资源。这表明个体不仅要控制说真话的反应，还要监控自己的反应是否前后一致，以保证说谎的顺利进行。

以往的研究发现，谎言与人们的决策和监督反应有关（朱千等，2014）。说谎时个体需要对其反应进行监控和控制。董珊珊等人的研究认为，完整的谎言必须由三个部分组成，包括人们的认识能力、说谎时的反应以及说完谎言之后的面部和肢体表现。一个人在说谎过程中要是不想被识破，那就需要遏制自己某些情绪反应或是肢体表现，其中执行功能是关键（董珊珊，陈飞燕，何宏建，2013）。说谎行为的心理生理学模型表明谎言的实施是需要多种反应参与的。在日常生活中，我们对客观事实的反应都是自发的，若想要说谎，就要抑制它。为了使说谎更加合理自然，还需要大脑实时监测两种冲突反应。由此来看，在说谎行为的发生过程中，执行功能包括抑制真实反应的出现、监测冲突与反应、执行说谎，三者相互影响确保说谎顺利进行（Seiter, Bruschke, & Bai, 2002）。

小结

当人们有了说谎的动机或意图时，接着就要思考如何执行这个决定。自我控制通常被认为是说谎执行阶段的重要因素。人对意志的监控与调节的过程主要依靠自我控制进行，而自我控制在调节人的行为上发挥着重要作用。自我控制不仅可以帮助人们顺利欺骗他人，也可以控制自己不对他人说谎。说谎还有一个重要因素——执行控制，它可以帮助谎言顺利诞生。执行控制被认为是一种监督人们进行的任务的活动，它也可以调节人们筹谋说谎的动机或意图，甚至改变谎言产生的方向。

思考题

1. 自我控制与说谎有什么关系？
2. 执行控制对说谎的重要性体现在哪些方面？

第 7 章
说谎的个体和群体差异

众所周知,日常生活中大多数人都会说谎,而且有一些人或者群体似乎更喜欢或者更善于说谎,说谎次数更多(Isenberg, 2011),说谎能力也更强,但也有相当多的一部分人很诚实,并不会因为金钱奖励或者个人利益而选择说谎(Gneezy, 2005)。正如我们在日常生活中经常提到的"世界上没有一片叶子是相同的",人与人之间客观存在的个体差异的确可能使得说谎行为千差万别或千姿百态。那么究竟哪些人或群体更爱说谎呢?本章将分别从性别、年龄、个性以及文化差异的角度,阐述说谎研究所揭示的说谎行为的个体和群体差异。

7.1 说谎的性别差异

日常生活中,普遍存在这样一个刻板印象,认为男性比女性说谎次数更多。一项中国人对说谎行为看法的问卷调查证明了这种刻板印象确实存在(张宁等,2011)。到目前为止,已公开发表了很多说谎性别差异的心理学成果,研究发现却很不一致。例如,有研究发现女性相比于男性会说更多的利他性白谎(Erat & Gneezy, 2012),如妈妈对你说"我喜欢吃鱼头",事实上她只是为了将好吃的鱼肉留给你。相反,也有研究发现男性会比女性说更多的利他性白谎(Biziou-van-pol et al., 2015),如男士恭维你"小姐,你今天真漂亮",事实上你可能是他今天见过的女性当中最普通的一个。再如,当涉及金钱利益时,男性比女性更喜欢说黑谎,即为了获得金钱,男性更可能会发送欺骗性信息给接收者(Dreber & Johannesson, 2008),但也有研究发现男女在说黑谎方面并不存在显著差异(Childs, 2012)。此外,女性只是倾向于在谈论观点或看法时说谎,并且女性说谎多是利他的,而男性则多是利己的(Ennis, Vrij, & Chance, 2008)。相比对女性说谎,男性和女性均更可能对男性说利己的谎言（Depaulo, Ansfield, & Bell, 1996）。当金钱利益比较小时，女性比男性更加厌恶他人说谎（Gylfason, Arnardottir, & Kristinsson, 2013）。当考虑到团体利益时，特别是在竞争情景下，相比于男女混合的团体或者女性团体，男性团体表现出更多的不诚实行为，如男性比女性更可能发送虚假信息给其合作者，特别是当合作者是女性的时候（Jung & Vranceanu, 2017）。

采用元分析技术对72项有关说谎性别差异的心理学研究成果进行分析后发现，男性确实比女性更喜欢或更善于说谎（Abeler, Nosenzo, & Raymond, 2016）。通过进一步细分说谎的类型（黑谎、白谎和Pareto白谎——对说谎者和被欺骗者都有利的谎言）以及50个研究说谎的实验任务，元分析结果也表明男性比女性更喜欢说黑谎、利他的白谎和Pareto白谎（Capraro, 2017）。上述两项元分析的研究都表明男性确实比女性更喜欢或更善于说谎，这种结果的原因是多方面的。首先，在西方文化中，女性通常被认为是社会情感方面的专家（Depaulo, Ansfield, & Bell, 1996），相比于男性，女性会给其他人更多的情感支持和自我表露（Dindia & Allen, 1992），女性也会经常展现温暖的非言语线索，如微笑、眼神交流、经常抚摸他人，以及使用生动且简单易懂的面部表情等（Depaulo, 1992）。此外，女性被认为更容易在社交互动中获得和提供亲密关系。因此，早期就有研究提出，女性可能比男性说谎行为更少，特别是在女性和女性的相互交往过程或情景中，女性的说谎行为会更少。但需要注意的是，在社交互动中，女性形成亲密感和获得支持的方法之一就是说谎（Depaulo, Epstein, & Wyer, 1993），比如用恰当的微笑或亲善的语言赞美对方的服饰、状态等以获得亲密感，尽管事实可能并非如此。其次，女性比男性更关注利益得失和利他行为受损的概率（Dreber & Johannesson, 2008），但这实际上是从女性识别谎言的角度来推测男性说谎更多。最后，男性是自我导向的，即从利己的角度出发，从而更多地表现出说谎行为；而女性则是他人导向的，即从利他角度出发，从而更少地表现出说谎行为（Meyers-Levy & Loken, 2015）。

尽管元分析得出了男性比女性更善于或者更喜欢说谎（Abeler et al., 2016; Capraro, 2017），且与日常生活中人们的体验或观察相吻合，但并不是在说谎的所有方面都有明显的性别差异。例如，让被试记录自己一天当中说谎的次数和说谎后的情绪感受（通常来说，相比于说真话，说谎者说谎后可能更会有犯罪感、羞愧和不舒适的情绪体验），在说谎后的情绪体验方面并没有表现出男女性别差异（Stel & Bommel, 2017）。此外，当说谎后的惩罚代价很高时，男性与女性的说谎行为都会减少，说谎行为不存在性别差异（Lohse & Qari, 2014）。

有关男女说谎是否存在差异，在非言语行为线索表现方面，科学研究发现男女说谎时在非言语线索表现上可能并不存在太多差异（关于说谎的非言语线索，具体请参见第11章和第12章）。早期研究对说谎视频进行人工编码时发现，相比女性说谎者，男性说谎者只是在开始说谎时会更压制自己腿部或脚部的动作，并快速改变面部表情以适应情境；但是，说谎过程中的头部运动（头部运动速度和头部运动复杂度方面）不存在显著的性别差异（Donaghy & Dooley, 1994）。从说谎的生理指标角度考虑，说谎和说真话时的呼吸比率存在明显的性别差异（Abouelenien et al., 2017），女性说谎时的呼吸比率要明显低于男性。

总之，综合以往探讨男女说谎方面的研究，男女的性别差异可能并不那么明显。在后续的研究中，应当综合考虑情境和诸多混合因素（如马基雅维利主义人格）对说谎行为和说谎线索的影响，而不能泛泛地说男女在说谎方面存在或不存在差异。

小结

本节主要介绍有关说谎性别差异的研究。综合以往的研究，男性比女性更喜欢或更善于说谎，但并不是在说谎的所有方面都存在明显的性别差异。在说谎后的情绪体验上也没有表现出性别差异。当说谎后的惩罚代价很高时，男性与女性的说谎行为都会减少，说谎行为也不存在性别差异。此外，男女说谎时在非言语线索表现上可能并不存在太多明显差异，但研究显示在说谎时，男性比女性会更压制自己腿部或脚部的动作，女性的呼吸比率则要明显低于男性。

思考题

1. 说谎的性别差异体现在哪些方面？
2. 说谎的哪些方面不存在明显的性别差异？

7.2 说谎的年龄差异

7.2.1 儿童的说谎行为

随着年龄增长，儿童越来越善于控制自己的语言漏洞甚至表情，从而说谎成功。儿童谎言的发展分为三个阶段：初级谎言、二级谎言和三级谎言，称为"谎言发展的三级模型"（Talwar & Lee, 2008）。初级谎言出现在2~3岁，在此阶段，儿童为了隐瞒自己的违规行为而说谎,并开始故意做出看似合理的错误陈述。父母要是继续询问,宝宝往往就不知所措了。实际上,此时的儿童仍处在自我中心的状态,不能考虑他人的想法,所以谎言常常一下子就被揭穿了。二级谎言出现在 4~6 岁,此阶段的儿童开始区分自己和他人的想法,也开始明白他人也容易受错误观点影响,于是通过说谎,有意在别人的大脑中创造一个与现实不符的错误信念,如"是小狗弄掉的"。但通常此阶段的儿童容易出现语言漏洞,如果父母再次询问,儿童就会难以做到对后续问题的回答与最初的谎言保持一致。三级谎言出现在 7~8 岁,此时儿童控制语言漏洞的能力越来越强,通过维持最初谎言和后续问题的回答之间的一致性以隐瞒他们的谎言。

由于 4 岁前儿童的谎言往往仅会用简单的语句甚至一个词回应(Bussey, 1992),因此,探讨儿童说谎言语线索的研究并不多。相反,有研究者认为儿童的社会、情感以及认知技能仍没有发育成熟,可能还未能够很好地用语言表达自己内心的感受,因此面部表情能够作为探索儿童说谎行为的潜在信息源。针对儿童面部表情的研究显示,儿童确实会试图控制他们的表情以掩饰谎言(Talwar, Murphy, & Lee, 2007)。因此,儿童说谎的非言语线索与言语线索在一定程度上可以透露儿童是否在说谎。

1. 非言语线索

在实验室研究中,研究者通常通过观察儿童的自发性谎言或指示儿童说善意的谎言来规避道德伦理的限制。例如,儿童被告知不要偷看身后的物体,但是一些儿童的确偷看了,并且在被询问时否认自己的偷看行为,研究者会对他们的行为与没有偷看而诚实回答的孩子的行为进行比较(Lewis, 1993)。早期的研究较为一致地发现儿童在说谎时与说真话时不存在明显的非言语行为差异,而且多项研究之间的比较也没有显示说谎线索的一致模式(Feldman, Devin-sheehan, & Allen, 1978; Lewis, 1993; Vrij, 2002)。但是,越来越多的研究表明在儿童说谎者与诚实者之间存在一定的面部表情差异。例如,最近的研究考察了儿童在尝试欺骗虚拟机器代理人时的面部表情,并通过人工与自动化识别的手段检测面部表情以及面部动作单元,最为明显的结果是说谎儿童比诚实儿童笑得更频繁(Serras Pereira et al., 2018)。又如,收到不喜欢的礼物并说善意谎言的儿童比那些收到喜欢的礼物的儿童笑得更多,这可能是儿童为了说服别人他们真的喜欢这份礼物(Talwar, Murphy, & Lee, 2007)。总的来说,儿童说谎者会更多地展示积极的表情(例如,微笑),以掩饰谎言。

除了笑容,儿童说谎时比说真话时更多地紧闭双唇(Talwar & Lee, 2002; Talwar, Murphy, & Lee, 2007),因此,紧闭双唇可以被看作儿童在说谎时试图压抑真实感受而无意泄露的线索。在成年人当中也发现紧闭双唇是说谎的一个标志(DePaulo et al., 2003)。此外,通过要求成人(大学生)和儿童(5~6 岁)对相同主题说谎或说真话以对比他们在说谎时的非言语行为，结果发现成人与儿童存在明显的行为差异：儿童比成人多出两倍的动作。但是他们的说谎线索很相似：成人与儿童说谎时均与手部运动减少有关（Vrij et al., 2004）。此外，眼睛注视行为也是说谎行为的线索之一。目前的研究较为一致地发现，儿童在说谎时会有更多的注视回避。一项研究发现，儿童说谎者比诚实者更多地向下看或看向别处（Talwar & Lee, 2002）。另外一项研究也发现了类似的结果：儿童在说谎时保持更少的眼神接触，以及更多地看向别处，但在此研究里，儿童在说谎时更多地向上看，而不是向下看（Mccarthy & Lee, 2009）。此外，说谎的儿童有同伴在场时比单独一人时有更多的注视回避，研究者认为说谎时注视回避的增加可能与寻求确认有关，儿童转移目光（例如，看向他们的主试）以调整他们的谎言并思考是否已经做得足够好。最后，儿童说谎时比说真话时出现更多的眨眼行为（Serras Pereira et al., 2018）。有趣的是，说谎的儿童与诚实的儿童在眼睛注视行为方面的差异仅出现在9岁之前，9岁之后便消失了（Swerts, 2012）。

随着儿童年龄的增大，儿童人为控制面部表情的能力变得更好，因此其说谎时的面部线索可能会减少（Ekman et al., 1980）。例如，通过观察6~10岁儿童得到不喜欢的礼物时的反应发现，年龄较小的儿童会更多地表现出消极的面部表情（Saarni, 1984）。另外，5~6岁的儿童已能将注视回避和说谎联系在一起（Rotenberg & Sullivan, 2003）。进一步的研究发现，6岁和9岁的儿童均倾向于将注视回避解释为他人说谎的线索，这个趋势在9岁儿童以及女童中更为明显（Einav & Hood, 2008）。这些发现说明可能因为儿童意识到了注视回避是识别谎言的线索，他们就刻意控制注视行为，因此9岁后儿童说谎者与诚实者注视行为的差异便消失了（Swerts, 2012）。

另外一个影响儿童非言语行为表达的因素是共同在场。儿童的行为受在场的另外一个人影响，相比单独一个人的时候，儿童非言语行为的表达会在有另外一个儿童在场的时候有所不同（Vredeveldt & Wagenaar, 2013）。相比单独一个人时，儿童在有玩伴时会出现更多的表情（Shahid, Krahmer, & Swerts, 2008）。儿童说谎者在共同在场条件下比单独一人条件下笑得更频繁，但共同在场增强面容线索（如笑容）的数量仅限于说谎条件而非诚实条件（Serras Pereira et al., 2018）。此效应的一种可能性解释是儿童在有同伴时被激发，因而更有动力试图掩饰他们的谎言。最后，共同在场似乎能提高人们识别儿童是否在说谎的准确率，观察者在同时观察两个儿童（共同在场）的条件下比单独观察一个儿童的条件下更容易区分诚实儿童与说谎儿童（Strömwall & Granhag, 2007），这说明共同在场条件下儿童更多的面部表情的确能作为谎言检测的有效线索。说谎的线索似乎也依赖其他因素，例如，说谎尝试的意识和成功的动机，儿童在第二次尝试说谎时会比第一次尝试说谎时表现出更多的说谎线索（Swerts, Doorenmalen, & Verhoofstad, 2013）。

2. 言语线索

迄今，关于说谎的言语线索研究仍较少涉及儿童被试。4岁前儿童的谎言还不能像成人那样能使用复杂的描述（Bussey, 1992），因此，研究者较难考察低年龄段儿童在说谎时的言语线索。针对儿童说谎言语线索的研究数据较为有限，而且研究发现并不一致。

一方面，研究发现，在儿童被询问的初次陈述或回答的矛盾性方面，说谎儿童与诚实儿童之间并不存在明显的差异，然而在被连续询问中说谎儿童的回答更缺乏一致性（Bruck, Ceci, & Hembrooke, 2002）。但是，在其他研究中，说谎儿童在被连续询问中的回答比诚实儿童更具一致性（Quas et al., 2007）。相比说真话，儿童说谎话时听起来更不可信（Ball & O'callaghan, 2001）。最后，相比描述想象事件，儿童描述自己经历事件时的言语一致性更高（Vredeveldt & Wagenaar, 2013）。

7.2.2 年轻人与老年人的说谎行为

生活当中，我们大多数人都有这样一个刻板印象，即认为老年人比年轻人似乎更诚实或者更少说谎。科学研究证实，老年人与年轻人的确都倾向于认为说谎的老年人（与年轻人相比）更可能在说真话（Slessor et al., 2014）。但事实上，到目前为止，仍未有公开发表的科学研究显示老年人比年轻人说谎次数更少。此外，尚未有研究专门考察老年人与年轻人在说谎非言语线索与言语线索上的差异。有研究直接考察了老年人（60~89岁）与年轻人（17~26岁）说谎能力的差异，发现年轻人与老年人均更容易判断老年人（相比年轻人）是否在说谎，表明成功欺骗他人的技巧随着年龄的增长而下降（Ruffman et al., 2012）。说谎能力的年龄差异可能源于老年人与年轻人在说谎技巧方面的差异。说一个让人信服的谎言要求个体具有陈述可信的论点和讲故事前后一致的能力，因此对执行功能有比较高的要求，如工作记忆和计划能力（Gombos, 2006）。此外，还需要能够判断某个论点是否会说服倾听者以及随时根据倾听者的反应而调整谎言的能力。与这些论点相一致的是，与执行功能以及社会理解相关的脑区（如前额皮层和前扣带皮层）在说谎时显著激活（Spence et al., 2004）。因此，研究者较为一致地认为，人们能够相对容易地识别老年人的谎言是由于老年人执行功能的下降和社会理解的老化；而老年人执行功能的下降和社会理解的老化是由老年人的脑区（如前额皮层和前扣带皮层）的相对快速退化导致的（Buckner, 2004）。

小结

本节主要介绍了儿童说谎行为的言语线索与非言语线索，也涵盖了迄今考察儿童与成人说谎行为差异以及老年人与年轻人说谎行为差异的相关研究。儿童说谎者比诚实者表现出更多的笑容、紧闭双唇、眨眼或者注视回避等。成人与儿童说谎均与手部运动减少有关，但是儿童说谎时比成人多出两倍的动作。这些非言语线索在一定程度上能透露儿童说谎时的行为表现，但也受其他因素影响。相比年轻人，老年人并不擅长说谎，这可能是因为老年人执行功能的下降和社会理解的老化。

思考题

1. 儿童说谎的发展分哪几个阶段？每个阶段有什么特点？
2. 哪些线索说明儿童可能在说谎？这些线索的有效性受什么因素影响？
3. 老年人比年轻人更不擅长说谎的原因可能是什么？

7.3 说谎的个性差异

本节重点分析不同人格特质群体和人格障碍群体的说谎行为，总结了孤独症谱系障碍者特殊群体的说谎行为，也涵盖了一些日常生活中我们常提及个体的说谎行为，如焦虑个体和社会能力较强个体的说谎行为等。

7.3.1 人格因素造成的说谎行为个体差异

有研究者提出"应该考虑是什么因素使得一些个体成为一个成功的说谎者"（Vrij & Granhag, 2010），下面将基于以往研究者较为认可的具有代表性的人格特征，并据此梳理人格因素造成的说谎行为差异。

1. 内外倾向性人格维度个体的说谎行为

与内倾人格的人相比，外倾人格的人说谎的成功率更低，也就是其说谎更容易被他人识破（Levitan et al., 2015）。这可能是因为外倾人格的人在日常不说谎时其注意、兴趣等总是朝向外部他人的，往往肢体动作、面部表情等均较丰富；但他们在说谎时，动作的总量会刻意减少，同时表现出较多不同于其说真话时的姿态动作，与其说真话时的表现差异较大，给人缺乏诚意的印象。相反，内倾人格的人在日常生活中比较"沉闷"，不善言辞，其说谎时由于体验到强烈的紧张感,语言表达受到干扰,会导致其语言表达不流畅,动作更加频繁,反而更容易给人留下诚实和认真的印象(Siegman & Reynolds, 1983)。

2. 大五人格维度个体的说谎行为

大五人格模型包括神经质、外倾性、开放性、宜人性和责任感五种人格特质(McCrae & Costa, 1996)。说谎与宜人性存在显著的相关性,特别是宜人性中的谦虚、同情维度与是否成功说谎存在显著的负相关,越同情他人就越不容易欺骗他人,欺骗他人也更容易被识破;成功说谎还与经验开放性特质中的新颖想法存在显著的负相关(Isenberg, 2011)。

3. "黑暗人格三合一"个体的说谎行为

"黑暗人格三合一"是一种近年提出的新的人格特质群,其包括马基雅维利主义、精神病态、自恋三种亚分类,这三种人格特质各自独立又相互交织,在西方文化中都属于反社会型人格特质(Stellwagen, 2011)。马基雅维利主义和精神病态更多地与说谎行为相联系(Isenberg, 2011)。

(1)马基雅维利主义

克里斯蒂(Christie)和盖斯(Geis)在1970年开创了心理学对马基雅维利主义研究的先河,并认为马基雅维利主义是一种普遍性的人格特质,拥有这种人格特质的人在心理和行为上表现为冷酷无情、擅长操纵、阴谋算计、实用主义、注重结果和忽视道德(秦峰,许芳,2013)。后续有心理学研究探讨了马基雅维利主义者的说谎行为。例如,马基雅维利主义量表得分高的人与得分低的人相比更擅长说谎,并且更善于掩饰自己的说谎行为(Geis & Moon, 1981)。马基雅维利主义得分高的人只是具有较高的说谎倾向,而与说谎的成功与否并不相关(Frank & Ekman, 1997)。但在高风险情境中,马基雅维利主义得分确实能够很好地预测个体说谎倾向的高低(Azizli et al., 2016)。马基雅维利主义者本人也认为自己比其他普通人更能够说谎成功,但是尚不清楚他们为何会有这种自以为是的看法(Giammarco et al., 2013)。马基雅维利主义得分也能够显著预测个体对伴侣的欺骗行为(Brewer & Abell, 2015),马基雅维利主义得分高的个体更可能在建立伴侣关系后对伴侣不忠,在忠诚度方面说谎,并且与伴侣的关系存在较低的亲密度(Dussault, Hojjat, & Boone, 2013)。在说谎类型方面,马基雅维利主义者会说更多的白谎(Jonason et al., 2014),但这似乎与马基雅维利主义的特质(如阴谋算计、自私自利等)不相吻合,因此还有待进一步分析与探讨。

马基雅维利主义得分高的人更擅长说谎或欺骗他人的原因是什么呢?研究者发现,马基雅维利主义者的后代也更擅长在游戏中欺骗他人，特别是父亲的马基雅维利主义信念对子女的马基雅维利主义信念影响较大（Kraut & Price, 1976）。

（2）精神病态

精神病态在行为上一般表现为行为冲动，寻求刺激，缺乏共情、责任感，以及焦虑。精神病态者会以无任何理由的方式进行说谎（Jonason et al., 2014）。为达到欺骗他人的目的，精神病态者在谈话时会采取一系列的策略来主导互动过程，比如精神病态程度较高者在谈话时直视对方的时间较长、头部动作较多、身体前倾的时间较长、说话时更加平静。此外，根据精神病态者的自陈式报告，他们在说谎时并不会经历普通人体验到的紧张情绪（Klaver, Lee, Hart, 2007）。采用 fMRI 技术发现，精神病态的男性被试说谎时，腹外侧前额叶皮层显著激活，精神病态量表中的冷酷无情、无畏、社会影响以及压力预防等维度得分与腹外侧前额叶皮层激活程度存在显著关系，这表明精神病态与说谎行为确实存在相关性（Fullam, Mckie, & Dolan, 2009）。

（3）自恋

亚临床阶段的自恋一般具有自我中心、爱慕虚荣、自我吹嘘、支配性、优越感、傲慢无礼和自以为是等特征。自恋倾向高的人确实会为了显示其自我报告技能的优越性而更多或更容易选择说谎（Jonason et al., 2014）。

4. 创造性人格个体的说谎行为

创造性人格指个体在创造过程中表现出来的人格特征，能够对创造性的发展起到稳定而统合的促进和保护作用（刘文，李明，2010）。然而，当所需要解决的问题或者情景涉及道德时，具有高创造性人格的人更可能会选择绕过规则的约束，做出更多的违法违纪以及违背道德的行为，如说谎。

最初，有研究者提出了"创造力的阴暗面"这一独特的研究视角（Cropley, Kaufman, & Cropley, 2008）。随后其他研究者进一步提出了"独创者也是说谎者"的观点，其理论提出创造性个体所表现出来的发散型思维与认知灵活性两个主要特征会帮助个体找到打破道德规则束缚的合理方法，因而更容易出现说谎等恶意行为（Gino & Ariely, 2012）。通过对两难困境中被试的表现进行分析发现，在提出解决方案的过程中，创造力与说谎等不诚实因素确实存在显著的正相关（DeDreu & Nijstad, 2008）。个体创造力与其可观察的诚实表现及自我报告的诚实度均呈显著的负相关（Beaussart, Andrews, & Kaufman, 2013）。王英芊和司继伟（2014）的研究发现，初中生的创造性人格与其说谎行为呈显著的正相关，即个体创造性越强,出现说谎行为的可能性越大。

5. 自尊人格个体的说谎行为

心理学研究中,自尊在结构上可分为外显自尊和内隐自尊:外显自尊是建立在人的明确意识基础上的自我反映;内隐自尊是人在评价与自我相关的客体时的一种态度表现(Greenwald & Banaji, 1995)。个体内隐自尊能够正向预测其道德表现,内隐自尊高的被试在实验中表现得更加诚实(Perugini & Leone, 2009)。诚信心理与自尊存在显著的正相关,即自尊越高,诚实度越高(樊洁,邓敏,梁宁建,2011)。王英芊等(2014)的研究发现,内隐自尊与说谎行为存在显著的负相关,即内隐自尊程度越高,说谎行为越低;而外显自尊与说谎行为不存在相关性。自我一致性理论认为,个体往往会依据自己的内在总体形象,包括思想、价值观和感知等来采取行动,从而维持态度与行为的一致性,因此内隐自尊高的个体对自我的要求也就越高。一个人为了维护良好的自我体验,对自我的要求也就越高,就越不容易出现说谎等不道德行为(Korman, 1970)。

7.3.2 其他因素造成的说谎行为个体差异

1. 社会能力、社会技能与社会观察力对个体说谎行为的影响

个体的社会能力包括事务处理能力、一般人际交往能力和建立与发展友谊的能力。传递真实或虚假信息的研究表明社会能力高的学生拥有更高的说谎能力(Riggio, Salinas, & Tucker, 1988; Riggio, Tucker, & Throckmorton, 1987),高社会能力的青少年比低社会能力的青少年总体上更善于说谎(Feldman & Philippot, 1993)。

说谎是一项社会技能(Kartch, 2013)。社会技能的高低也会影响人们陈述事实的内容和细节(沙家明,2016)。通过考察社会焦虑、社会机敏和自我监控三种社会技能对被试CBCA得分的影响,研究发现社会焦虑高的人在面对陌生人时会产生不适感,因而会减少陈述的细节,缩短说话的时间;而社会机敏和社会监控程度高的人,会更看重自己给他人留下的印象,因此会极力控制自己的行为,从而获得较高的CBCA得分,并且社会技能与CBCA得分之间存在显著的相关性(Vrij, 2002)。随后的研究发现,与诚实者相比,说谎者更容易受到社会技能的影响。对于说谎者,其社会焦虑与CBCA得分呈显著的负相关,而社会机敏、自我监控与CBCA得分呈显著的正相关(Vrij et al., 2004)。这一发现提示我们,在识别谎言时,适当增强嫌疑人的社会焦虑,可以相应提高利用语言内容线索识别谎言的有效性。

除了社会能力与社会技能外,个体的表演能力和说谎能力或行为之间也存在一定的相关关系，表演能力强的个体可能更善于抑制各种紧张性行为，在说谎时只需付出较少的努力就能有效地减少身体动作（Gozna, Vrij, & Bull, 2001），从而增加了自己成功说谎的概率。

2. 自我意识水平对个体说谎行为的影响

从意识活动的指向角度，自我意识分为私我或者个体自我意识和公我或公众自我意识。个体自我意识指个体关注自己的感受以及自己的评价标准，而公众自我意识指的是个体关注别人如何看待自己以及他人的评价标准（黄希庭，2006）。公众自我意识得分高的人更倾向于把自己看作其他人关注的焦点，因此在说谎时也更倾向于控制自己的行为，减少身体姿态动作，力求给人留下诚实的印象（Gozna, Vrij, & Bull, 2001）。

3. 幻想倾向对个体说谎行为的影响

幻想倾向是指人们对幻想的卷入度和真实性。幻想倾向可以影响人们的 CBCA 得分，幻想倾向高的人会获得更高的 CBCA 分数，他们所讲述的虚假故事会有更多的细节，语言更复杂，并且有更多的对话（Schelleman-Offermans & Merckelbach, 2010），因此这类人更擅长说谎，其谎言也更难被识破。

4. 智力水平对个体说谎行为的影响

智力水平较低的个体往往很难充分利用准备时间编造故事，在说谎时可能会体验到较高的认知负荷，进而表现出更多的说谎姿态线索（Vrij & Man, 2001），其说谎能力较低。

5. 焦虑对个体说谎行为的影响

焦虑者对自己持有负面评价，并且害怕被别人抛弃，因此为了向自己的伴侣或朋友展现具有魅力、令人喜欢的特征或者取悦自己的伴侣和朋友，更可能会说谎（Ennis, Vrij, & Chance, 2008）。社会焦虑程度较高的人即使在说真话的时候，也会因为不能肯定别人是否真的相信自己而变得不够自信，由此使得他们在说谎时会表现出更加明显的谎言线索（Depaulo et al., 2003）。

7.3.3 特殊人群的说谎行为

1. 人格障碍者的说谎行为

目前一些研究探讨了反社会型人格障碍（antisocial personality disorder, ASPD）和回避型人格障碍（avoidant personality disorder, AVD）类型与说谎行为的关系。反社会型人格的一个核心特征是善于说谎，反社会人格罪犯的说谎能力非常强，非常擅长说谎（如在编造个人信息方面）（Weston & Dalby, 1991），并且说谎可能是他们生活方式的一部分。

经常说真话的人说谎就会比较困难，而经常说谎的人说谎就会比较容易（Verschuere et al., 2011）。以往健康人脑功能成像的研究发现，说谎时前额叶皮层或前扣带回皮层会显著激活（Abe et al., 2008）。因此，如果反社会型人格障碍者经常说谎或者善于说谎，则负责谎言加工的前额叶皮层或前扣带回皮层的活动将减弱。基于这种推测，采用 fMRI 技术的研究发现，当反社会型人格障碍罪犯进行说谎时，其双侧背外侧前额叶皮层、左侧顶下小叶、双侧带状前回，以及内侧额上回等区域的活动程度与说谎行为显著相关，并且罪犯的说谎能力越强，上述脑区的活动越弱，表明反社会型人格障碍者确实具有较强的说谎能力和较多的说谎行为（蒋伟雄等，2012）。

回避型人格障碍者被认为经常采用说谎策略以达成社会交互的目的（Ennis, Vrij, & Chance, 2008），如使用说谎策略来保持自己的匿名感或采用说谎的方法来避免个人信息的暴露。在一段浪漫关系中，回避性越高，说谎行为就越多，并且说谎频率会很稳定，不会受特定关系（如互惠等）影响（Cole, 2001）。

2. 孤独症谱系障碍群体的说谎行为

孤独症谱系障碍（autism spectrum disorder, ASD），是一种以社交沟通障碍、刻板行为为主要表现的发育性障碍。孤独症儿童在说谎行为上发展滞后（Yokota & Tanaka, 2013），具体表现在说谎倾向、说谎策略以及说谎认知三个方面（樊越波等，2014），这种说谎行为缺陷可能与孤独症患者不能够将说谎与社会线索进行很好的连接有关（Yang et al., 2017）。

（1）说谎倾向

孤独症儿童说谎倾向较低，他们成功欺骗他人的次数要远远低于健康控制组儿童（Oswald & Ollendick, 1989）。采用"窗口任务"发现，4 岁正常儿童组以及唐氏综合征的被试能通过指向空盒子来欺骗实验者，而 3 岁正常儿童及孤独症儿童则不会欺骗实验者。研究者认为孤独症儿童说谎出现的概率较低主要是由于不会或难以操控他人的信念，以及难以抑制自己所看到的真实情况去说谎（Russell et al., 1991）。

（2）说谎策略

孤独症儿童与智力匹配的儿童均可表现出说谎行为，但是孤独症儿童说谎的策略性不强，并且不能很好地预测他人在自己的行为操控下会出现怎样的行为（Li et al., 2011）。相比于健康儿童，孤独症儿童会更加信任实验者，并且会较少报复欺骗他的实验者（Li et al., 2014）。

（3）说谎认知

采用"新异故事"任务发现，孤独症儿童对各类欺骗任务的理解均差于健康儿童（Jolliffe & Baroncohen, 1999）。采用"抵制诱惑情景"任务诱导实验参与者自发地说谎，孤独症儿童与健康儿童在说谎倾向上没有表现出差异，这说明孤独症儿童也能够有目的地欺骗他人，操控他人的行为（Li et al., 2011）。

3. 帕金森病患者的说谎行为

以往许多研究认为，帕金森病患者有一些典型的人格特质，如勤奋、严谨和古板（Ishiharail & Brayne, 2010），并且他们通常不会欺骗他人。一些研究认为可能是一些人格特质与帕金森病相关的脑区有关系；但也有可能是帕金森病患者不是不会说谎，而是脑认知功能障碍导致其说谎很困难（Menza, 2000）。相比于健康人，帕金森病患者很难做出说谎反应；同时采用PET技术发现，这种"说谎行为"的缺失与其受损的前额叶皮层相关（Abe et al., 2009）。

小结

本节主要梳理了人格因素和其他因素造成的说谎行为个体差异，以及特殊人群的说谎行为。日常生活中不同群体间的说谎行为存在显著差异，性格外向者、马基雅维利主义者、创造性人格个体和自尊高的个体等似乎更喜欢或者更善于说谎，说谎次数更多，说谎能力也更强。一些特殊群体的说谎行为与正常健康群体相比存在较为明显的差异。相比正常健康个体，反社会型人格障碍者与回避型人格障碍者的说谎行为更多，也更擅长说谎；孤独症谱系障碍儿童在说谎行为上发展相对滞后；帕金森患者很难做出说谎反应或者很少欺骗他人。

思考题

1. 哪些人格因素造成了说谎行为的个体差异？
2. 反社会型人格障碍罪犯与普通人在说谎时的脑区激活有什么区别？

7.4 说谎的民族和文化差异

随着国际化和全球化的程度日益提高，我们接触到不同文化背景的人的机会越来越多。我们不可避免地要跟他们打交道。那么，不同民族或文化背景下的人是否具有相同的说谎行为或说谎线索呢？本节主要从非言语线索与言语线索两个角度出发阐述迄今发现的不同民族与文化背景引起的说谎行为差异。

7.4.1 非言语线索

早期研究者对跨文化说谎线索的探索主要关注非言语行为。较早的研究发现，荷兰和英国的说谎者所表现的非言语行为并没有显著区别（Vrij, Semin, Bull, 1996）。在模拟警察对平民进行调查的研究中（Vrij & Winkel, 1991），研究者对荷兰本地白人和居住在荷兰的苏里南黑人的行为进行分析发现，相比荷兰白人，苏里南黑人无论是否说谎均会表现出更多的言语干扰，出现大量的注视回避，经常微笑，而且有很多自我调节和解释行为。该研究发现了荷兰白人和苏里南黑人被试之间的日常行为差异，但这并不是跨文化谎言判断的线索，显然，我们不能由这些行为差异试图推测谁在说谎。

不同种族文化背景的人在日常交往中往往显示出不同的行为模式（Matsumoto, 2008）。例如，相比黑种人，白种人更多地注视交谈的伙伴。黑种人的注视回避比白种人多（Johnson, 2006），来自土耳其和摩洛哥一带的荷兰人要比荷兰本地人有更多的注视回避行为（Van Rossum, 1998）。在西方文化里，谈话中的目光接触是礼貌的标志，而在其他文化中这是不礼貌的（Vrij & Winkel, 1991）。也就是说，注视行为本身受文化影响，不受诚实性影响。值得注意的是，上文提及的两项研究（Vrij, Semin, & Bull, 1996; Vrij & Winkel, 1991）未发现说谎线索存在跨文化差异的一种可能性解释是：参与群体之间的文化差异可能本来并不显著。可以说，荷兰和英国的说谎者在很多文化维度上都很相似，而苏里南黑人被试都是居住在荷兰，他们有可能已经充分融入和参与当地社区，愿意参与这项研究。因此，他们的社会规范很可能早已受到西方文化的影响。

一些研究证实跨文化情境下说谎行为的非言语线索的确存在一些跨文化差异。例如，在讲真话时，与母语为英语的学生相比，母语为粤语的学生表现出更多的注视回避和躯体动作；但在说谎时，与母语为英语的学生相比，他们表现出更少的注视回避和躯体动作。对于头部动作和言语回避，情况则正好相反（Cheng & Broadhurst, 2005）。同样，在对西班牙和美国的说谎者的比较研究中，发现了一些共性的指标和一些跨文化的差异（Lewis, 1993）。两种文化下说谎时均表现出过多的手和腿的动作、坐立不安、声音紧张、说话重复、不合逻辑的句子结构,以及在说谎时简短作答的现象。但是,对西班牙人来说,微笑和吞咽是说谎的显著标志。

此外,说谎行为的非言语线索也存在一定的跨文化一致性。一项全球性研究通过调查不同国家和地区的被试心目中的说谎行为线索(仅要求回答"如何判断他人说谎"这个问题),结果发现在收集到的103个说谎行为线索中有19个具有较高的跨文化一致性,而其中最可能反映说谎的非言语线索是注视回避(Aavik et al., 2006)。总之,目前关于说谎的非言语线索是否存在跨文化差异虽有争议,但至少现有研究结果表明说谎线索在一定程度上存在跨文化差异。

7.4.2 言语线索

尽管说谎言语线索的跨文化差异数据也较为有限,但以往大量的研究表明文化在人际互动行为的塑造中起着重要作用(Taras, Kirkman, & Steel, 2010),因此,人们在说谎时的言语行为可能会受文化的影响。

人们普遍已知的说谎时的那些语言变化并不适用于所有文化。在一项研究中(Taylor et al., 2017),研究对象包括非洲黑种人、欧洲白种人(及英国白种人)、南亚人。研究人员要求他们完成一项"抓骗子"任务。任务中,他们需要提供对过去经历或某个观点的真实或虚假的陈述。研究结果显示,在西方白种人中,说谎者更少使用第一人称代词,即"我",这与以往的研究结果一致(Newman et al., 2003),研究者认为这是由于西方白种人在说谎时试图将自己与谎言隔离开来,所以更少地使用"我"。然而,在南亚人和非洲黑种人中,研究人员并未发现此现象。相反,他们增加了对第一人称代词(如"我")的使用,同时减少使用第三人称代词(如"他/她""他们")。也就是说,南亚人和非洲黑种人在说谎时希望将其所属社会群体和谎言隔离开来,而非仅仅他们自己。

此外,人们在说谎时所叙述的背景细节类型也存在文化差异。西方白种人在说谎时相比说真话时会减少感知信息,如事物的特征(Gibson & Mcdaniel, 2010)。然而,非洲黑种人和南亚人则会在说谎时增加感知信息,以弥补社会细节的减少(Taylor et al., 2017)。类似的是,集体主义人群与个人主义人群在谎言可接受性上的信念差异影响了人们说谎的内容。研究显示集体主义文化下的个体倾向于在群体或家庭关注的事情上说谎,然而个人主义文化下的个体更倾向于为了个人隐私或私利而说谎(Li et al., 2006)。这些说谎言语线索或内容的文化差异与以往研究发现的个人主义与集体主义文化的个体如何分析自我(Markus & Kitayama, 1991)和报告过往事件的记忆(Wang, 2009)的差异相一致。集体主义文化下人们的记忆与集体行动和结果联系在一起;而个人主义文化背景下的人们倾向于将他们的记忆根植于个人所看到、感觉和理解的物体和知觉刺激（Oyserman, 2002）。因此，在跨文化情景下，需要关注这些叙述信息类型的差异以做出准确的谎言判断。

但是，说谎时在情绪相关的言语使用上没有文化差异（Taylor et al., 2017）。以往研究发现是否善于表达与个人主义存在一定关系（Matsumoto, Yoo, & Fontaine, 2008）。按照这个逻辑，集体主义文化下个人的行为与表达会更容易被压抑，个体应该表现出更少的明显的情绪性行为（Markus & Kitayama, 1991）。说谎时由于人的心理负荷与压力较大，从而使得规范性行为会被放大（Staal, 2004）。但是，研究数据表明情绪相关的言语使用上并不存在文化差异，所有被试都选择积极情绪的表达，可能是为了保持社会和谐（Seiter, Bruschke, & Bai, 2002）。与此一致的是，当说谎者有充分时间可以策略性地表达情绪时，也发现了说谎时更多地表达积极情绪，更少地表达负面情绪（Zhou et al., 2004）。这些发现也可能反映说谎者的一种信念，即表现出积极的情绪能阻止因潜在焦虑情绪而无意泄露的说谎行为（Frank & Ekman, 1997）。

最后，以往一个重要的研究发现是谎言类型的调节效应。代词的使用以及背景细节叙述仅在被试虚构过往经历（而不是个人见解）时发生变化。相反，情绪相关的言语会在人们虚构个人见解（而不是过往经历）时发生变化（Taylor et al., 2017）。这些背景效应与以往的研究结果相一致。例如，背景细节叙述作为谎言线索的诊断价值更多在于区分描述观察到或经历过的事件的真话与谎言（Vrij et al., 2009）。相反，情绪相关的言语作为谎言线索的价值则在于区分谈论个人见解的真话与谎言（Frank & Ekman, 1997）。由此可知，生活中我们有必要根据谎言类型（如，过往经历 vs 个人见解）而选择关注不同的言语线索（如，背景细节叙述 vs 情绪相关的言语）。

总的来说，人们说谎时的言语线索存在文化差异，这种差异源于认知及社会规范的文化差异。这方面的研究具有广泛的应用价值，如司法风险评估、歧视诉讼、庇护申请者评估等。在缺乏文化特异性训练的情况下，人们对谎言的判断很大程度上依靠经验或依靠针对西方说谎者的研究证据。这样一来，谎言的错误判断可能会影响司法公正。例如，跨文化谎言识别准确率较低，其中表现出准确率下降最严重的情况是被试听到嫌疑人的言语行为，但看不见他们的非言语行为（Bond & Atoum, 2000）。造成这种知觉差异的一种可能性机制是所呈现的不同语言形式（如，人称代词使用以及背景细节叙述）（Taylor et al., 2017）。与此一致的是，第二语言使用者也更容易被认为是在说谎（Silva & Leach, 2013）。当文化规范行为与个人对诚实行为的预期不相符的时候，可能就会导致错误的怀疑，对于评审过程的公正性产生负面影响（Simons et al., 2007）。如今，执法与司法均需面对更多来自不同文化背景的嫌疑人。因此，我们可以充分应用这类研究成果，以更好地追求公平正义。

小结

　　本节主要从非言语线索与言语线索两个角度出发阐述迄今发现的不同民族与文化背景引起的说谎行为差异。说谎行为的非言语线索存在跨文化的共同点与差异之处。从共性指标来看，最具跨文化一致性的非言语线索是注视回避。但说谎的非言语线索也存在跨文化差异，例如，与母语为英语的学生相比，母语为粤语的学生说谎时表现出更少的注视回避和躯体动作。相比美国人，对西班牙人来说，微笑和吞咽是说谎的显著标志。

　　人们在说谎时的言语行为受文化影响。在西方白种人中，说谎者更少使用第一人称代词，而且会减少感知信息的描述；相反，南亚人和非洲黑种人增加了对第一人称代词的使用，同时减少使用第三人称代词，而且会在说谎时增加感知信息。集体主义文化下的个体倾向于在群体或家庭关注的事情上说谎，然而个人主义文化下的个体更倾向于为了个人隐私或私利而说谎。说谎时情绪相关的言语使用并不存在文化差异，人们说谎时都选择表达出更多的积极情绪。

思考题

1. 说谎行为的跨文化一致性体现在哪些方面？
2. 说谎行为的跨文化差异体现在哪些方面？

第 8 章
情境与个体偏好

人是社会性的动物,不但行为会随着情境的变化而变化,而且常常会在社会交往中隐藏真实的情绪、喜好、意图和决定。在社会交往中,信息作为交往的载体,既包含交往双方或者多方对自身情况的了解,也包含对对方知道的信息的掌握。在这个过程中,诚实被定义为对交往中的信息的彻底披露,即将与情境有关的所有信息都告知对方。早在 20 世纪 70 年代,社会学家和心理学家便开始研究和讨论诚实是不是最佳选择(Turner, Edgley, & Olmstead, 1975)。事实上,诚实可能会导致伤害、冲突、尴尬和关系破裂等种种负性结果,因而社会交往中的谎言随处可见。

社交情境千变万化,在不同的情境中,谎言的形式和内容也随之发生改变。本章将首先介绍谎言在不同社会情境中发生改变的动机基础,随后从信息披露、社会评价、说谎媒介、个体对谎言的偏好(谎言厌恶)、时间和练习的影响这几个方面对谎言在情境中可能发生的变化进行阐述。

8.1 说谎随情境改变的动机基础

8.1.1 说谎随动机变化产生的不同类别

动机被定义为驱动人们做出行为及解释人们为何做出或者保持行为的一种目标驱动的内部心理状态(Eccles, Wigfield, & Schiefele, 1998)。说谎因为其社会功能与目的性,与动机更是息息相关。正如人际欺骗理论所述(Buller & Burgoon, 1996),说谎是为了达到某种目的而进行的行为,而目的本身,以及在目的驱动下产生的相关动机都会随着社会情境不断变化，从而导致说谎具有不同的表现形式和类别。

在日常生活中普遍存在的谎言，大多可以根据内容、理由、类型或对象等分类（见表8-1）（DePaulo et al., 1996），其比率在大学生群体和社区群体中既有相似，又有不同。这些分类显示了目的和动机随情境变化的复杂性，也显示了涉及情感和行为的、自我导向的、绝对的，以及指向说谎者本身的谎言的普遍性和重要性（其比率高达50%以上），这为研究谎言随动机和情境的变化提供了可参考的变化类型和情境类型。

表8-1 社会交往中的谎言类别

谎言类别	定义	比率（%）	
		大学生	社区的人
以内容划分			
情感	对情绪、感受、观点以及评价说谎	37.22	29.53
成就	对取得的成就、遭遇的失败、自己的缺点、掌握的知识或技能、缺乏的知识或技能说谎	15.84	17.14
行为，计划，行踪	对正在做、计划做的事情，或对自己在哪儿说谎	27.49	27.69
解释	对行为的理由说谎	10.28	11.17
事情/财产	对事情或财产说谎	8.97	14.55
以理由划分			
自我导向	为保护或增强说谎者的心理或物质利益说谎	45.48	56.68
他人导向	为保护或增强他人的心理或物质利益说谎	25.74	24.45
以类型划分			
绝对的谎言	谎言中的信息与真实信息完全不同	67.63	59.18
夸大之词	谎言夸大了真实信息	14.74	9.23
精妙的谎言	谎言规避或省略了相关的细节，通过设计好的字面真实进行误导	8.62	23.19
以对象划分			
说谎者	谎言指向说谎者本身的行为或感受	88.29	90.79
目标	谎言指向说谎的目的	22.63	24.55
他人	谎言指向除说谎者、说谎目的外的其他人	21.85	22.54
事物/事件	谎言指向一个物体、事件或地点	33.52	50.33

8.1.2 说谎的内在和外在奖赏系统

说谎的变化与引起谎言动机的奖赏系统紧密相连。根据动机类型的不同，该奖赏系统可以分为外在奖赏系统和内在奖赏系统（Mazar & Ariely, 2006）。前者主要集中于说谎带来的外在奖赏或者避免的外在损失，后者则聚焦于人在社会化过程中获得的基于社会规范的奖赏。内在奖赏系统的提出被认为挑战了传统的理性经济人假设——人们的一切行为都是为了自己利益的最大化，也对"人们的决定以外在奖赏为唯一标准，与诚实与否并不相关"这一观点提出了质疑。

内在和外在奖赏系统在说谎行为的产生中起着重要作用，但两种系统之间的关系非常复杂。内在奖赏系统的激活被认为取决于说谎的程度。当说谎程度低于某个水平时，内在奖赏系统完全不会被激活。此时，说谎与否完全取决于当事人对外在奖赏和损失的权衡。当说谎程度高于这个水平时，内在奖赏系统会在一定程度上被激活，并降低人对外在奖赏的敏感性，使得说谎与否不再受外在奖赏增加的影响。然而，当外在奖赏非常大时，内在奖赏的作用将被抑制，人只权衡外在奖赏和损失来决定说谎与否。这一假设在一些研究中得到了证实（Gneezy, 2005）：人们确实会为了获利更多而说谎，但当说谎导致自己收益很多而对方收益很少时，说谎的比率会变小。这一利他倾向便体现了内在奖赏对说谎的影响。

内在奖赏系统被认为主要通过影响自我形象来影响说谎行为（Mazar, Amir, & Ariely, 2008）。那些认为自己很诚实的人会采用多种心理机制，接受自己一定程度的说谎行为，而不严重影响自己持有的正面的自我形象。但当人们对诚实这一道德标准的注意提高时，说谎行为的程度便会降低（Dana, Weber, & Kuang, 2007）。

值得一提的是，自我欺骗这一行为不在两种奖赏系统的解释范围之内。作为一种通过改变自己对不诚实行为的认知，将其视为诚实行为模式而进行的说谎行为，自我欺骗不受内在奖赏系统的影响，会随外在奖赏增加而增加，往往被人们用于维持自我形象（Gur & Sackeim 1979）。

基于上述奖赏系统，说谎行为极易在不同的社会情境中发生变化，因为情境和与情境相关的因素（如社会规范的启动、不同的说谎媒介以及说谎的频率等）都可能使外在奖赏和内在奖赏的对应阈值发生变化（Duval & Wicklund, 1972）。本章将主要从影响内在和外在奖赏系统的相关情境因素及个体偏好出发，对说谎行为的变化进行探讨。

小结

社会交往中的谎言可以根据内容、理由、类型或对象等分为不同类别。谎言有内在奖赏和外在奖赏两套系统，其激活阈值不同，在不同情境中的主导地位也不同。

思考题

1. 谎言的不同分类之间有何关系？
2. 简述谎言的奖赏系统及其与说谎行为的关系。

8.2 信息披露程度

信息披露程度的不同是社会交往中说谎行为产生和变化的基础。因为说谎者和接收者掌握的信息不同，说谎者可以选择性地披露信息，以诱导接收者做出期望的行为。将这一过程进行实验室实验化是研究说谎行为变化的最基础和最重要的过程之一。经济学家从生活中的讨价还价提炼出了最后通牒博弈游戏（Güth, Schmittberger, & Schwarze, 1982）。这个范式包含分配者和接受者两个角色，分配者在自己和接受者之间分配一定总量的资源，接受者可以选择接受或拒绝分配方案，接受则双方获得对应的收益，拒绝则双方都没有收益。

如图 8-1 所示，10 元利润，如果接受者同意分配者的方案，那么分配者将收入 5 元或 8 元，接受者则收入 5 元或 2 元；如果拒绝，则双方的收入都为零。如果分配者谎报总利润为 4 元，分给接受者 2 元，不知真相的接受者可能会同意。在这种范式中，88.5% 的分配者将总利润少报 20.5%。例如，将 100 美元虚报为 79.5 美元，分配给同伴的额度也减少了 19 美元（Besancenot, Dubart, & Vranceanu, 2013）。

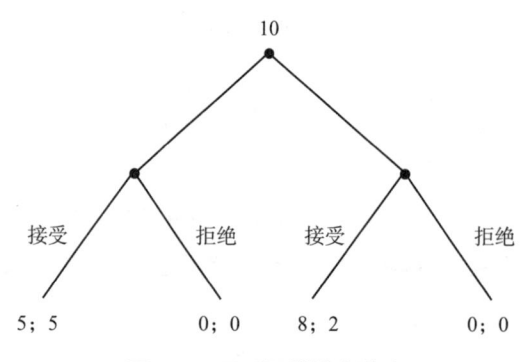

图 8-1　最后通牒博弈游戏

若对分配者和接受者双方的信息披露程度都进行操控，那就产生了"双向廉价谈判"或"双向空谈博弈"（Croson, Boles, & Murnighan, 2003）。一方面，分配者知道分配总量，而接受者不知道；另一方面，接受者选择拒绝分配方案，会获得额外选项中的收益，但分配者却不知道额外选项的额度，并且没有任何收益（Croson, 1996）。这样，分配者和接受者都拥有对方无法掌握的信息，可以交换信息讨价还价。当双方需要反复多次谈判时，让计算机揭露他们在上一回合说谎与否，会直接影响双方下一回合的选择。

操控最后通牒博弈游戏中的信息披露程度，可以将很多谎言产生的情景（如商务谈判、销售报价与定价等）浓缩于实验室情景中进行深入系统的研究。根据博弈论中的理性经济人假设，在拥有额外选项的情况下，只要分配者的分配对应的收益高于额外选项中的收益，那么接受者就应当接受分配，而不是拒绝分配而选择额外选项。当双方都可以通过虚报信息让对方做出错误判断时，分配者将通过说谎来降低分给接受者的分配比例，而接受者将通过说谎以期望从分配者处获得更高比例的分配。当双方需要反复进行多次谈判时，如果通过实验程序进行操控，让计算机揭露他们在上一回合是否说谎，将直接影响双方在下一个回合的选择，如揭露上一个回合的说谎行为，会使双方的说谎比率都显著下降（Boles, Croson, & Murnighan, 2000; Croson, Boles, & Murnighan, 2003）。

小结

信息披露程度的不同是社会交往中说谎行为产生和变化的基础。最后通牒博弈游戏体现了说谎者利用信息差对接受者的误导。操控信息披露可以让交流各方通过交换信息讨价还价，对过往谎言的揭露则会影响各方的下一步决策。

思考题

1. 信息披露程度与说谎行为的关系如何？
2. 操控信息披露程度对实际生活中的谈判有哪些参考意义？

8.3　交流媒介

影响说谎行为的因素，除了与谎言本身相关的信息披露程度的不同，还有与说谎者和接收者相关的情境信息披露程度的不同。这一过程主要与人们交换信息的方式的多样化、数字化、网络化相关。随着信息时代的发展，人们有越来越多的交流媒介可以选择，从传统的面对面交流、书信交流到如今的计算机邮箱、网络聊天软件、网络视频软件、手机短信、手机通话、手机视频等。由于对交流双方的情境相关信息披露程度的不同，这些交流媒介导致了说谎行为的变化，这也成了一大研究焦点。

8.3.1 不同交流媒介的差异与说谎

研究者比较了传统的面对面互动和基于计算机的交流方式对互动行为的影响（Bordia, 1997），将两者中的行为差异归纳为社会压力、对同伴和任务的理解程度、改变态度或选择的可能性、行为不受拘束的程度、交流参与度五个方面。在前三个方面，面对面交流导致的差异都大于计算机交流，而后两个方面则相反。在限定时间、需要社会情绪互动的任务中，面对面的行为表现不及计算机交流。这些差异令人们对与说谎行为有关的意图、语言信息、非语言信息的加工也有很大差异，从而影响说谎行为。

研究者对此提出了不同的理论假设并提供了相应的实验证据。一些研究者认为，说谎时人会选择信息更丰富的媒介，以便利用多维度、多渠道的线索，根据反馈及时调整说谎行为，将语言和信息更自然地个性化，并运用模糊的双关语来降低说谎被识破的概率，等等（Daft & Lengel, 1986）。因此，人们应该更倾向面对面说谎。另一些研究者则提出了社会距离假设，认为说谎会使人表现出不适，为了避免被观察到，人们会选择丰富性低的媒介说谎，以便和欺骗的对象保持一定的社会距离。因此，说谎应该优先选择电子邮件，其次是即时通信、电话，最后才是面对面交流。

这两种理论假设对说谎行为的预测虽然完全不同，但都包含了媒介影响社交中说谎行为的三个因素（Hancock, Thom-Santelli, & Ritchie, 2004）：（1）交流的同步性，即双方的信息交换是否即时和同步；（2）媒介的可记录性，即交流是否能够被自动记录下来；（3）空间距离，即交流双方或多方是否享有共同的物理空间。

8.3.2 不同媒介中的说谎行为差异

为了验证上述两种假设，研究者统计了不同媒介中的说谎行为（Hancock, Thom-Santelli, & Ritchie, 2004），发现通过电话说谎的比例最高（约40%），其次是面对面（约25%）和即时通信（约20%），最后是邮件（约15%）（见表8–2）。

表 8-2　不同媒介中的说谎频率

	面对面	电话	即时通信	邮件	合计
社会互动频率（次）					
合计	765	181	97	155	1198
平均每天	3.90	0.92	0.79	0.49	6.11
说谎频率（次）					
合计	202	66	27	9	310
平均每天	1.03	0.35	0.18	0.06	1.58

虽然面对面说谎的比例比电话低，支持了社会距离假设，但是即时通信和邮件中的说谎比例都显著低于面对面，又支持了媒体丰富性假设。所以社会距离假设并不能很好地预测不同媒介中的说谎行为，而媒体丰富性也不是决定不同媒体中说谎行为差异的主要因素。综合来说，交流的同步性越高，可记录性越低，空间距离越大，说谎发生的比例越高。

不仅如此，研究者还让人们对说谎行为的实施媒介进行主动选择（George & Carlson, 2005）。结果发现，34.4%的人选择面对面，18.9%的人选择电话，10.3%的人选择备忘录，10.3%的人选择电子邮件，3.3%的人选择书信，1%的人选择语音邮件，只有 1 人（0.2%）选择视频会议，而 21.6%的人决定不进行说谎，体现了在说谎时人们倾向选择丰富性更高的媒介。此外，说谎能力的高低也影响说谎者对媒介的选择（Van Swol & Paik, 2017）。自认为很擅长说谎的人更喜欢面对面说谎，而且更善于使用策略。而说谎能力低的人则表示会尽量避免面对面说谎，说谎时更焦虑和内疚，即使谎言并没有被识破。

通过进一步对说谎行为产生中的交流的同步性、媒介的可记录性和空间距离进行控制，研究者发现，在同一个房间中，面对面交流（说谎者可以口头说谎并在计算机中输入虚报的信息，接受者可以观测说谎者说谎的整个过程，也可以在计算机上看到虚报的信息）和不见面基于计算机的交流（说谎者只能通过计算机输入，接受者只能通过计算机观看）中的说谎比例并没有显著差异（Tang et al., 2015），但如果将说谎者和接收者安排在不同的房间，说谎者只能通过计算机虚报信息，说谎比例会明显提高（唐红红，2016）。另一些研究者也发现了相似的结果，即面对面和基于计算机的不见面交互中的说谎比例没有差异，但谎言的类型有所不同。面对面时人们更倾向使用"不作为谎言"（对他人获得的错误信息保持沉默），在计算机交互条件下更倾向使用"作为谎言"（有意引导他人得到错误的信息）（Van Swol , Braun, & Kolb, 2015）。

媒介的丰富性和社会距离不仅影响说谎者的行为，也影响谎言的识别。这使不同媒介中的谎言随着信息技术的变化而变化。不同媒介对谎言的影响的基本特征，对降低说谎发生的比例和识别谎言有很大的参考价值。

小结

不同媒介如何影响说谎行为尚无一致的研究结论。已有的媒介丰富性假设和社会距离假设虽然不能充分解释不同媒介中说谎行为的差异，但提供了媒介会影响说谎行为的三个主要因素：交流的同步性、媒介的可记录性和空间距离。交流的同步性越高，可记录性越低，空间距离越大，说谎发生的比例越高。说谎行为在不同媒介中的差异不仅体现在说谎比例上，也体现在谎言类型和说谎者对媒介的主动选择上。

思考题

1. 简述不同媒介中说谎行为的差异及其原因。
2. 如果你怀疑交流对象可能在说谎，那么选择什么媒介与之交流能够降低其说谎的概率？

8.4 社会评价

社会评价是社会交往中一个重要的过程，基于社会评价产生的社会形象的影响几乎无处不在，关乎印象管理、人际关系、配偶选择、群体内外的交往、情绪表达，以及社会地位的维护等。这一过程会通过影响说谎行为的内在奖赏系统而影响说谎行为。

研究者将社会评价定义为一个心理过程（Abdai & Miklósi, 2016）：人们对社会交往中的特定行为模式如帮助、妨碍等给予正面或负面评价，并将这些行为与行为人联系起来，予以喜欢或回避等不同回应。社会评价包含正面偏好和负面偏好。正面偏好有助于人们选择那些友好、有帮助或合作愉快的人；而负面偏好则有助于避开不友好的人（Hamlin, Wynn, & Bloom, 2007）。社会评价的属性，使人们在行为决策中考虑自己的行为将得到的评价和赢得的声誉（Hahn et al., 2009），从而倾向于做出别人预期的行为，比如帮助他人和表现得公正无私，但可能并不是真的出于同情（Lacetera & Macis, 2010）或公正无私（Andreoni & Bernheim, 2009）。

从进化的角度来看，在财富、道德品质或社会地位等方面获得更好的社会评价的人将拥有更多的机会和资源，尤其是在配偶选择方面，基因遗传下去的概率更高，后代也可能更健康（Miller, 2011; De Fraja, 2009）。

8.4.1 社会评价与说谎

在有社会评价的情境中，人们会倾向于表现自己更好的一面，比如更友好、更公平、更聪明和更有吸引力。例如，将捐赠额度予以公开，能够增加人们的捐赠金额；当公平与否会被他人知道时，人们会更加注重公平，等等。但是，人们表现出来的行为和态度，与其真实的行为和态度可能相距甚远。因此，人们为了获得更好的社会评价，可能会通过说谎来维护自己的社会形象。

已有的研究从不同方面阐述了社会评价对说谎行为的影响。第一个方面是资源分配中的虚假公平行为，即人们希望自己在他人眼中是一个公平的人。研究者在独裁者博弈中加入说谎的选择，并操控了接受者所能看到的信息。独裁者博弈与最后通牒博弈类似，由分配者和接受者组成，分配者对一定总量的资源在自己和接受者之间进行分配。二者之间的差异在于，独裁者博弈的接受者只能接受分配，不能拒绝（Forsythe et al., 1994）。分配者被告知，分配之前，接受者不会知道分配总量，只有分配者知道；分配者需要告知接受者一个总量，有机会对分配总量进行说谎。对接受者所能看到的信息的操控体现在：一种条件下，接受者能看到分配者告知的总量和分给自己的资源；另一种条件下，接受者只能看到分配者分给自己的资源，看不到与总量有关的任何信息。结果显示，分配者在前一种条件下表现出的公平比例要显著高于后一种条件，表明人们通过说谎以表现出虚假公平是为了让接受者认为自己是个公平的人（Tang et al., 2017）。不仅如此，当社会评价存在时，自私的人比利他倾向的人更害怕自己的说谎行为被拆穿，也更害怕自己因为说谎给别人留下不好的印象，从而会出现更多说谎行为以使自己表现得更为公平（Tang et al., 2018）。

第二个方面为网络社交信息中的说谎行为。一项对美国大型交友网站（Match.com）的调查显示，86%通过该网站约会的人表示，约会对象的网络信息不尽真实（Gibbs, Ellison, & Heino, 2006）。研究者对五个最受欢迎的交友网站中参与者的个人档案进行了分析，并邀请其中一些参与者参与了实验室研究（Toma, Hancock, & Ellison, 2008），结果发现81%的人说谎，48.1%的人对身高说谎，59.7%的人对体重说谎，18.7%的人对年龄说谎；女性说谎的比例显著高于男性；女性和男性都将身高报得比实际更高，将体重报得比实际更低。然而，参与者不认为在档案中说谎可以被接受，尤其是恋爱关系方面。较之女性，男性认为在社会地位、职业和教育背景方面说谎更能被接受。为辨别人们在网络上所留信息的真假，研究者尝试通过计算机语言学对网络相亲/约会档案的谎言的表达方式进行分析（Toma & Hancock, 2012）。他们选择了说谎者使用的功能性的词（如与内容无关的名词、介词、俚语、连词、助动词等）和内容性的词（如与情绪相关的词），因为它们在表达中较难控制（Hancock et al., 2007），发现可以通过否定词（如不、从没有、不会等）和负性情绪词（如讨厌、伤害、丑陋等），以及第一人称（如我、我自己等）的多少来预测谎言：否定词越多，第一人称和负性情绪词越少，说谎的可能性越大。

第三个方面为消费行为中的说谎行为。这类说谎行为主要体现在日常生活中的攀比消费、购买二手奢侈品和高仿商品等行为中。如果让实验参与者与他人交流购车，当他人的报价比参与者自己购买的价格便宜很多时，参与者更倾向于谎报自己购车的价格，而且与对方越熟悉，参与者说谎的可能性越大（Argo, White, & Dahl, 2006）。这表明人们往往通过说谎来维护自己的形象，这在熟悉的人面前表现得更为显著。

小结

社会评价对说谎有重要影响。为了获得好的社会评价，得到更多机会和资源，人们在行为决策中倾向于表现得符合他人的预期。已有研究主要从资源分配、网络社交和消费行为这三个方面对这一影响进行了阐述。

思考题

1. 为何社会评价会影响说谎行为？
2. 除上述三个方面外，社会评价影响说谎行为还在哪些方面的行为中有所体现？

8.5 个体对谎言的偏好

在说谎的内在和外在奖赏系统中，个体对谎言的偏好会对两套系统的激活阈值产生极大的影响。对于不同的个体而言，对谎言的偏好可能会随情境改变，也可能不随情境变化。如何甄别人们的谎言厌恶程度，是在任何情境下都选择诚实或者说谎，还是随着情境而调整说谎行为，学界在这方面的研究尚处于初步阶段。

8.5.1 谎言厌恶

学界最早关于谎言的个体偏好的探讨起源于圣·奥勒留·奥古斯丁（Saint Aurelius Augustinus）的"一切谎言皆是罪恶"的道德偏好、理性经济人假设与权衡利弊的实用主义哲学三种理论对于说谎行为的预测（Gneezy, 2005）。研究者发现，当说谎让自己获益而令他人受损时，随着自己收入增大，他人损失减小，说谎的比例会增加（从17%上升到52%）。该结果随后也得到了经济学研究者的证实（Hurkens & Kartik, 2009）。说谎比例的这一变化揭示了三种理论在说谎变化中的作用：一方面，人群中的一些个体确实在谎言决策中体现出对利弊的权衡，当说谎的利益高于诚实时说谎；另一方面，一些个体又表现出强烈的道德偏好，即谎言厌恶，其说谎与否并不随着利弊的变化而变化。因此，说谎的动机系统中的内在和外在奖赏系统中阈值存在显著的个体差异：每个人的外在奖赏和内在奖赏阈值都不同。那些表现出谎言厌恶的个体更依赖内在奖赏系统，他们的社会规范和道德准则内化的程度越强，行为由内在奖赏系统转向外在奖赏系统的阈值就越高。谎言厌恶的存在也得到了直接的检验证据（Lundquist et al., 2009）。当说谎可以获利时，研究参与者说谎的比例为40%~80%，确实有一部分人不会为获利而说谎，并且谎言厌恶会随着说谎程度的增大而增大。

8.5.2 谎言厌恶的影响

然而，对于纯粹的谎言厌恶是否存在，研究者并未达成共识。在选择中，人们关于说谎的信念总是与说谎的结果互相影响。一方面，在通过发送信息让对方做选择而决定收益的实验中（Gneezy, 2005），如果参与者认为对方不会根据自己提供的信息选择，从而不说谎，那么导致这种诚实行为的不是谎言厌恶，而是结果。另一方面，如果人们认为自己的选择会阻碍别人，就会产生内疚情绪，便可能改变选择以避免内疚（Battigalli & Dufwenberg, 2007）。

为了进一步证明谎言厌恶的影响，研究者将结果的影响和期望导致的内疚厌恶从谎言厌恶中分离出来（López-Pérez & Spiegelman, 2013）。对信息披露程度进行操控的研究中，说谎者拥有全部信息，可以通过说谎诱导接收者做出对自己更有利的选择。当说谎与否不会影响接收者的收益时，仍有约38%的人表现出谎言厌恶。这一结果表明，排除阻碍别人利益产生的内疚对说谎行为的影响后，仍然有不少人表现出了谎言厌恶。

经济学家基于这些研究和争议将人分为两种类型（Gibson, Tanner, & Wagner, 2013）。一类人是结果导向者，这类人只关心行为对自己和他人所产生的影响，不在乎手段和方法。另一类人则刚好相反，被称为非结果导向或过程导向者，不关心结果，只关心行为的过程。这一分类与谎言厌恶偏好影响行为的模型大相径庭。哪一种假设更符合现实？经济学家让参与者扮演一家公司的首席执行官，宣布公司的利润情况。参与者被告知虚报利润是合法的，并且可以给公司带来更高的实际收入。如果人是结果导向的，那么所有人都会说谎，因为诚实会让公司蒙受损失；如果人是非结果导向的，就会选择说实话。结果发现，32%的人不会说谎，但如果增大诚实的代价，说谎的比例就会增加。因此，一些人不能简单地被划分为结果导向和非结果导向，而是倾向于权衡自己的谎言偏好和谎言导致的结果做选择。

研究者们进一步对如何区分出不同类型的人进行了探索（Gneezy, Rockenbach, & Serra-Garcia, 2013）。参与者 A 随机得到整数 1~6 中的一个，然后报告给 B，A 的收入等于其报告数字的 2 倍再加上 10，B 的收入则分为下面三种情况：

可能 1：A 报告的数字 = A 得到的真实数字，若 B 选择跟随 A，则 B 收入 10。

可能 2：A 报告的数字 ≠ A 得到的真实数字，若 B 选择跟随 A，则 B 收入 0。

可能 3：若 B 选择不跟随 A，则 B 收入 3。

例如，A 得到整数 4，如果报告 4，A 收入 2×4+10=18，而 B 选择跟随 A 就收入 10，不跟随就收入 3；而如果 A 报告 6，A 收入 2×6+10=22，而 B 选择跟随 A 就收入 0，不跟随就收入 3。显然，无论 B 如何选择，也无论真实数字是多少，A 报告的数字越大，A 收入越多。如果 A 只考虑自己的收入，那么将总是报告最大的整数 6；如果 A 考虑 B 的收入或受到谎言厌恶的影响，就会诚实报告。在这个实验中，说谎可能让自己收益更多，却给别人带来损失。

当真实数字为 1 时，选择诚实的比例为 36%；随着数字变大，诚实比例也逐渐升高，当真实数字为 5 时，诚实比例上升到 60%。将数字报告为 6 的比例则随着真实数字升高而下降，从 1 到 5 分别为 52%、48%、44%、37%、33%；在所有情况中都诚实的比例为 33%，在所有情况中都说谎的比例为 28%。这进一步证明，一方面，谎言厌恶通过社会规范或道德准则内化，人们违反诚实准则会感受到负面情绪。为了避免内疚，一些人就会忽视外在奖赏系统的影响，选择不说谎。另一方面，当谎言的外在奖赏不断升高时，基于内在奖赏系统的谎言厌恶的影响也会相应减弱，至于减弱到什么程度会让人们选择说谎，则取决于人的权衡。

小结

每个人对于说谎与否的外在奖赏和内在奖赏阈值不同。体现出谎言厌恶的个体更依赖内在奖赏系统。社会规范和道德准则内化的程度越强，行为由内在奖赏系统转向外在奖赏系统的阈值就越高。谎言厌恶会随着说谎程度的增大而增大。

人倾向于权衡自己的谎言偏好和谎言导致的结果做选择。谎言厌恶通过社会规范或道德准则内化，违反准则带来的负面情绪会使人忽视外在奖赏系统的影响，选择不说谎。而当谎言的外在奖赏不断升高时，基于内在奖赏系统的谎言厌恶的影响也会相应减弱。

思考题

1. 纯粹的谎言厌恶是否存在？
2. 人们会根据哪些因素权衡是否说谎？

8.6 时间和练习的影响

8.6.1 道德滑坡效应

除了说谎者本身所处的社会情境和利用的交流媒介之外，时间对说谎行为变化的影响也很大。著名的旁氏骗局就是一个很好的例子。旁氏骗局俗称空手套白狼，就是通过不断吸纳新的投资人，对已有的投资人支付利息和短期回报。其中并没有真实利润产生，只是进行了资本的换位。现行的很多传销模式都与之相似。旁氏骗局的设计者麦道夫引用小说《名利场》中的一段话描述设计这一骗局的感受：人迈出违背道德的一小步后，慢慢适应了由此产生的不适情绪，就可能做出更加严重的不道德行为。这在心理学中又被称为道德的滑坡效应。

心理学研究者通过实验刻画了这一过程（Welsh et al., 2015）。实验参与者要完成 3 个回合的矩阵运算。每个回合包含 20 个矩阵（20 道题），每个矩阵包含 12 个小数点后 2 位的数字（如下页右图所示）。参与者要在 2 分钟以内圈出每个矩阵中相加等于 10 的两个数字，然后检查并记录回答正确与否。答对会获得一定的奖励，答对越多，奖励越高。参与者被分为 3 组。

渐变组，每道题的奖励随着回合数的增加而增加。例如，回合 1 每答对 1 题奖励 0.25 美元，回合 2 每答对 1 题奖励 1 美元，回合 3 每答对 1 题奖励 2.5 美元。

矩阵的示例

6.16	2.60	6.86
5.40	2.14	2.73
6.80	3.81	7.90
6.42	2.24	3.84

突变组，前两个回合答对没有任何奖励，但回合3每答对1题奖励2.5美元。

不变组，在3个回合中每答对1题获得的奖励都是2.5美元。

结果三组被试在回合3中的说谎比例出现了显著差异：渐变组（60%）高于突变组（30%）和不变组（31%）；并且渐变组在回合1中说谎的人有57%在回合2中也说了谎，而回合2中说谎的人有78%在回合3中也说了谎。可见说谎行为会随着时间的推移逐步增加。

道德滑坡效应是如何产生的呢？心理学家和认知神经科学家让参与者观看一张装有很多硬币的玻璃罐的图片，并估计罐子里的硬币总金额，将估计结果告诉一名估算员（Garrett et al., 2016）。参与者被告知，估算员只能看图片1秒，并且看到的图片比参与者看到的要小很多，因此估算员将根据参与者提供的信息估计金额，估计结果同时影响参与者与估算员的收入。研究发现，如果谎言能增加自己的收益，随着实验次数的增加，参与者的说谎程度会显著增加。

参与者大脑杏仁核区域的活动在增加自我利益的说谎行为中随着说谎程度的增加不断减少，并且这种减少能预测说谎程度的增加。大脑前侧脑岛也有不甚明显的该效应出现。杏仁核主要参与情绪的加工，因此研究者将这一结果解释为：不断说谎会降低说谎引起的负面情绪，使说谎程度增加。这一解释在一定程度上体现了内在奖赏阈值随着时间变化而不断升高，导致说谎行为不断增加的过程。

这一研究引起了很大轰动。著名经济学家和认知神经科学家恩斯特·费尔（Ernst Fehr）及其同事高度称赞了这一研究（Engelmann & Fehr, 2016），认为它建立了大脑活动改变和行为上说谎程度改变的直接连接，极大地推动了对说谎行为演变的研究。但他们也提出了一些新的问题。例如，虽然杏仁核活动减少与说谎行为增加有直接关系，但要证明这一关系由情绪导致，则需要直接检验说谎行为产生的情绪变化；人们的情绪唤醒程度不断降低，这应该会体现在测谎常用的生理指标上，而这项研究并未发现认知资源的占用与消耗的变化。此外，说谎行为的个体差异也可能使不同的人身上的滑坡效应有所不同，对以前说谎行为的揭露和惩罚也会影响未来的说谎行为。

8.6.2 说谎增强的过程

说谎行为会随着时间的变化不断升级，这一过程不仅与提高内在奖赏系统的阈值有关，也与练习导致的说谎行为消耗认知资源有关。

编出看起来可信的谎言需要更多的心理活动和认知资源,同时需要控制身体语言,使语言和非语言传达的信息一致(Burgoon et al., 2003)。研究者们通过对说谎和诚实的差异的研究发现,说谎的人比诚实的人在大脑前额叶的活动更强,并且这个区域的活动越强,说谎的比例就越高(Greene & Paxton, 2009)。大脑前额叶是参与人类行为执行与控制的主要区域(Miller & Cohen, 2001),研究者们认为,这表明说谎比诚实需要使用更多资源,付出更多努力。不仅如此,面对面说谎时大脑前额叶的活动更强,而说谎成功的前额叶活动比说谎失败弱,说谎对认知控制和认知资源的需求比诚实更高,而说谎成功需要的认知资源比说谎失败更少(Ding et al., 2014)。这展现了另一种可能:人们熟练地说谎时,需要的心理过程和认知努力减少,与诚实行为的差异缩小,从而谎言的可信度变高,更难以辨别。

那么,谎言千遍是不是会成真?研究者们对这一过程进行了检验(Hu, Chen, & Fu, 2012),他们让参与者对一些信息进行反应。在诚实条件中,参与者需要对所有信息做出诚实反应;在说谎条件中,参与者需要假装自己是别人,隐藏自己的真实身份。如果对说谎成功与否进行反馈,或者不断地练习说谎,说谎与诚实所需要的反应时间都会显著缩短,使得无法通过反应时间对说谎和诚实的行为进行甄别。

不仅如此,当参与者在不同的交流媒介中进行重复说谎时,只有面对面时说谎程度会随着重复次数的增加而增加,不见面时虽然有趋势,但是并不明显。揭穿之前的说谎行为会降低说谎者下一回合说谎的概率,尤其在接收者接受谎言且说谎者没有受到惩罚的情况下。而大脑右侧前额叶的活动也会随着说谎重复次数增加而减少,表现出对说谎行为的适应,这一结果只在面对面的互动中出现(Tang et al., 2019)。结合媒介丰富性和社会距离理论,在控制社会距离的条件下,虽然媒介的丰富性使得说谎需要更多的认知资源和努力,但是重复会使说谎者更好地适应说谎行为,慢慢减少说谎对认知资源的占用和需要的努力。而这种变化则可能导致在最后两种互动情境中无法测量说谎比例的差异。并且在这一过程中,大脑的右侧颞顶联合区不断加工谎言接收者的信息,将对其行为的判断和预测传输给大脑右侧前额叶,使说谎者能够不断地调整行为:说了一次谎之后,他会更倾向在下一次行为中表现得诚实,以增大说谎的成功率。

小结

说谎行为会随着时间变化,出现道德滑坡效应,即不断说谎会降低说谎引起的负面情绪,从而使说谎程度增加。说谎次数的增加会让人适应说谎带来的负面情绪,降低参与说谎行为的大脑活动，使得说谎升级；练习则会提高说谎能力，使得谎言更难被辨别。

思考题

1. 简述对道德滑坡效应过程的研究及其价值与问题。
2. 说谎过程需要的心理过程和认知资源如何变化？如何抑制说谎升级？

第9章
说谎得逞的影响因素

弗兰克·阿比盖尔戴着白底蓝纹的机长帽，穿着熨烫平整的白衬衫和笔挺的深蓝色西服，胸前别着金晃晃的泛美航空胸针。他闲庭信步地走到银行柜台前，操着刻意压低的法国口音，将一张泛美航空公司的工资支票交给了一个年轻貌美的女职员。"我想要将这张工资支票兑现。"他一边说着，一边微笑着露出雪白整齐的牙齿。就在职员低头检查这张支票时，他又说道："我想一定有很多人对你说过，你有一双非常迷人的眼睛。"女职员在他的直视下羞涩地笑了。一会儿工夫，阿比盖尔就揣着新到手的横财离开了银行。还未满20岁的他，已经能够熟练地伪造支票以骗取银行现金了。

——选自2002年电影《猫鼠游戏》

《猫鼠游戏》为人们描述了一个通过谎言和造假，实施支票诈骗的惯犯如何与警方"躲猫猫"，最终锒铛入狱的故事。电影中的主人公以假乱真的能力堪称一流。他究竟有什么伎俩，能够将谎言说得滴水不漏？当说谎未被识破、反被相信时，说谎就得逞了。那么，有哪些因素能够影响说谎得逞与否呢？

9.1　从另一个角度研究说谎

自说谎研究萌发以来，学者们对如何区别谎言和真实言语一直抱有极大的兴趣（Depaulo et al., 2003），但却较少研究说谎得逞的影响因素。原因可能是，考虑"哪些因素会导致说谎得逞"，与考虑"说谎如何可以得逞"太过相近，不像是正派人应该做的事情。

但从科学研究的角度来看，"说谎得逞的影响因素"是一个具备社会现实意义的研究课题，因为该领域的研究能够从另一个角度帮助人们抵御谎言，避免灾难性的结果。

就拿电信诈骗举例，许多人因为接了一通电话，就遭遇一场精心谋划的诈骗，最终损失惨重。2018年11月，四川省南充市顺庆区人民法院就公开审理了一起境外网络电信诈骗案。在该案涉及的诈骗团伙中，人员管理和组织高度细化，分工明确，涉案金额达到20万余元。为什么这些电信诈骗犯会得手？为什么人们会受其蒙骗？研究诈骗事件，了解诈骗犯惯常操纵的因素，也许可以帮助人们更有效地识别他们，避免财产损失。

另外，我们有时需要考虑如何说一个成功的白谎。以下的情境就是一个例子，年近百岁的王立国因身体不适住院治疗。经过检查，医生发现他罹患胃癌。老人的儿子王兴忠与家人商量之后，决定将父亲的病情隐瞒，对老人进行一些生活护理，让老人在不知情的情况下安享晚年。在以上情景中，王立国的家人就需要考虑如何更好地隐瞒病情。本章的内容或许可以帮助人们了解白谎的奥秘，在特定情况下满足人们的社会活动需要。

除此之外，在现实生活中还存在传销团伙、邪教团体等通过说谎来控制或者误导寻常民众的非法组织。1978年11月18日，918名人民圣殿教信徒在圭亚那的琼斯镇集体饮用掺有氰化物和镇静剂的果汁，最终多数人自杀身亡。该邪教团体的首领吉姆·琼斯究竟是如何蛊惑了如此众多的信徒，使得他们心甘情愿地过没有人身、财产和思想自由的生活，并最终唆使他们实施自杀的？探索这一问题的答案，研究其背后的机制，必定有助于打击邪教组织，维护民众利益。

那么，如何去探究说谎得逞的影响因素呢？说谎是一种言语交流的过程，或者说是一种人际沟通和信息传递的过程（Buller, 1996）。在这一过程中，信息的发出者（说谎者）、信息本身（谎言）、信息的传递过程（说谎行为），以及信息的接收者（听众）都必不可少。下面我们就分别从这四个方面一一阐释影响说谎是否得逞的诸多因素（见图9-1）。

图9-1 说谎时的言语交流过程

小结

探讨说谎得逞的影响因素，可以从另一个角度研究说谎行为。该领域的研究有助于人们更好地识别谎言，避免遭受诈骗。有需要时，它还能帮助人们更好地理解白谎。极端情况下，它还有助于打击邪教团体。

思考题

1. 除了文中涉及的内容之外，研究说谎得逞的影响因素，还有哪些科学和社会意义？
2. 说谎行为的结果只有得逞或者被识破两种吗？能否用一个连续变量描述说谎的结果？

9.2 说谎者操纵的因素

令人信服的说谎者更有可能得逞。同样的言论，在可信和不可信的信息发出者口中，会有不同的效果（George, Tilley, & Giordano, 2014）。虽然人们知觉到的信息发出者的可信程度与其实际上是否说谎之间并没有关联，但听众依然会根据这一因素，判断某一个具体言论是否真实可信。

9.2.1 专家效应

一个可信的信息发出者具有什么特征？人们又会更倾向于相信具有哪些特点的人所说的话？援引前面王立国的例子，我们可以考虑两种不同的情景。

其一，医生走进病房，轻松地对罹患胃癌的王立国说："检查结果出来了，你可能有一些肠胃问题，不是什么大毛病。但是你现在年纪大了，所以我们建议进行细致的医学护理，按时吃药并进行定期检查。"

其二，王立国的儿子王兴忠走进病房，轻松地对王立国说："爸，没事儿。你就是有一点拉肚子，只要吃点药，多注意身体就行。我们会给你进行生活上的护理，你不必担心。"

研究表明，人们可能更愿意相信相关领域的专家所说的话（Bo & Macgeorge, 2010; Kelman, 1958; Lin, Spence, & Lachlan, 2016）。一方面，当专家在谈及自己领域的话题时，可能会提供大量的证据和细节，其内容间的联系和逻辑也比较清晰，表现出相当高的权威性；另一方面，人们更愿意相信专家所做的论断是基于其专业知识，是由过往经验总结而来的，而事实也确实如此（Debono & Harnish, 1988; Maddux & Rogers, 1980）。当然，所谓的专家必须是与其言论、观点所涉及的领域相匹配的，当不匹配时，专家的影响力就会大大削弱。

不过大多数情况下，听众并不了解信息发出者是不是某一领域的专家，因此一些可能反映了专业程度或是熟悉程度的因素，如对相关知识的了解程度以及是否有证件支持等，也会影响信息发出者的可信度（Ohanian, 1990）。除此之外，信息发出者是否表现出自信、表达是否流畅等因素，也可能影响听众对其可信度的判断（Penrod & Cutler, 1995）。

9.2.2　外表吸引力效应

除了专家和专业程度之外，另一个可能影响人们对信息发出者可信度判断的因素，是他的外表吸引力。这恰恰是广告行业屡试不爽的法宝，那些由模特代言的广告，利用的便是信息发出者的外表吸引力：当信息发出者的外表吸引力较强时，人们会更倾向于接受他所传递的言论或观点（Pallak, 1983; Pallak, Murroni, & Koch, 1983）。影响这种现象的因素包括：信息发出者是否吸引人，是否英俊/美丽，是否端庄，是否性感等（Ohanian, 1990）。为何会出现这种现象呢？一种可能是，具有较强外表吸引力的信息发出者更容易解除人们的防范意识；另一种可能是，人们希望与养眼的信息发出者建立良好的交流关系，因而更愿意主动相信其言论和观点。

9.2.3　相似性效应

知觉到的相似性也是一个可能影响信息发出者可信度的因素。人们似乎更倾向于相信与自己在生理、心理和社会性各个方面较为相似的，或是有过相同经历的人（Chen, Bell, & Taylor, 2016; Lu, 2013; Jiang et al., 2010）。其原因可能是，我们更愿意相信与自己亲近的人，希望与他们保持良好的社会关系；并且，个体对社交关系越重视，相似性就越能够产生强烈的效应。这也是许多诈骗犯会在实施欺骗之前，先与目标对象套近乎的原因：对于亲近的、与自己相似的对象，人们更有可能会放下防备，因此，说谎者更易得逞。但是，这种相似性效应并不是在任何场合都有用的：如果与自己相似的信息发出者，在做一些社会不赞许的事情，或者其言论、观点与听众自己的知识经验差异过大时，人们会更偏向于将自己与这样的信息发出者区别开来，从而使得他的言论和观点更不具影响力（Kim, 2017）。

9.2.4　社会性心理效应

说谎者为达到自己的企图还可能会利用各种各样的社会性效应，如在人际交往的过程中屡见不鲜的登门槛效应与从众效应。

1. 登门槛效应

1966年美国社会心理学家弗里德曼与弗雷瑟发现，当人们在对一个较小的容易实现的要求妥协之后，就会变得更容易对随之而来的其他要求妥协（Dejong, 1979）。就像当有人一只脚迈进大门时，要再迈进另一只脚就变得容易多了。利用这一效应，说谎者可能会以一些小的谎言为基础，让受骗者慢慢陷入谎言的大网。起源于俄罗斯的蓝鲸游戏就是利用这一手段，成为一种可怕的自杀游戏。游戏的组织者通过网络让青少年完成一系列难度递进的任务：在凌晨4点起床，听忧郁的音乐，观看恐怖电影，和鲸鱼说话，乃至在手腕上割刀痕，最后实施自杀。这一过程，利用的正是登门槛效应。虽然该游戏的始作俑者，俄罗斯青年菲利普在2016年10月落网，但该游戏却如同瘟疫一般蔓延到了其他国家，危害各地青少年的人身安全。

2. 从众效应

在不确定的情形中，人们往往会倾向于采取与周围人相似的行为。例如，个体可能会因为电梯中的所有人都背朝电梯门，而不自觉地摆出同样背朝电梯门的姿势。一个早期的研究还发现，从众效应甚至可以轻而易举地改变个体对线段长短的理性判断：当一个8人群体中有7个人说3厘米的线段A和4厘米的线段B一样长时，剩下的那个人就有可能无法再坚持线段A和线段B不一样长的判断了（Asch, 1956）。也就是说，在特定的情境中，人们会更倾向于接受和遵从集体规范，更愿意随大溜，甚至不在乎这种规范和大溜是否正确。因此，当人们在独自面对说谎者时，或许不容易被花言巧语迷惑；但是说谎者只要安排一些起哄的同伙，在旁撺掇、误导，就会增加谎言的可信度，也会使受骗者迫于社会压力，做出错误的决策。

9.2.5 自我易化效应

说谎还有自我易化的效应：一个经常说谎的人，在说谎时也会比普通人更加熟练。高频率地说谎会使得继续说谎变得容易，而让一直保持诚实的人突然说谎，则会大大增加说谎的难度（Verschuere et al., 2011）。调查研究发现，生活中的大多谎言来自几个经常说谎的个体，他们撒弥天大谎的频率可以高达一天3次；而普通人则大致一周撒一次谎，且其中许多是无关痛痒的社交性谎言（Serota & Levine, 2014）。

9.2.6 主观说谎能力

社会上流传着各种各样的人格测试或智力测试，那么有没有可以评价说谎能力的测试呢？答案是肯定的，个体主观知觉到的说谎能力是一个可以被测量的指标。利用设计好的问卷，人们可以主观地为自己的说谎能力打一个分数，如表9-1所示。但是这种主观的评分能否说明一个人确实擅长说谎呢？至今，研究结果依然存在争议：一方面，一个人自认为的说谎能力与他实施反生产行为的可能性显著正相关，而与宜人性、诚实等人格特质得分显著负相关（Schneider & Goffin, 2012）；另一方面，一个人自认为的说谎能力与其说谎行为的成功率之间却并没有显著的关联。也就是说，虽然个体可能认为自己说谎能力很强，但是实际说谎时的成功率却与常人并无差异（Grieve & Hayes, 2013）。

表9-1　主观说谎能力问卷

请根据你的真实情况，为以下这些描述选择一个合适的答案。

1. 对于在简历上编造而不被发现这件事，我比其他人更在行。

非常不同意				非常同意
1	2	3	4	5

2. 对于在简历上夸大我的工作经验这件事，我比其他人更在行。

非常不同意				非常同意
1	2	3	4	5

3. 对于在面试时夸大自己的工作经验这件事，你觉得困难吗？

非常困难				非常容易
1	2	3	4	5

4. 对于在工作时请病假而不被别人发现其实自己没有生病这件事，我比其他人更不在行。

非常不同意				非常同意
1	2	3	4	5

5. 对于向上级谎报自己的工作进展这件事，我比其他人更在行。

非常不同意				非常同意
1	2	3	4	5

6. 对于向上级说谎以帮助自己的同事这件事，你觉得困难吗？

非常困难				非常容易
1	2	3	4	5

说谎得逞与否与自认为的说谎能力之间的关系并不明朗，且与说谎者的主观动机之间的关系也很复杂。动机促进假说认为，说谎者的动机越强，说谎成功的概率越高，因为动机的增强会使得个体在这一行为上投入更多的认知资源和心理努力。相反，动机损害假

说却认为，说谎者过度热衷于避免自己露出马脚，反而会使得他被识破的概率增加，因为动机的增强会引发额外的说谎线索泄露，导致对探测问题的过强反应等（Kleinberg & Verschuere, 2016）。因此，动机对于说谎成功率的影响很可能是一把双刃剑，在不同的情景中会有不同的影响。

小结

说谎者的可信度会直接影响其是否能得逞。而说谎者是否表现出专家性，是否具有较高的外表吸引力，是否与听众较为相似，都会影响其可信度。一些社会心理效应，如登门槛效应或者从众效应，也可能影响说谎得逞与否。一个经常说谎的人会更擅长说谎，人们可以根据问卷主观评价自己的说谎能力。但是，说谎行为的动机与其成功率的关系非常复杂，因此一心想要说谎的人反而不一定能够得逞。

思考题

1. 使用主观说谎能力问卷可以用来甄别"病态说谎者"吗？
2. 如果有人要求你在主观说谎能力问卷上作答，与你自己私下作答，会有什么区别？

9.3 谎言内容中的因素

谎言内容与真实情况的矛盾是识别谎言的黄金标准，谎言内容的诸多特征都直接影响着说谎能否得逞（Levine, 2014; Reinhard, 2010）。一些典型的谎言内容特征包括：（1）较多地使用"所有人""总是"等概括性的词语；（2）较多地使用否定的表达；（3）较少使用"我"等涉及自己的词语，而是更多地使用"别人""这件事情"等代词；（4）较少描述听觉印象；（5）较少描述自己的思考过程；（6）在没有动机支持的情况下，较少揭露事件的细节（Hauch et al., 2015）。

9.3.1 谎言内容的逻辑和细节

编造谎言内容与讲述真实情况之间最直接的差异，就是真实情况来自对事件经历的长时记忆，而编造内容却并非如此。真实情况的记忆本身蕴含了事件发生的逻辑和细节，而编造内容则要求说谎者自行考虑其逻辑性和连贯性，同时其中的细节可能是说谎者主观臆想，或者是从别的事件中偷换过来的（Harvey et al., 2017a）。因此，谎言内容的逻辑和细节是影响其得逞可能性的关键因素，一旦出现核心的逻辑冲突或是关键细节上的破绽，说谎者可能别无他法，只能坦白（Vrij & Granhag, 2012）。

事实上，事件的逻辑和细节恰恰是区分谎言和真实情况的最佳武器。当报告真实情况的人讲述事实时，他会以一种实事求是的态度，对所有记忆的细节进行描述，并且不添加任何主观掩饰。因为他认为一个公正的世界不会对清白的人加以伤害，而完整的、详细的描述会帮助他证实自己的清白（Hartwig et al., 2013）。但是对于说谎者，情况就大不相同了：一方面，他可能没有办法在短时间内编造出令人信服的逻辑关系和细节描述；另一方面，透露太多的细节可能会让听众抓住逻辑上的把柄，致使谎言被揭穿。在一些极端情况下，如果说谎者被迫交代许多细节，他就会提供大量不可被证实的细节，以期蒙混过关（Harvey et al., 2017b; Nahari, Vrij, & Fisher, 2012）。因此，一般来说，真实情况中所包含的细节内容要远远多于谎言。更关键的是，大多数人都了解细节与言语内容真实性的关系，当一段描述中包含丰富的时间、地点、细节时，无论是内容客观的真实性，还是听众主观的相信程度，都会提高（Vrij, 2008）。

在英国的心理实验室中，一个自愿前来的大学生在一间预先布置的休息室里目击了一段由三个人组成的人际互动；随后，他被实验设计者邀请观看一部与监听设备有关的短片；最后，他接受了由实验者的助手主持的问询，不仅被问及所观看短片的内容，还被问及在休息室中发生的人际互动的具体细节。这个大学生不知道的是，人际互动和短片的内容其实都是实验者事先设计好的。

在这样一个实验研究中，实验设计者将前来参加实验的大学生志愿者随机分成三组：（1）第一组志愿者事先只知道问询时会问及短片中的内容细节，并且实验者要求他们尽可能详细地向问询者汇报；（2）第二组志愿者事先知道问询不仅会问及短片，还会问及在休息室中的人际互动，他们也被要求尽可能详细地汇报；（3）第三组志愿者事先知道问询会涉及短片和休息室中的人际互动，但是实验者要求他们尽可能地误导问询者，给问询者错误的细节。结果，第一组由于事先不知道问询会涉及休息室的人际互动，因此报告的关于人际互动的细节相比第二组较少；而第三组（说谎者）所报告的关于人际互动的细节，同样也少于第二组，即使实验者提前告知他们应当尽可能向问询者提供错误的细节。这可能是因为说谎者为了防止自己所说的内容存在纰漏，因而减少了汇报的细节，以使自己的谎言内容更加可信（Harvey et al., 2017a）。

因此，一段能够令人信服的谎言，可能包含了不亚于真实情况的细节和充分的逻辑连贯性。从这个角度出发，说谎者的创造能力和应变能力会对说谎是否得逞产生重要影响。研究表明，具有较强创造力的人，能够更好地虚构故事并令听众信服（Seron, 2014），其原因可能是，创造力和应变能力强的个体，能够更好地描绘虚假的细节。与之相对应，创造力较强的个体实施说谎行为的频率也有所增加，他们的谎言也更加新颖（Kapoor & Khan, 2017; Walczyk et al., 2008）。

9.3.2 编造谎言所需的认知资源

编造谎言的过程需要大量的认知资源，而说谎者一旦认知资源不足，就可能出现停顿时间过长、细节不足、重复表达、回答生硬等缺陷，从而使谎言露出马脚，这也是说谎的泄露理论的核心观点。同时，在说谎的过程中，说谎者不仅要记住所有自己编造的细节，使之后的描述以及可能的复述不至于相互矛盾，还需要实时监控并判断编造的内容是否被听众接受，谎言能否达到预期效果。为此，说谎者需要消耗大量的认知资源，这会导致说谎的难度进一步增加（Leal & Vrij, 2008）。另外，真实细节如此历历在目，会使得说谎者在试图隐瞒真相时出现口误，或者需要消耗更多的认知资源来抑制头脑中真实信息的浮现。因为说谎者在编造谎言时，可能需要先激活真实记忆，之后又要阻止真实记忆通过言语表达出来，或是扭曲真实情况编造谎言，这需要元认知和行为抑制能力的参与（Duran, Dale, & Mcnamara, 2010; Hadar, Makris, & Yarrow, 2012）。由于说谎如此消耗认知资源，任何可能增加认知资源负荷的条件，如要求保持眼神对视，或者以倒叙讲述细节，都会进一步导致谎言的败露（Evans et al., 2013）。

在得克萨斯大学，心理学研究者招募了一群普通大学生，要求他们在不同的认知负荷条件下编造谎言：一部分大学生被要求按照时间顺序（8:00~20:00）编造自己周六的作息，另一部分则被要求按照时间倒序（20:00~8:00）编造自己的作息。因为按照顺序编造作息比按照倒序编造作息要简单一些，所以后者的认知负荷更大，需要说谎者运用更多的认知资源。实验者将两组大学生的谎言进行了录像记录，并另外记录了第三组大学生对自己周六作息的真实描述（包括按顺序描述和按倒序描述）。

接着，实验者在佛罗里达大学招募了另一群志愿者，请他们判断这三组录像中的讲述者说的到底是真实情况还是谎言。实验结果表明，相对于顺序描述而言，志愿者能够更好地辨识出倒序描述中的谎言。换句话说，在认知负荷较大的倒序编造过程中，说谎者可能泄露更多的谎言线索。

由此可见，得逞的说谎者可能有较为丰富的认知资源，较为发达的认知功能，且能够较好地运用元认知控制谎言编造的过程。比如，针对儿童说谎的研究发现，3~4岁的儿童因为认知能力（主要是抑制能力）的缺陷，难以有效地说谎，或者成功地隐瞒信息。而到 6~8 岁时，随着认知能力的增强，儿童说谎的行为开始成熟，隐瞒信息并且维持谎言的能力也随之增强。此外，研究表明，儿童认知能力的成熟，对于编造谎言和维持谎言都具有重要的影响（Talwar, Crossman, & Wyman, 2017）。

9.3.3 编造谎言所需的准备时间

如果说谎者有充足的时间进行准备，将谎言内容熟记于心，那么他们所说的谎言就很难被识破。实际上，时间不仅会影响说谎是否得逞，还会直接影响说谎行为发生与否。

为了了解准备时间对说谎行为的影响，研究者招募了一批志愿者参与一个金钱游戏。这些志愿者在一个私人房间的计算机上抽取一份报酬，这份报酬可能是 4 欧元，也可能是 10 欧元，随后他们需要向实验主持方汇报抽到的报酬数额，然后主持方就会按照他们汇报的数额给予他们实际的报酬。那些抽到 4 欧元的志愿者可能会选择谎报报酬的数额，以获得更多的钱。在这个实验中，志愿者被随机分成了两组，其中一组是"宽松组"，在抽取数额之后，有 60 秒的时间进行思考，然后进行汇报。另一组是"紧迫组"，在抽取数额之后 8 秒就要求进行汇报，之后又有 60 秒的时间考虑他们的汇报内容，最后再进行一次确认（见图 9–2）。结果显示，时间的压力使得选择谎报的志愿者数量下降了 1/3，原因是在 8 秒的时间内，大多数志愿者还没来得及意识到自己可以谎报（见图 9–3）。找到说谎的机会，然后做出决定也是一个需要消耗时间的过程，而得逞的说谎者可能对交流过程中出现的说谎机会更为敏感，做出说谎的决定也更快（Lohse, Simon, & Konrad, 2018）。

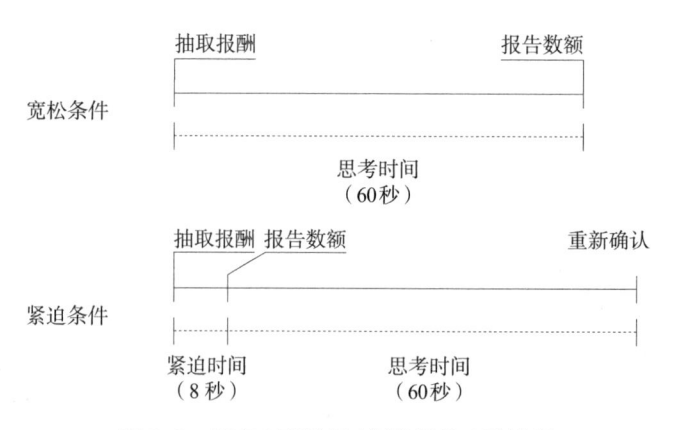

图 9–2 研究中宽松组 / 紧迫组的实验流程

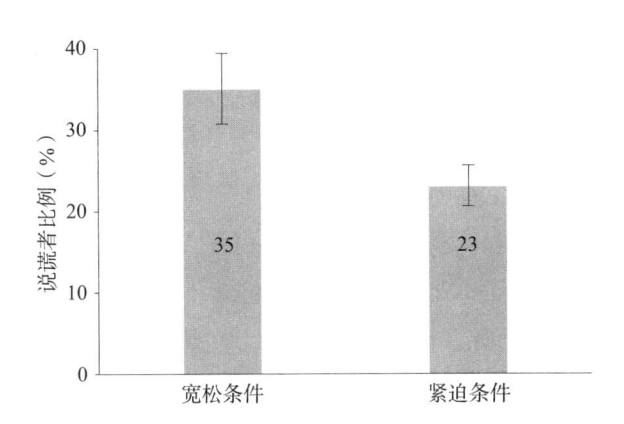

图 9-3　研究中在宽松组/紧迫组中的志愿者说谎的比例

9.3.4　编造谎言的其他问题

谎言内容可能出现这样或那样的问题，那么说谎者有没有可能对这些问题进行针对性的补救呢？事实上，过度地针对谎言内容可能出现的问题进行弥补，会使得谎言听起来滔滔不绝，言辞过于具有表演性，令听众觉得听到的这些话都是事先准备好的（Brinke, Vohs, & Carney, 2016）。此外，人们的记忆是会随着时间逐渐衰退的，而说谎者为了制造可信的假象，可能会有意地保持谎言内容前后一致，从而忽略记忆自然衰退的效果。实际上，报告真实情况的人可能会在一段时间之后就不能够准确地说明某些细节了（Harvey et al., 2017a）。

在近年的一个研究中，实验者给实验参与者足够长的时间，要求他们编造自己前往某个特定地点的旅行，并在随后关于此次旅行的问询中，设置了一些容易被预期的问题和难以被预期的问题。实验结果发现，相对于真实前往该地点旅行的参与者而言，那些编造自己旅行的参与者在回答被预期到的问题时披露了较多的细节，而对未被预期到的问题，则提供了相对较少的细节（Warmelink et al., 2012）。这一现象，正是说谎者企图事先编造答案的表现：他们会对自己已经准备好的问题大加阐述，而在回答未被预期的问题时却支支吾吾。

为了避免上述问题，狡猾的说谎者可能会通过扭曲事实来进行说谎。实际上，人们能够在四个层面对传递的信息进行扭曲。哲学家佩尔·格赖斯（Pail Grice）明确提出，就一个流畅的信息交互过程而言，回答与问话之间应当遵守数量（回答揭露的信息数量）、质量（回答揭露的信息真实性）、方式（回答揭露信息的方式）和关系（回答揭露信息与问话的相关性）的准则。而欺骗的信息操纵理论指出，人们可以有许多种方式违反以上四个准则中的任意一个或几个，从而产生欺骗（Mccornack et al., 2014）。最常见的违反就是对数量准则的违反，也就是回答者将不愿意透露的信息隐瞒起来，不提供给问话者。最少见的则是违反关系准则，即顾左右而言他。

因此，一个得逞的谎言可能不是天花乱坠的编造，而是基于事实情况的再创作。事实上，真实情况或是与真实情况相类似的记忆均可以促进谎言的编造（Vrij, Granhag, & Mann, 2010）。其中可能的原因是，说谎过程本身就包含了对真实情况的回顾，在此基础上，说谎者再有目的地进行改编，就比凭空编造更为容易（Debey, De Houwer, & Verschuere, 2014）。真假参半的谎言可能更难以被辨识，尤其可能让那些依赖内容细节进行测谎的手段失去一部分效用。

小结

说谎内容与真实叙述之间存在细节和逻辑上的差异，这也是影响说谎得逞与否的关键因素。除此之外，编造谎言需要消耗额外的认知资源，如果说谎者的认知负荷较高，编造可信的谎言就会变得困难。时间也是一个很重要的因素，在时间紧迫的情况下，编造谎言会更加困难，说谎者可能无法抉择，只能坦白。虽然编造谎言的方式多种多样，但更常见的是对真实情况稍加修饰。

思考题

1. 编造谎言和编造故事有什么区别？
2. 谎言内容中的细节是越多越好，还是越少越好？

9.4 说谎行为表现中的因素

9.4.1 说谎时非言语线索的主观操纵

根据说谎的泄露理论，说谎者会体验到高强度的生理唤醒，这种生理唤醒会导致心率变化、皮肤电阻改变、瞳孔放大、语言停顿增多和平均语调升高等现象（Gamer et al., 2008;

Levine, 2015)。同时，说谎者会在说谎过程中体验到丰富的情绪，从而导致相应的姿态、表情出现，即使说谎者故意控制表情，微表情也会泄露他们正在体验的情绪（张亭玉，张雨青, 2008; Evans et al., 2013）。关于说谎者的心理状态和生理状态，第5章和第6章已经有了比较详细的阐述，在后面的章节中还会继续讨论。而得逞的说谎者，可能就是对自发情绪和微表情控制得比较自如，从而降低了谎言被识破的概率。研究表明，具有较高情商的个体，以及能够比较自如地调节和控制自身情绪感受的人，更有可能采用具有欺骗性的面部表情（Seron, 2014）。当然，在特殊情况下，说谎是被允许的，甚至是被鼓励的（如在间谍行动中），此时说谎者可能不会体验到恐惧、愧疚这样的情绪，这使得他们更难以被识别（Vrij, Granhag, & Mann, 2010）。

有一些说谎者可能会有意识地抑制自己的情绪、姿态、表情，这种过度控制，可能会导致身体僵硬，缺乏自发性动作，或是言语内容和姿态、表情不相符等现象。研究表明，说谎者的动作模式显著地比说真话者更为简单，也更为拘束。他们可能更倾向于重复自己之前的动作，也许是因为编造谎言占据了太多认知资源（Burgoon et al., 2014）。另外，在刑侦测谎过程中，嫌疑人越是想隐瞒，或控制自己来假装清白，他们被识破的可能性也越大，因为他们对事件相关的刺激会产生强烈的生理唤醒，而企图对此进行抑制会进一步提高生理唤醒。反过来，他们希望与询问者合作，解释真实情况的动机则会降低由事件相关刺激诱发的生理唤醒（Elaad, 2013; Zvi, Nachson, & Elaad, 2015）。

在生活中，很多人可能会通过刻意地增加自己的动作来掩饰紧张的情绪，或者辅助增强语言的可信度和被接受程度。这一技术被广泛地应用于政治演说、公开辩论，但是研究发现，这些增加的高强度的肢体动作，可能会增加信息发出者的言论主导性，但对可信度并没有太大帮助（Koppensteiner, Stephan, & Jaschke, 2016）。这可能是因为听众早已经对违心的、夸张的肢体动作司空见惯，反而更愿意相信那些动作少而自然的信息发出者。

实际上，我们说的话和我们伴随的动作应当是相互解释、相互支持的：当解释性的、理性的言论和相对矜持的、缓慢的行为组合在一起时，人们更有可能被说服；而当接近性的、热情的言论和快速的、大幅度的行为组合在一起时，其效果也更为显著。反之，当行为和言语不相匹配时，它们的效果就会大打折扣（Fennis & Stel, 2011）。

9.4.2 诚实与说谎的行为模板

通过个体的行为举止来判断其可信度，是人们在日常生活中经常采用的策略。普通的听众可能有一套"诚实的行为模板"，形成刻板印象。常见的诚实的行为模板包括：直视，点头，向前倾的身体，直放松弛的双腿，解释性的手势，姿态的镜像模仿等。但是这种刻

> **知识框 9.1**
> **刻板印象**：对一类对象固定而笼统的态度看法或认知图式。这种印象被施加在所有类似对象身上，且不会因个体差异发生改变。

板印象并不完全准确，而诚实的行为模板与信息发出者真正诚实与否并没有稳定的关系（Levine et al., 2011）。就连拥有这种刻板印象的听众自己，其实也并不相信自己凭借特定行为识别谎言的能力（Holm & Kawagoe, 2010）。同时，先验的谎言行为模板可能并不具有跨文化一致性。有一些研究发现，由于文化背景会影响人们交流的习惯，在一种文化下被认为是正常的行为表现，可能在另一种文化下被认为是很怪异或者不常见的，而这些怪异的、不常见的行为表现会被认为是说谎的信号（Sabourin, 2007）。虽然行为模板与真实说谎之间的关系非常复杂，但却不会影响这些模板对听众产生的效果。简单来说，那些保持眼神交流、姿态松弛、符合文化交流习惯的说谎者可能更令人信服。

小结

说谎行为伴随着许多非言语线索，包括表情和姿态，企图控制表情和姿态可能会产生反效果，因为这些额外的心理活动可能会进一步提高生理唤醒程度。不同的文化下存在不同的诚实行为模板，在跨文化交流中，一些不符合诚实模板的行为表现可能会被误认为是说谎线索。

思考题

1. 任何人都可以通过阅读文献了解什么是诚实的行为模板，这种知识会对说谎和识谎分别产生怎样的影响？
2. 说谎时伴随动作的增加与减少对说谎得逞可能性的影响是线性的吗？

9.5 听众自身的因素

9.5.1 听众的真实偏见

说谎是否得逞，显然也取决于听众判断谎言的能力和意愿。影响听众谎言判断能力的具体因素将会在本书后续的章节讨论，这里先简单介绍所谓的"真实偏见"。"真实偏见"指的是，在信息传递的过程中，信息的接收者一般情况下会预设信息的传递者是在说真话。这一预设的基础，是正常生活中真实信息所占的比例远远超过虚假信息（Holm & Kawagoe, 2010）。"真实偏见"使得听众在起疑心之前，不会过多地寻找谎言线索。

而一旦听众开始起疑心，或者听众发现信息发出者可能有说谎的动机，判别谎言就进入完全不同的阶段（Levine, Kim, & Blair, 2010）：听众会开始有意识地寻找说谎的证据或线索，从而使得信息发出者的可信度大打折扣。让听众警觉的典型信号包括：可疑的说谎动机，与诚实行为刻板印象不符的行为，第三方给予的警示，信息内容与真实情况不符，以及信息内容前后存在自相矛盾等（Levine, 2014）。

9.5.2 听众的心境和注意力

有一些影响听众谎言判别能力的因素，可能受到说谎者的控制，例如，听众接收信息时的心境。对于大多数的谎言内容，让听众处于比较积极的心境中对于说谎者是非常有利的，因为在积极的心境中，听众更有可能相信接收的信息。但是这也与谎言的内容有相当大的关系，当说谎者希望通过谎言达到威胁、恐吓的目的时，可能需要控制听众的心境处于恐惧等消极情绪中（Desteno et al., 2004; Ma et al., 2013）。

另外，说谎者也可以控制听众处于注意分散的状态下。在注意分散的状态下，听众更有可能会采用"外周途径"，或者是借用启发式来判断信息发出者的可信度（例如，其行为举止、整体印象、身份地位等），而不大可能利用"中央途径"，即注意并分析说谎者可能出现的内容破绽（Reinhard, 2010）。在谎言识别的过程中，如果通过实验操纵，使得识别者的认知资源处于高负荷状态，识别者就会因为应接不暇而忽略对谎言内容的甄别。即使是那些偏爱通过内容分析来辨识谎言的识别者，在高认知负荷的状态下也别无选择，只能依赖外周途径来判断信息的可信度。只有当进行谎言识别的个体有较充足的认知资源时，谎言内容的诸多特点才会影响其对可信度的判断（Reinhard & Sporer, 2008）。然而，分散听众的注意力也是有风险的：如果说谎者无法有效地控制自己的非言语行为，那么被分心的听众反而更有可能揭露谎言，或者内隐地认为信息发出者是更不可信的。有时候，不对谎言内容进行有意识的、全面的加工，反而可能促进对谎言的甄别（Brinke, Vohs, & Carney, 2016）。

在一个心理学研究中，研究者让实验参与者观看了一段事先录制的视频，这段视频的内容是一个志愿者的独白，这段独白可能是真实的，也可能是编造的。随后，研究者要求参与者判断视频内容是真实的还是编造的。研究者通过三种方式控制了实验参与者对谎言的注意：（1）让参与者观看15秒的视频，该视频由3个5秒的剪辑片段组合而成，这些片段来自同一段独白；（2）让参与者在观看视频的同时，进行 N-back[①]的记忆任务；（3）让参与者在观看视频、进行真假判断之后，说明自己做出判断的理由。第一种操作使得参与者只能接受到片段化的不完整信息，第二种操作使得参与者不能全神贯注地观看视频、接收信息，第三种操作要求参与者有意识地说明自己识别谎言的方式。结果发现，接受片段信息的参与者对谎言的识别准确率竟然高于观看完整视频的参与者。同时，没有全神贯注地观看视频的参与者的谎言识别准确率也高于认真观看的参与者。而对于那些有意识地说明自己识别谎言方法的参与者，他们的谎言识别准确率，与没有被要求这么做的参与者相差无几。由此可见，注意力是一个具有两面性的因素，注意力集中的听众可能会更多地注意说谎的内容，而注意力分散的听众则可能更多地注意说谎的行为，两种情况都会影响说谎得逞的可能性（Albrechtsen, Meissner, & Susa, 2009）。

9.5.3 揭露说谎的可能后果

也许很少有人会考虑，指出一个人在说谎，有时候可能是件吃力不讨好的事情。尤其是在实验室之外的情形下，如果听众直接地指责信息发出者在说谎，就必须承担判断错误的后果。而在没有事实证据或者第三方证明的情况下，仅仅凭借谎言线索甄别说谎，是无法保证百分之百准确率的。综合以上因素，根据谎言识别的临界点理论，听众会权衡被欺骗的代价和错误揭露谎言的代价，如果后者过于严重，听众可能并不倾向于揭穿说谎者（Brinke, Vohs, & Carney, 2016）。可以设想，说谎者也许可以通过某种手段，使得听众认为识谎失败的代价过大，以至于他们不敢揭穿说谎者的谎言。

小结

听众存在"真实偏见"，即人们会预设接收的信息是真实的，直到出现存在谎言的证据。控制听众的心境能够影响说谎是否得逞，分散听众的注意力也能起到类似的作用。但是由于"外周途径"的存在，心不在焉的听众可能会通过非言语线索识破谎言。另外，指责他人说谎是有其后果的，因此听众会在无法确定的情况下选择不揭穿谎言。

[①] N-back 任务是认知心理学中用以研究工作记忆的经典范式。在该任务中，实验参与者被要求在当前刺激与之前第 n 个刺激相同时做出按键反应。例如，在一个 3-back 任务中，向参与者呈现字符串：stuo**u**as**a**a，参与者需要对粗体的 u 和 a 做出反应，因为它们分别与自己之前第 3 个刺激相同。

思考题

1. 识别谎言的能力是否可以通过训练提高？
2. 当人们说他们凭直觉识破谎言时，其背后可能存在什么科学机制？

9.6 团队与说谎

大多数的说谎研究中，研究者只考虑个人说谎的情形。在本书的大多数章节中，研究对象一般也是个体。但是在现实生活中，存在团队说谎的情况：可能是在一个合作的团体中，存在蓄意说谎的成员；也可能是一个团体共同对外说谎，也就是团伙诈骗的情况。

9.6.1 隐藏在团队中的说谎者

当一个说谎者隐藏在一个合作团队中，对所有的成员说谎从而误导团队得出错误结论时，说谎者如何才能成功隐瞒自己的企图？团队成员又将会如何识别出这匹害群之马？在一个经典的"杀手游戏"中，5~10个玩家组成一个团队，由第三方作为主持人。群体中有一个玩家扮演"杀手"，一个玩家扮演"警察"，剩下的玩家则扮演"普通人"的角色。所有的角色都由主持人随机分配，每一个玩家都只知道自己的角色。游戏由许多游戏轮组成，每一轮开始时，所有玩家投票决定一个"嫌疑人"。得票数最多的"嫌疑人"会被淘汰出局。如果"杀手"已经被淘汰出局，则游戏结束；如果"杀手"没有被淘汰出局，那么他可以随后私下指定一个玩家出局。接着，"警察"玩家可以私下决定查看某一个玩家的身份。最后，主持人宣布一个玩家被"杀手"指定出局，并结束一个游戏轮。游戏轮会不断重复，直到所有玩家被"杀手"指定出局，或者"杀手"被投票淘汰出局。

对于心理学研究者来说，在如此设置的游戏过程中，一个特殊的氛围被营造出来：团队中的每一个成员都知道说谎者（"杀手"）真实存在，并且有强烈的动机甄别出说谎者；同时，"杀手"具有强烈的动机进行说谎，至于具体的说谎方式和策略则由其自行决定。这一游戏范式与经典的说谎研究范式的不同在于，游戏本身将识别谎言的成功率和效率进行了区分：游戏的输赢反映了谎言识别的成功与否，而游戏所进行轮数的多少则反映了谎言识别的效率高低。一个利用该范式进行的研究，发现团队成员对说谎行为的熟悉度（也就是参与该游戏的经历），会使得谎言识别的成功率上升，但是识别谎言的效率反而会下降，这可能是说谎者和识别者同时较为熟练情况下的结果。同时，团队的性别丰富性会导致谎言识别成功率的下降。也就是说，一个以男性为主或者以女性为主的团队，相对于一个男女平衡的团队而言，更有可能成功地识别谎言（Zhou, Zhang, & Sung, 2013）。

其他类似的研究则发现，说谎者在团体中主要可能会采用两种不同的策略：一是主动地误导团队成员，二是低调地参与信息交流，不主动提供信息。其中，说谎者更有可能采取主动引导的方式，来控制团队成员的信息交流，从而更好地实施说谎行为。与此同时，团队中察觉到欺骗存在的成员，可能会主动地对所怀疑的对象进行问询，以期找到说谎者（Magnusson, Burgoon, & Casarrubea, 2016）。

9.6.2 团队一致对外说谎

有时候，团队可能会共同对外说谎，但对此的相关研究还比较少。

在一个特别的经济博弈游戏中，人为设置了两种获得金钱奖励的方案：（1）获得6元；（2）获得5元。游戏由两方参与，一方为信息发出者，另一方为信息接收者。其中，信息接收者可以决定选择方案1或者选择方案2来获得金钱奖励，但是他并不知道方案1或方案2具体能获得多少钱。信息发出者则知道两个方案的具体内容，但是他不能决定选择哪个方案，他只能在以下两种信息中选择一个，发送给信息接收者：一是方案1比方案2获得的钱更多，二是方案2比方案1获得的钱更多。信息接收者在听取了信息发出者的信息之后，决定选择方案1或者方案2。如果接收者选择了一种方案，那么发出者就可以获得另一种方案的奖励。在这样的游戏中，如果信息发出者选择发出信息一，他传递的信息就是真实的，如果接收者相信了，发出者就只能获得5元的奖励；如果信息发出者选择发出信息二，他传递的信息就是虚假的，此时如果接收者相信了，发出者就能够获得6元的奖励（Gneezy, 2005）。

心理学研究者就在一个实验中，分别让一个人或是一个由三个人组成的团队，来充当信息发出者，进行上述游戏，以此探讨个体和团队说谎行为的差异。游戏的信息接收者是计算机，但是充当发出者的个体或者团队并不知道这一点。研究要求个体或者团队决定，选择真实的信息还是虚假的信息，发送给信息接收者。此外，团队发出者还被告知，接收者知道发出信息的是一个三个人的团队。研究者还设置了一种"绝对信任"的情景，在此情景下，信息发出者被告知，信息接收者会百分之百地相信他们。结果发现，在"绝对信任"的情境下，团队选择说谎，选择信息二的频率大于个体；而在"不确定信任"的情境下，团队选择说谎的频率小于个体（见图9-4）。进一步的访谈发现，当说谎可以获得确定的利益时，团队讨论的过程中会更加看重实际经济利益，而不看重道德上的违反，因而他们会选择说谎,来获得更多的金钱奖励。而当说谎的结果不确定时,团队成员会认为信息接收者更不可能相信由一个团队传递的信息,所以他们会选择说真话,反过来让接收者更倾向于选择方案 2。换言之,团队的说谎决策更偏重实际利益,也期望对方变得更为实际(Cohen et al., 2009)。

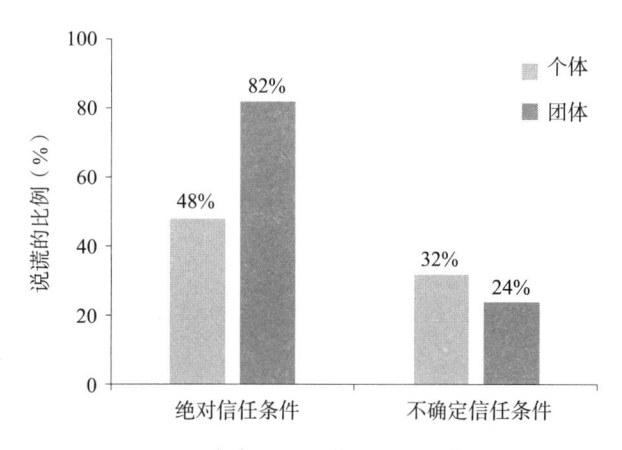

图 9-4 研究中团队说谎和个体说谎的比例

为了进一步研究团队说谎的问题,研究者还招募志愿者来充当车辆销售经理。在一个角色扮演的研究中,研究者让一个团队或者一个个体代表特定的汽车企业,向顾客出售车辆。研究者操控了卖家所处的道德环境:(1)有一些团队或是个体所代表的汽车企业宣扬诚实的美德;(2)有一些团队或是个体所代表的汽车企业则更看重经济利益上的竞争;(3)还有一些企业或者个体所代表的汽车企业则什么都没有宣扬,这是一种控制条件。进一步,这些车辆存在一些毛病,而修理车辆需要花费购买者一笔额外的钱,但是顾客并不知道这一点,只有经销商知道这一信息。结果发现,总的来说,团队更不倾向于将车辆存在缺陷的信息告知顾客。有趣的是,虽然在企业宣扬竞争力的环境中以及在控制条件下,团队都更倾向于隐瞒缺陷信息,但是在企业宣扬诚实的环境中,团队与个体隐瞒缺陷信息的程度却大致相似。换句话说,企业所宣扬的道德环境,对遏制团队进行隐瞒起到了更大的作用(Stawiski et al., 2009)。

9.6.3 团队说谎与个体说谎的差异

在以往有限的研究中,团队与个体在说谎时的特征还存在其他有趣的差异。(1)团队相比较个体而言,似乎更倾向于说谎,或者说更愿意在有利可图的时候进行说谎,从而在经济博弈中表现得更具有竞争力。(2)当团队一起接受审讯的时候,需要说谎的团队成员可能会提前串通供词，因此他们给出的关于某一事件的描述更为一致，而说真话的团队反而会出现不同的人对同一事件存在不同记忆的情况。（3）如果没有提前准备，团队成员分开接受审讯时，会面临信息透露程度的矛盾。自己应该透露多少信息，别人又透露了多少信息，两种信息会不会相互冲突等，这些问题是个体说谎时不会发生的。（4）在少数情况下，团队会同时接受审讯，此时团队成员可能会暴露出单独审讯时未出现的与说谎相关的线索，因为一个成员可能会试图控制其他成员，而其他成员又会对此产生复杂的后续反应（Vernham, Granhag, & Giolla, 2016）。

小结

团队说谎是一个亟待探索的领域，如何从团队中识别出说谎者，如何面对一致对外说谎的团体，都值得研究。通过采用类似"杀手"游戏的范式，研究者探讨了第一个问题，并将识谎成功率和识谎效率进行了区分。针对第二个问题，研究发现团队相对于个人更有可能在有利可图的情况下说谎。团队说谎和个体说谎存在许多差异，这些差异正是由于团队间信息流动而产生的。

思考题

1. 团队中存在说谎者会对团队合作产生什么影响？
2. 团队说谎得逞的可能性会受到哪些团队构成因素的影响？

9.7　自我欺骗

9.7.1　自我欺骗的定义

在一些特殊的情况下，人们说谎欺骗的对象不是别人，恰恰是自己，这就构成了自我欺骗。学界对于自我欺骗有不同的理解：有一些研究者认为，自我欺骗是指人们对于事物的认识有一个真实的表征和信念，以及一个错误的表征和信念，而个体系统性地选择相信错误表征的内容，或者因为情境需要，在两种信念间配置不同的权重（Chan &

Rowbottom, 2019; Gur & Sackeim, 1979）。另一些研究者则认为，自我欺骗是指人们偏好对自己有利的信息，而选择性地忽略对自己不利的信息，或者是对两种信息设置的阈值不同（Newman, 1999; Von Hippel, Trivers, 2011）。这两种观点的差异在于自我欺骗是发生在信念和表征层面，还是发生在信息收集层面。不过对于自我欺骗的目的，研究者们的意见大致相似：个体之所以进行自我欺骗，可能是为了保护自身不受外界压力的影响，尤其是在外界刺激对个体的心理有害时。具体的自我欺骗手段可能包括：有偏见地收集和回避信息，自我制造错误信息，合理化（有偏见地解读信息），记忆偏见，虚假行为等（Funkhouser & Barrett, 2016）。

知识框 9.2
自我欺骗的逻辑特征：
（1）个体有两种互斥的信念；
（2）两种互斥的信念同时存在；
（3）个体没有意识到其中一种信念的存在；
（4）选择何种信念的行为存在动机。

9.7.2 自我欺骗对说谎的影响

自我欺骗对于人际间的信息传递会产生非常有趣的影响。研究者发现，人在进行自我欺骗时，会选择性地关注有利于自我欺骗的信息，而忽略反对的证据。同时，如果传递虚假信息的个体认为自己所说的是真实的，他所传递的信息内容也会更令人信服（Smith, Trivers, & Von Hippel, 2017）。在一定程度上，自我欺骗可能会使得说谎变得更为容易，因为自我欺骗可以减少编造谎言时，压抑真实信息和反应所需要的认知资源，同时也可以缓和说谎被发现后的不良结果（Newman, 1999）。

知识框 9.3
自我欺骗与认知错误：自我欺骗与认知错误的概念可能存在重叠，但是自我欺骗可能更具有策略性，更不容易被客观事实否定，且保留了真相。

9.7.3 富有争议的研究领域

然而，讨论自我欺骗和对他人说谎之间的关系，是一个富有争议的领域。对于一个有错误认识的个体而言（如有人认为，中国是一个非洲国家），将这一错误认识告诉不知情的听众，应不属于说谎。但是对于一个自我欺骗的个体而言，理论上要求他首先知道真实情况（中国是一个亚洲国家），然后实施自我欺骗（欺骗自己，中国是一个非洲国家），最后再将这一错误的信息告诉听众，此时这个实施自我欺骗的个体究竟认为中国是亚洲国家还是非洲国家呢？如果他认为中国是一个亚洲国家，那就意味着他的自我欺骗是失效的，这与直接说谎似乎没有什么差异。如果他认为中国是一个非洲国家，那么他的自我欺骗是成功的，而他也就成了一个拥有错误认知的信息发出者，此时他将这个错误信息告诉听众，似乎就不再是说谎的范畴了。因此，在自我欺骗的情况下对他人说谎这一行为，似乎在理论上很难实现，有可能会形成一个悖论（Fridland, 2011）。

虽然关于自我欺骗这一理论概念还存在争论，但是研究者们已经在这一概念的基础上，衍生出许多有趣的研究话题，例如，是否存在集体性的自我欺骗？这种集体性的自我欺骗对种族主义、宗教极端主义是否有影响？自我欺骗是否具有生物进化的意义，鉴于其可以帮助个体对抗过于严酷的外界刺激，还是说它只是生物进化的一个副产品？自我欺骗是否具有自我适应性，换言之，自我欺骗的内容、程度、手段是否会因为外界因素的变化而发生变化？自我欺骗与心理健康的关系究竟如何，自我欺骗会导致心理不健康，还是反过来，会促进心理健康？（Antonio & Paola, 2011; Egan, 2011; Gorelik & Shackelford, 2011; Mercier, 2016）

小结

自我欺骗是一个尚存争议的研究问题，其工具性定义还有待商榷。不过已经有许多探索性研究希望能够揭示它对说谎行为的影响。

思考题

1. 如何给自我欺骗一个操作性定义，从而用于实验研究？
2. 为什么会出现自我欺骗行为？

第 10 章
生理反应

说起谎言识别,人们通常会想到测谎仪。自从 1921 年公认的第一台测谎仪面世以来,测谎仪在司法领域和社会生活中的应用已经走过了百年历程。经过各种影视等艺术作品的渲染,人们对测谎仪通常有一种神秘的印象。其实,传统意义上的测谎仪,本质上是多导生理记录仪,简称多导生理仪。在应用领域,多导生理仪也被称为多道生理测试仪或者多道心理测试仪。那么测谎仪究竟测的是什么?测谎仪测谎的基本原理是什么?本章将对上述问题逐一进行探讨。

10.1 基于生理反应测谎概述

一般司法领域或者实际应用中的测谎仪主要测量的生理反应有血压、脉搏、呼吸和皮肤电这四项。随着技术的发展,目前的测谎仪可以采集更多种类的生理指标,甚至包括肌电(肌肉动作监测)和脑电(electroencephalogram, EEG)。另外,fMRI、fNIRS 等研究大脑等中枢神经活动的技术在测谎领域的应用也成为当前测谎研究的热点。目前的大多数多导生理仪都可以加载肌电和脑电功能模块,但是 fMRI 和 fNIRS 已经远远超出多导生理仪可以测量的指标范围,需要专门的仪器设备。简言之,虽然以前人们提起测谎仪时,通常是指多导生理仪,但是在不久的将来,人们再谈论测谎仪时,却不一定是指多导生理仪,有可能是基于 fMRI 和 fNIRS 技术的测谎仪,或者基于语音、表情等自动识别技术的测谎仪。

10.1.1 基于外周神经生理的测谎技术

使用多导生理仪测谎的基本假设是,人在说谎时会产生紧张的情绪,或者听到、看到特殊刺激时会产生注意警觉，并导致自主神经系统产生很难自控的生理反应。因此，传统测谎仪是基于人在说谎时的自主神经生理反应进行测谎的。

多导生理仪通常由记录仪主机、特定采集模块的放大器和滤波器、生理传感器和与记录仪主机相连的计算机组成。生理传感器佩戴在人的体表，采集人体生理指标数据。例如，通过温度探头测量皮肤温度，通过各种贴在手指皮肤上的电极采集皮肤电，通过贴在指定身体部位皮肤上的电极采集心电，通过固定在手指末端的血氧饱和度传感器测量血氧饱和度，通过血压换能器测量血压，通过固定在胸腔的绑带换能器测量胸部呼吸的变化，通过绑在手指末端的光电脉搏传感器测量脉搏，通过握力计测量肌肉紧张程度和力量。记录仪主机将生理传感器所采集的模拟信号转换成数字信号。与记录仪主机相连的计算机将输入的数字信号进行存储、分析。正是由于生理记录仪可以同时记录多项生理指标，因此其名称中通常会加入"多道"或者"多导"。

10.1.2　基于中枢神经生理的测谎技术

针对说谎的中枢神经信号采集技术，主要是EEG、fMRI和fNIRS。近年来，将这些神经生理技术应用于测谎，也开始逐渐成为研究热点，受到研究者的关注。采用EEG、fMRI或fNIRS，与采用多导生理仪进行测谎或者说谎研究，存在非常大的差别。这是因为多导生理仪记录的外周神经生理反应基本上反映的是自主神经系统的功能和变化，这些反应主要是情绪唤醒引起的。而EEG、fMRI和fNIRS技术记录的中枢神经生理反应主要是由于说谎和欺骗时的复杂认知活动引起的，虽然中枢神经系统也会参与情绪的加工，但是目前还很难区分哪些中枢神经反应是由说谎的认知成分引起的，哪些中枢神经反应是由说谎的情绪成分引起的。中枢神经系统中的内侧前额叶皮层、前扣带回、眶额皮层和纹状体等脑区与决策的风险评估和奖赏预期有关，可能会参与说谎的情绪加工（董珊珊，陈飞燕，何宏建，2013）。另外，双侧前额、颞叶、前扣带回和右侧颞顶联合区参与人际交互情境下的说谎任务，反映了心理理论和道德推理等在说谎过程中重要性（Delgado-Herrera, Reyes-Aguilar, & Giordano, 2021）。

正如前面所言，由于说谎者知道谎言与真实信息存在不一致，因此说谎者需要付出认知努力来抑制真实反应。在这个过程中，说谎者的执行控制系统发挥重要的作用。正是因为这个原因，不管是采用EEG，还是fMRI，目前的研究大多关注执行控制相关的脑电成分P300、MFN、CNV，以及脑电偏侧化模式和频域模式分析，或者执行控制相关的脑区，如腹内侧和背内侧前额皮层、前扣带回的后部区域，以及颞上回和颞顶联合区等（崔茜等，2013）。大量的研究也的确表明上述脑电成分在说谎和说真话之间存在显著差异

（Rosenfeld, 2020; Scheuble & Beauducel, 2019），参与工作记忆、抑制控制和任务转换的脑区也都在说谎任务中显著激活，包括双侧前脑岛、左侧额下回、左侧额中回、右侧额中沟、右侧前扣带皮层、右侧顶内沟（Delgado-Herrera, Reyes-Aguilar, & Giordano, 2021）。

10.1.3　应用生理反应测谎的现状

目前，结合使用测谎仪的心理测试技术已是许多国家司法机关侦破案件的常用手段之一，尤其在美国、加拿大应用较多。心理测试的鉴定结论已在一些国家作为法庭审理的辅助证据使用，例如，美国的某些州、印度、罗马尼亚。测谎以及测谎仪的使用已列入警察机关犯罪调查和审讯的常规程序，大多数已经出版的司法审讯类图书中均有测谎的章节。虽然测谎仪在上述领域中已经被广泛应用，但是学术界关于其有效性和准确性的争论却从未停止。在20世纪90年代的美国，2/3有资质和能力对测谎仪进行评估的科学机构和团队都认为测谎仪是伪科学。2002年，美国国家研究委员会的一项调查发现，对于没有受过任何反测谎训练的普通人，测谎仪识别说谎与说真话的比例虽然没有达到完美的水平，但是显著高于概率水平。①这份报告也发出警告，不要根据这一发现就过于夸大测谎仪的实际效果，而且被测试者可以通过一些反测谎的方法来造成虚假的结果。

目前在中国，测谎仪的测验结果也开始在法庭审理中受到重视。如果以"测谎"为关键词在法院裁判文书中检索，2011年以前累计只有253件文书提及该词，但是到2013年，引用"测谎"的裁判文书在这一年内已有378件，到2014年，这个数字已经接近翻倍（相关数据源于学术会议）。由此可见，最近几年测谎仪在中国司法领域的使用和采信程度越来越高。

小结

基于生理反应的测谎技术分为基于外周神经（或自主神经）生理和中枢神经生理的测谎技术两类。基于外周神经生理的技术主要以血压、脉搏、呼吸和皮肤电等参数为指标，基于中枢神经生理的技术主要以脑电、fMRI和fNIRS数据参数为指标。目前，测谎技术以及测谎仪的使用已列入警察机关犯罪调查和审讯的常规程序，其鉴定结论已在一些国家作为法庭审理的辅助证据使用，在我国司法领域也越来越受到重视。

---

① 源于维基百科网站。

思考题

1. 传统的测谎仪为什么又叫多导生理仪?
2. 基于外周神经生理的测谎技术与基于中枢神经生理的测谎技术有什么主要区别?
3. 目前测谎技术在国内外的应用现状如何?

10.2 基于生理反应的测谎方法

正如我们在第 5 章中所介绍的,人体的生理反应受到很多因素的影响,包括人与人之间在生理水平上的个体差异、其他无关的心理因素、环境等。因此,如果要把生理仪采集到的生理变化归因于是否说谎,那么我们首先需要把上述那些无关的因素排除掉。因此,科学意义上的测谎方法,也就是所谓的心理测试技术,是将神经生理反应采集和处理技术与心理学的问题设计相结合,完成对特定人物的心理进行分析的过程。

10.2.1 相关不相关测试法

相关不相关测试法(Relevant-irrelevant Test)出现于 20 世纪 20 年代,是最早的测谎方法,包含两类问题,一类是相关问题,一类是不相关问题(Ward, 1985)。相关问题是指那些与犯罪事件有关的问题,通常是类似"是不是你开枪打死了他"这种被测试者可能会撒谎,并会引起被测试者心理压力急剧增大的问题。不相关问题是指那些与犯罪事件无关的问题,例如,"你的名字是某某吗"等不会引起任何心理压力的问题。被测试者只需要回答是或者不是。相关不相关测试法的基本逻辑是:不管是对于真正的罪犯还是无辜者,在回答与犯罪事实不相关的问题时,心理压力都不大;但是,对于真正的罪犯来说,在回答与犯罪事实相关的问题时,由于他会在这些问题上撒谎,其心理压力会明显大于回答那些无关的问题;而对于无辜者来说,不管是回答相关问题还是不相关问题,都不需要撒谎,所以心理压力应该没有明显差别。

由于相关不相关测试法的逻辑过于简单,因此存在很大的假阳性和假阴性风险。因为对于无辜者来说,当被问及与案情相关的问题时,也可能由于害怕被牵连或者误判,而引发紧张情绪,出现假阳性的结果。反过来,对于心理素质非常好、能够稳定控制自己情绪的嫌疑人,即使他真的犯了罪,也有可能使自己在回答相关问题时情绪平稳,从而使回答相关问题与不相关问题之间的生理反应没有差异，最终出现假阴性的结果。

10.2.2 紧张峰测试法

20世纪30年代，基勒提出紧张峰测试法（Peak-of-tension Test）。紧张峰测试法通常包含5到9个问题，所有问题的表达都比较类似，其中只有一个问题是提到犯罪事实的关键问题（Ward, 1985）。被测试者需要逐个对所有这些问题回答"不是"。在设计这些问题时，必须保证这些问题涵盖了必要的犯罪信息。紧张峰测试法的基本逻辑是：真正的罪犯因为对犯罪事实非常清楚，所以在提到与犯罪事实有关的关键信息时，其内心的紧张程度会显著高于那些与犯罪事实无关的信息，其生理反应也会出现相应明显的变化；无辜者由于不知道犯罪事实，因此在回答所有问题时，不会出现紧张程度的变化，其生理反应也不会有波动。在正式采用测谎仪施测前，会对被测试者进行访谈，并把将要提问的问题按照提问时的顺序呈现给被测试者。紧张峰测试的另一个基本假设是：如果被测试者有意在关键问题上撒谎，那么随着关键问题逐渐临近，被测试者内心的紧张程度会随着撒谎行为的将要发生越来越强，在撒谎行为马上要发生或者正在发生时达到峰值，然后伴随着关键问题结束，被测试者心理放松，其生理反应又逐渐恢复基线水平。

虽然紧张峰测试法具有一定的合理性，但是也存在假阳性风险（Ward, 1985）。第一，使用紧张峰测试法的一个前提条件是，与案情相关的关键信息必须没有外泄，与案件有关联的无辜者没有从警察或者媒体那里获知这些关键信息。万一无辜者获悉了这些关键信息，那么无辜者在接受测试的时候，也很可能因为害怕被冤枉而在关键问题上出现生理反应的紧张峰。第二，在实际的刑侦过程中，受害人提供给警方的信息可能是不准确、模糊的，那么在编制紧张峰测试题目时，就可能无法准确地设定关键问题。第三，紧张峰测试的目标是在测试时只在关键问题上出现一次紧张峰，但是被测试者可能由于各种不可预期的原因对关键问题以外的其他项目出现紧张峰反应。

10.2.3 准绳问题测试法

20世纪40年代，美国测谎专家和发明人约翰·里德针对相关不相关测试法存在假阳性高的问题，提出了准绳问题测试法（CQT，又称为控制问题测试法或对照问题测试法）。准绳问题测试法包括三类问题（Reid & Inbau, 1977）：第一类是不相关问题，是指与犯罪事实无关的问题；第二类是相关问题或者目标问题，也就是直接与犯罪事实相关的问题；第三类是准绳问题或者控制问题，这类问题通常与案件中的犯罪行为性质相似，但是属于日常生活中常见的性质不那么恶劣的、有关私德的行为，大多数人都可能为了维护自己的形象或者隐私，而在这类令人尴尬的问题上撒谎。例如，在一个盗窃案件的测谎案例中，典型的准绳问题是"你18岁之前是否曾经从信任你的人那里偷过东西？"一般来说，我们大多数人都会在小时候从自己的亲人或者其他亲近的人那里偷拿过什么东西。通常，无辜者在面对这个问题时，都因为羞于承认自己小时候犯过的错误，而产生强烈的情绪反应，从而导致生理反应发生剧烈变化。而对于真正的罪犯，与犯罪事实相关的问题才是更令其紧张的问题。因此，准绳问题测试法的基本逻辑是：真正的罪犯在相关问题上的生理反应会比准绳问题的反应强烈，而无辜者则表现出相反的生理反应模式，无辜者在准绳问题上的生理反应会更强烈。

在现实测谎中，准绳问题的确定具有非常高的难度（Honts & Reavy, 2015），多数情况下，无辜的被测试者由于害怕被冤枉，仍然可能更害怕相关问题，在回答相关问题时出现相对于准绳问题更强的生理反应变化。

10.2.4 隐藏信息测试法

20世纪50年代，美国明尼苏达州医学院心理学教授大卫·莱克肯提出犯罪情节测试法（GKT），又称隐藏信息测试法（Concealed Information Test，CIT）。该方法包括多个与案情不相关的中性问题、多个符合犯罪事实细节的相关问题，以及多个不符合犯罪事实细节的无关问题。

大卫·莱克肯受到苏联神经科学家尤金·索科洛夫（Eugene Sokolov）的定向反应假说（Sokolov, 1963）的启发，认为犯罪嫌疑人在作案后会不由自主地反复回想作案过程，那些犯罪情节就变成了犯罪嫌疑人头脑中非常熟悉的信息，一旦这些信息出现，犯罪嫌疑人就会不由自主地将头脑中的记忆与之匹配起来。隐藏信息测试法的基本假设与紧张峰测试法相同：对于真正的罪犯，因为其实施了犯罪过程，知晓案件相关的细节，那么这些犯罪情节通常都会在其头脑中留下无法磨灭的印记，当被问及这些包含了犯罪情节事实的问题时，会不由自主地唤起他们的记忆和强烈的情绪反应，从而产生生理反应的剧烈变化；但是，对于无辜的被测试者，因为他们并没有经历过犯罪过程，也不了解犯罪的具体细节，那么不管是符合犯罪事实的问题，还是不符合犯罪事实的问题，对他们而言，都没有显著差异。

与紧张峰测试法类似，使用隐藏信息测试法也需要满足主要犯罪情节没有泄露这个条件。隐藏信息测试法只能根据侦查部门已经掌握的只有真正作案的人才知道的情节来设计测试问题，这些情节必须是无辜者不可能知道的信息。另外，相关问题中使用的信息必须是给作案人留下深刻印象的真实犯罪情节。

10.2.5 结合脑电的隐藏信息测试法

20世纪80年代，罗森菲尔德等人（Rosenfeld et al., 1988）将CIT范式与诱发P300成分的脑电技术相结合，提出了适用于分析P300的测试方案，并最终将其命名为三刺激范式（Rosenfeld, Biroschak, & Furedy, 2006），之后又提出复杂试次范式（Rosenfeld et al., 2008）。在实验室研究中，基于ERP和fMRI技术的测谎研究使用的测试任务更加多样，除了CIT范式外，还包括根据欺骗或真实反应的线索进行再认任务、假装记忆障碍任务、猜硬币任务等（Delgado-Herrera, Reyes-Aguilar, & Giordano, 2021）。

1. 三刺激范式

在脑电研究的Oddball范式中，呈现比例相对稀少而且有意义的刺激可以诱发显著的P300成分。同时在新旧词识别的研究中也发现，曾经加工过的旧词在正确识别时诱发出比正确识别新词时更强的P300成分。在此基础上，罗森菲尔德等人（Rosenfeld et al., 1988）认为这与CIT范式的定向反应假设不谋而合，因此提出了基于P300的CIT范式，并在之后将其命名为三刺激范式（three-stimulus protocol, 3SP）。三刺激范式中包含三类刺激：探针刺激、无关刺激和目标刺激。探针对应于CIT范式中符合犯罪事实细节的相关问题，即受试者需要否认和说谎的刺激。无关刺激对应于CIT范式中不符合犯罪事实细节的无关问题，即受试者也需要否认，但是却不需要说谎的刺激。目标刺激对应于CIT范式中与案情不相关的中性问题，即受试者可以承认，无须说谎的刺激。在实验室实验中，目标刺激需要受试者做"是反应"，目标刺激的出现是为了保持受试者的注意，以免他们机械而重复地对探针和无关刺激做"否反应"。探针、无关刺激和目标的呈现次数比例通常设置为1:4:1，使探针相对于无关刺激，成为一个相对稀少且有重大意义的刺激。

目前，三刺激范式广泛地应用于实验室研究中，而且不仅仅与脑电技术相结合，也可以与fMRI等其他技术结合。但是，罗森菲尔德等人经过大量的脑电测谎研究后发现，三刺激范式很容易受到反测谎策略的干扰，导致采用该范式的脑电测谎失败。他认为三刺激范式存在一个严重的缺陷，即该范式的每个实验都包含双重任务，一个任务是对目标-非目标进行分类，另一个任务是对探针刺激和无关刺激进行分类（Rosenfeld, 2020）。在每个试次中，受试者必须明确地判断按哪一个键才是正确的反应。而当探针刺激或无关刺激出现时，即使这两种刺激都需要按相同的"否反应"键，说谎的受试者也会出现内隐的反应冲突，因为对于说谎的受试者来说，这两类刺激对他的意义截然不同。在这样的分析思路之下，罗森菲尔德等人提出了复杂试次范式。

2. 复杂试次范式

在复杂试次范式（complex-trial protocol, CTP）中，一个试次里包含前后呈现的两个刺激，第一个刺激既有可能是探针刺激，也有可能是无关刺激，两者的呈现比例类似于三刺激范式，仍然是探针刺激的比例稀少，无论是探针刺激，还是无关刺激，受试者都只需要按同一个键，表示自己看到了这个刺激；第二个刺激是目标刺激与非目标刺激，通常目标刺激是相同数字的数字串，非目标刺激是由不同数字组成的数字串，受试者需要对目标和非目标刺激进行分类按键反应，以保持其对任务的注意水平（Rosenfeld, 2020）。施测者会随机抽查受试者是否认真、正确地识别了第一个刺激，一旦错误次数超过两次，就表明受试者没有认真完成任务，测试就会中止。

通常上述设计，CTP 把三刺激范式原来的一个试次只包含一个刺激，拆解为包含两个刺激，通过受试者对两个刺激的加工，将三刺激范式中混淆的外显目标 – 非目标分类与内隐探针 – 无关刺激分类两个任务分离开。当受试者看到试次中的第一个刺激时，只需要进行探针 – 无关刺激分类，当看到第二个刺激时，也只需要进行目标 – 非目标分类。罗森菲尔德通过一系列实验，发现改进后的 CTP 可以有效地增加 CIT 效应（说谎条件与说真话条件的 P300 波幅差值），从而更好地抵抗反测谎策略的干扰（Rosenfeld, 2020）。

小结

在应用领域，测谎方法又被称为心理测试技术。历史上，测谎方法的提出与测谎仪的发明和革新相辅相成。从早期的相关不相关测试法、紧张峰测试法，到目前广泛使用的准绳问题测试法和隐藏信息测试法，以及结合脑电的隐藏信息测试方法，测谎技术和方法在百年间不断完善和发展。目前，隐藏信息测试法在实验室研究中应用较多。除此之外，实验室研究中还有大量研究欺骗和说谎的任务范式。最近 20 年，针对基于脑电的隐藏信息测试法的研究大量涌现，尤其是复杂试次范式被认为在反测谎方面具有一定的优势。

思考题

1. 相关不相关测试法和紧张峰测试法为什么存在假阳性高的问题？
2. 准绳问题测试法的基本逻辑是什么？该方法有什么优缺点？
3. 复杂试次范式解决了三刺激范式中存在的哪些缺陷？

10.3 基于生理反应测谎的相关问题

虽然测谎仪与心理测试技术将近百年历程，无数科学家和社会实践工作者不断对它们进行改进和完善，甚至很多领域已经广泛接纳了测谎，但是我们仍然应该认识到目前的测谎技术——无论是采用哪种生理指标的测谎仪，还是哪种心理测试技术——都不能达到百分之百的准确率。下面我们将主要讨论应用生理测谎仪开展测谎时需要注意的几个问题，以此更加全面地认识生理测谎仪和心理测试技术的作用，更加理性地看待测谎的结果，不会盲目地根据测谎结果而做出不恰当的结论。

10.3.1 伦理问题

目前主流的测谎仪需要依靠接触式的传感器采集被测试者的生理信号，因此应用这种测谎技术的一个重要前提是：被测试者必须自己同意接受测试。除非涉及刑事案件、国家安全等重要领域，任何人都没有权利强迫他人接受测谎，否则就侵犯了他人的人身权。因此，接触式的测谎技术在现实应用中受到伦理和人权的制约。

但是，现在随着科学技术的发展，非接触式采集生理信号的技术已经开始逐渐出现。例如，热成像技术是基于人体热辐射原理，根据心脏在跳动时会引起体表温度的变化，以及不同情绪状态下，面部皮肤温度的变化模式来分析情绪状态（郭群，2017）。由于热成像技术可以在 12 英尺[①]范围内隐秘地采集受试者的体表温度，所以这项技术可以应用于人流密集的公共场所，如机场、火车站、地铁站等。美国国防部测谎仪研究所在杰克逊堡军事基地，请 20 名士兵参与模拟犯罪实验，并使用热成像技术进行谎言检测，结果发现可以成功地从说谎条件下的 8 名受试者中检出 6 名，检出率为 75%，讲事实真相条件下的 12 人中检出 11 人，检出率为 92%（崔海英，张蕾，2012）。但是，热成像技术需要特定的红外相机，成本比较高，另一项只需要使用普通摄像头的检测技术，成本更低，更适合广泛推广，那就是通过普通摄像头记录的视频中面部皮肤颜色变化，检测血管中血容量变化，结合计算机算法分析出心率变化，进而推断出情绪的紧张程度（Verkruysse, Svaasand, & Nelson, 2008）。上述这些非接触式的测谎技术避免了与被测试者的身体接触，可以回避传统测谎仪所面临的伦理问题和人权问题。因此，非接触的测谎手段是最近几年研究的热点，也是未来测谎技术发展的主要方向。

---

① 1 英尺 =30.48 厘米。

10.3.2 反测谎

正如我们在第 5 章中介绍的，我们的情绪和生理状态可以通过训练进行自我控制和调节，另外还有一些具体的小技巧可以干扰测谎结果。例如，被测试者可以在询问无关问题（相关不相关测试法）、准绳问题（准绳问题测试法）、与关键问题对照的不符合犯罪事实的无关问题（隐藏信息测试法和认知综合测试法）时，通过咬自己的舌头、猛攥拳头、绷紧肌肉、在鞋内放置硬物制造疼痛等方式，骤然使自己的生理唤醒水平急剧增加（Honts, Hodes, & Raskin, 1985）。这样的话，真正的罪犯在面对相关问题时，即使生理唤醒骤然升高，然而与此对照的无关问题或者准绳问题也处于较高的唤醒水平，那么很可能两者之间的差异就不明显，导致出现假阴性的结果。即使采用脑电、核磁这类测量中枢神经生理活动的技术，也有一些简单可行的反测谎手段。例如，让被测试者在回答不相关问题的时候轻扭脚拇指，甚至想象自己被人扇耳光，都可能会干扰脑电或者 fMRI 的测试结果（Rosenfeld, 2020）。一旦真正的说谎者采用这些反测谎手段，那么就很难检测出他们是否说谎。

10.3.3 测试者的资质

测谎是一种人机结合的技术，测谎仪固然重要，但是测试者的能力水平、素质和态度却对测试结果起着决定性的作用。无论采用上述介绍的哪种心理测试技术进行测谎，都要求施测者不仅具有丰富的心理学、侦查学、物证技术学等知识，还要具备大量的实践经验，最后还需要对测谎仪和心理测试技术有着清醒的认识和正确态度。只有这样，他才能身临其境，洞悉犯罪分子在整个犯罪过程中的心理活动、行为特点，不仅保证成功地鉴别出犯罪分子，还要不冤枉无辜者。

美国作为心理测试技术最先进的国家，其法律对从事测谎的测试者的要求十分严格。正如我们在测谎应用的历史部分介绍的，美国早在 1966 年就成立了测谎协会，为致力于测谎的从业人员提供专业和标准的培训与认证。美国测谎协会制订了一系列涵盖执业道德操守、心理测试技术、测谎仪器使用与开展相关研究等方面的标准，并且提供专业测谎培训和后续教育服务。如果想成为美国测谎协会的成员，测试者必须遵守严格的规定，并达到教育培训的要求。在美国测谎协会的官方网站上，该协会宣称经过其严格教育和培训的测试者能够达到 90% 以上的测谎准确率。目前，国内尚未有类似的专业机构，这方面专业人员的培训主要在警官学校的相关院系进行。

10.3.4 测谎的有效性

相关不相关测试法、紧张峰测试法由于自身存在一些问题，在国际学术领域和测谎实践中，已经分别被准绳问题测试法和隐藏信息测试法取代。尽管测谎仪的拥护者（如美国测谎协会）宣称准绳问题测试法（与多导生理仪结合使用）可以达到90%以上的准确率，但是在2018年发表的一篇文章中，研究者对以往的实验室研究进行了系统总结，认为准绳问题测试法与测谎仪结合使用，并没有达到非常好的测谎效果（Iacono & Ben-Shakhar, 2019）。

目前在国际学术界，尤其是日本，隐藏信息测试法被广泛地应用于谎言识别的相关研究，并且最近几年与脑电、fMRI等认知神经科学技术结合使用的研究越来越多。与准绳问题测试法相比较，研究者对隐藏信息测试法的看法更加积极，认为这种方法具有一定的合理性，是一种有效的测谎范式（Meijer et al., 2014; Meijer et al., 2016）。最近的一项元分析和一项综述研究表明，隐藏信息测试法分别与三项自主神经生理反应指标——皮肤电、呼吸周期长度、心率——相结合，以及与脑电P300成分、fMRI技术相结合，平均的测谎辨别系数[①]分别为0.85（累计有3863名被测者）、0.77、0.74、0.88（累计有646名被测者）、0.94（累计有134名被测者）（Meijer et al., 2014; Meijer et al., 2016）。从上述结果来看，隐藏信息测试法与脑电、fMRI结合使用的测谎效果最好，其次是与脑电P300结合使用，然后是与皮肤电结合使用，与心率结合使用的测谎效果最差。

一项由一家美国测谎公司（No Lie MRI）主导的研究号称fMRI技术可以达到90%的准确率（Henry & Plemmons, 2012）。但是在科学家开展的模拟犯罪实验室研究中，鲜有达到90%的准确率的报道。2014年发表的一项研究中，使用fMRI技术测谎的准确率最高达到82.5%（Yang et al., 2014）；另一项研究报道的准确率达到81.25%，其中如果针对右侧顶下小叶进行分析，对实验中"罪犯"识别的准确率则可以达到93.75%（Cui et al., 2014）。但是也有研究认为采用fMRI技术容易将无辜者判定为说谎者（Kozel et al., 2009）。

在谎言自动识别领域，研究者将P300成分与偏侧化分析相结合，将谎言识别的准确率

[①] 这里的测谎辨别系数并非测谎的准确率，而是根据信号检测论，以及每项研究中报告的击中率（例如，在模拟犯罪实验中，那些真实"犯罪"并通过隐藏信息测试法被判断为"有罪"的被测者的比例）、虚报率（实际没有"犯罪"，但是通过隐藏信息测试法被判断为"有罪"的被测者比例）、漏报率（真实"犯罪"，但通过隐藏信息测试法被判断为"无罪"的被测者的比例）、正确否定（实际没有"犯罪"并通过隐藏信息测试法被判断为"无罪"的被测者比例）的数据，换算成数值介于0到1的辨别系数。如果辨别系数为0.5，那么说明隐藏信息测试法完全无法区分说谎与不说谎的人；如果辨别系数为1，那么说明这种测试方法可以百分之百地准确区分说谎与不说谎的人。

从只使用 P300 成分时的 79% 提升到 84%（Matsuda, Nittono, & Allen, 2013）。心理学家罗森菲尔德采用自举法基于 P300 进行测谎，准确率达到 92%（Rosenfeld, 2020）。这些识别准确率是基于实验室环境采集的数据进行的研究，在实际应用中的准确率仍有待进一步研究。在实验室开展的研究，不同的研究者由于采用的模拟犯罪任务不同、被测试者群体不同、脑电分析的方法不同，他们发现的谎言识别准确率也存在很大差异。

综上所述，基于生理反应的谎言识别不仅依赖于生理数据采集仪器的研发和创新，也更加依赖于严谨、科学的心理测试技术。在应用心理测试技术时，测试题目的编制对于测谎的成败至关重要。时至今日，测谎仪的使用体系已经比较完善，这得益于日臻完善的心理测试技术与日益精湛的生理数据采集仪器。无论是在国内还是在国际上，测谎仪在国防、司法、刑侦等领域都已经被广泛使用，并且取得了非常大的成功。但是，无论测谎技术如何发展，有关测谎仪有效性的争议都会存在。在实际应用中，如何正确、科学、合理地使用测谎仪是每一位相关领域从业者都需要认真思考的问题。

小结

虽然测谎技术和方法已经在很多领域广泛应用，但是目前的测谎技术和方法都不能达到百分之百的准确率，在实际应用中也存在伦理的限制。尚未有测谎技术和方法可以抵御反测谎策略的干扰。每一个学习与使用测谎技术和方法的测谎者都应该更加全面地认识生理测谎仪和测谎方法的作用，更加理性地看待测谎结果，避免做出不恰当的结论。

思考题

1. 基于生理反应的测谎技术和方法为什么存在伦理问题？未来有哪些技术可以回避这些伦理问题？
2. 测谎者的资质为什么非常重要？
3. 当前各种测谎技术和方法的有效性如何？

第11章
基于面部线索的谎言识别

提及面部线索，人们最熟悉也最常使用的可能就是面部表情了，但还有一些人们可能不太熟悉的线索，如瞳孔大小、眨眼多少、眼睛注视次数与方向等，下面我们开始探索面部线索如何帮助人们识别谎言。

11.1 面部表情概述

面部表情是一种十分常见的、外化在脸上的情绪表现，是人类表达情绪和解读情绪的重要线索，是人们了解他人内心活动的重要线索（Takahashi et al., 2012）。面孔不仅可以为我们提供一些稳定的静态信息，如肤色，骨骼结构、大小和特征，及五官的位置等；同时还可以为我们提供一些动态信息，如经常笑而形成的皱纹，它们是面部表情动作随时间流逝而驻留在面部的痕迹，还有一类信息就是快速变化的各种面部表情信号（Dunn, Beach,& Wellington, 2013）。

达尔文早在一百多年前就提出情感的面部表情是普遍的（Ekman & Friesen, 2003），是人类进化的产物，无论种族、文化、性别如何，都有一些基本相同的表情类型。有研究发现，即便是出生时就已经失明的人也会对情绪刺激产生相同的面部肌肉运动，这说明面部表情是天生的，人们生来就有了通过面部表情表达特定情绪的能力（Ekman, 2009）。美国心理学家埃克曼发现，在与外界没有任何联系的原始部落（如巴布亚新几内亚），人们也有七种普遍的表情类型（Ekman & Friesen, 1969），即高兴、惊讶、轻蔑、悲伤、恐惧、厌恶和愤怒（见图11-1）。分辨一个情绪表情是比较容易的，因为这七种基本表情的肌肉运动具有相对固定的模式，但是在生活中，人们常常处于多种情绪相混合的状态之中，这时判断表情就会比较困难，而且人们的表情还会因为情绪发生的原因、情境而复杂多变（Matsumoto &

Hwang, 2012)。

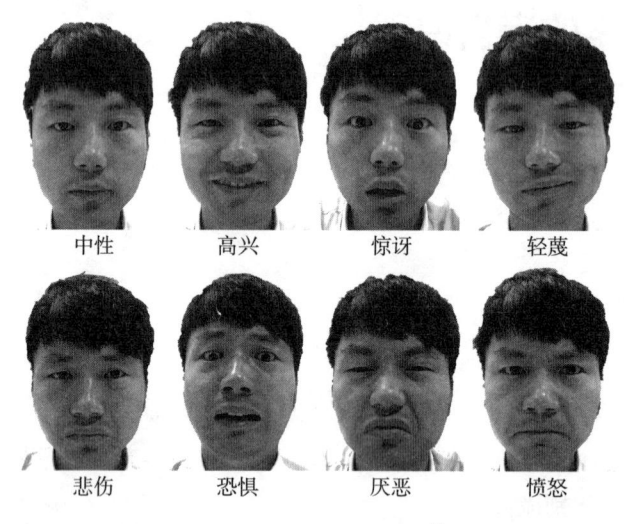

图 11-1 基本表情类型[①]

中性　高兴　惊讶　轻蔑
悲伤　恐惧　厌恶　愤怒

根据面部表情持续时间的长短和表现的强度，可以将表情分为宏表情、微表情和弱表情（Ekman & O'Sullivan, 2006）。鉴于目前在识别谎言时比较多地使用宏表情和微表情，这里主要介绍这两种面部表情。宏表情（macro-expression）就是我们平日里经常谈论的那种普通表情，持续时间通常在 1/2 秒到 4 秒。我们每天在与他人的互动中都会自然地流露出这种表情，并且也能够很容易地在对方的面孔上观察到这种表情。除了比较易于观察的宏表情之外，人类还有一些较难被人察觉的微表情（micro-expression）。埃克曼等在对一段抑郁症患者录像的检测过程中偶然发现了一个持续仅 1/12 秒、只占据了两帧画面的痛苦表情，自此他们把这种持续时间仅为 1/25 秒至 1/5 秒的快速表情称为微表情（Ekman & Friesen, 1969；申寻兵，隋华杰，傅小兰，2017）。微表情与宏表情一样，能够表达一些基本的情绪类型（如高兴、惊讶），也可以表达一些更加复杂的混合情绪（Ekman & O'Sullivan, 2006）。微表情的面部肌肉动作与宏表情相似（Ekman & O'Sullivan, 2006），但微表情的主要特征是持续时间短暂，且表情所涉及的肌肉动作很可能不完整。

小结

本节主要介绍了表情的基本概念，包括表情的分类、区别、特征、作用及重要性。表情作为外化在脸上的情绪表现，是人类表达自身情绪、解读他人情绪的重要依据，表情的

---

① 表情模特为颜文靖博士。

这些特点，可以进一步为谎言识别提供线索。

思考题

1. 生活中常见的表情分为哪几类？请举例说明。
2. 相同的表情呈现在不同种族的面孔上，是否具有相同的情绪含义？
3. 请简述宏表情与微表情的区别。

11.2 面部表情与说谎

面部表情是社交过程中重要的信息来源，可以作为解读他人内心活动的线索。面部表情还可以作为一种辨别说谎的线索，为我们提示两种信息：对方想要表达什么情绪，对方想要隐瞒什么情绪。一些表情可以为谎言服务，提供了一些不真实的情绪信息，但也可能因为这些表情看起来过于虚假或夸张，反而暴露了说谎。另外，人们有时会试图隐瞒一些情绪信息，但真实的情绪也很可能无意间又通过面部表情而被泄露出来。

11.2.1 真实的情绪与假装的情绪

面部表情是由大脑两个控制面部肌肉运动的神经系统共同作用产生的。由锥体运动系统[①]（pyramidal motor system）控制自主的面部肌肉动作，产生自主表情，而锥体束外运动系统[②]（extra-pyramidal motor system）控制不自主的面部肌肉动作，产生不自主表情，二者共同控制面部表情（Frank & Svetieva, 2015；申寻兵，隋华杰，傅小兰，2017）。对大脑锥体运动系统损伤患者的研究发现，这类患者是不会自主发笑的，但是当他们听到笑话的时候却可以笑。而锥体束外运动系统损伤的患者，其表现模式是相反的，他们可以自主发笑，但在听到笑话时却不能笑出来。锥体运动系统损伤的患者，也就是那些不能自主表现表情的人，一般难以成为成功的说谎者，因为他们不能有意识地抑制或伪造出表情。而锥体束外运动系统损伤的患者，即使他们产生了某种强烈的情绪，但却完全不会表现出来，这样

[①] 锥体运动系统的上运动神经元起自大脑皮质的中央前回，其传出纤维（锥体束）通过内囊、大脑脚、桥脑至延髓末端交叉（锥体交叉）后成为皮质脊髓侧束，最后终止于脊髓前角的下运动神经元。

[②] 在终止于脊髓前角细胞的运动性中枢神经通路中，其锥体束以外的通路总称为锥体束外运动系统。

他们就能够成功地说谎，因为他们不需要抑制任何真实的情绪（Ekman, 2009），不用担心自己的情绪被泄露出来。

　　人们都有这样的经历，自己故意做出来的表情成功地欺骗了他人。当然，人们也有被他人的表情欺骗的时候，同时也会有发现他人的表情是刻意假装出来的时候。面部表情既可以是个体真实情绪的表露，也可以是个体故意表现出来的或故意隐藏的特定情绪的表现。真实情绪产生的表情往往是不自觉地、无意识地，而虚假情绪产生的表情需要意识控制，如果仔细观察，能够发现一些干预的痕迹。那些必须依托于真实的情绪才能表现出来的表情，是很难伪装的。埃克曼认为难以控制的额头部位的肌肉运动可以提示真实的情绪，是比较可靠的、用于识别谎言的线索（Ekman, 2009）。比如悲伤时上抬眉头而下压眉身，并在额头中部产生一些纵向皱纹，埃克曼的研究中不到15%的参与者可以有意识地做出这个动作（Ekman, 2009）。一般情况下，这个肌肉动作应该在一个人很悲伤时才会出现，而且悲伤情绪的程度越弱，额头的动作幅度就会越小。再比如恐惧时抬起眉头并将眉头挤在一起，这种肌肉运动的组合也是难以刻意做出来的，埃克曼的研究中只有不到10%的参与者可以有意识地做出这样的动作。当一个人企图隐藏自己的恐惧情绪时，其眼睑以下的肌肉动作可能会因为个体主观意识的控制而消失，但眉毛部位相应的肌肉动作却很难被完全抑制住。这些难以控制的肌肉运动，就可以被用作识别谎言的线索，了解人们的真实感受。这类线索既难以被伪造，又难以被隐藏或抑制。

　　表情的持续时间也可以帮助我们判断表情是基于真实情绪产生的还是伪装的（Ekman, 2009）。表情的持续时间包括表情出现（发作）需要多长时间以及消失需要多长时间。持续时间过长的表情，如超过5秒，可能就会是虚假、刻意制造出来的。基于真实情绪而产生的表情不会持续那么久，反而更可能持续时间比较短。例如，基于意外事件而引发的惊讶表情，包括表情的开始、持续时间和消失都非常短，不超过1秒。尽管人们都知道如何伪造一个惊讶表情，但很少有人能够控制好表情产生的过程，准确地做出快速发作、令人信服的惊讶表情。

11.2.2　面部表情的不对称性

　　一些研究者认为大脑的右半球似乎更专注于处理情感，由于右半球控制着左半脸的许多肌肉，左半球控制了右半脸的许多肌肉，情绪表情可能会在左半脸显示得更加强烈（Ekman, 2009）。有研究者将面部照片剪成两半、拼接，制作出左侧脸镜像照片和右侧脸镜像照片，每张照片都是由左半脸或右半脸的镜像组成的全脸照片。当人们看到左侧脸镜像照片的时候，人们对表情的情绪强度的评分更高（Sackeim, Gur, & Saucy, 1978）。

基于这些假设和研究结果，埃克曼发现面部表情的不对称性可能成为说谎的线索，如果一侧脸比另一侧脸表情强度更大，即扭曲的表情，这会成为一个线索。由于自主和非自主的表情涉及不同的神经通路，彼此独立，不对称的表情是个体本身意识不到的，从发生的角度来讲，不对称表情是非自主的（Ekman, 2009）。埃克曼等在研究中比较了不同情况下积极情绪表达所涉及的面部表情肌肉运动，当个体试图表现出非真实的积极情绪时（故意笑），产生表情所涉及的肌肉会在面部的某一侧有更强烈的运动，可以发现这种不对称的现象。通常情况下，如果这个人是右利手，那么这个动作在左半脸会稍微强一些。埃克曼发现故意产生的某些负性情绪表情也是不对称的（Ekman, 2009），比如当人们故意做出愤怒表情时，愤怒表情所涉及的下压眉头的肌肉动作在左半脸更强烈。如果人们故意做出厌恶表情，所涉及的皱鼻子和嘴角向后拉的肌肉动作，往往会在右半脸更强烈一些。

11.2.3 真笑与假笑

最常出现的表情就是高兴，但高兴可能是最被低估的面部表情，高兴表情实际上比人们能够意识到的情绪要复杂得多。代表高兴表情的笑容有许多种，每种笑容在表现方面都有所不同。笑可以表示许多积极的情绪，如躯体的、感官的愉悦，但存在消极情绪时，人们也是会笑的。这种含有负性情绪的笑与刻意制造出来的假笑是不同的，这种笑的情绪成分很复杂，可能同时包含积极的和消极的情绪，也可能仅仅是用来掩饰自己的消极情绪，而假笑是单纯地试图让他人感受到自己的积极情绪。

现在让我们考虑一下假笑，假笑的目的是说服别人相信自己的积极情绪状态。有一些线索可以帮助我们分辨假笑（Ekman, 2009）：假笑比真笑更不对称，而且假笑一般不会伴随着眼周肌肉运动，所以假笑不会表现出眼角外的肌肉运动变化，如产生鱼尾纹。现在请拿出一面镜子，对着镜子慢慢地做出一个越来越大的笑容，请仔细观察这个过程，随着自己笑容强度的增加，自己的脸颊会慢慢被抬起，也可能在眼角慢慢出现鱼尾纹。当假笑被用作掩饰某种情绪的面具时，只包含下眼睑以下的肌肉动作。

假笑无法完全遮盖所有试图被隐藏的情绪线索，反而可能因刻意控制而暴露一些干预的迹象，进一步提示这是一个混合的情绪表情。埃克曼在研究中要求参与者在观看愉快和不愉快的电影时自主发笑，发现了两个假笑的线索，一个是眼部周围肌肉动作的缺失，另一个是出现厌恶表情（皱鼻子）或轻蔑表情（单侧嘴角收紧或后拉）的线索。当参与者在观看愉快的电影而真笑时，笑容更多，笑的程度更强烈，没有泄露任何与厌恶或轻蔑表情有关的线索。我们可以通过这些线索来判断对方是否在假笑，进而提示是否有说谎的可能性。

11.2.4 微表情：情绪的泄露

尽管人们很可能会在某种情境下试图控制或隐藏自己的情绪，但有时无论自己怎样努力，总有一些真实情绪还是会不小心地被泄露出来（Ekman, 2007）。微表情正是这种被隐藏的情绪的外在迹象，反映了一种被压抑的情绪（Ekman, 2009），常常发生在人们试图掩盖自己的真实情绪的时候。早期达尔文的抑制假说认为有一些情绪无法被抑制（Porter & ten Brinke, 2008），这些情绪会通过表情泄露出来，从而反映个体是否在说谎（Ekman, 2009），这也是微表情可以作为谎言识别线索的主要原因。

埃克曼等用面部运动编码系统（facial action coding system, FACS）分析参与者在说谎和说真话时的面部肌肉运动（Ekman, Friesen, & O'sullivan, 1988），发现不协调的表情（如夸张的肌肉动作）会揭示参与者在说谎（梁静等，2014）。有研究者要求参与者在观看厌恶、悲伤、恐惧、高兴和中性的表情图片时，模拟或掩饰某种表情，然后再分析参与者的面部肌肉表现，结果发现消极的情绪比积极的情绪更难伪造，而且所有参与者都至少发生了一次情感泄露（微表情）（Vrij, 2008）。还有研究者要求参与者在观看视频时，如果感知到自己出现了或即将出现某种表情就去压抑这些表情，尽量保持中性表情（面无表情）的状态。尽管参与者非常努力抑制自己的表情，但还是会通过微表情泄露很多真实情绪的线索（Yan et al., 2013）。

元分析发现个体在说谎时会伴随一些与情绪唤醒有关的、无法自主控制的生理反应（DePaulo et al., 2003）。当人们试图隐藏自己的真实情绪而欺骗时，会出现反映内心真实情绪的微表情信号，包括厌恶、惊讶与高兴等微表情，在实验室条件下，这些微表情与欺骗行为有稳定的关系（de Wijk et al., 2012）。有研究采用多种生理反应参数（皮电、心率等）及微表情作为指标，来研究儿童对食物的无意识态度，发现对于不喜欢的食物，儿童的皮电增大，同时也产生了负性的微表情，而当要他们品尝不喜欢的食物时，则出现了厌恶的微表情（de Wijk et al., 2012）。

埃克曼认为，观察微表情会揭示有价值的欺骗信息（Ekman, 2009）。真实的情绪几乎会自动激活其面部的肌肉动作，如果一个人不希望真实的情绪被表现出来，将不得不压制这些由真实情绪引起的面部表情肌肉动作。例如，一个处于恐惧状态的人如果声称自己不害怕，那么这个人就必须抑制体现恐惧情绪的面部表情，这是很困难的。人通常在真实表情出现 1/25 秒后才能够抑制这些情绪的表达，尽管如此，这些微表情还是存在很短的时间，可以被那些训练有素的观察者捕捉到（DePaulo et al., 2003）。

当然，微表情可以为谎言识别提供线索的前提，是要有效地识别微表情。微表情不易被人们自我察觉（Qu et al., 2017），持续时间非常短暂，最新研究表明，170毫秒至500毫秒为微表情表达的时间边界（Yan et al., 2013），未受训练的观察者很难识别微表情。有一些研究专注于有效地识别微表情（吴奇，申寻兵，傅小兰，2010; Zhang et al., 2014）。目前已经开发出很多微表情识别能力的测量和训练工具（Porter et al., 2011），来帮助人们更好地识别微表情。其中埃克曼团队对微表情进行了大量的研究工作，开发出微表情训练工具（micro expression training tool, METT）（Ekman, 2003），一般情况下经过训练后，学习者的准确性可以提高30%～40%（Ekman & Friesen, 2003）。

使用微表情识别说谎时还需要注意一个问题，被隐藏的情绪情感本身并不能证明这个人已经犯下或有意犯下某种罪行。微表情与其他情绪表达的方式一样，它不会告诉我们触发这个表情的原因。即便是个体表现出了微表情或压抑的表情，也不足以确定这个人一定在说谎。比如，一个无辜的嫌疑人可能会表现出恐惧表情，因为他害怕被人冤枉，担心如果他看起来害怕，人们就会认为他在说谎，所以他会试图掩饰自己的恐惧，以至于难以控制的眉头处的肌肉动作反而暴露了其恐惧情绪。真正的罪犯因害怕被捕也会试图掩饰自己的恐惧，进而表现出同样的表情线索。当然，也并不是每个隐藏情绪情感的人，都会表现出微表情或者压抑的表情，控制和管理表情的能力也有个体差异，有些人就可以被称为天生的说谎者。基于这些考虑，在使用微表情判断个体是否说谎时，还是需要结合其他的线索来综合判断的。

11.2.5 文化因素对表情的影响

基于情绪而产生的、不自主的面部表情是进化的产物，一些基本表情如高兴、愤怒、厌恶等是普遍的，揭示了在某个瞬间人们处于某种情绪情感状态。不自主的表情和自主的表情，这两类表情之间还存在一种经过学习或训练的习得表情，可以自动表达，通常没有意识参与，但这些表情的发生和控制是在后天习得的。比如，小孩从小会慢慢被动学习控制一些面部表情，隐藏自己的真实感受，伪造虚假的情感。在现实生活中，父母会教孩子控制自己的表情，比如教育孩子说"阿姨送你礼物时，你要高兴一些""你不要给我摆那副臭脸"，通过这样的教导来使孩子学习在适当的时候流露适当的表情，或隐藏某些不该出现的表情。这些规则在孩子的成长过程中会成为根深蒂固的习惯，这些习惯一旦养成，许多表情就可以自动表现，无须意识参与，而且很难被打破（Ekman, 2009）。如果出现这样的表情，人们将很难判断其背后的真实情绪，对于隐藏说谎是很有效的。

尽管面部表情含有许多可以提示说谎的线索（Ekman, 2009），但这些线索所传达的信息的精确程度是不同的，一些线索可以揭示个体究竟是哪一种情绪情感，一些线索只能揭示个体所隐藏的情感是积极的还是消极的，而不能准确地揭示个体具体处于哪种情绪之中。还有一些线索仅仅表明个体隐藏了一些情绪，却不能揭示隐藏的情绪是积极的还是消极的。

小结

本节主要介绍了一些面部表情与说谎的关系，提出用于辨别说谎的重要表情线索。尽管面部表情含有许多可以提示说谎的线索，但仅依靠这些线索还不够精确，结合其他线索来综合判断非常重要。

思考题

1. 哪些面部线索能够提示对方在说谎？
2. 生活中我们常说的"苦笑"是否为真笑？这种表情具有怎样的情绪色彩？
3. 微表情被泄露出来，是否意味着对方在说谎？

11.3 其他面部相关线索与说谎

以往的研究表明，说谎会伴随一些与认知负荷增加相关的线索，比如瞳孔扩张，眨眼更多，眼睛注视减少，反应时间更短，语言错误和犹豫更多，负性语句更多，以及出现更多无关的信息等，这些线索也是可以帮助我们识别说谎的。

11.3.1 眼部线索：眨眼和瞳孔大小

眨眼率是与认知负荷相关的，能够提示说谎的有效线索之一（Ekman, 2009）。眨眼是眼睛的一种半自动功能，可以受到身体内部因素和外部环境影响。一个眨眼通常会持续100毫秒至400毫秒，特点是快速关闭和张开眼睑。人类有两种类型的眨眼，即反射性眨眼和自主眨眼。反射性眨眼是响应外部刺激（如刺激物接近眼睛）而发生的，是一种无须任何意识控制而自动产生的眨眼，而自主眨眼是与认知负荷有关的，并且能够有意识地控制。

在某些认知活动中眨眼是暂停的，因为眨眼可能会干扰这种认知活动（Vredeveldt, Hitch, & Baddeley, 2011）。为了探索眨眼是否可以作为说谎线索，很多研究考察了说谎行为与眨眼率的关系。一些研究者使用眼动追踪技术，发现在双模式任务中，刺激消失后参与者的眨眼率达到峰值。也就是说，在刺激引发的认知负荷被降低或消除后眨眼增加（Fukuda, 2001）。还有一些研究也为探讨眨眼是否可以作为提示说谎的线索提供了证据（Leal & Vrij, 2008）。研究者假设说谎时因认知负荷的增加，眨眼会减少，而说谎之后眨眼会增加。他们记录了参与者说谎行为过程中的眨眼数，发现说谎者和说真话者的眨眼率有明显区别，当说实话时参与者的眨眼率有所增加，说谎时参与者的眨眼率在说谎话的过程中很低而在说谎后达到峰值。虽然眨眼率已被确定为认知负荷的指标，但作为谎言识别指标，还存在一些操作技术上的问题（Adams-Quackenbush, 2015），比如使用眨眼率这个指标鉴别说谎是否必须依赖专门的设备（如眼动追踪设备）等。

瞳孔反应也是一种线索，瞳孔的大小也与说谎有关（Kim et al., 2019）。有研究者记录参与者在说谎和说真话时瞳孔直径的变化，结果表明，与说真话相比，说谎时的瞳孔有更大程度的扩张（Dionisio et al., 2001）。瞳孔的大小随着认知负荷的增加而增加，欺骗性回忆比真实回忆需要更多的认知处理，这样制造欺骗性回忆时瞳孔扩大也就不足为奇了。另外，当个体说谎时因耗费额外的认知资源而更加紧张，会引起较高的整体唤醒水平，也会伴随着瞳孔扩大（Zuckerman, DePaulo, & Rosenthal, 1981）。因此，瞳孔大小的改变可以作为鉴别说谎的一个参考指标。

11.3.2 面部皮肤表面温度

在情绪唤醒的情况下，自主神经系统还会在面部产生一些其他可见的变化，如变红、变白、出汗等。与自主神经系统产生的其他身体变化一样，隐藏脸红、脸白或出汗是很困难的，这些变化与瞳孔扩张一样，是某种情绪唤起的标志。尤其当说谎者被质疑时，他们往往会对记忆中的细节表现出非自主的生理反应（Park et al., 2013）。有研究者将参与者随机分配到说谎组或非说谎组，采用模拟犯罪范式，通过将犯罪细节镶嵌在一系列与犯罪无关的刺激中展现给参与者，同时记录参与者的呼吸、心血管指标、皮肤电反应，以及面部皮肤表面温度，来考察参与者在说谎时的反应（Park et al., 2013）。研究发现两组参与者面部皮肤表面温度有显著不同，在犯罪刺激呈现时，说谎组参与者的面部皮肤表面温度高于非说谎组参与者的面部皮肤表面温度。尤其是眼部周围的温度改变比较明显，这反映了血流的快速增加。在参与者检测到揭露其说谎的威胁刺激的瞬间，血流迅速增加以满足视觉系统的代谢需求，这间接反映了个体在说谎。当然，面部皮肤温度升高引发的脸红，也有可能是由愤怒引起的，这个线索还需与其他线索综合运用以判断个体是否在说谎（Pinti et al., 2021）。

11.3.3　发生情境

尽管每个人都会伪造表情（如做出高兴的表情来假装开心），但说谎者很难做出与情境完全拟合的表情。表情发生时伴随的言语、声音变化和身体运动等背景信息也可以是谎言线索的来源（Gottman et al., 1998）。假如有人很愤怒，说"我厌倦了你自作主张"，如果这个人的愤怒表情在他说完这句话后才出现，那么这个愤怒表情很可能是伪装的。与言语、身体运动不同步的面部表情很可能说明这个表情是虚假的。说谎的心理过程和说谎的行为是与情境因素有关的，说谎的具体表现在不同的情境中是不一样的，会导致个体表现出不同的谎言线索。

11.3.4　说谎者的情绪变化

虽然有很多线索可以帮助我们识别说谎，但说谎者自身的情绪变化会影响我们寻找说谎的线索（Dionisio et al., 2001）。人在说谎时通常有三种情感状态：内疚、恐惧和兴奋（Ekman & Friesen, 2003）。假设一个美国政客偷偷从某公司那里接受了一大笔贿赂，有位知名的周刊记者开始怀疑这个事情，并当面质问政治家与这家公司的关系。政治家在否认事实欺骗记者时，可能会感到内疚，因为他意识到自己接受了贿赂并欺骗了媒体；他也可能会害怕，因为他担心记者会发现他的秘密并把这个秘密公之于众；但当他发现自己成功地否认了事实，欺骗了记者，他又可能会兴奋。这些情绪状态可能会不断变化，周而复始地出现在与记者的交谈中。内疚、恐惧和兴奋等情绪的不断变化可以影响说谎者的行为。例如，内疚可能会导致注视厌恶，因为说谎者不敢直视被欺骗对象。恐惧可能会提高说谎者的生理唤醒水平，引起一系列反应，如眨眼，自适应（触摸自己的衣服、头发、脸等），语言犹豫（嗯和呃），语言错误（口吃、重复、省略等），以及变化的说话音调（更高的音调）。内疚和恐惧这些负性情绪又会导致退缩行为，说谎者除了较少的目光接触外，还会有较少的身体趋近（头部和身体向另一个人倾斜的程度）以及更少的手势。而说谎者的兴奋状态，又可能会引起与积极情绪相关的线索。说谎者不断变化的状态，虽然会为我们提供一些提示其情绪变化的线索，但也会对我们提取说谎线索增加一些难度。

综上所述，面部表情为谎言识别提供了很多线索。但如果只依靠这种单一的面部表情线索，还不够准确。说谎者很可能和未说谎者出现相同的面部线索，这使面部表情的解释更复杂。以往研究发现基于多种线索识别说谎能够提高识别的准确率，如给参与者提供语音、视觉线索比只提供语音线索或视觉线索，会帮助参与者实现更高的准确率。因此，除了面部提供的线索外，还应考虑其他多种线索，比如声调、身体姿态等信息，结合不同方面的线索进行综合判断，并参考情境信息来验证这些线索的合理性。

小结

本节主要介绍了除表情外的其他面部线索与说谎的关系，提出用于辨别说谎的重要线索：眨眼、瞳孔大小、面部皮肤表面温度等。为了提高识别谎言的准确率，应将面部线索与其他线索放在一起综合判断。

思考题

1. 简述眨眼与说谎的关系。
2. 被怀疑的人如果脸红，是否意味着他在说谎？
3. 在交谈过程中，如果对方在说谎，请描述对方可能表现出来的面部线索。

第12章
基于身体姿态的谎言识别

> 身势语（kinesic）是一部聪明绝顶的法典，虽无只言片语，但人人皆通。
>
> ——埃德加·塞伯（Edgar Cyber）

人类学家埃德加·塞伯提到的身势语，即身体语言，主要是指通过头、眼、颈、手、肘、臂、身、胯、足等人体部位的协调活动来传达人物的思想情感，形象地借以表情达意的一种沟通方式。广义的身体语言包括面部表情和身体姿态所表达的信息，而狭义的身体语言则只包括身体和四肢所表达的信息（曾秀平，2012）。

身体语言蕴藏着人的情感、态度等多种信息。人们不仅能够通过身体语言来表达自己，也能够通过观察身体语言来推测他人的心理活动。例如，在日常生活中，点头表示肯定，搓手表示焦虑不安，顿足表示生气恼怒，等等。此外，身体语言的解读也能应用在商务谈判、法庭审讯等更严肃的环境中。例如，美国肢体语言专家帕蒂·伍德（Patti Wood）研究了萨达姆在接受伊拉克特别法庭审判时的录像后指出：

萨达姆在被审判时，经常低着头，耷拉着两肩，这都是缺乏权力的标志。而在做出挑衅性行为时，萨达姆常使用以下姿势。（1）用手指指着提问者。这是一种攻击性姿势，意思是，你怎敢挑战你们国家的首脑。（2）手里拿着钢笔在空中舞动。钢笔是象征性的匕首，他想要让自己成为一位在别人看来可以伤害其他人的强人。（3）两只手的指尖顶在一起。这也被称为"塔顶姿势"。这种姿势是一些曾经有权的人在需要赢得主动权或者自控权时做出的。（4）瞪眼。这是所谓的"专心倾听式姿态"，既表明自己在注意对方，也想让对方感到不自在，想让提问者感到害怕。①

萨达姆在被审判时表现出的各种身体语言，反映了他当时的心理状态。审讯人员在与

---

① 摘自中国新闻网。

审讯对象进行言语博弈的过程中，如果能加强对犯罪嫌疑人的身体语言等非言语行为的观察和分析，辨识和解读身体动作背后的心理学意义，对于了解嫌疑人的真实心理活动，发现其供述的虚假之处具有重要的参考价值（李昊原，2017）。

12.1 身体姿态线索概述

在日常生活中，人们在表达的时候，更习惯于关注自身的面部和言语方面的信息，而对身体姿态的注意和控制较为有限，这导致人们的心理状态有可能通过身体姿态有意或无意地表达出来（Ekman, 2009）。那么，身体姿态线索有哪些？身体姿态线索与说谎有关系吗？下面我们就来分析各种不同的身体姿态线索，阐释它们与说谎之间的关系。

12.1.1 象征性动作

象征性动作独立于言语，具有特定的含义，对应有直接的语言翻译，通常是一两个字词、短语。例如，点头表示肯定，摇头表示否定，挥手表示打招呼或者再见（Ekman & Friesen, 1972）。

在绝大多数情况下，象征性动作是人们有意为之的，做出该动作的人通常知道自己在做什么，他们旨在通过这些象征性动作表达自己并传递信息（Matsumoto & Hwang, 2013）。但是，象征性动作也可能会泄露人们试图隐藏的信息。我们可以通过观察象征性动作的完成度以及动作偏离正常的位置来判断对方是否在隐藏信息或说谎。首先，我们可以看该象征性动作的完成度是否完整。例如，表达"不知道"或"不清楚"的典型动作是耸肩或摊开双手，或者是耸肩的同时摊开双手。在正常情况下，耸肩是双肩的动作，手部的翻转幅度也相对较大。而在隐藏信息的情况下，通常只有一个肩膀的位置会变高，或者手部的翻转幅度会比较小。其次，我们可以看动作是否偏离了正常的位置。在正常情况下，象征性动作发生的空间位置位于人的颈部到腰部之间，而如果人做出象征性动作是为了隐藏信息，那么该动作则可能在空间位置上出现偏差（Ekman, 2009）。

12.1.2 阐述性动作

阐述性动作是伴随言语、实时发生的动作，常被用来辅助人们说明难以用言辞表达的概念或想法（Ekman, 2009; Kita et al., 2007）。例如，人们在口头描述某个物品的同时，会用两只手掌间的距离比画该物品的大小、高度和宽度等。

研究发现，人们在说谎时的阐述性动作的数量会减少（Caso et al., 2006; Cody & O'Hair, 1983），尤其是当说谎者事先准备不够充分，或者碰到意想不到的问题的时候。有时，即使是事先经过充分准备，由于情绪的唤起，说谎者想要控制情绪而导致认知资源的匮乏，阐述性动作也会随之减少（Frank & Svetieva, 2013）。但是，阐述性动作的减少并不是一定与说谎有关。在许多不同的情境下，人们的阐述性动作都可能比平时更少。例如，当人们正在为讲些什么而举棋不定时，其阐述性动作也会减少。当人们觉得事不关己、厌烦、缺乏兴趣，或者在心情极度悲伤时，讲话所伴随的阐述性动作都会自然而然地少于平时。

12.1.3 适应性动作

适应性动作是为了舒缓情绪、满足自我或身体的需要等而发生的行为。它对于言语表达起不到任何辅助作用（Ekman & Friesen, 1972）。例如，挠头、双手捂住面部等动作。通过观察适应性动作，我们也可以了解人们在交互过程中的真实想法或情绪状态。

要借助适应性动作识别谎言，首先需要区分观察到的适应性动作是心理上的安抚性行为，还是由于真正的身体需要而产生的行为。真正的身体需要产生的是有意的抓摸动作，而满足心理需求的触摸行为会表现得更快、更轻。至于这些满足心理需求的动作是否与说谎有关，则需要更加仔细地观察，并结合动作发生的情境来考虑。例如，当听到一个坏消息时做出"用手捂住嘴部"的动作，这是一种自然反应，表示恐惧或悲伤，与说谎无关。但是，在应聘面试中，当回答一个具体的私人问题时做出"用手触摸嘴部的动作"，可能反映了应聘者的不安或紧张的感受，也可能反映出应聘者对该问题的回答或许有所保留，甚至是不诚实的。

以上这些动作大多发生在手部，它们之间并非互相排斥、互不兼容的，一个象征性动作在特定的时间因为特殊用途也可以是一个阐述性动作（Ekman & Friesen, 1972）。而且，这种分类不仅适用于手部动作，也适用于其他身体部位的非言语行为。例如，伴随声音的变大与变小，眉毛的提升与降低也是阐述性动作（Matsumoto & Hwang, 2013）。此外，并非所有的动作都适用于这种以功能为基础的分类，身体姿势、头部动作、腿和脚部动作等基于解剖学的分类也是常见的身体姿势线索。

12.1.4 身体姿势

身体姿势的变化常常表现为躯干和臀部的动作，也会同时伴随着身体其他部位的动作。姿势表达的是态度和一般性的情感，像喜好（喜欢和不喜欢）、注意（直接的或间接的）等。例如，开放式的坐姿表达了开放性和积极的态度，而封闭式的坐姿与不安全的感受和消极的情绪有关（Matsumoto & Hwang, 2013）。除了积极和消极的情绪外，身体姿势还可以用来识别基本情绪。例如，有研究者通过计算机模拟生成了 528 个身体姿势的图片，随机呈现给实验的参与者，要求他们判断每个身体姿势最符合哪一种情绪（生气、厌恶、恐惧、高兴、悲伤和惊奇）。结果发现，对厌恶、恐惧和惊奇的判断准确率均未超过随机水平；但是，对生气、悲伤和高兴的判断比较可靠，准确率高达 90%（Coulson, 2004）。可见，人们通过静态的身体姿势能够准确识别生气、悲伤和高兴情绪。

既然人们在说谎时很可能会产生情绪反应，那么情绪与身体姿势的这种关系也就为通过身体姿势识别谎言提供了可能性。在一项研究中，研究者要求参与者在观看一些录像（一半录像是夹藏枪械的人在行走，另一半录像是夹藏无危险物品的人在行走）之后，填写问卷评定录像中的人的情绪状态并报告其评定所依据的线索。结果发现，在烦躁水平上，参与者对夹藏枪械的人的评分显著高于夹藏无危险物品的人的评分。而且，对烦躁水平的评分与对录像中的人的步态、身体姿势的利用程度呈显著的正相关（Blechko, Darker, & Gale, 2009）。换句话说，观察者基本上能够利用被观察对象的步态和身体姿势等信息来判断其烦躁水平，而后者与是否夹藏枪械密切相关。

12.1.5 头部动作、腿和脚部动作

头部动作主要包括头部的水平转动（摇头）或垂直转动（点头）等。头部动作的变化是行为控制的表现之一（Sporer & Schwandt, 2007），而说谎者常常需要控制自己的行为。美国心理学家贝拉·德保罗等研究者发现，头部动作并非识别谎言的有效线索（DePaulo et al., 2003），而德国的西格弗里德·施波雷尔（Siegfried L. Sporer）等研究者对头部动作进一步细化分类，却发现点头和说谎有关，说谎者的点头动作明显少于说真话者（Sporer & Schwandt, 2007）。

腿和脚部动作包括改变腿脚的姿势，交叉腿脚或者抖动腿脚等。德保罗等总结了 28 个有关腿脚动作的研究，认为腿和脚部动作不足以成为识别谎言的有效线索（DePaulo et al., 2003），而施波雷尔等研究者发现腿和脚部动作与说谎呈现负相关关系（Sporer & Schwandt, 2007）。

头部动作、腿和脚部动作是否能作为识别谎言的有效线索，哪些头部动作、腿和脚部动作与说谎行为有关，尚有待开展更进一步的研究。

小结

身体姿态线索包括象征性动作、阐述性动作、适应性动作、身体姿势、头部动作，以及腿和脚部动作等。这些动作可以从功能性和解剖学角度区分：功能性角度的身体线索主要包括象征性动作、阐述性动作和适应性动作；解剖学角度的身体线索主要包括头部动作、手部动作、身体姿势以及腿和脚部动作等（李贺 等，2020）。需要注意的是，身体姿态线索与说谎的关系尚无定论。

思考题

1. 身体姿态线索能够作为说谎线索的理论基础有哪些？
2. 谎言识别中，身体姿态线索相对于面部线索的优势主要体现在哪些方面？

12.2 说谎的身体姿态线索

早在 1905 年，奥地利心理学家西格蒙德·弗洛伊德（Sigmund Freud）就指出"任何一个感官健全的人最终都会相信没有人守得住秘密。即使他双唇紧闭，他的指尖会出卖他，甚至他身上的每个毛孔也会背叛他"。也就是说，即使在有意隐藏秘密的情况下，身体的某些部位也有可能泄露实情（Sporer & Schwandt, 2007）。那么，谎言识别中是否存在确定、可观察的身体姿态线索呢？研究者基于说谎与说真话之间在心理状态上（情绪、认知和企图控制）存在显著差异的基本假设，试图探究其在外在行为上的表现。

12.2.1 情绪相关的身体姿态线索

说谎会产生情绪反应（Ekman, 2009）。情绪与说谎的关系最可能表现为两种方式：一是说谎的目的本身是隐藏或掩饰某种情绪；二是即使关于非情绪性事件的谎言，在谎言的加工过程中也会有情绪的卷入。说谎者常常体验到恐惧、内疚和高兴（愚人作乐）等情绪

（Matsumoto & Hwang, 2013）。如果说谎的利害关系比较大，可能产生恐惧情绪；如果说谎者和说谎对象之间的关系较好，可能会产生内疚情绪；如果说谎者将成功地欺骗他人看作一种挑战，则可能产生愉悦感。由于情绪的非自主性，即使说谎者试图隐藏或掩饰，内在的情绪反应常常也会在行为上泄露出来。这些情绪反应最可能出现在面部，比如面部表情（微表情）等（Frank & Ekman, 1997）。那么，说谎是否会泄露情绪相关的身体姿态线索呢？

埃克曼认为身体姿态比面部表情更可能泄露实情（Bond & DePaulo, 2006）。在早期的一项研究中，埃克曼等研究者录制了实验参与者在真实描述、虚假描述自己情绪感受时的面部表情和身体姿态。研究者将这些录像给另一些参与者观看，要求他们完成谎言识别测试任务，即判断录像中的人在说谎还是在说真话。结果发现，通过身体姿态识别说谎行为的准确率显著高于通过面部表情识别的准确率；对于真实行为的识别准确率表现出了同样的趋势，但是没有达到统计学上的显著水平（Ekman & Friesen, 1974）。后来，埃克曼在另一项研究中比较了面部线索、声音线索和身体姿态线索在说谎行为中的表现。他在实验中招募了一些护理专业的大学生，要求他们观看一些剪辑的影片并按要求描述自己的观影感受。其中，在说真话条件下观看的是愉悦的影片，参与者需要如实地描述自己的感受；在说谎条件下观看的是诱发负性情绪的影片，而参与者需要隐藏负性情绪并假装观看的是愉悦的影片。研究者分析了参与者在说真话条件与说谎条件下的面部笑容、音调和阐述性动作。结果发现，说谎与说真话条件下的面部笑容、音调均存在显著差异，而阐述性动作的数量却没有差别。这一结果并不符合研究者的预期，对此，埃克曼认为，欺骗线索可能会受到一些条件的制约，身体姿态线索在中等欺骗动机条件下可能更有效（Ekman et al., 1991）。

情绪相关的欺骗线索还受说谎的利害关系影响。利害关系指的是谎言被识破的消极后果或说谎成功的积极结果。说谎行为的实验室研究大多是关于日常生活事件的，利害关系都比较小。这导致说谎者的情绪唤醒水平比较低，相关的欺骗线索也泄露得比较少（Caso et al., 2006）。而现实情境中的说谎行为，利害关系都比较大，说谎者需要抑制或掩饰强烈的情绪体验，更可能导致欺骗线索的泄露。在一项研究中，英国朴次茅斯大学的研究者曼（Mann）联系肯特郡警方获得了 16 名犯罪嫌疑人接受警察讯问时的录像。这些嫌疑人均与一些谋杀案件有关，在确认基本事实后，挑选出了 27 段说真话的录像和 38 段说谎的录像。分析发现，说谎与说真话的差异主要表现在眨眼和言语停顿上，而头部动作、手部和手臂动作均无明显差别（Mann et al., 2002）。不列颠哥伦比亚大学的研究者泰恩·布林克（Ten Brinke）分析了从英国、加拿大和澳大利亚的新闻机构收集的 78 个人为失踪亲属公开请愿的电视录像（其中的 35 个请愿者的录像是欺骗性的，因为有确凿的证据表明是他们自己谋害了亲属）。结果发现，说谎的请愿者与诚实的请愿者在面部表情上存在显著差异。例如，说谎的请愿者在上半脸出现更多的惊讶表情，在下半脸出现更多的高兴表情。然而，请愿者的阐述性动作出现的次数却非常少，未能对此做统计学上的检验（Ten Brinke & Porter, 2012）。这些研究似乎表明，现实情境确实有可能泄露更多的欺骗线索；但是，情绪相关的欺骗线索在面部表情上更为明显，而身体姿态相关的动作变化则是非常微弱的。不过，有一些适应性动作，如用手捂住嘴部、用手触摸鼻子或面部等，已经被证明是非常有警示性的欺骗线索（Inbau et al., 2013）。

12.2.2 认知负荷相关的身体姿态线索

说谎对人的认知要求更高。相对于说真话，人在说谎时既要监控说谎对象的反应，又要监控和控制自身的行为，还要不时地提醒自己做好伪装和角色扮演，等等（Vrij, Granhag, & Porter, 2010）。这些额外的心理和行为反应需要更多的认知资源支持，也导致说谎者更高的认知负荷。基于认知负荷进行谎言识别主要包括两种方式：一是直接测量认知负荷的外在行为表现；二是先进行认知负荷干预，然后再测量认知负荷的外在行为表现（Vrij et al., 2006; Zuckerman, DePaulo, & Rosenthal, 1981）。

英国朴次茅斯大学的心理学家奥德顿·维吉（Aldert Vrij）是该研究领域的代表人物。他在一项研究中告诉参与者"在实验中，你会在两种情况下接受警察的讯问。一种情况是你的口袋里隐藏着一副耳机，但是你要使讯问者相信你身上并没有藏有耳机（说谎条件）。另一种情况是你的口袋中确实没有耳机，你同样需要说服讯问者相信你（说真话条件）"。此外，参与者还需要对讯问者如实描述自己在报名参加实验到正式参加实验期间的活动，研究者将此作为实验的基线条件，并且假设参与者在基线条件下的认知负荷要小于说谎条件与说真话条件。对三种条件下的身体姿态的分析发现，真实条件下的头部、躯干以及腿和脚部动作显著少于基线条件；说谎条件下的手和手指、头部、躯干以及腿和脚部动作显著少于基线条件；说谎条件下的手和手指、腿和脚部动作显著少于真实条件（Vrij, 1995）。这一结果与实验预期是一致的，研究者认为，人在高认知负荷条件下会忽视身体语言的使用，因此说谎时的肢体动作会更少。维吉等研究者紧接着通过实验研究验证了认知负荷对说谎的身体姿态线索的影响。与上一研究类似，研究者告诉参与者需要在说谎与说真话条件下接受讯问，并需要说服讯问者相信自己身上没有耳机。此外，参与者还需要填写量表，对自己在讯问中的紧张程度、企图控制的程度以及认知负荷的高低进行评分。研究者通过主成分分析的方法将六种身体动作归为三类：紧张行为（自我适应性动作、位置移动）、细微动作（腿和脚部动作、手和手指动作）、支持性行为（姿势、头部动作）。结果发现，说谎条件下的细微动作次数显著少于说真话条件；动作次数的减少与企图控制、认知负荷有关，而与紧张程度没有关系（Vrij, Semin, & Bull, 1996）。由此可见，说谎时身体动作的减少确实与较高的认知负荷有关。

认知负荷干预是指通过人为增加认知负荷的方式来放大说谎与说真话之间的行为差异，进而获取认知负荷相关的欺骗线索。例如，在审讯中的倒叙陈述（Vrij et al., 2008）、与讯问者保持目光接触等方式（Vrij, Mann et al., 2010）。维吉等研究者在一项研究中比较了正常陈述条件与倒叙陈述条件下的欺骗线索。在实验开始前，参与者被随机分为两组。一组为说真话组，参与者需要玩一个游戏。参与者在游戏过程中还会经历两个与游戏无关的事件，先是一个实验助手进入房间擦黑板；然后是另一个实验助手进入房间寻找钱包，并在找到钱包后宣称少了10英镑。另一组为说谎组，参与者不需要玩游戏，他们的任务是阅读一段关于说真话组参与者的游戏过程的文字描述，并亲自从钱包中偷走10英镑。此后，两组参与者需要在正常陈述与倒叙陈述条件下完成模拟审讯，并在审讯中否认偷窃行为而宣称自己在玩游戏。实验结果发现，倒序陈述条件比正常陈述条件出现了更多的欺骗线索。例如，眨眼、言语速率、陈述内容的细节、认知操作等。就身体姿态线索而言，正常叙述条件下，说谎组的手和手指动作显著少于说真话组。在倒叙陈述条件下，说谎组的腿和脚部动作显著多于说真话组，而在手和手指动作上没有差别。虽然在身体姿态线索上的表现不稳定，但是倒序陈述确实有效诱发了更多欺骗线索。而且，255名警察观看了倒叙陈述条件和正常陈述条件下的审讯录像后，对倒叙陈述条件下的谎言识别准确率达到58%，而对正常叙述条件下的谎言识别准确率只有46%（Vrij et al., 2008）。这进一步表明倒序陈述这种认知负荷干预方式有助于谎言识别。维吉等研究者还用基本相同的实验流程考察了保持目光接触在谎言识别中的作用，不同之处是在模拟审讯中要求实验参与者与讯问者保持目光接触。实验结果发现，说谎条件下的手和手指动作显著少于说真话条件；目光接触条件下出现了更多的欺骗线索，包括说谎者的陈述比说真话者更少地涉及空间细节信息、更多地按时间顺序表达。此外，这一研究也发现认知负荷干预有助于谎言识别。由106名大学生参与的谎言识别测试发现，参与者对目光接触条件下的谎言识别准确率更高（Vrij, Mann et al., 2010）。

12.2.3　企图控制相关的身体姿态线索

为了避免自己的行为举止给他人留下不诚实的印象，说谎者常常会做出相应的自我调整（Buller & Burgoon, 1996; DePaulo et al., 2003）。说谎者要表现得正常，不仅需要隐藏自己的心理活动，还需要了解自己的日常行为表现，知道如何形成诚实和令人信服的印象,并有能力展示他们想要呈现的行为(Vrij & Mann, 2003)。然而,想要控制自己的心理活动和外显行为并不容易。首先,由于人们不完全了解真实行为的表达特点或由于人们对说谎行为的刻板印象,可能会导致行为控制的偏差。其次,一些行为表达难以控制。例如,面部的眼轮匝肌不受随意控制,这可能导致微表情的泄露;企图控制说话语气,反而可能导致音调变高(DePaulo et al., 2003);对于身体姿态线索,由于人们对面部的控制能力高于对手部、腿和脚部的控制能力,因此身体部位可能会泄露更多的欺骗线索(Bond & DePaulo, 2006)。

美国加州大学的研究者约翰·格林(John O. Greene)在一项研究中考察了企图控制对欺骗线索的影响。研究者首先将参与实验的大学生志愿者随机分配到说谎和说真话条件,然后告诉参与者他们的任务是按照指定的12个问题与一个陌生人交流半小时。在说真话条件下,参与者需要如实地回答12个问题;在说谎条件下,参与者需要如实地回答11个问题,虚假地回答1个问题——最喜欢的度假地点是哪里。结果发现,参与者在说谎条件下的腿和脚部动作更少,手部动作更少,阐述性动作更少(Greene et al., 1985)。格林认为,人在说谎时身体动作的减少是抑制控制加工的结果,说谎者为了避免泄露内心的焦虑和情绪会有意地减少身体动作。维吉等研究者也发现人在说谎时的腿和脚部动作、手部动作的减少与企图控制有关(Vrij, Semin, & Bull, 1996)。而对犯罪群体的研究发现,有经验的说谎者会尝试使用更多的身体动作,例如,阐述性动作、自我适应性动作等(Ten Brinke & Porter, 2012)。这表明,企图控制与身体动作的关系受说谎者经验的影响,有经验的说谎者可能借用更多的身体动作等方式干扰或转移识谎人员对其可疑信息的注意。

小结

相对于情绪取向的研究,认知取向与企图控制取向的研究在说谎的身体姿态线索上发现了更多差异。例如,认知负荷导致人们在说谎时的身体动作更少,行为控制对身体姿态线索的影响则受到经验等因素调节。但是,这些线索也缺乏稳定性和可靠性,很难将其单独作为谎言识别的有效依据。此外,对于观察到的一些行为差异,在解释的时候需要注意导致产生差异的原因可能不仅与说谎有关,或许还与其他一些因素有关,需要进一步搜集证据以验证是否说谎。

总之,以往研究并未发现一个确定的身体姿态线索与说谎相关。基于身体姿态线索的谎言识别,其结果也不乐观。最近的研究有了一些新发现,例如,说谎更可能在不同线索的特征模式上产生差异(Burgoon, Schuetzler, & Wilson, 2015),多线索是谎言识别的一条有效途径（Hartwig & Bond, 2014）等。这些发现对于提高谎言识别的准确率具有重要意义，同时也对谎言识别的理论基础和技术能力提出了新要求。

思考题

1. 研究并未发现"匹诺曹的鼻子"一样的身体姿态线索，这与欺骗的线索理论的预测似乎是矛盾的，如何解释？

2. 特征模式的分析在谎言识别中具有一定的优势，但是却难以通过肉眼观察。在现实场景中如何有效利用该类指标？

第 13 章
基于言语内容的谎言识别

> 我所得到的线索,大部分是语言上的,而非身体上的。寻找说谎的信号,我不看对方的脸,而是抓住那些不知所云的回答,或听起来言之有理的遁词。
>
> ——汤姆·布罗考(Tom Brokaw)

汤姆·布罗考是美国国家广播公司《今日秀》节目的主持人,在谈到如何识别谎言的时候,他的经验是主要依靠言语内容(Ekman, 2009),而非表情、身体姿态等视觉非言语线索。

言语内容是指"说"的结果——话语。在言语内容中与识别谎言相关的主要特征包括细节多少、偷换概念、内容自相矛盾以及不相关信息等(羊芙葳,2010)。那么,通过言语内容真的能够识别谎言吗?是的,对言语内容进行特征分析,根据陈述内容的逻辑性、与已有事实的差异等,我们可以判定一个人是否在说谎。例如,我们来看下面这段电话沟通。

乔尼:梅西纳先生,我的儿子乔尼今天不能去学校了,因为他生病了。
梅西纳:请问您是谁?
乔尼:我是我爸爸。①

很显然,乔尼的回答"我是我爸爸"自相矛盾,谎言就此穿帮了。

在这个案例中,用于识别谎言或辨识言语内容真实性的特征就是说谎的言语线索。下面我们就逐一介绍说谎的言语线索,然后从言语内容真实性评估工具及其应用两个方面,说明如何基于言语线索识别谎言。

---

① 摘自 TED,演讲者为多伦多大学李康教授。

13.1 说谎的言语线索

2007年第79届奥斯卡金像奖最佳外语片《窃听风暴》讲述了一名民主德国国安局情报人员的工作，其中有一段讯问官的讲述：

> 从他的供词中，你们发现了什么？完全相同，一字不差，由此可知，227号在说谎。说实话的人会重组语言，说谎的人早就准备好了说词。

这段讲述展现了说谎的言语线索以及相关的心理加工过程。在面对重复讯问时，说真话者的陈述内容会表现出差异，而说谎者的陈述内容、陈述的顺序等会保持高度的一致性，这实际上反映了说谎者与说真话者心理活动方面的差异。说谎者在认知、情绪和企图控制三方面都可能泄露其说谎的言语线索。

13.1.1 认知相关的言语线索

说谎者与说真话者在认知加工上的差异，表现在言语内容上就是认知相关的言语线索。说谎是一个比说真话更加复杂的认知过程。说谎的认知加工模型（activation-decision-construction-acting theory, ADCAT）认为，人在说谎之前，首先会产生真实信息的激活；此后，说谎者会根据自身的利益选择是否说谎；如果选择说谎，说谎者则需要编造虚假信息进行表达（Walczyk et al., 2014）。说谎比说真话具有更高的认知负荷（Sporer & Schwandt, 2007）。说真话涉及记忆提取或记忆重建，而编造谎言则需要想象或基于脚本知识虚构故事（Sporer, 2016）。

只要有可能，说谎者大都会提前准备以应对讯问（Granhag et al., 2004; Vrij et al., 2009）。提前计划和复述故事可能会导致过度脚本化的陈述，其结构化程度和时序性都要强于真实陈述，例如，"我做了……然后发生了……然后……"。此外，说谎者在陈述时有可能以其他时间的事件替换讯问者感兴趣的时间内的事件。例如，嫌疑人宣称案发时自己正在健身房。如果他确实对健身房比较熟悉，则可以轻松提取记忆中在健身房的真实经历，描述布局、用过的器材等，而唯一的编造信息是"他在健身房"（Vrij, Granhag, & Porter, 2010）。

在没有准备的情况下，说谎者的工作记忆负担更大（Sporer & Schwandt, 2007）。这可能导致说谎者在编造谎言时产生困难，例如，缺少想象力可能导致在言语内容上缺乏细节信息等（Ekman, 2009）。如果记忆失败，则可能导致说谎者言语内容上的自相矛盾或前后矛盾等（Vrij, 2008）。例如，家属对患者隐瞒病情，医生为了做好协助工作而对病人的症状做了虚假描述，医生则需要牢牢记住，以免几天后再被问到时说漏嘴（Ekman, 2009）。

13.1.2　情绪相关的言语线索

说谎者有时候会产生害怕或内疚等负性情绪体验，一个可能的结果是说谎者不想将自己与所说的谎言联系在一起。因此，说谎者的言语内容可能不会明确指向自己，这种将自己与陈述内容分离的心理可能导致间接、偏题或逃避的陈述（Vrij, 2008）。例如，用"车抛锚了"代替"我的车抛锚了"。再如，美国前总统比尔·克林顿在性丑闻事件的电视讲话中，没有使用女主角的名字莫妮卡，而是用"我没有和那个女人发生过关系"。

负性情绪体验还可能导致使用反映消极情感的词语，例如，"不喜欢""讨厌"等。偷拿糖果的小孩子可能宣称自己不喜欢糖果，因而泄露他的谎言（Vrij, 2008）。如果说谎者的情绪体验过于强烈，难以抑制自己的情绪反应，如愤怒、恐惧等，可能导致陈述时的言辞激烈（Ekman, 2009）。在这种情况下，说谎者失去理智，完全被自己的情绪控制，可能会将想要隐瞒的事实都讲出来。

说谎者还可能敷衍。例如，对于某个朋友的创作，自己并不欣赏却又不好意思直接表达，当被问及感受如何的时候，可能会说一些较为宽泛的话而不做具体表达，例如，"不错、不错"之类的话语（Ekman, 2009）。

13.1.3　企图控制相关的言语线索

言语内容是所有说谎者最注意调控的信息源，不仅因为言语内容的意义最为确定，是所有听者都能注意到的、能解读的信息，而且因为言语内容是可以预先设计、易于控制的信息（羊芙葳, 2010）。这表现在说谎者与说真话者在信息管理上的不同策略，有罪的嫌疑人倾向于使用逃避策略，避免提到自己在特定的时间和地点的信息；或使用否定策略，否认曾在特定时间和地点出现。相反，无辜的嫌疑人既不逃避，也不否认，而是更乐于如实地提供信息（Granhag, Strömwall, & Hartwig, 2007; Vrij, Granhag, & Porter, 2010）。

但是，作为言语内容的表达者，想滴水不漏地控制所有信息是不可能的。说谎者可能深谙"言多必失"这个道理，会积极避免可能自证其罪的陈述。看起来，保持沉默是最保险的一种策略。但是，"沉默"也会显得可疑，"沉默"是一种"无言无语"的表达，结合发生情境进行分析能够获得非常丰富的信息。此外，为了减少谎言被识破的可能，说谎者在陈述时可能会更加小心翼翼。说谎者可能使用更加概括性的语句，尽可能地控制不出现相关细节等（Vrij, 2008）。

小结

由于人在说谎与说真话时的心理状态存在差异，人们在说谎时可能留下特有的"言语指纹"。例如，过度脚本化的陈述、敷衍和逃避倾向等。这些言语线索可以用来辅助我们识别谎言，但也需要结合事件发生的情境来考虑其是否指示说谎。

思考题

1. 言语线索与非言语线索在谎言识别中都扮演着重要角色，在哪些情况中，关注言语线索会有更好的效果？
2. 人们能否诱发更多有效的言语线索，可用的策略有哪些？

13.2 言语内容真实性评估工具

20世纪90年代以后，谎言识别研究中对言语内容的关注迅速发展（Vrij, 2008）。研究者使用不同的言语内容真实性评估工具来评估陈述内容是否符合标准，并依据标准的满足情况来判定内容的真实性。陈述有效性分析（statement validity analysis, SVA）、真实性监控（reality monitoring, RM）、科学内容分析（scientific content analysis, SCAN）是受研究者关注最多的言语内容真实性评估工具。其中，SVA、SCAN在社会实践领域应用广泛，有着较强的影响力；RM由于受其本身的强理论假设的影响，较少用于实践领域，更受研究者偏爱。

13.2.1 陈述有效性分析

SVA可能是目前使用最频繁的言语内容真实性评估工具。它源于瑞典和德国，最初被设计用于确定性侵案件中儿童证词的可信度（Vrij, 2008）。德国科隆大学的心理学家翁多伊奇（Undeutsch）于1967年最早编制了全面的标准列表（Undeutsch, 1967），后来有研究者在1988年修订了翁多伊奇的标准并将其整合到一个正规的评估程序中，称为陈述有效性分析（Kohnken & Steller, 1988）。

SVA包括四个部分：（1）案件卷宗分析，以详细了解案情；（2）半结构化访谈，从受访者口中获取案情陈述；（3）基于标准的内容分析（CBCA），来系统性评估陈述内容的质

第13章 基于言语内容的谎言识别

量;(4)有效性清单,通过一系列问题来评估基于标准的内容分析的结果(Steller, 1989)。作为评估证词真实性的一项技术,SVA 在美国和西欧一些国家(德国、荷兰和瑞典)的法庭中已被许可应用(Vrij, 2005)。CBCA 是陈述有效性分析的核心部分,相关的谎言识别研究也大多集中在这一部分。下面我们就来进一步了解 CBCA 以及相关的谎言识别研究。

1. CBCA:理论基础、评估标准和计分方法

CBCA 建立在翁多伊奇假说的基础上,即基于经验事件的陈述与基于想象或虚构事件的陈述在内容和质量上存在差异(Steller, 1989)。这种差异主要与认知和动机两个因素有关,体现在 CBCA 的 19 个标准上(见表 13-1)(Vrij, 2008)。标准 1~3 是一般特征,指陈述的整体质量。例如,内容必须在逻辑上具有一致性。标准 4~13 是具体内容,包含的是真实记忆的认知证据,这些标准旨在揭示陈述的具体性和生动性。标准 14~18 是与动机相关的内容,用于考察陈述中是否出现与诚实的刻板印象不一致的行为。例如,说真话者更可能自发地改正自己陈述中的错误,更可能怀疑自己记忆的准确性等。标准 19 是关于犯罪的细节特征(Vrij, 2005)。

表 13-1 CBCA 标准

类别	标准	具体内容
一般特征	逻辑结构	如果语句连贯,并且不包含逻辑不一致或矛盾,那么就可以认为是逻辑性结构
	非结构化输出	如果信息的呈现不按时间顺序,那么就可以认为是非结构输出。在人们烦躁不安的时候,这种情况特别容易发生
	细节数量	如果陈述具有丰富的细节,包括时间、地点、人物、物品和事件的具体描述,那么就满足这一标准
具体内容	背景性嵌入	如果事件的发生有明确的时间和地点,而且行动与其他日常活动有联系,就出现了背景性嵌入
	交互的描述	自然发生的事件通常涉及一系列行为和反应,如果陈述包含至少连接作案者和目击者的信息,那么就满足这一标准
	谈话的复制	如果部分谈话内容以原始的形式进行报告或者在复制的对话中可以区别不同的说话人,那么就满足这一标准
	事件中的出乎意料	如果陈述中的元素有些是意料之外的,那么就满足这一标准
	不寻常的细节	不寻常的细节,是指人、物体或事件的细节,它在背景中具有的意义是独一无二的,令人意想不到
	多余的细节	多余的细节是指人描述的细节与指控并无必然关系
	准确报告被误解的细节	如果证人提到细节超出其理解能力就满足这一标准
	相关的外部关联	如果报告的事件并不是被指控犯罪的真实部分,而仅仅是与犯罪相关,则满足这一标准
	主观心理状态的解释	如果目击者描述了事发时自己情感经历的发展和变化,那么就满足这一标准
	犯罪者心理状态的归因	如果目击证人描述了事件发生中的情感、思想或事件中的动机,则满足这一标准

（续表）

类别	标准	具体内容
与动机相关的内容	自发地修正	如果在访谈者提出之前能够自行修改或添加修改，则满足这一标准
	承认记忆缺失	如果目击者表示"我不知道""我不记得"或者"除了车里发生的事情其他的我都忘了"，那么就满足这一标准
	怀疑自己的证词	如果目击者表明他自己的一部分描述听起来奇怪、难以置信、不太可能等，就满足这一标准
	自我贬低	如果证人提到对个人不利、自供罪证的细节，就满足这一标准
	宽恕罪犯	如果目击者为涉嫌行凶者的行为找借口，不再责备作案者，就满足这一标准
犯罪的细节特征		如果证人描述的元素在专业人士看来是典型的该类型罪犯的特征，但是违反一般公众的直觉，那么就满足这一标准

使用 CBCA 评估言语内容的真实性，首先需要对受害者的访谈内容进行录音和文本转录，这有利于避免在判断言语内容真实性时受到表达者非言语行为的影响。然后，由受过相关训练的评估者评定陈述内容是否符合 19 项评估标准。通常使用 3 点计分法，"0"表示未达到标准，"1"表示达到标准，"2"表示明显高于标准（Vrij, 2008）。越多评估标准在陈述内容中出现，越表明陈述内容是基于个人的真实经验，也就是说，真实陈述的 CBCA 得分高于虚假陈述。

2. CBCA 的应用

CBCA 作为言语真实性评估工具具有一定的有效性。在一项研究中，首先，研究者根据已有证据对 40 起自称遭受性侵的儿童的指控进行了真实性认定。如果指控成功或者有明确的医学证据表明身体创伤，那么就将该指控的陈述认定为真实陈述；如果存在被告持续否认或者起诉被驳回等情况，则将这条指控认定为可疑陈述。然后，由评分者根据 CBCA 进行陈述内容质量评估。结果发现，可疑陈述的 CBCA 平均得分为 3.6，而真实陈述的 CBCA 平均得分为 24.8，两者的差异达到统计学上的显著水平（Esplin, Boychuk, & Raskin, 1988）。这是最早的一项用于现实情境的 CBCA 研究，但该研究也受到很多质疑。例如，研究中只有一位评分者，这不能保证编码的客观性；可疑陈述组比真实陈述组的平均年龄小 2.2 岁，年龄因素也可能对结果造成影响。除儿童外，CBCA 也被用于评估成人的性侵犯指控案件。例如，英国萨里大学的研究者安德鲁·帕克（Andrew Parker）等在一项研究中评估了 43 起成人性侵犯指控案件的真实性，发现真实陈述与虚假陈述在结构性、细节数量、交互性等多个 CBCA 标准上存在显著差异（Parker & Brown, 2000）。此外，研究者分析 20 项 CBCA 研究发现，16 项研究的说真话者的 CBCA 得分高于说谎者，仅 1 项研究的说真话者的 CBCA 得分低于说谎者（Ruby & Brigham, 1998; Vrij & Ganis, 2014）。

应用CBCA进行谎言识别也有较高的准确性。研究者分析19项CBCA的实验室研究发现，通过CBCA判别说真话者的平均准确率达到71%，判别说谎者的平均准确率同样高达71%（Vrij, 2008）。但是，CBCA应用在现实案件中的准确性还需进一步探讨。英国朴次茅斯大学的研究者露西·阿克赫斯特（Lucy Akehurst）在一项研究中挑选了31起儿童性侵指控案件，其中的10个指控是虚假的，21个指控是真实的。由两名专家基于CBCA标准对这些指控的陈述进行真实性评估，结果发现，一名专家对虚假陈述和真实陈述的判别准确率均为81%，而另一名专家对虚假陈述和真实陈述的判别准确率分别为60%和91%（Akehurst, Manton, & Quandte, 2011）。

还需注意，CBCA只适用于对自由回忆形式的陈述内容进行评估，并且来自外部的提示应该保持在最低限度。也就是说，使用CBCA评估嫌疑人在审讯中的供述可能并不适合（Vrij, 2005）。

13.2.2 真实性监控

1. RM：理论基础、评估标准和计分方法

RM最初从有关记忆的认知心理学研究发展而来（McDonough & Gallo, 2010），人们将记忆归于外部的真实经历或内在的想象、虚构的过程称为真实性监控（Gordon, Gerrig, & Franklin, 2009; Johnson, 1988）。RM的理论基础正是基于真实经历的记忆与基于想象、虚构的记忆在质量上存在差别（Johnson, 1981）。基于真实经历的记忆是通过知觉过程获取的，更可能包含与个体经历相关的多重信息：感觉信息，如嗅觉、触觉、味觉、视觉、听觉的细节；情境信息，如空间细节（事件发生的地点，以及现场人、物的空间位置）、时间细节（事件发生、发展的时间顺序）；情感信息，即个体经历事件而产生的情绪感受。这些记忆信息较为清晰、强烈、生动。相反，基于想象、虚构的记忆则是通过内在资源形成的，更可能包含多种认知操作，例如，"我一定穿着外套，因为那晚很冷"。这些记忆信息更模糊、不具体（Masip et al., 2005; Vrij & Ganis, 2014）。

尽管研究者很早就使用RM做言语内容真实性评估的研究，但是RM一直没有统一的评估标准。不过，大多数研究者的RM研究都包括以下8个评估标准：清晰/生动、感觉/知觉信息、空间信息、时间信息、情绪/情感、故事的重构能力、现实性、认知操作（Vrij, 2015; Vrij & Ganis, 2014）（见表13-2）。前7个标准在真实陈述中更容易出现，第八个标准在谎言中更容易出现（Vrij, 2015）。

表 13.2 真实性监控标准

真实性监控标准	具体描述
清晰/生动	陈述内容的清晰度、强烈性和生动性
感觉/知觉信息	陈述中呈现感觉/知觉信息，即受访者看到、听过、闻到、触摸到或品尝到的信息
空间信息	位置相关信息，或者是人、物的空间位置
时间信息	事件发生的时间，或者明确描述连续发生的事件
情绪/情感	受访者在事件发生发展过程中的情感体验信息
故事的重构能力	基于陈述内容给定的信息，能否重构事件
现实性	事件本身的可信度、真实性、可行性
认知操作	受访者对事发时间的推理描述，或者是对事件的推理和看法。认知操作的出现暗示说谎

RM 标准的计分方法也不统一。有些研究团队使用次数计数，例如，西班牙拉古纳大学的阿隆索-奎库提（Alonso-Quecuty）团队；有些研究团队使用评分量表，例如，德国吉森大学的西格弗里德·施波雷尔团队。由于真实陈述与虚假陈述在长度上的差异可能成为研究中的混淆变量，瑞典哥德堡大学的帕尔·安德斯·格兰哈根（Pär Anders Granhag）团队对 RM 的次数计算方法进行了标准化处理，将每条陈述按特定的字数进行 RM 标准的评定（Granhag, Stroemwall, & Olsson, 2001）。由于缺乏统一认定的计分标准，不同的 RM 研究之间常常难以比较（Masip et al., 2005）。

2. RM 的应用

1990 年以前就有科学家研究了 RM 能否用来区分真话和谎言（Vrij, 2008）。RM 说谎研究的经典程序是由研究者对说真话者和说谎者进行访谈，访谈的内容包括个人的观点、感受，个人经历的事件等。这些访谈会被转录为文本，再由专家根据 RM 标准对文本内容进行评定（Vrij, 2008; Vrij & Ganis, 2014）。

阿隆索-奎库提是 RM 研究的代表人物之一，他的一项早期研究证实了 RM 在判别真实陈述与虚假陈述上的有效性，并且发现 RM 的应用受时间延迟的影响（Alonso-Quecuty, 1992）。实验要求参与者观看一起犯罪案件的录像，然后对录像内容进行真实陈述和虚假陈述。其中的一组参与者在真实陈述和虚假陈述之间有 10 分钟的时间延迟，另一组参与者则没有时间延迟，两种陈述的顺序在参与者之间做了平衡。结果发现，在无延迟条件下，RM 能够在一定程度上区分真实陈述与虚假陈述。真实陈述中会出现更多的感知信息和情境信息，虚假陈述中会出现更多的个性化信息。但是，在延迟陈述条件下，虚假陈述中不仅出现了更多的个性化信息，也出现了更多的感知和情境信息。在另一项研究中，施波雷尔等研究者要求 40 名大学生面对摄像机描述一个自己亲身经历的事件（真实条件）和一个自由编造的事件（说谎条件），编造的事件必须是自己想象的，而不能来自书本、电影或者对真实事件的修改。这些录像在完成格式转录后，得到了 40 段亲身经历事件的文本和 40 段编造事件的文本。结果发现，与亲身经历的事件相比，编造事件的文本内容在情绪和情感、现实性两个 RM 标准上的评分更低，而在其他 RM 标准上的评分并没有差别（Sporer, 1997）。

RM 区分真话和谎言的有效性并未获得研究的一致支持。有研究者分析 10 项 RM 研究发现，RM 判别真话的平均准确率为 71%，判别谎言的平均准确率为 66%，平均总准确率为 68%（Vrij, 2008）。也有研究者发现，应用 RM 判别虚假陈述的准确率仅为 40%，显著低于随机水平（Sporer & Sharman, 2006）。这些结果的差异可能受多种因素影响，包括研究范式的差异、RM 评估标准的不一致等。

总的来看，RM 作为识谎工具具有一定的准确性，但其应用也存在一定限制。例如，RM 不适用于儿童。因为儿童的认知能力、交流技能等尚未发展成熟，在某些情况下不能像成人一样清晰地区分事实和想象。RM 也不适用于成人谈论很久以前的事。因为随着时间的推移，人们可能使用认知操作来辅助记忆，导致认知操作成为 RM 评估中的混淆因素。

13.2.3 科学内容分析

1. SCAN：理论基础和评估标准

SCAN 最初由以色列前测谎官阿维姆·萨皮尔（Avioam Sapir）开发，根据在测谎领域的实践经验，他认为说真话者和说谎者的语言使用方式不同（Smith, 2001）。但是，不同于 CBCA 和 RM，SCAN 并没有相应的理论基础来说明为什么会出现这种差异（Vrij, 2015）。

虽然 SCAN 应用广泛，但是它并没有固定的评估标准，同样缺乏标准的计分系统。因此，不同的研究者在使用时也存在差异。英国朴次茅斯大学的心理学家奥德顿·维吉在以往实践和研究的基础上，列出了 SCAN 的 12 条标准（Vrij, 2008）：否认指控、社会性介绍、自发性纠正、缺乏说服力和记忆、陈述结构、情绪、主观和客观时间、无序和无关信息、信息遗漏、第一人称单数和过去时、代词和语言表达的改变（见表 13-3）。

有趣的是，SCAN 的一些标准与 CBCA 的某些标准很相似。但是，这些标准在 SCAN 中是说谎的指标，而在 CBCA 中则是诚实的指标（Vrij & Ganis, 2014）。例如，"自发性纠正"与 CBCA 的标准 14——自发地修正、"情绪"与 CBCA 的标准 12——主观心理状态的解释、"缺乏说服力和记忆"与 CBCA 的标准 15——承认记忆缺失等（Vrij, 2015）。

表 13-3　SCAN 标准

SCAN 标准	具体描述
否认指控	受访者在语言陈述中是否直接否认指控，通常真正的嫌疑人更可能在陈述中直接否认
社会性介绍	陈述中提到的人是如何被介绍的。真实的社会性介绍应该清晰明了（例如，我的妻子丽莎……），模糊的介绍（例如，"我们出去了"并没有说明"我们"是谁）表明陈述人也许在隐藏信息
自发性纠正	陈述中出现纠正的情况，例如，涂改已经写下来的东西。尽管允许解释和添加内容，但明确告知被考察对象不要删除任何内容。违反这一要求可能是说谎的标志
缺乏说服力和记忆	受访者陈述中的特定元素是模糊的（"我相信……""我认为""有点儿"），或者受访者报告记不清某件事。SCAN 使用者认为这些短语是说谎的标志
陈述结构	陈述的均衡性。一般认为真实陈述的前 20% 用于描述事件发生的前因，接下来的 50% 描述事件本身，最后的 30% 讨论事件的后续结果。陈述结构越不均衡，说谎的可能性越大
情绪	陈述中对情绪的描述。情绪表达在陈述中的位置十分重要。一般认为，说谎者仅在故事的高潮之前提到情绪，而说真话者更可能将情绪表达贯穿整个故事，尤其是在故事的高潮之后
主观和客观时间	陈述中不同的时间段如何铺陈展开。客观时间是陈述中所描述事件的实际持续时间，而主观时间则是陈述人用于描述该事件的词汇量。一般认为，真实陈述中的客观时间与主观时间是相当的，而谎言不是
无序和无关信息	陈述中对事件的复述是否按照时间顺序。时间顺序的偏差通常意味着说谎。此外，陈述中出现与事件无关的信息可能意味着说谎，因为被检查者可能通过提供无关信息来隐藏更为重要的信息
信息遗漏	陈述中的一些用语表明某些信息被遗漏了，如"一会儿以后""最后""接着""马上"等。这些表达被看作说谎的标志
第一人称单数和过去时	陈述的表达格式。一般认为，真实的陈述使用第一人称单数和过去时，因为所描述的事件是已发生过的。当陈述背离这个标准时，应该引起怀疑
代词	陈述中的代词使用（如我、我的、他、他的、他们）。代词表示承诺、责任和占有。遗漏代词（"离开了家"而不是"他离开了家"）表明陈述者不愿意承认其参与了所描述的活动，因而是说谎的标志
语言表达的改变	陈述中术语或词汇使用的改变。语言表达的改变意味着陈述者脑海中对陈述的修改。例如，一个嫌疑人在陈述中对所有对话均使用"对话"表达，唯独对其中一个使用"讨论"，那么极有可能这个"讨论"有着不同于其他"对话"的含义

2. SCAN 的应用

SCAN 分析的经典程序是，首先要求被调查者以书面形式详细记录他在某一关键时期的活动，以获得真相的"原版"。然后，由专家根据 SCAN 标准分析文本评估言语内容的真实性（Vrij, 2015）。

美国威林耶稣大学的研究者德里斯科尔（Driscoll）最早开展了 SCAN 的现场研究，他研究了 30 个嫌疑人自愿提供的书面陈述，这些陈述的内容是嫌疑人写下的能够自证清白的事情（Driscoll, 1994）。这一研究中，SCAN 专家准确判别了 73% 的真实陈述和 95% 的虚假陈述。尽管准确率相当高，但研究者指出所有书面陈述背后的基本事实都不确定，因此无法判定嫌疑人的陈述究竟是真话还是谎言（Vrij, 2015）。荷兰马斯特里赫特大学的研究者格利尼斯·博高（Glynis Bogaard）通过让参与者书写负性自传体回忆的方式获得文本，然后从总分和单个标准两方面考察 SCAN 的有效性。结果发现，虚假陈述和真实陈述在 SCAN 总分上没有差异。但是，在"语言表达的改变"这一子标准上，虚假陈述比真实陈述在语言表达方式上的变化更为明显（Bogaard et al., 2016）。最近，比利时安特卫普大学的研究者考察了 SCAN 在警察实践中的有效性。研究者招募了受过 SCAN 培训的警察（54 人）、有 5 年以上工作经验但未受过 SCAN 培训的警察（38 人）和大学生（38 人）来辨识 4 段陈述内容的真实性。结果发现，对于真实陈述，只有 57.4% 的受过 SCAN 培训的警察判断准确，显著低于做出准确判断的大学生人数（81%）和未受过 SCAN 培训的警察人数（81%）；对于虚假陈述，有 77.8% 的受过 SCAN 培训的警察判断准确，这明显高于大学生（47.4%），但是与未受过 SCAN 培训的警察（63.2%）之间并没有显著差异。这一研究表明，在警察的工作实践中应用 SCAN 并未获益。研究者发现这是因为评分者一致性太低，不同的评分者在 SCAN 标准的确认上存在比较大的差异（Vanderhallen, Jaspaert, & Vervaeke, 2016）。

尽管 SCAN 广泛应用于政府、军事、法律和社会服务机构等部门，但其有效性却鲜有研究支持（Vrij, 2015）。因此，增加 SCAN 相关研究的需要是迫切的，对其广泛的社会应用也应该持谨慎态度（Heydon, 2008; Vrij & Ganis, 2014）。

小结

CBCA、RM 和 SCAN 在其理论基础、程序和准确性等方面具有一些相似之处，也有各自的特点。研究表明，这些言语内容真实性评估工具能够在一定程度上辅助人们识别谎言。但需要注意的是，CBCA 和 RM 两项工具的错误率都在 30% 左右（Vrij, 2015），还难以达到在现实中推广应用的标准 a。此外，这些工具并不是标准化的测试，容易受到诸多因

---

① 由于针对 SCAN 的研究较少，故未见相关报告。一般认为，准确率稳定在 90% 以上方可应用于现实生活，尤其是司法领域。

素的干扰。例如，年龄、背景信息、动机水平（Burgoon & Floyd, 2000）、社交技能（Vrij et al., 2002）、身份（Steller, 1989）、文化和种族（Ruby & Brigham, 1998）等因素都可能影响其有效性。

思考题

1. CBCA、RM 和 SCAN 有其相应的理论假设吗？这些假设是可检验的吗？
2. 现场研究中应用 CBCA、RM 和 SCAN 的难点在哪里？

第14章
生理信号的自动识别

当人们说谎时,会不自觉地产生某种生理压力。这种生理压力会引起心跳加快、血压变化、手心出汗、体温轻微变化、肌肉抽搐、呼吸的轻微反常等一系列生理反应(杨越,傅根跃,2009)。基于生理信号的测谎方法可以通过测量、记录、分析被试的生理指标变化来推断其是否在说谎(孙彬彬,2008)。在测试的过程中,主试通过设计一系列心理刺激问题或多项选择让被试产生生理反应,利用仪器记录被试回答过程中伴随的生理反应,并分析推断被试是否在犯罪相关问题上说谎或隐瞒信息(曹晓宝,2006; Lee et al., 2002)。

基于生理信号的谎言识别研究与应用始于19世纪晚期(曹晓宝,2006)。1895年,意大利实证主义犯罪学派创始人龙勃罗梭使用水力脉搏描记法对犯罪嫌疑人进行测谎试验,成为第一个用仪器识谎的人。水力脉搏描记法是让被试的手和前臂插入密闭容器内的温水中,容器中对液压变化的记录可以反映脉搏和血压的变化情况,这种仪器被称为第一代测谎仪(Synnott, Dietzel, & Ioannou, 2015)。随着现代心理学与计算机科学的迅猛发展,新型的测谎技术和系统呈多方向发展之势(Wilcox & Sosnowski, 2005),目前基于生理信号的测谎多采用多导生理仪来记录心跳、呼吸、皮肤电等外周生理指标。

本章将介绍采用多导生理仪测谎时记录的生理信号:脉搏、呼吸、皮肤电信号,以及它们在谎言发生时的各种波形变化;从人工智能、机器学习的视角出发,介绍为实现计算机自动识别谎言,从生理信号中提取特征的一般方法,以及将生理信号进行分类的一般方法。

14.1 说谎者的生理信号反应模式

测谎仪会记录3种生理信号。呼吸信号的波形一般显示在屏幕的顶端,包含胸腔绑带记录的呼吸信号和腹腔绑带记录的呼吸信号。皮肤电反应的波形图显示在屏幕中间。脉搏信号的波形显示在屏幕底端。

从前一个问题的回答结束到下一个问题的提问开始，每个测试问题间隔 20 秒。间隔时间的设置可以给交感神经和副交感神经系统充分的反应时间，以便通过测谎仪显示出更加明显的反应波形。在测谎过程中，各种生理信号的波形可分为 4 段：平均部分、反应部分、恢复部分、失真部分。

平均部分是一段反映在压力区间内情感水平上没有生理变化迹象的波形片段，也被称为"紧张性水平"。

反应部分是一段反映自主神经系统的交感神经变得活跃的波形片段，表示被试生理反应与平均水平相比发生了变化，也被称为"时相性反应"。

恢复部分是一段自主神经系统的副交感神经在压力区间之后变得活跃的波形片段，表示被试生理反应恢复到开始的平均水平，也被称为"平衡恢复"。

失真部分是一段偏离平均情感水平，但是在压力区间内缺乏交感神经或副交感神经激活的生理迹象的波形片段，表示心理状态的缺失，也被称为"噪声"。

14.1.1 脉搏信号反应模式

脉搏信号波形记录肱动脉或桡动脉在平均血压下脉搏波动的强度、频率以及血压的相对变化。脉搏绑带在测谎时被用来测量脉搏信号，它测量的实际上是手臂压模容积的变化，即手臂中动脉、静脉、毛细血管的总体积变化。

当心脏收缩向外泵送血液时，动脉压力会增加，呈现在脉搏波形上是一段上升的波形，这段波形被称作收缩期。当心脏停止收缩，血压开始下降时，脉搏波形也开始下降。如果绑带的压力值等于平均血压，当波形幅度降到一半的时候，幅度值会突然停止下降，然后开始记录重搏切迹。在重搏切迹之后脉搏波形继续下降，这一段波形被称为舒张期。重搏切迹的位置可以上升，也可以下降。如果增加绑带的压力，重搏切迹的位置就会上升，反之下降。一个完整的心脏收缩运动对应的脉搏波形，如图 14-1 所示。

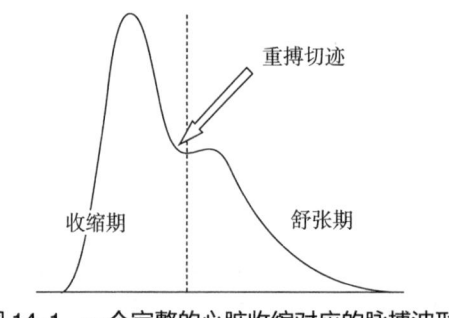

图 14-1 一个完整的心脏收缩对应的脉搏波形

交感神经系统的激活会引起小动脉的收缩，进而引起平均血压或短时血压上升、脉搏频率的变化（上升或下降）和脉搏强度的下降。血压的相对变化在波形图上显示为波形的模式短时偏离正常的波形模式，这部分的记录被认为是反应部分。一个脉搏波的平均、反应、恢复部分，如图 14-2 所示。

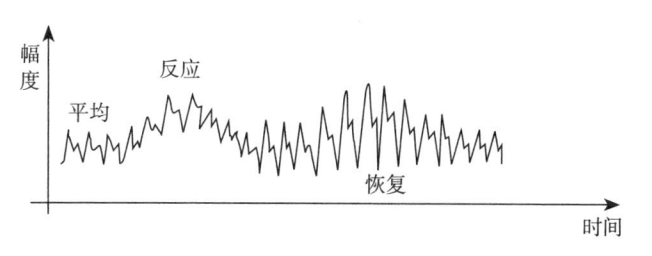

图 14-2　一个脉搏波的平均、反应、恢复阶段示例

脉搏波中可以反映血压的变化情况，图 14-3 给出了脉搏波反映的各种血压变化情况。

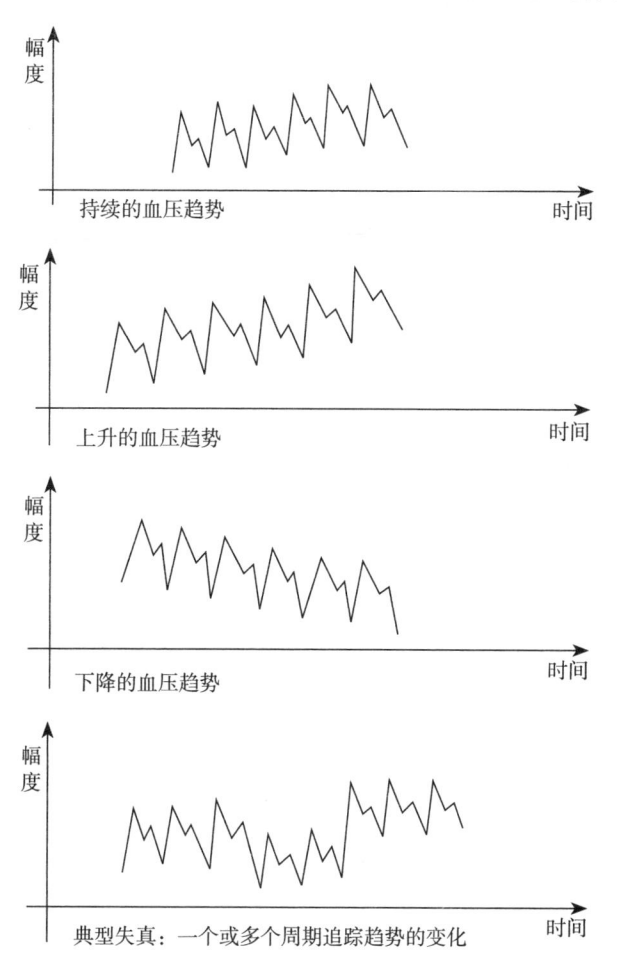

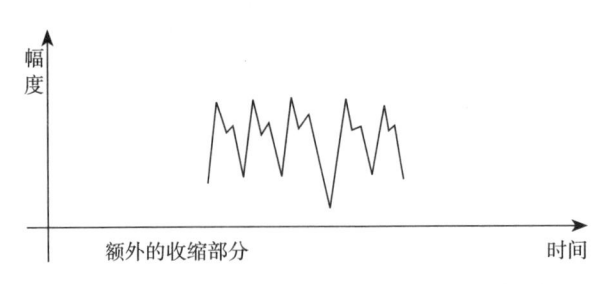

[图]

额外的收缩部分

图 14-3　脉搏波反映的各种血压变化情况（续）

两个脉搏波收缩期波峰的间隔时长是一次心跳（脉搏）时间。一分钟内的间隔数就是心率（脉搏率）。当交感神经系统被激活时，心率可能增加，可能减少，也可能保持不变，心率的变化取决于是 β 肾上腺素反应强于 α 肾上腺素反应，还是 α 强于 β，或是两者反应均等。图 14-4 的脉搏波形反映了心率变化：波峰间隔变宽，表示心率下降；波峰间隔变窄，表示心率增加。当被试回答问题时，心率发生了变化，可认为被试有撒谎的可能。

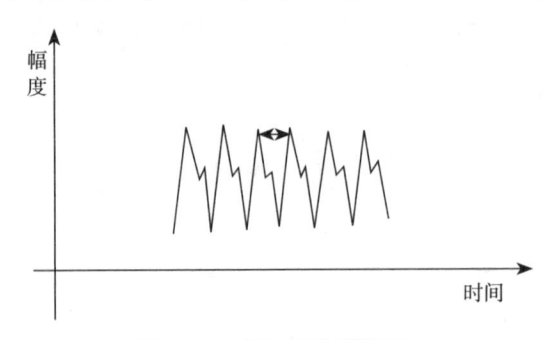

[图]

图 14-4　记录的脉搏波形

利用脉搏波来预测交感神经的激发，舒张期波峰位置的变化是最好的指标，其次是收缩期波峰位置的变化，再次是重搏切迹的位置变化。图 14-5 给出了各种脉搏波显示的生理变化。

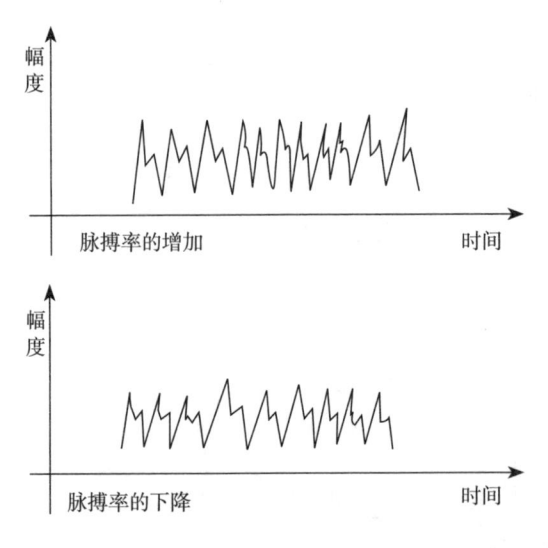

[图]

脉搏率的增加

[图]

脉搏率的下降

脉搏振幅的增加

脉搏振幅的下降

脉搏频率和振幅的改变

脉搏频率的骤增和振幅的骤减的改变

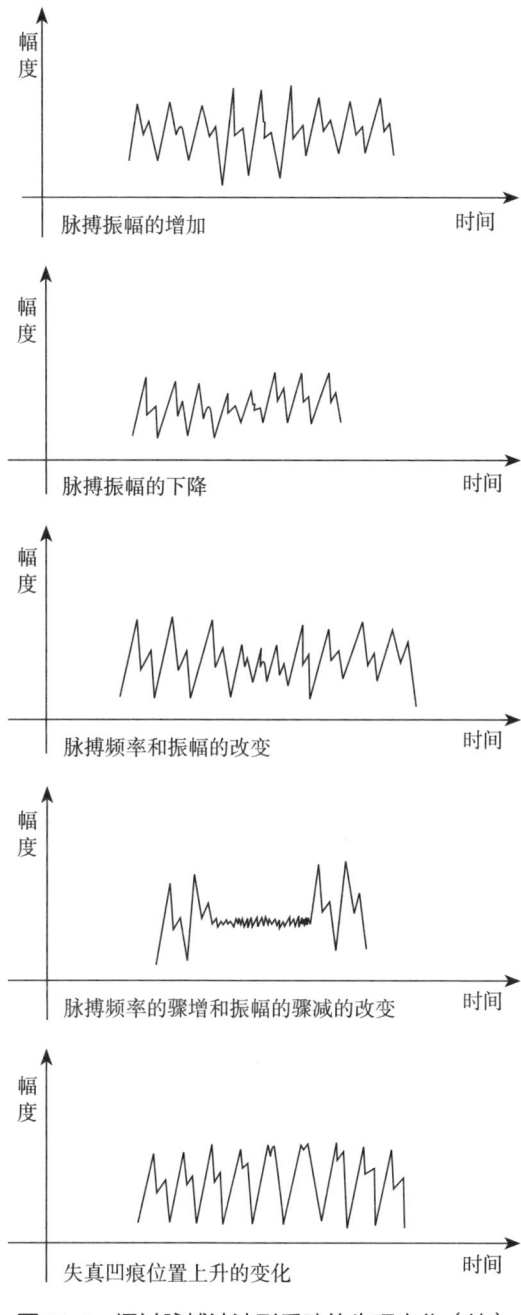

失真凹痕位置上升的变化

图 14-5　通过脉搏波波形反映的生理变化（续）

14.1.2　呼吸信号反应模式

呼吸是将空气吸入肺和呼出肺的过程，是组织细胞进行细胞呼吸作用的基础。人在不同的情感状态下，呼吸信号每分钟的呼吸次数和深度都会有所差异（Vedam et al., 2003）。

当被试没有被检测到即时的恐惧时，由于没有明显的心理变化，其呼吸波形应该具有相同幅度，如图14-6中的平均部分或平均追踪部分所示。

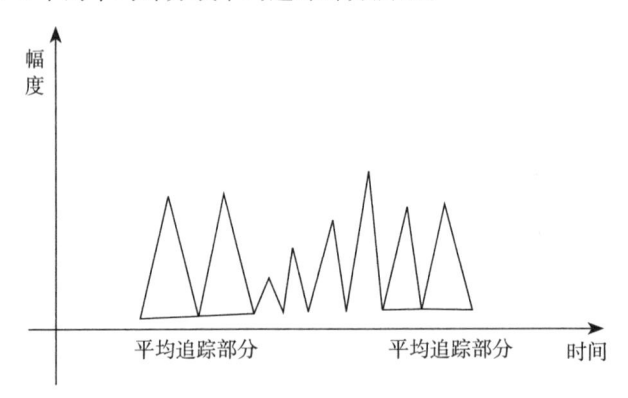

图14-6　平均追踪部分波形

当被试在回答个别问题的过程中被检测出恐惧时，心理上的变化将会激活他的交感神经系统，进而导致生理上的变化。在吸气过程中，膈肌肋间肌肉复合体受到抑制，导致进气量变小。这样将会导致一个受抑制的呼吸周期，在这个周期内会出现或持久的、或逐渐上升的、或逐渐下降的呼吸幅度小于正常呼吸周期时的呼吸幅度，具体如图14-7所示。

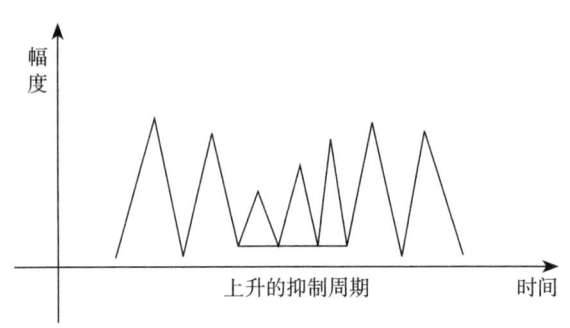

图14-7　（a）幅度抑制上升波形

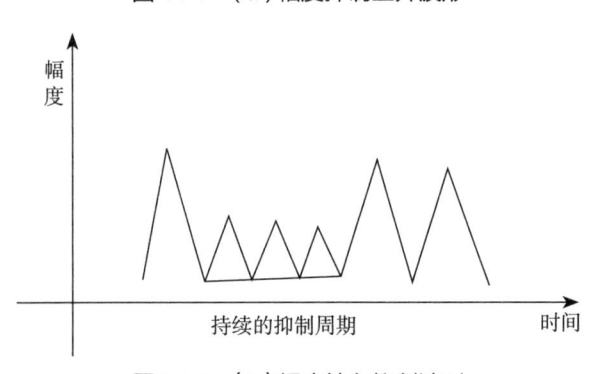

图14-7　（b）幅度持久抑制波形

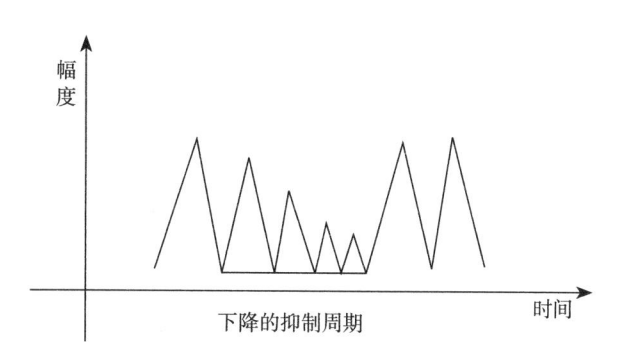

图 14-7 （c）幅度抑制下降波形

呼吸停止是吸气或者呼气之后呼吸短时的暂停，如图 14-8 所示。呼吸暂停中的屏住呼吸是一种主动动作，应当被视为可疑的反测试行为。而阻塞呼吸通常是一种脑部呼吸调节中心的下意识动作，可能是正常反应。

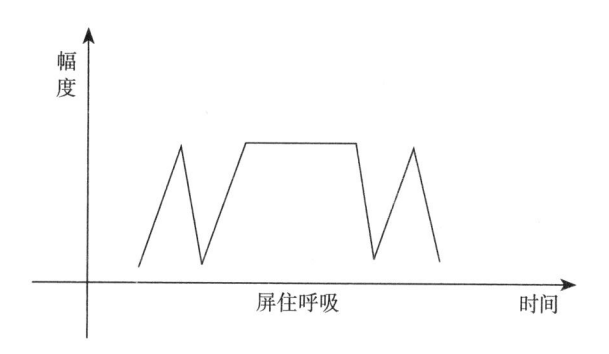

图 14-8 （a）呼吸暂停（屏住呼吸）

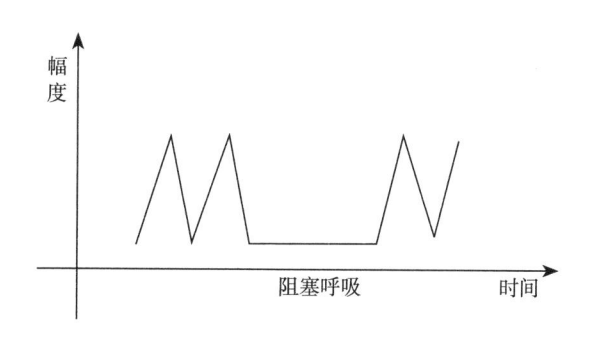

图 14-8 （b）呼吸暂停（阻塞呼吸）

呼吸频率的下降也可被看作反应部分，通常在反应部分后呼吸率会明显增加和提高，这被称为恢复部分，波形如图 14-9 所示。

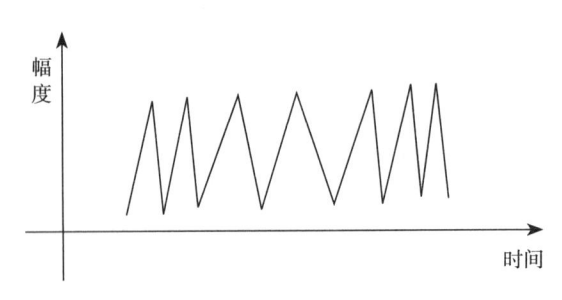

图 14-9　呼吸恢复

在被试交感神经被激活的后期，副交感神经系统会开始重新建立身体的机能。这时，被试的膈肌肋间肌肉复合体必须扩大胸腔来弥补之前受抑制的呼吸，这样更多的空气会进入胸腔，造成强力呼吸。强力呼吸在呼吸波形上的表现形式是幅度较基线时增加。如图14-10所示，这种增大的幅度可以是持久的、逐渐上升的或逐渐下降的，形成反应部分后的恢复部分。

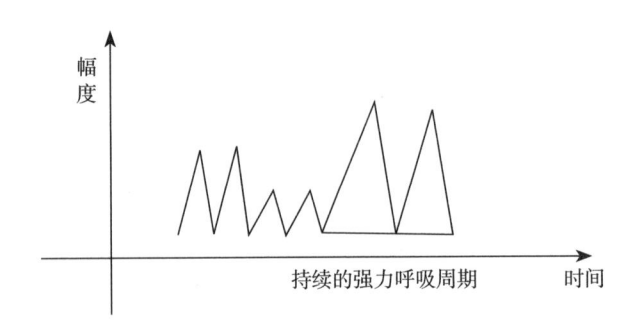

图 14-10　(a)强力呼吸对应的波形幅度变化

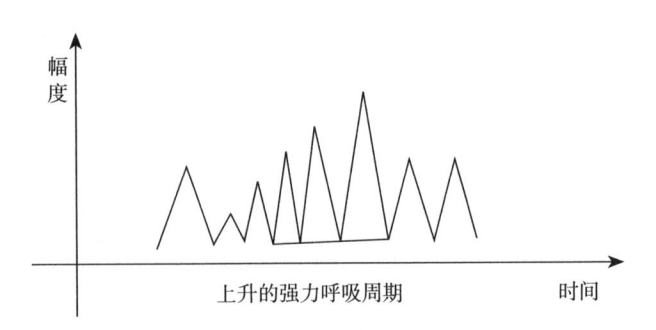

图 14-10　(b)上升的强力呼吸

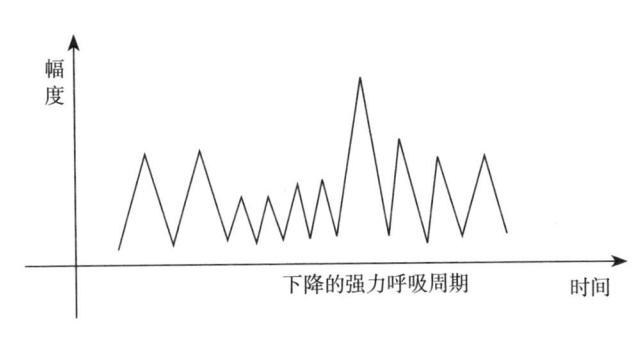

图 14-10 （c）下降的强力呼吸

14.1.3 皮肤电信号反应模式

皮肤电反应，又称"皮电反应""皮电属性"，由费利和塔察诺夫发现（Coles, Gale, & Kline, 2010）。它代表机体受到刺激时皮肤电传导的变化。人体皮肤的导电能力会随着汗腺的激活不同，一般用电阻值及其对数或电导及其平方根表示。当人体交感神经兴奋时，汗腺的活动加强，分泌汗液增多，汗液中的盐分导致皮肤导电能力升高。汗腺的活动受到人体内的温度和人的生理、心理活动影响，因此皮肤电可以作为谎言检测的指标之一（张夔翼，2010）。

当汗液增多时，皮肤电阻减小，皮肤电流增加，这时皮电的幅度会增加。当过剩的汗水被吸收或蒸发时，皮电回到正常的基线状态。由于这个原因，为了防止皮电的波动停止，绑在测试者手指上的皮电电极不能太紧。当交感神经激活时，被试的汗腺被刺激，使皮电读数升高。如果在皮电还没有回落到基线值，测试者由于被问到特定的问题感到惊恐时，交感神经被再次激活，皮电将再次升高，从而在波形上形成一个马鞍形状的模式，如图 14-11 所示。

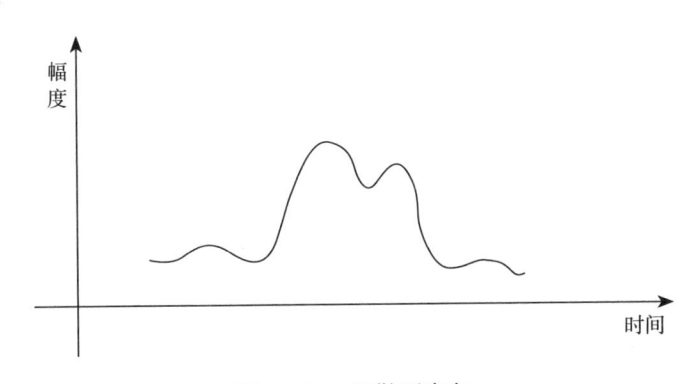

图 14-11 马鞍形皮电

在分析皮电波形时，一个向上高出邻域至少两倍的偏移可被认作反应部分，回到正常的基线状态构成了恢复部分。然而艾布拉姆斯（Abrams）的研究也表明，波形变化的时长和变化的高度作为欺骗指标具有同样的效果。一个有效的反应时长，如图14-12所示。

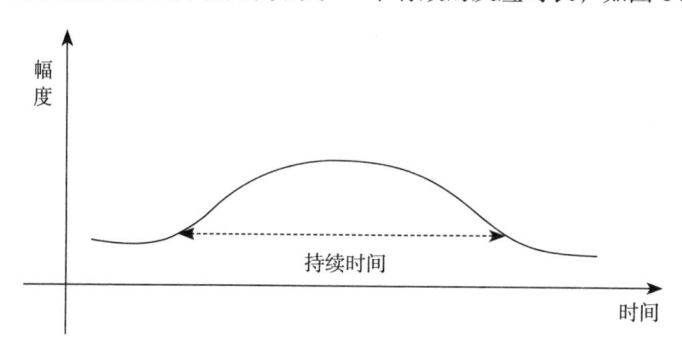

图 14-12　皮电信号的一个有效反应时长

小结

本节介绍了测谎过程中常用的三种生理信号：脉搏、呼吸、皮电信号的基础理论以及测量方法。通过图形展示了这三种生理信号在各种情况下的具体反应模式，为检测谎言提供帮助。

思考题

1. 总结对比本章介绍的三种生理信号反应模式的区别。
2. 探索其余生理信号进行谎言检测的可能。

14.2　人工智能与测谎：利用生理信号测谎的特征提取

基于生理信号的谎言识别（测谎）问题是一个模式识别问题（Wagner, Kim, & André, 2005）。生理信号的特征提取是从原始信号中挖掘出信号与预测谎言相关的隐藏特征信息，为特征选择及分类识别提供原始特征集合。根据生理信号识别谎言，需要从整段信号中提取具有代表性的特征。一般来说，提取的特征值可以分为时域特征值与频域特征值（高军峰等，2017）。

14.2.1 时域特征值

时域生理信号特征提取，也就是计算生理信号特征的统计量（刘光远等，2014）。在生理信号实验中可以观察到，同一个被试在不同的测试情境下，其生理信号水平随着情感类别和强度的不同会产生非常明显的变化，视觉上能明显地看出很多生理信号在时域上包含丰富的情感变化信息。因此，时域生理信号是生理信号特征提取的一个重要组成部分。

一般情况下将时域信号进行一阶差分和二阶差分，得到的统计值有均值、中值、标准差、最小值、最大值、极差、最小值比例和最大值比例等统计特征（Kim K H, Bang, & Kim S R, 2004）。在时域的角度，从数据中提取特征是基于统计学意义上的，特征的数学表达式如公式 14.1~14.7 所示，其中 X_n 为生理信号序列。

均值：$\mu = \frac{1}{N}\sum_{n=1}^{N} X_n$ （14.1）

归一化：$\widetilde{X_n} = \frac{X_n - \mu}{\sigma}$ （14.2）

均方差：$\sigma = (\frac{1}{N}\sum_{n=1}^{N}(X_n - \mu)^2)^{\frac{1}{2}}$ （14.3）

一阶差分：$\delta = \frac{1}{N-1}\sum_{n=1}^{N-1}|X_{n+1} - X_n|$ （14.4）

归一化一阶差分：$\widetilde{\delta} = \frac{1}{N-1}\sum_{n=1}^{N-1}|\widetilde{X_{n+1}} - \widetilde{X_n}|$ （14.5）

二阶差分：$\gamma = \frac{1}{N-2}\sum_{n=1}^{N-2}|X_{n+2} - X_n|$ （14.6）

归一化二阶差分：$\widetilde{\gamma} = \frac{1}{N-2}\sum_{n=1}^{N-2}|\widetilde{X_{n+2}} - \widetilde{X_n}|$ （14.7）

14.2.2 频域特征值

在信号处理的各种方法中，傅立叶变换是重要方法之一。有时候仅仅通过时域分析无法得到有价值的信息，因此需要从频域的角度进行分析（Merletti & Parker, 2004）。在时域中看不到的、无法获得的、有价值的信号特征信息，比如信号的频率变化，经过傅立叶变换，在频域中就可以被清楚观察到。从某种意义上讲，傅立叶变换就是从另一个角度观察信号并提取有效信息的方法。

傅立叶变换的定义为：信号f(t)满足傅立叶积分定义条件的时候，公式14.8的积分运算叫作f(t)的傅立叶变换，公式14.9的积分运算称为F(W)的傅立叶逆变换。

$$F(w) = \int_{-\infty}^{\infty} f(t)e^{-jwt}dt \tag{14.8}$$

$$f(t) = \frac{1}{2\pi}\int_{-\infty}^{\infty} F(w)e^{-jwt}dw \tag{14.9}$$

通过这种变换可以将信号从时域f(t)变换到频域F(W)。傅立叶变换分为连续傅立叶变换（FFT）和离散傅立叶变换（DFT）。在实际应用和研究中，要求信号在时域和频域上是离散的，并且信号要为有限长度，这是该变换可以进行计算机运算的前提。对有限长离散时间信号进行傅立叶变换，在数学定义上就是进行离散傅立叶变换。举例来讲，血容量搏动信号（BVP）通过采样定理转换为离散时间信号，并且待分析的血容量搏动信号满足这里要求的有限性，这样便可以利用离散傅立叶变换来进行分析（Jerritta et al., 2011）。

DFT的定义为：设h(nT_s)是连续时间函数h(t)的N个抽样值n = 0,1,…,N − 1，则离散时间信号h(nT_s)宽度为N的DFT为：

$$DFT_N[h(nT_s)] = \sum_{n=0}^{N-1} h(nT_s) e^{-\frac{j2\pi nk}{N}}, (k = 0, 1 \cdots N - 1) \tag{14.10}$$

有限长序列可以通过公式14.10将其频域也离散化成有限长序列，但计算量非常大，处理实时问题非常困难。基于这样的计算瓶颈问题，在数学定义上引入了FFT。FFT是DFT的快速算法，将DFT的运算量减少了几个数量级。FFT利用对称性和周期性把长序列的DFT逐级分解成几个序列的DFT，并最终以短点数变换来实现长点数变换，通过这样的巧妙变换使得整体运算效率提高。

以上传统的生理信号的频域特征提取方法适用于不同类型的生理信号，比如心电信号、皮肤电信号和人体血压信号等（Englehart et al., 1999）。当然，不同类型的信号随着生理信号特征提取的不断研究和发展，新的特征提取方法也在不断涌现。在这里，我们不再详细叙述。

小结

本节介绍了针对生理信号的常用特征提取方法，包括时域特征提取和频域特征提取。特征提取是指在获取信号后，从信号中提取有效信息，这是谎言识别成功的关键一步。

思考题

1. 除了本节介绍的常用时域特征外，探索其余可用的时域特征。
2. 除了本节介绍的常用频域特征外，探索其余可用的频域特征。

14.3 人工智能与测谎：利用生理信号测谎的分类方法

在机器学习中，分类器的作用是根据标记好类别的训练数据获得的信息判断一个新的观察样本所属的类别。

分类器的构造和实施大体经过以下几个步骤。

1. 选定样本（包含正样本和负样本），将所有样本分成训练样本和测试样本两部分。
2. 在训练样本上执行分类器算法，生成分类模型。
3. 在测试样本上执行分类模型，生成预测结果。
4. 根据预测结果，计算必要的评估指标，评估分类模型的性能。

我们常用的分类器有 KNN 分类器、Fisher 分类器、SVM 分类器。

14.3.1 KNN 分类器

KNN（K-Nearest Neighbor）通过测量不同特征值之间的距离进行分类（Peterson，2009）。它的思路是：如果一个样本在特征空间中的 K 个最相似（特征空间中最邻近）的样本中的大多数属于某一个类别，则该样本也属于这个类别，其中 K 通常是不大于 20 的整数。KNN 算法中，所选择的邻居都是已经正确分类的对象。该方法在定类决策上只依据最邻近的一个或者几个样本的类别来决定待分类样本所属的类别。

如图 14-13 所示，圆点代表待分类样本，它是三角形样本所属的类还是正方形所属的类？如果 K=3，由于三角形所占比例为 2/3，圆点将被赋予三角形类的标签；如果 K=5，由于正方形比例为 3/5，因此圆点将被赋予正方形类的标签。由此也说明了 KNN 算法的结果很大程度取决于 K 的选择。

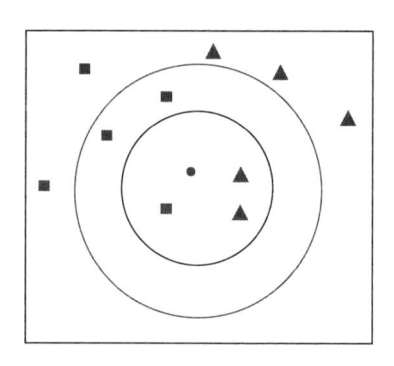

图 14-13　K 值对圆点类别的影响

KNN 算法中距离的计算一般使用欧氏距离或曼哈顿距离：
欧氏距离定义为：

$$d(x, y) = \sqrt{\sum_{k=1}^{n}(x_k - y_k)^2} \tag{14.11}$$

曼哈顿距离定义为：

$$d(x, y) = \sqrt{\sum_{k=1}^{n}|x_k - y_k|} \tag{14.12}$$

KNN 算法的描述如下：
1. 计算测试数据与各个训练数据之间的距离；
2. 按照距离的递增关系进行排序；
3. 选取距离最小的前 K 个点；
4. 确定前 K 个点所在类别的出现频率；
5. 返回前 K 个点中出现频率最高的类别作为测试数据的预测分类。

14.3.2　Fisher 分类器

Fisher 分类器是历史上最早提出的分类算法之一，是一种广泛应用的线性分类器（Liu & Wechsler, 2001）。在应用于二分类任务时，该算法的基本思想是：将两类 m 维的数据尽可能地投影到一个方向，使得投影后的两类数据能尽可能分开，同时又要求每一类内部的样本尽可能聚集在一起，即类内聚集、类间分散。如图 14-14 所示，以 ω_1 和 ω_2 两类数据为例，说明 Fisher 分类算法的基本思想。

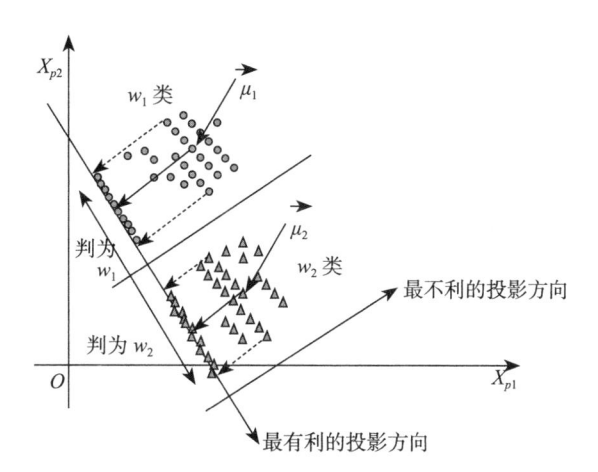

图 14-14   Fisher 判别算法几何原理示意图

设 ω_1 类有 $N1$ 个样本，ω_2 有 $N2$ 个样本，Fisher 分类器设计的目标就是找到一条最佳的投影直线，使得两类数据在该直线上的投影最有利于数据的区分。设 $\vec{\omega}$ 为最佳投影直线方向单位向量，$N = N1 + N2$，则 Fisher 分类器设计的一般步骤为：

（1）计算两类均值

$$\begin{cases} \vec{\mu}_1 = \dfrac{1}{N_1} \sum_{\vec{x}_p \in \omega_1} \vec{x}_p \in R^m \\ \vec{\mu}_2 = \dfrac{1}{N_2} \sum_{\vec{x}_p \in \omega_2} \vec{x}_p \in R^m \end{cases} \quad (14.13)$$

（2）计算类 ω_j 的类内散度矩阵

$$S_\omega^j = \sum_{j=1}^{2} \sum_{p \in N_j} \left(\vec{x}_p - \vec{\mu}_j \right)\left(\vec{x}_p - \vec{\mu}_j \right)^T \quad (14.14)$$

（3）计算总的类内散度矩阵

$$S_\omega = S_\omega^1 + S_\omega^2 \quad (14.15)$$

（4）计算 Fisher 最佳投影方向

$$\omega^* = S_\omega^{-1}(\vec{\mu}_1 - \vec{\mu}_2) \quad (14.16)$$

（5）分类阈值 θ 的选取，确定阈值 θ 有一些经验公式：

$$\theta = \dfrac{\vec{\omega}^T \left(\vec{\mu}_1 + \vec{\mu}_2 \right)}{2} \quad (14.17)$$

或

$$\theta = \dfrac{\vec{\omega}^T \left(N_1 \vec{\mu}_1 + N_2 \vec{\mu}_2 \right)}{N} \quad (14.18)$$

或

$$\theta = \frac{\vec{\omega}^T (N_2 \vec{\mu}_1 + N_1 \vec{\mu}_2)}{N} \quad (14.19)$$

或

$$\theta = \frac{\vec{\omega}^T (\tilde{\sigma}_2 \vec{\mu}_1 + \tilde{\sigma}_1 \vec{\mu}_2)}{\tilde{\sigma}_1 + \tilde{\sigma}_2} \quad (14.20)$$

或

$$\theta = \frac{\vec{\omega}^T (\tilde{\sigma}_1 \vec{\mu}_1 + \tilde{\sigma}_2 \vec{\mu}_2)}{\tilde{\sigma}_1 + \tilde{\sigma}_2} \quad (14.21)$$

其中，$\tilde{\sigma}_1$和$\tilde{\sigma}_2$是指两类在$\vec{\omega}$投影方向上投影的均方根误差。

通过上述计算后，得到判别公式为

$$\begin{cases} \vec{x} \in \omega_1, \text{如果 } \vec{\omega}^T \vec{x} > \theta \\ \vec{x} \in \omega_2, \text{如果 } \vec{\omega}^T \vec{x} \leq \theta \end{cases} \quad (14.22)$$

14.3.3 支持向量机

支持向量机（support vector machine，SVM）(Suykens et al., 1999) 是20世纪90年代中期在统计学习理论基础上发展起来的一种新型机器学习方法。SVM是依据有限的样本数据，在满足模型的最大学习能力的条件下复杂性最低的方法，其核心思想是：使用核函数，把线性不可分的样本通过映射的方法转到高维度的特征空间中，达到线性可分或者近似线性可分。

支持向量机是将向量映射到一个高维空间，在这个空间里寻找一个最大的间隔超平面将不同类别的样本分开。如图14-15所示，左图中线性不可分的二维样本数据被映射到右图的三维空间后变得线性可分，接着再寻找到一个最大间隔超平面将样本进行分类。我们在区分样本的超平面两边建立两个相互平行的超平面，使得两者之间的距离最大化。一般认为距离越大，分类器误差越小。

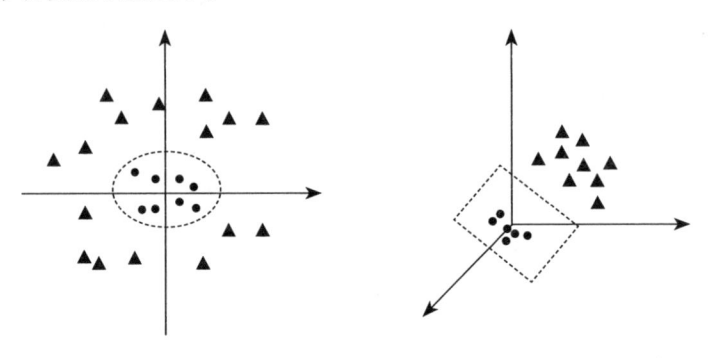

图 14-15 支持向量机原理

SVM 算法可以将样本在低维空间不容易划分的问题,在高维空间得到巧妙解决。但是高维空间会带来计算复杂度增加的问题,而核函数的作用就是解决复杂度的难题。所以,如果要得到一个高维空间的分类函数,需要选择一个适当的核函数,而采用不同的核函数会产生不同的 SVM 算法。

目前,研究最多的核函数主要分为三类,第一类是多项式核函数(孙彬彬,2008)

$$K(x, x_i) = [(x \times x_i) + 1]^q \tag{14.23}$$

所得到的是 q 阶的多项式分类器。

第二类是径向基函数(RBF)

$$K(x, x_i) = \exp\left(-\frac{\|x - x_i\|^2}{2\sigma^2}\right) \tag{14.24}$$

这里的每个基函数中心都对应一个支持向量。

第三类通过内积的方式构建核函数,即

$$K(x, x_i) = \tanh(\nu(x \times x_i) + c) \tag{14.25}$$

该 SVM 是一个包括了隐藏层的多层感知器,其隐藏层节点数目由算法自动产生确定。

在模式分类问题上,SVM 具有较好的泛化推广性能,即使在样本数据有限的情况下,所获得的判别函数也具有较小的训练误差(Wang,2010)。此外,SVM 还有很好的易用性与鲁棒性、简单有效及理论完善等优势。因此,SVM 在非线性以及多维数的模式识别中被广泛使用(Jing & Barreto,2006)。

小结

本节介绍了三种经典机器学习算法——KNN、Fisher 以及 SVM 的原理、特点与具体实现步骤。在谎言识别系统中,相关人员会把采集到的数据经过特征提取得到特征,对该特征使用分类器进行分类得到撒谎与否的判别。以上这三个方面涵盖了整个谎言识别系统的主要部分,是实现生理信号自动识别谎言的主体框架。

思考题

1. 除了本章介绍的常用机器学习算法外,探索其余算法如线性判别、随机森林等。
2. 尝试完成整个谎言检测系统的流程,包括数据处理、特征提取以及分类。

第15章
微表情

微表情是人类试图抑制或隐藏真正情感时不经意泄露的短暂的、不能自主控制的面部表情，持续时间为0.04~0.2秒（梁静等，2013）。哈格德（Haggard）和伊萨克斯（Isaacs）于1966年发现了这种十分短暂的面部表情，随后1969年美国著名心理学家保罗·埃克曼（Ekman & Friesen, 1969）在分析一段治疗师与抑郁症患者的对话录像时再次发现这种转瞬即逝的表情，并将之命名为微表情。通过逐帧检查对话录像，埃克曼发现患者脸上不经意间快速掠过一丝不易觉察的异常表情，它泄露了该患者想自杀的真实意图，她为获得自杀的机会在刻意掩饰并故意说谎。研究者自此开始对微表情进行了一系列研究，并发现微表情可以作为谎言识别的重要线索之一，其有效性甚至显著高于言语内容、语音、语调、身体姿势等其他线索，可以被广泛地应用于国家安全、边防安检、司法审讯、临床诊断等领域（Ekman, 2009）。近年来，微表情研究越来越受到科学领域和大众媒体的重视，研究人员也试图通过计算机科学与认知心理学的结合，研发自动检测和识别微表情的技术，以帮助人们更有效地利用微表情线索来识别谎言。

研究微表情的智能分析，必须先构建微表情数据库。下面我们就看看目前已经构建了哪些微表情数据库，然后进一步了解进行微表情智能检测和识别的各种方法。

15.1 微表情数据库

伴随着心理学、模式识别和计算机视觉等学科的飞速发展，目前表情识别技术已经相当成熟，但微表情识别技术自20世纪60年代微表情首次被发现以来，因早先缺乏完善的微表情数据库而步履维艰。研发微表情检测和识别的算法，需要大量的微表情数据进行训练和建模，因此，构建实用的微表情数据库是促进微表情识别研究必不可少的前提。

当前可用的微表情数据库主要有：美国佛罗里达大学的 USF-HD（Shreve et al., 2011）、日本筑波大学的 Polikovsky、York DDT（Warren, Schertler, & Bull, 2009）、英国曼彻斯特城市大学的 SAMM（Davison, Lansley, et al., 2018a）、芬兰奥卢大学的 SMIC（Li et al., 2013）、中国科学院的 CASME 系列数据库——CASME（Yan et al., 2013）、CASME II（Yan et al., 2014）、CAS（ME）^{2}（Qu et al., 2018）和 CAS（ME）^{3}，以及捷克理工大学的 MEVIEW（Husák, Cech, & Matas, 2017）。其中，目前真正被广泛应用于微表情检测和识别研究的数据库是 SAMM、SMIC、CASME、CASME II 和 CAS（ME）^{2}。

生态效度是决定微表情数据库是否适合真实复杂场景下的微表情分析的关键因素。而且，它与微表情的诱发范式直接相关。目前公布的数据库在微表情诱发范式方面随着生态效度的逐渐提高被分为三代。下面将根据数据库的生态效度依次简要介绍上述微表情数据库。

15.1.1　第一代微表情数据库

早期发布的 USF-HD 数据库可用于区分宏表情和微表情，Polikovsky 数据库可用于检测微表情的关键帧。自这两个数据库发布以来，微表情数据库的生态效度一直备受关注。这些数据库中的微表情样本不是自发产生的，而是从尝试演出短暂面部表情的演员那里收集来的。然而，微表情被认为是自发的、无意识的，很难被掩饰。这些通过表演得到的微表情数据库可以被称为第一代微表情数据库。

15.1.2　第二代微表情数据库

基于微表情特性的考虑，研究人员试图用情感材料诱发微表情。研究发现，在观看情绪视频的同时，要求参与者保持中性面部表情是一种有效的诱发自发微表情的方法。SAMM、SMIC、CASME、CASME II 和 CAS（ME）^{2} 等数据库中的微表情均采用此方法采集。通过这种方式采集到的微表情样本有诸多优点，其中最重要的是它们是自发的，而不是表演出来的。此外，该采集方式很好地控制了光照、环境和头部运动等额外变量。这些数据库根据其诱发范式可以被称为第二代微表情数据库。

15.1.3　SAMM 数据库

2017 年，英国曼彻斯特城市大学叶（Yap）等人建立了 SAMM 数据库，包含来自 13

个种族的 32 个参与者的 159 个自发微表情。SAMM 解决了先前数据库存在的主要缺陷。比如为每个参与者量身定制诱发情绪的刺激材料，而不是一概而论的实验方案。由于不同人对相同的刺激可能会做出不同的反应，因此对每个参与者进行个性化的实验设计，以增加表情出现的概率。该数据库提供了更为广泛的参与者人口结构，参与者来自多个不同种族，不同年龄，不同性别，这样可以平衡因种族、年龄对情绪反应带来的影响，具有更好的代表性。

15.1.4 SMIC 数据库

2013 年，芬兰奥卢大学机器学习视觉研究中心的赵国英团队构建了 SMIC 数据库。在 SMIC 数据库中，对于早先的 10 个参与者使用一个 100FPS（每秒传输帧数）的高速摄像机来记录他们的微表情；对于 5 个月后的另外 10 个参与者还使用了一个一体化多相机组合，包括一个普通相机和一个近红外相机。在采集数据的实验中，要求参与者在观看能够引起情绪波动的视频时，尽量不要流露出内在情绪；而测试者则在不了解视频的情况下猜测参与者的情绪。如果参与者的情绪被测试者猜到了，那么参与者就会受到惩罚，被要求填写一份冗长的问卷。使用这种实验设计是为了促使参与者尽力抑制表情，以便采集到符合要求的微表情。

15.1.5 CASME、CASME Ⅱ，以及 CAS（ME）^{2} 数据库

2013 年以来，中国科学院心理研究所傅小兰团队先后构建了 CASME、CASME Ⅱ、CAS（ME）^{2} 及 CAS（ME）^{3} 四个具有较高生态效度的微表情数据库。其中，除了 CAS（ME）^{3} 中的部分样本，其余样本都是在第二代诱发范式下采集的。为了诱发自然的微表情，数据采集时要求参与者在始终保持面无表情且身体不动的条件下观看不同情绪视频。尽量避免光照和头部运动等非情绪因素的干扰，因此得到了更加自然纯净的微表情样本。在对微表情进行情绪标注时，综合考虑了动作单元、视频材料的情绪类型，以及参与者的主观报告，使得情绪标注更为客观准确。

1. CASME

CASME 包含了 195 个自然微表情样本，这些样本包含 1500 多个面部动作（诱发过程中面部动作的总数），库中所选取的每一组样本都以面部运动编码系统理论为基础，标注了微表情的关键帧，即开始帧、顶点帧和结束帧。根据光照条件以及录制设备的不同，该数

据库分为 A、B 两个部分。

与 SMIC 相比，CASME 数据库中微表情种类被分得更细，并且 CASME 数据库有以下优点：在采集过程中要求参与者保持面无表情且身体不动，所以与微表情无关的动作较少，这使微表情动作更为纯粹和干净。

2. CASME II

2014 年，颜等人在 CASME 数据库基础上研究建立了 CASME II 数据库，是迄今为止最广泛使用的数据库。CASME II 包含了 26 个参与者的 247 个微表情样本（见图 15-1）。这些视频片段中包含自然微表情，并标注了关键帧、动作单元和七类情绪类型。CASME II 中各种微表情的情绪评定标准及出现的个数，如表 15-1 所示。

图 15-1　CASME II 数据库中 Subject 6 的 EP01_01 微表情片段

表 15-1　CASME II 中微表情的情绪标定标准及各类型的个数

情绪	标准	个数
高兴	至少出现动作单元 6 或者动作单元 12	33
悲伤	至少出现动作单元 1	60
厌恶	至少出现动作单元 9 或者动作单元 10	25
惊讶	至少出现动作单元 1+2、动作单元 25 或者动作单元 2	27
恐惧	出现动作单元 1+2+4 或者动作单元 20	7
抑制	出现动作单元 14、动作单元 15 或者动作单元 17 中的一个或组合	3
紧张	动作单元 4 及其他动作单元组合	102

3. CAS（ME）^{2}

微表情检测的研究主要受限于长视频微表情数据库的发展。鉴于之前一直没有一个公开发布的可用于微表情智能检测的长视频微表情的数据库，曲等人构建了 CAS（ME）^{2} 数据库。

CAS（ME）²数据库包括22名参与者的表情。数据库分为A和B两部分。A部分由87个包含宏表情和微表情的长视频组成。B部分包括357个裁剪后的表情样本，分别是300个宏表情和57个微表情。B部分的表情样本来自A部分的长视频，标注了关键帧、动作单元和情绪分类（见表15-2）。

表15-2 CAS（ME）²中情绪类型和样本数量描述

情绪分类	涉及基本情绪及动作单元	动作单元标准	数量	宏表情	微表情
正性	高兴（动作单元6或动作单元12）	至少包含动作单元6或动作单元12	93	87	6
负性	愤怒（动作单元4+动作单元5），厌恶（动作单元9，动作单元10，或动作单元4+动作单元7），悲伤（动作单元1），恐惧（动作单元1+动作单元2+动作单元4，或动作单元20）	愤怒、厌恶、悲伤、恐惧4类表情所需要的动作单元	114	95	19
惊讶	惊讶（动作单元1+动作单元2，动作单元25，或动作单元2）	至少包含动作单元1+动作单元2，动作单元25，或动作单元2	22	13	9
其他	其他面部动作的动作单元*	其他面部动作的动作单元*	74	55	19

*包含四类参与者报告的情绪词：压抑（1）、疼（5）、同情（2）、困惑（3）、无奈（2），共13个，因数量太少，不属于基本表情类型，故划为"其他"一类。

与以往对表情数据库的情绪分类方法不同，CAS（ME）²将表情类型分为正性、负性、惊讶和其他。基于面部运动编码系统的每个样本的情绪标签、诱发视频的情绪类型和自我报告的情绪这三类标签的结合，极大提高了表情样本情绪标注精度。另外，在CAS（ME）²中，这三类标签是独立的，方便了研究者针对数据库中的特定表情进行研究，也有助于开发出更高效的算法，实现从长视频中检测和识别宏表情和微表情。

15.1.6 第三代微表情数据库

通过第二代诱发范式得到的微表情数据只适合在实验室内对微表情智能分析进行初级研究，数据的生态效度比较差，难以训练出更兼容的微表情分析模型。第一，在诱发微表情的过程中，被试被要求在观看刺激材料时保持面无表情。然而，面部表情的掩饰有很多种方式，例如"笑里藏刀"。第二，第二代的实验情境是通过播放刺激材料诱发情绪体验。而在现实生活中，我们往往是在人际交流中才需要隐藏自己真实的面部表情。第三，观看刺激材料并不属于"高风险"的情景设置。基于以上考量，从更高生态效度的诱发范式下收集微表情样本是微表情分析实现实际应用的必要步骤。这种高生态效度的数据库被称为第三代微表情数据库。

在第三代数据库中，York DDT 数据库是较小和较早的数据库，主要用于测谎。MEVIEW 数据库中的视频来自网络上的扑克游戏视频和访谈录像中的微表情片段。这两个数据库中的样本是具有高度生态效度的自发微表情，但同时伴有其他不相关的头部和面部动作。在微表情识别研究的早期阶段，这种复杂的面部运动并不理想，因为它大大增加了识别微表情的难度。

1. CAS（ME）^{3}

由于微表情诱发、采集和标注的困难，可以用于实验分析的数据不足 900 个。如此小规模的样本量对于人工智能中深度学习的应用是典型的小样本问题，严重限制了微表情的智能分析的发展。针对这一问题，李等人构建了 CAS（ME）^{3} 数据库。

CAS（ME）^{3} 数据库包含目前最大的视频样本量（见表 15-3）。通过利用 Intel® RealSense™ 高清深度摄像机，该数据库采集了 244 名参与者的微表情视频，包括 1328 个标注视频（子集 A、C）和 1508 个无标注视频（子集 B），为基于大数据的深度学习提供基础。此外，该数据库首次采集了场景的深度信息，即场景中每个位置相对摄像机的距离信息，从而提供了微表情样本的几何变化信息，帮助提升微表情智能分析的性能。

表 15-3　CAS（ME）^{3} 概况

子集	诱发范式	参与者数	单个参与者录制的视频数	单个参与者的总视频长度	微表情数目	宏表情数目
A	二代	100	13	21.27 分钟	943	3143
B	二代	116	13	21.27 分钟	N/A	N/A
C	三代	28	1	约 8 分钟	—	—

除此之外，CAS（ME）^{3} 包含一个高生态效度的通过模拟犯罪范式采集的微表情样本子集（子集 C）。模拟犯罪对于微表情的诱发是一种相较理想的范式，它可以将参与者置于高风险的情况下。在这种情况下，他们会做出一些"不良行为"，并直接对另一个人撒谎。参与者在被"审讯"的过程中，会尽量隐藏自己的真实情感，但微表情是无法被隐藏的。通过这种诱发范式采集的微表情更加自然真实，能够更好地帮助微表情智能分析在现实场景中的应用。

15.1.7 微表情数据库的标注与分类

表 15-4 总结了上述介绍的微表情数据库。与宏表情相比,微表情不仅持续时间短,出现频率低,往往强度也低,并且常常是局部的面部运动。由于不同数据库的情绪标定标准不一样,所以相似的面部运动可能被标注为不同类的微表情,而不同的面部运动则可能被标注为同类的表情。这导致使用不同的数据库进行微表情识别算法训练的时候会遇到很多问题。所以,一些研究者在使用数据库时常常会对样本再次进行分类,比如把原先的六类重新分成三类(如正性、负性和中性)或者四类(如正性、负性、惊讶和中性)。正性只包含高兴微表情,这种微表情相对比较容易诱发且特征明显;负性包含了厌恶、悲伤、恐惧、愤怒等微表情,这些微表情彼此间的区分相对比较困难,但它们与正性微表情的差异比较明显;而惊讶与正负性没有直接关系,表示出乎意料的情绪,可以根据实际情境进行解读,且其特征比较明显,所以在识别上可以作为另一类型。这样的分类能够更好地兼容不同的数据库,并且有较好的理论依据。

表 15-4 微表情数据库总结

数据库名称	FPS	参与者数	样本数	诱发方式	种类	标签
USF-HD	30	/	100	表演	6	微表情/非微表情
Polikovsky	200	10	42	表演	6	FACS
SAMM	200	32	224	自发	7	情感/FACS
SMIC	100	16	77	自发	3	情感
CASME	60	19	195	自发	7	情感/FACS
CASME II	200	26	247	自发	5	情感/FACS
CAS(ME)^2	30	27	303	自发	4	情感/FACS/自我报告
CAS(ME)^3	30	244	2836	自发	4/7	情感/FACS/自我报告
MEVIEW	25	16	31	自发	6	情感/FACS
York DTT	25	9	18	自发	5	情感

15.1.8 微表情数据库的问题与挑战

目前公开的微表情数据库还存在不少问题。例如,录制过程存在干扰因素、对微表情的标定不严格等。但是,最大的问题是微表情数据库中的样本太少,即使是将中国科学院心理研究所发布的CASME系列微表情数据库中的所有样本数都加起来也不到2000个微表情。因此，微表情智能分析研究和相关应用受到很大限制。当然，客观原因是微表情数据库的建立非常困难，其中主要是因为微表情的诱发很难。另外，微表情样本的编码会耗费大量的时间和人力。当前对于微表情的情绪标定还没有统一的标准，并且目前编码还主要依赖肉眼，需要编码者慢速甚至逐帧观看视频。另外，现在的许多微表情数据库视频质量不高，时间和空间分辨率较低，这也不利于开展微表情检测和识别研究。综上所述，未来建立微表情数据库需要重点考虑如下因素：（1）时间和空间分辨率；（2）微表情的诱发范式；（3）数据库样本的多样性。

小结

本节基于三代生态效度不同的诱发范式介绍了一系列微表情数据库，概述了微表情的标注和分类方法，探讨了目前微表情数据库存在的问题，并对未来的发展提出了建议。

思考题

1. 如何能够采集生态效度高并且环境因素相对可控的微表情样本？请尝试设计微表情诱发实验。

2. 情绪会唤醒生理指标和外部表现，那么请思考有哪些生理指标和微表情相关，请列举几个模态。

15.2 微表情的智能分析

如图15-2所示，微表情的智能分析包括检测和识别两个方面。在实际应用中，微表情检测是从一段长视频中把发生微表情的视频片段检测出来，并标注该微表情的起始帧、顶点帧和结束帧，然后由微表情识别算法对检测到的微表情片段进行情感分类。

近些年，国内外涌现了不少研究微表情的团队，已取得了一些创新性的成果（徐峰，张军平，2017）。但迄今为止，关于微表情检测方面的研究要少于微表情识别方面的研究。下面简要介绍微表情智能分析的主要流程。

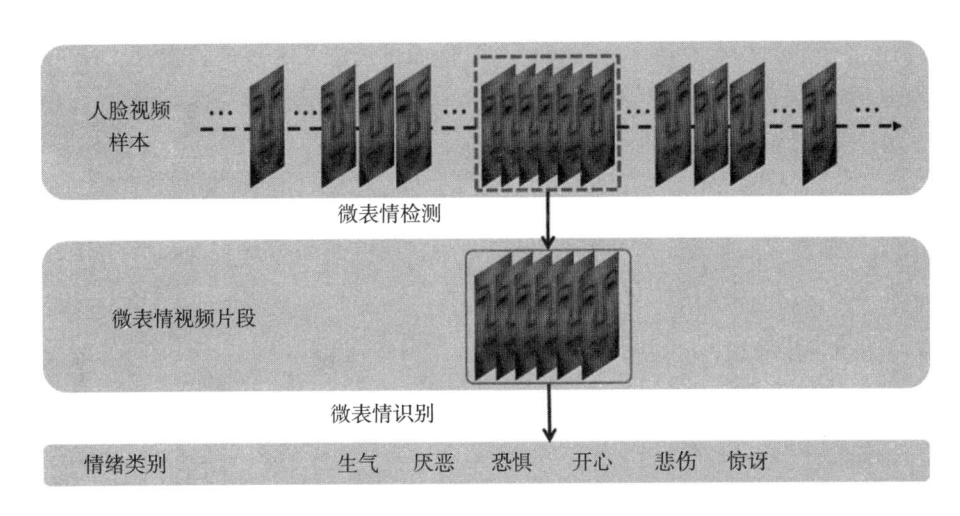

图 15-2　微表情智能分析流程：微表情检测与识别

15.2.1　微表情的智能检测

由于微表情检测是判定视频中是否存在微表情并且定位其发生时刻的过程，检测算法的性能直接关系到后续处理的有效性。目前已发表的微表情智能检测过程主要包括两种思路，一种是通过比较视频中帧间特征差来检测微表情，另一种是通过机器学习模型学习微表情的特征进而对微表情帧和非微表情帧进行分类。

如图 15-3 所示，特征差异法的主要流程是计算时间窗口中每帧之间的差异，通过在整个视频中设置阈值，检测最明显的脸部运动（Davison et al., 2018b; Moilanen, Zhao, & Pietikäinen, 2014; Wang et al., 2017）。这类方法的缺点是无法区分微表情和其他类型的头部运动或宏表情，尤其是在长视频中，会发现许多高于阈值的运动，从而导致较高的误检率。

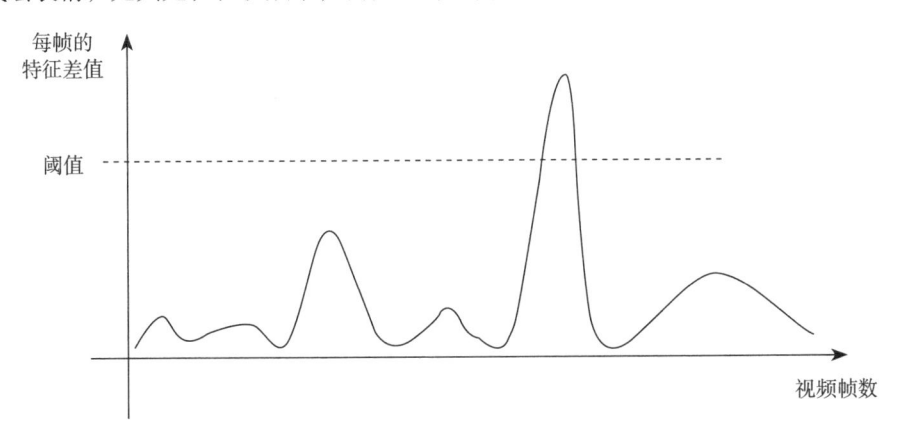

图 15-3　基于特征差异法的微表情智能检测：通过设置阈值检测幅度较为明显的运动

如今，为了增强检测方法区分微表情与其他面部运动或者表情的能力，基于机器学习/深度学习的微表情检测方法刚刚兴起。通过利用不同的机器学习模型（Li, Soladié, & Séguier, 2020；Tran, Hong, & Zhao, 2017；Wang et al., 2021），微表情的面孔平面特征和时间变化特征可以被学习到，从而在视频中区分微表情帧与非微表情帧。但是，当前基于深度学习的微表情检测方法研究受到微表情小样本问题的限制，其性能还无法满足实际场景的应用需求。

15.2.2　微表情的智能识别

与微表情检测不同的是，所有的微表情识别方法都使用机器学习/深度学习进行情感分类。微表情识别方法可以分为两大类：手工特征方法和深度学习方法，如图 15-4 所示，两者的主要区别是模型网络是否参与了微表情的特征提取。

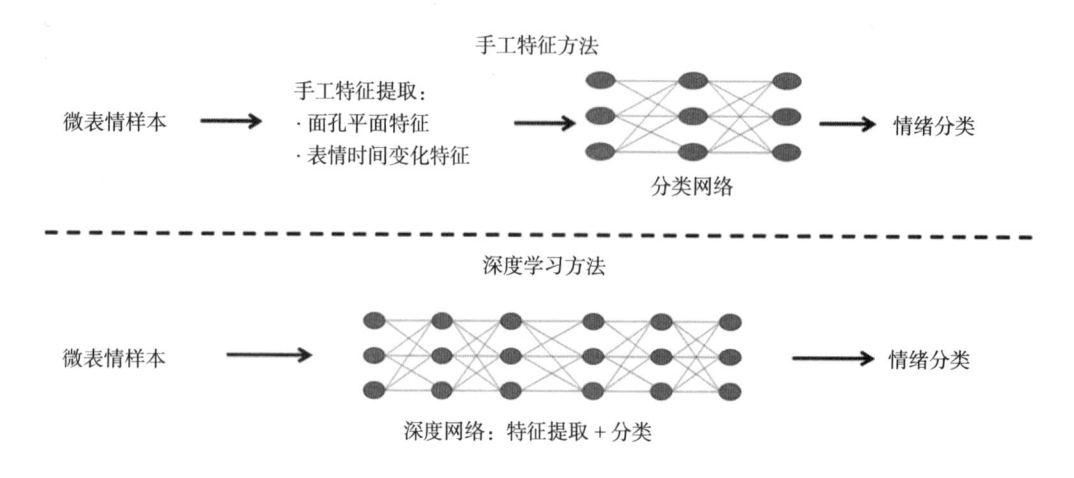

图 15-4　微表情智能识别的两种思路：手工特征方法和深度学习方法

在手工特征方法中，算法首先提取针对微表情的特征，再利用分类器对微表情进行分类（Huang et al., 2017；Li et al., 2017；Wang et al., 2015）。但是，手工提取的特征很难完美地代表微表情的特征，由此训练出来的模型无法很好地满足真实场景的需求。

近年来，结合深度学习的微表情识别成为主要趋势，并且识别率在不断提升（Verma et al., 2021；Wang et al., 2018；Xia et al., 2020）。深度神经网络直接参与微表情在面孔空间和时间维度上的特征提取，增强网络针对微表情特征的获取能力，从而提升智能识别算法的性能。

15.2.3 微表情分析的挑战与展望

目前，在心理学方面，对微表情的各种性质仍在研究之中，很多结论尚存在争议。微表情识别不仅要研究微表情自身特点对微表情识别的影响，也要研究观察者以及环境对微表情识别的影响，进而系统、深入地解决微表情识别过程中遇到的问题。与微表情识别的研究相比，微表情表达的研究相对较少，而且不同研究者报告的结果也存在较大差异。微表情的研究仍然停留在认知的浅水区，例如，研究者对于微表情持续时间的上限尚未明确，对微表情的心理与神经机制的认识还十分有限。解决这些问题将深化人们对微表情本质的认识，对微表情性质、识别过程和表达模式会有更深入的了解，进而为微表情的实际应用奠定基础。

由于微表情的诱发、采集和标定都十分费时费力，造成微表情的样本量非常小，是典型的小样本问题。近年来，由于计算机硬件的迅速发展，深度学习已经在物体检测、自然语言处理等领域取得了卓越的效果。与人脑具有小样本学习的能力不同，深度学习是从海量数据中学习到关键的特征，数据规模越大，涵盖所有的关键特征的可能性越大。因此，对于微表情这样的小样本问题，深度学习就无法发挥强劲的实力。此外，微表情样本种类分布严重不均衡的问题也影响了深度学习模型的训练。

目前微表情的研究主要还是在学术领域，而微表情的重要价值在于实际生活中的应用，即通过计算机对微表情的检测和识别，使得人们能够在日常生活中检测出微表情并且读懂某种微表情背后的真正含义。相信在工程领域微表情研究要走的路还很长，随着计算机硬件的不断发展，心理学和计算机科学的交叉互补，必将促进微表情研究的不断深入，使之应用到更广阔的领域，包括测谎、医疗、安全等。

小结

本节简要介绍了微表情的智能分析流程，包括微表情检测与识别的主要技术路线。此外，结合微表情样本的现状，对微表情智能检测与识别的挑战进行了分析，并对未来的技术发展与应用进行了展望。

思考题

1. 在真实场景下应用微表情的智能分析时，可能需要控制哪些变量？
2. 请思考有哪些应用场景急需微表情智能分析的落地应用？作为心理学专业的学生，如何结合人工智能等技术，实现在真实场景的微表情检测与识别？

第 16 章
姿态线索的自动识别

人们是如何得知并习得可能有助于识别谎言的线索的呢？欺骗四因素理论（详见第 3 章）或许可以解答你的疑惑。罗彻斯特大学的学者们整理、分析并总结了近半个世纪的欺骗研究文献与结果，发现个体说谎时会在认知、唤醒、情绪或者行为控制等心理因素上产生变化，进而影响说谎者的言语及非言语行为，故观察者能通过个体说谎时这些言语或非言语行为上的变化即欺骗线索，辨别他人是否说谎（Zuckerman, DePaulo, & Rosenthal, 1981）。例如，朴次茅斯大学的研究团队发现个体在说谎时的认知负荷相比于说实话时要高许多，因为说谎者首先要置身于自己所编造的角色以及故事中，同时需要时刻记住自己所扮演的角色特点以及所编造的故事内容以避免出错，因此说谎者的行为在一定程度上会受认知负荷的影响而发生变化（Vrij et al., 2009）。弗吉尼亚大学的学者则认为，说谎的人往往因害怕谎言被识破而产生紧张情绪。根据来自 75 个国家的 2300 人填写的问卷数据以及访谈记录（Global Deception Research Team, 2006），研究者们发现世界各地的人们用于识破他人谎言名列前三的线索如下：71.5% 的人会根据一个人是否回避注视来判断其是否说谎；65.2% 的人认为说谎的人会较为频繁地变换姿态；64.8% 的人会根据对方是否抚摸或抓挠自己作为识别谎言的线索。名列前三的谎言线索验证了弗吉尼亚大学的学者的观点（DePaulo et al., 2003），与紧张情绪有较密切关系的外部行为表现被世界各地多数的人视为判断他人是否说谎的有效线索。无论测谎专家，还是一般百姓，人们都懂得通过谨慎地观察，寻找并记住自身与他人说谎时那些非同寻常的行为举动，作为辨别他人是否说谎的线索，并根据这些线索和自身经验最终判断他人是否说谎。运用计算机进行人体姿态线索的自动测谎系统也不例外，也是需要通过观察大量的说谎行为，然后根据所观察到的行为举动归纳出可能有利于识别谎言的线索，从而学会识别谎言。但不同于人类，计算机观察他人行为的方式、归纳出有利于识别谎言的线索，以及最终的辨别谎言的过程并不是通过眼睛和大脑，而是借助传感器或计算机视觉技术来模拟人类的眼睛观察大量的说谎行为，依靠机器学习算法归纳出有利的说谎线索，以及利用不同的分类器来辨别谎言。

本章将先介绍不同人体姿态信息的采集与量化方法、不同人体姿态数据的特征提取算法与公式，以及相应的模式识别分类算法；然后，介绍两个基于人体姿态线索的自动测谎系统及其谎言识别准确率；最后，介绍若干姿态数据库和欺骗行为数据库。

16.1 人体姿态信息的采集、量化与姿态识别

16.1.1 基于加速度计的人体姿态识别

加速度计是一种用于测量加速度的仪表（见图 16-1）。加速度测量是近年来工程研究中的重要课题之一，原因就在于加速度值可用于计算许多重要参数（如动载荷）。举个例子，一天至少有上万架国内外飞机于我国上空飞行，我们是如何确保这些飞机均不会相撞的？事实上，航行器（如飞机、火箭和舰艇）的瞬时空间位置可以通过惯性导航连续地测出其加速度，经过积分运算得到速度分量，再次积分就可以得到一个方向的位置坐标信号，通过对三个坐标方向的仪器测量结果进行综合求出运动曲线，从而得知每个航行器的瞬时空间位置。再如，某些控制系统常常需要以加速度信号作为控制信息的一部分。加速度测量尤为重要，而这种能连续地给出加速度信号的装置就是所谓的加速度传感器或加速度计。

加速度计主要用于行为检测，即用来实时检测个体是处于站立、行走、跑步还是跌倒的姿态。加速度计的优点是简单、稳定、低价、抗噪能力强且便于携带。如图 16-1 所示，通过穿戴于腰带上的三轴加速度计所收集的三维空间中 x、y 和 z 方向上的加速度，来实现简单的人体姿态识别。

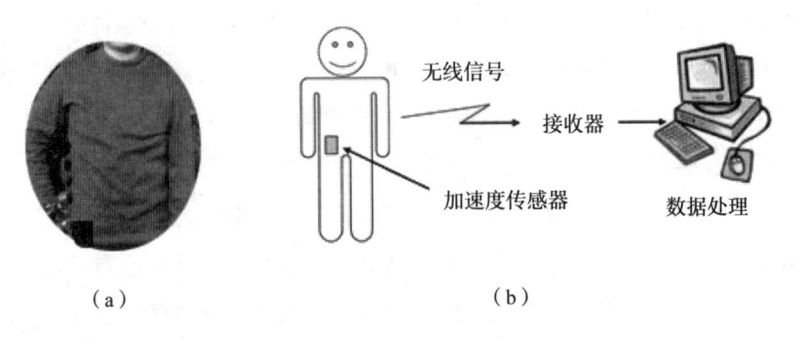

图 16-1 （a）挂在腰带上的三轴加速度计；（b）人体姿态识别系统框架图

个体跌倒过程中，人体与地面或其他物体发生剧烈的碰撞时，会引起空间中 3 个相互垂直轴向上加速度值的变化。对空间中 3 个正交方向上所测得的加速度值的平方求和后再开方，可得到人体发生跌倒后与某一物体产生碰撞所引起的振动幅值（王剑，2013）。

由加速度值所提取的特征与参数可通过高斯混合模型（Gaussian Mixture Model, GMM）实现运动目标检测以及人体姿态识别等任务。GMM 是普遍用于描述混合密度分布的模型之一，该模型通过若干高斯概率密度函数的加权和，进而描述特征矢量在概率空间的分布状况，从而实现上述不同分类与识别任务。然而参数估计的精度是 GMM 面临的最大问题，参数的优劣直接影响了模型的有效程度和应用领域（钟金琴等，2012）。因此有学者提出 GMM 的训练采用期望最大化（Expectation-Maximization, EM）算法来进行最大似然参数估计，并发现基于 EM 算法的 GMM 人体姿态识别系统在行为识别中有着较好的准确率（Allen et al., 2006）。

16.1.2　基于张力传感器的人体姿态识别

张力传感器是一种在张力控制过程中用于测量张力值大小的仪器。在人体姿态研究领域中会将若干张力传感器嵌入贴身服装（见图 16-2）。每个张力传感器则通过数据线将数据实时传递到位于个体口袋中的蓝牙数据记录器，该记录器将通过蓝牙将数据实时传递到计算机上（Mattmann, Clemens, & Tröster, 2008）。

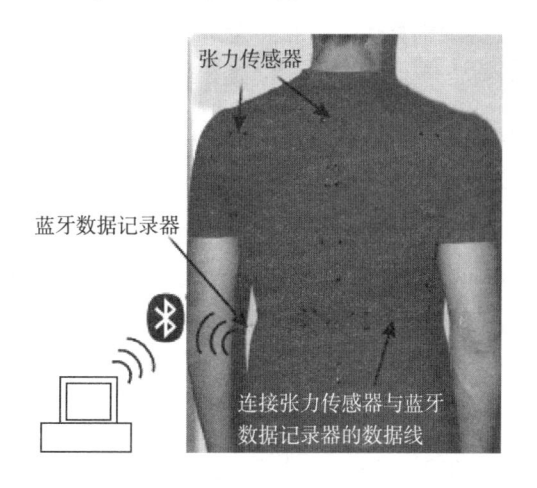

图 16-2　嵌在衣服上张力传感器

服装上的张力传感器将收集个体不同动作或人体姿态下服装上不同部位的张力数据，然后根据传感器所收集的张力数据，构建一个完整的张力分布图。

在一项研究中，服装上一共嵌入 21 个张力传感器，观察并记录 27 种不同人体姿态的张力数据。该研究收集了 8 个实验参与者于 27 人体姿态下共 1296 份张力数据，其中要求每一个参与者将每个姿态重复 6 次。由于个体与个体之间的身材差异较明显，将每一个参与者的数据统一减去自己基线条件下的张力值得到处理之后的张力数据，利用朴素贝叶斯分类器进行分类。最终通过 k 折交叉验证法（k-fold Cross-validation）以及留一法（Leave-one-out）取得每一个样本的准确识别率。

16.1.3 基于视觉捕捉技术的人体姿态识别

除了上述基于各种可穿戴传感器采集数据的方法实现人体姿态识别，也有研究者利用视觉捕捉技术如视频或静态图像来实现这一目的（Weinland, Ronfard, & Boyer, 2011）。在特征表达方面，基于视觉捕捉技术的人体姿态识别起初是采用人体轮廓作为姿态特征表达（Boulay, Brémond, & Thonnat, 2006）。但缺点是轮廓特征仅仅从整体角度出发，而忽略了身体各部位的细节，因此不能精确地表达丰富多彩的人体姿态。也有研究者采用基于身体部位的姿态表达，即把人体轮廓分成若干个身体部位，例如，颈部、躯干和腿。由于这些姿态特征都是从二维彩色图像中抽取而来的，需要处理定位、遮挡、光照等问题（Souto & Musse, 2011）。

为了实现人体姿态的自动识别，过去 20 年中计算机视觉与机器学习领域的专家学者不断地提出新的动作与姿态识别算法。现有的人体姿态识别算法通常采用模板匹配法和状态空间法（郑莉莉，黄鲜萍，梁荣华，2012）。模板匹配法是将图像序列转换为一组静态形状模式，在识别过程中用预先存储的行为标本来解释图像序列中人体的运动信息（Silva et al., 2011）。该算法计算复杂度低，实现简单，但是对行为的时间间隔较为敏感，鲁棒性差。例如，佐治亚理工学院的研究团队将目标运动信息转换成能量图像和历史图像（Bobick & Davis, 2001），也采用无限冲击响应滤波器来描述运动（Masoud & Papanikolopoulos, 2003），或采用动态时间规整来匹配运动序列（Veeraraghavan, Chellappa, & Roy-Chowdhury, 2006）。状态空间法用状态空间模型定义每个静态姿态为一个状态，这些状态之间通过某种概率相互联系，而每个运动序列可以看作这些静态姿态不同状态之间的一次遍历，并计算其联合概率的过程（Cao, Ou, Yu, 2012）。该算法虽然能够避免对时间间隔建模的问题，但是训练样本较大，计算复杂度高。因此有意大利的学者提出用神经网络对轮廓进行分析来识别人的姿态（Buccolieri, Distante, & Leone, 2006），中国学者采用隐马尔可夫模型对运动状态进行描述，并提出了一种采用多特征融合的姿态描述和模板匹配相结合的算法。多特征融合的姿态描述方法能够较为准确地描述人体姿态，克服了模板匹配法对时间间隔的敏感，增强了算法的鲁棒性,其中多特征包括人体六星轮廓位置、人体运动部位的角度和离心率等人体姿态信息(Liu, Chung, & Chung, 2010)。该算法中利用基于径向基核函数(Radial Basis Function, RBF)的支持向量机对姿态进行建模和分类,实现对人体 12 种运动姿态的识别(Keerthi & Lin, 2003)。

支持向量机(SVM)由于出色的学习性能,已成为机器学习界的研究热点并在很多领域得到应用,如人脸识别、头部姿态识别等。SVM 的主要思想可以概括为两点:(1)它是针对线性可分情况进行分析,对于线性不可分情况,通常使用非线性映射算法将低维输入空间线性不可分的样本转化为高维特征空间,使其线性可分,再利用 SVM 进行分类;(2)它基于结构风险最小化理论,在特征空间中建构最优分割超平面,使得学习器得到全局最优化,并且在整个样本空间的期望风险以某个概率满足一定上界。SVM 理论最初源于数据分类问题的处理,SVM 就是要寻找一个满足要求的分割平面,使训练集中的点距离该平面尽可能远,即寻求一个分割平面使其两侧的分类间隔尽可能最大(谢非,徐贵力,2009)。SVM 根据结构风险最小化准则,在使训练样本分类误差极小化的前提下,尽量提高分类器的泛化推广能力,将其求解转换成二次规划的问题。通过构造一个超平面作为决策平面,使特征空间中的类模式分开,且模式之间的距离最大,它的解是全局唯一的最优解。由于提取的特征是非线性的,因此用核函数能将特征向量从原始的特征空间映射到一个高维的特征空间。核函数有很多种,如线性核、多项式核、Sigmoid 核和径向基函数核。

郑莉莉等(2012)所提出的人体姿态识别算法,采用了二维多特征空间和 SVM 多类分类器,特征空间包括了人体六星轮廓位置、人体运动部位的角度和离心率,分类器经过样本特征空间的监督学习后构建多姿态分类模型,并对自采集数据的 12 类姿态和魏茨曼动作数据库(Weizmann Action Database)中的 10 种姿态进行分类,且获得了较好的分类结果。该算法中所提出的特征向量空间能够简单直观地描述各类姿态,且通过 SVM 所建的模型对姿态的分类精确度很高,可见该研究所建立的模型对小样本条件下的人体姿态具有很好的识别效果。上述研究中所探讨的姿态只有 12 类,这对于实际场景中的应用来说远远不够。

随着传感器技术的研发与开发,Kinect 等深度传感器不仅提供彩色图像数据,而且提供三维深度图像信息。三维深度图像记录了物体与传感器之间的距离,使得获取的信息更加丰富。如利用 Kinect 的实时骨骼跟踪技术和 SVM 识别 4 种姿态(站、躺、坐和弯腰)。刘开余和夏斌(2014)采用逻辑回归算法对 54 种姿态进行识别研究,设计开发了实时的人体姿态识别系统。运用微软公司提供的 Kinect 体感器所提供的红外发射器、RGB 摄像头、红外深度图像摄像头等信息,可将红外发射器和红外深度图像摄像头组合起来获取深度图像和 RGB 彩色图像,来实现人体姿态识别。骨骼跟踪是在深度图像的基础上,利用机器学习方法逐步实现的(Shotton et al., 2013)。第一步是人体轮廓分割,判断深度图像上的每个像素是否属于某一个用户，从而过滤背景像素。第二步是人体部位识别，从人体轮廓中识别出不同部位，如头部、躯干、四肢等。第三步是关节定位，即从人体部位中定位20个关节点。Kinect的骨骼跟踪技术可以主动跟踪2个用户，被动跟踪4个用户。主动跟踪时，捕获用户身体20个关节点的三维位置信息。被动跟踪时，只捕获用户的脊柱中心位置。骨骼坐标系以红外深度图像摄像头为原点，x轴指向体感器的左边，y轴指向体感器的上边，z轴指向视野中的用户。Kinect所采集的20个关节点的三维空间坐标信息，可用于计算关节点之间的关节角度特征。同时运用以上两种特征，可提高不同姿态特征的独特性与区分性。刘开余和夏斌（2014）进行了在线实验，经实验测试证明，结合Kinect的骨骼跟踪和逻辑回归算法可以较好地实时识别不同的人体姿态。

16.1.4　基于光学运动捕捉系统的人体姿态自动识别及其谎言识别准确率

光学运动捕捉通过对目标上特定光点的监视和跟踪来完成运动捕捉任务。也就是说，如果空间中的某个点能同时被两部或多部相机捕捉，那么就可以根据同一时刻两部或多部相机所拍摄的图像和相机参数，通过光学三角测量法确定这一时刻该点在空间中的位置，而当相机以足够高的速率连续拍摄时，从图像序列中就可以得到该点的运动轨迹。

三角测量法是光学三维测量的基本方法，该方法可以分为两大类：被动三维测量、主动三维测量，或无源三角测量、有源三角测量（陈益松，夏明，2012）。被动三维测量属无源三角测量，是在现场光下使用2个或2个以上相机成一定夹角对物体进行拍摄，根据被测点在不同像面上的相互匹配关系，来计算物体点的三维坐标。由于双相机系统与人眼双目立体视觉的原理相似，因此又称双目视觉。该方法对于有限特征点的目标识别非常有效。主动三维测量属于有源三角测量，采用结构光照射方式，由于物体表面形态对结构光场的调制，使得我们能够从携带有三维面形信息的观察光场中解调得到三维面形数据。这种方法可以获得高密度点云数据，具有较高的测量精度，因此被广泛应用于外形轮廓的测量。主动三维测量又分为直接三角法和相位测量法（郝煜栋，赵洋，李达成，1998）：直接三角法是指运用三角几何关系直接求解的方法，而相位测量法则是在三角法的基础上依据投影光栅相位变化来求解。

典型的光学式运动捕捉系统通常使用6至8台相机环绕场地排列，这些相机的视野重叠区域就是表演者的动作范围。为了便于处理，通常要求表演者穿上单色的贴身服装，在身体的关键部位如关节、髋部、肘、腕等位置贴上一些特制的反光标注点或发光点（Marker）。而光学运动捕捉系统将通过多台相机同时记录这些标注点的位置，并根据提前设置好的相机位置和三维空间设置驱动相机连续拍摄表演者的动作,并将图像序列保存下来,然后再进行分析和处理,识别其中的标注点并计算其在每一瞬间的空间位置,进而得到其运动轨迹。为了得到精确的运动轨迹,相机应有较高的拍摄速率,一般要达到每秒 60 帧以上。

研究者们利用光学运动捕捉系统记录下粘贴在服装上的反光标注点的位置信息(见图 16–3),计算出速度、加速度、方向向量、夹角、旋转角度、位移量等定比数据,并利用上述一个或多个信息实现人体姿态识别。

图 16–3 光学运动捕捉系统以及贴了反光标注点的实验参与者

剑桥大学的研究人员于 2015 年利用光学运动捕捉系统,进行了一项基于人体姿态信息的谎言识别研究(Van der Zee et al., 2015)。剑桥大学的研究团队观察记录下 90 对实验参与者在实验过程中欺骗与非欺骗行为。经分析与处理后,该研究提出基于全体姿态信息模型的自动谎言识别方法,准确识别率达到 74.4%(实话准确识别率 80.0%,谎言准确识别率 68.9%)。若将全体姿态信息模型分解成若干个独立的部位如左右手臂、左右腿、躯干和头,则准确识别率提升至 82.2%(实话准确识别率 88.9%,谎言准确识别率 75.6%)。

16.1.5 基于计算机视觉技术的人体姿态自动识别及其谎言识别准确率

随着计算机视觉技术的进步,有学者借助计算机视觉技术,针对以往姿态动作不够细分,即姿态线索的精准量化问题试图予以解决。亚利桑那大学的学者们通过模拟犯罪范式考察 164 名实验参与者在审问过程中的行为（1/4 的人根据任务要求偷窃了含有 100 美元的钱包，3/4 的人根据任务要求曾进入犯罪现场取东西）。该研究利用计算机视觉技术（皮肤检测法）追踪并记录所有实验参与者的头部总位移量以及左右手的总位移量、触摸的身体部位及其触摸次数和总时长。结果显示，犯罪组左手触摸躯干的总时长显著长于无辜组，同时发现犯罪组头部总位移量显著少于无辜组（Burgoon et al., 2005）。

随后，亚利桑那大学的团队进一步利用计算机模式识别方法重新考察并分析上述 2005 年的模拟犯罪研究。从 2005 年的研究中的 164 名学生中挑选出 26 名符合 4 个条件的学生（拥有正面脸视频及音频，遵循所有实验指导语，在审问过程中没有招供，视频及音频质量佳），对其在审问过程中表现出的非言语视觉线索进行分析。将身体一共分成头部、脸部、上半身以及下半身 4 个部位，并聘请数名编码者（每个部位由 3 名编码者负责）通过人体姿态编码软件 CMI-Behavioral Annotation System（Meservy, 2010），对以上 26 名学生的审问视频进行人工编码。随后通过所开发的 THEME 软件（通过模式识别算法挖掘事件与事件之间是否存在关联或一定模式的分析软件，Magnusson, 2006），考察实验参与者审问过程中所有非言语视觉线索的时长、出现次数、执行模式以及先后顺序，由此进一步计算出是否存在由一系列固定动作所形成的"特定行为模式"。结果显示，相比于诚实者，欺骗者的行为模式更单一且行为模式包含的独立动作更少（Burgoon et al., 2014）。此外，该团队利用计算机视觉技术试图辨别共 107 位参加模拟犯罪实验的志愿者（40 位犯罪、67 位没有犯罪）的行为及供词。该研究中，基于计算机视觉技术的人体姿态自动谎言识别系统平均准确率达到 71%（Twyman, Elkins, & Burgoon, 2011）。

小结

历经半个世纪的研究，计算机和心理学专业的学者通过各种传感器及计算机视觉技术先实现对人类说谎行为的观察与量化，随后结合机器学习算法提取并识别那些能作为有效的说谎线索的各种姿态，并最终通过不同模式识别算法建立基于人体姿态的自动谎言识别系统。然而上述研究中取得的成果还未达到实用阶段，原因在于上述研究中让计算机观察并习得的姿态以及说谎线索，仅代表了地球上一小部分人的姿态与说谎行为，所得到的成果缺乏普遍性，也不具推广性。故当今基于人体姿态的自动谎言识别研究，需要通过收集足够多且同时具有普遍性以及推广性的姿态与说谎行为数据，建立一个普遍适用性较高的姿态与说谎行为数据库，方可客观评估不同人体姿态自动谎言识别系统的鲁棒性和有效性。下一节将介绍当今得到较多认可的姿态数据库和说谎行为数据库。

思考题

1. 人类与计算机如何得知并习得有助于识别谎言的线索？
2. 计算机是如何实现基于姿态的自动谎言识别算法的？
3. 当今计算机领域会通过哪些手段观察并量化人类姿态以及说谎行为？
4. 至今基于人体姿态的自动谎言识别系统有哪些？其准确识别率分别为多少？

16.2 人体姿态与欺骗行为数据库

随着计算机视觉领域的飞速发展，人工智能算法也不断推陈出新，研究者们不断推出新的数据库供学者们验证与测试所提出的算法。下面将介绍至今被较广泛使用的人体姿态数据库和欺骗行为数据库。

16.2.1 Leeds Sport Pose（LSP）数据库

LSP 数据库是由利兹大学计算学院的学者于 2010 年建立的运动姿态主导的数据库。该数据库包含 2000 张姿势注释图片，这些图片为 Flickr 平台上各种运动项目的照片，随后对每张图片进行预处理，使每张图片中的人物长度统一为 150 个像素。每张图片以人体中心视角逐个标记左、右共 14 个关节点，这些关节点的名称如下：Right ankle、Right knee、Right hip、Left hip、Left knee、Left ankle、Right wrist、Right elbow、Right shoulder、Left shoulder、Left elbow、Left wrist、Neck、Head top。一年后该团队扩大了 LSP 数据库，由原先的 2000 张姿势注释图片提升到 10800 张姿势注释图片（Johnson & Everingham, 2011）。

16.2.2 Frames Labeled In Cinema（FLIC）数据库

FLIC 数据库由华盛顿大学的学者于 2013 年建立。原作者利用人体自动检测算法，以 10 帧为单位快进、检测并提取出来自 30 部著名好莱坞影片中共 2 万张含有明确人体的图片。随后，这些图片被传到 Amazon Mechanical Turk（AMT）平台进行人工编码，每张图片均由 5 位编码者进行注释，标记人物上身的 10 个关节部位。最后，原作者手动剔除那些人体被遮挡或人体非正面的图像，最终取得 5003 张来自著名好莱坞影片中的人体姿态图片

（Sapp & Taskar, 2013）。

16.2.3 Max Planck Institut Informatik（MPII）人体姿态数据库

MPII 数据库的图片来自 YouTube 的 3913 段视频，该视频均为人们日常生活中进行的活动，如与运动相关、行走相关、职场相关、家务相关、园艺相关等 21 类活动，21 类活动可继续细分成 823 项具体的行为，如职场相关活动包括面包师端烤盘的行为、行政人员敲键盘打字的行为等，或是与家务相关的活动如照顾孩子、擦拭家具、地板上蜡等行为。选出视频后原作者以人工的方式筛选出视频中的 24920 张图片，随后通过 AMT 平台对图片中的 40522 人进行人工编码，将左右眼、肩膀、手肘、手腕、腰、膝盖、脚踝以及鼻子等部位进行注释。该数据库除了以上进行注释的图片之外，还提供了注释图片前后几帧的图片，以便后续研究探讨不同活动中动态姿态的变化（Andriluka et al., 2014）。该数据库可在 Max Planck Institut Informatik 官网 Computer Vision and Machine Learning 部门下的数据库列表中下载。

16.2.4 AI Challenger 人体骨骼关节点检测数据库

AI Challenger 是人工智能领域的全球赛事。AI Challenger 比赛所采用的数据库被许多领域的研究者采用，其中人体骨骼关节点数据库对于人体姿态或预测人体行为等研究至关重要。该数据库较为庞大且取自人类日常活动中的复杂肢体姿态，每张图片都具有 14 个关节点，名称如下：1/右肩、2/右肘、3/右腕、4/左肩、5/左肘、6/左腕、7/右髋、8/右膝、9/右踝、10/左髋、11/左膝、12/左踝、13/头顶、14/脖子。该数据库可在 AI Challenger 官网上进行下载。

16.2.5 University of Central Florida（UCF）101 数据库

UCF101 数据库取材于 YouTube，该数据库为 UCF50 数据库的扩展版，除了有 UCF50 数据库中 50 种不同运动项目的短视频，中佛罗里达大学的学者额外添加了 51 种日常生活中不同动作的短视频。UCF101 数据库一共有 13320 段视频，由于该数据库的视频没经过任何预处理，因此存在相机运动、物体外观和姿势不同、物体比例不均、视点不同、背景杂乱、照明不均等问题，因此是迄今为止最具有挑战性的数据库之一（Soomro, Zamir, & Shah, 2012）。

101 个动作类别中的视频分为 25 组，每组可包含 4~7 个动作视频。来自同一组的视频可能有相似之处，例如，类似的背景、观点等。动作类别可以分为 5 类：人－物体相互作用、仅身体动作、人－人相互作用、演奏乐器、运动。该数据库可在中佛罗里达大学官网 Center for Research in Computer Vision 部门的研究列表中下载。

16.2.6　Real Life Trial Deception Database（RLTDD）数据库

RLTDD 欺骗行为数据库是少数同时包含视频和音频的公开多模态真实法庭情景下的欺骗行为数据库，该数据库由美国密歇根大学的研究团队于 2015 年创建，数据库的视频来自 46 位发言者（21 位女性和 25 位男性，年龄在 16 至 60 岁）在美国法庭现场裁判过程的录像。在警方和法院的协助下，该团队核查视频中发言者的每一段话的真实性，并从中提取出 46 位发言者的一共 121 段视频，其中包括 61 段经核查后确认为欺骗行为的视频，其余 60 段为描述真实信息的视频。平均视频时长为 28 秒（欺骗性视频平均为 27.7 秒，真实性视频平均为 28.3 秒）。该数据库已公开（Pérez-Rosas et al., 2015），经申请可从密歇根大学官网 Language and Information Technologies 研究组下的数据库列表中下载。

小结

谎言自动识别研究目前已开始借助运动捕捉技术、计算机视觉技术以及模式识别技术实现对说谎线索的量化，并取得初步成果。但这些研究仍然处于起步阶段，不仅有赖于新技术和新算法的出现，而且有待更多学者更加系统深入地研究，方可进一步完善基于人体姿态的自动谎言识别系统，为最终打开谎言之门，发现谎言背后唯一的真相，打造一把金钥匙。

思考题

1. 姿态数据库和 RLTDD 数据库有何不同？
2. 为何 UCF101 被认为是迄今为止最具有挑战性的动作数据库之一？
3. FLIC 和 MPII 数据库会通过 AMT 线上人工平台对其数据库的素材进行人工编码，为何动作数据库需要人工编码这个步骤？

第17章
语音线索

一个普通的麦克风,只需简单地回答"是"或"不",片刻后,对面的人就会严肃地说:"你在说谎。"这种用声音就可以判断真伪的测谎仪由济南铁路公安局与公大九鼎心理测试技术中心合作开发研制,可以脱离计算机直接测试,并能实现多层次可切换测试,主要用于火车站、机场等要害地的安检、缉查逃犯、侦查审讯中甄别犯罪,获取犯罪证据。测试时由测试者向被测试者提问,被测试者只需要简单回答"是"或者"不"就好,既可以诚实作答,也可以故意隐瞒。

问:"你的包里带笔了吗?"

答:"是。"

问:"你的包里带刀了吗?"

答:"不。"

……

问:"你的包里带钱包了吗?"

答:"不。"

结论:"好了,你在说谎,你的包里有钱包。"

不到两分钟的时间,测谎仪就明察秋毫了。据专家介绍,当被测试者说谎的时候,测谎仪上红灯闪烁,这至少表明被测试者当时心里是很紧张的。

传统的测谎多采用接触式生理测量仪测量人的皮肤电反应、呼吸波和脉搏波等参数来估计被测试者是否说谎,其主要方法是由测试者依据说谎时相对于诚实作答时生理指标的改变规律来推测被测试者是否在说谎。随着语音处理技术的日益成熟,我们已经具有对语音蕴含的信息进行深度分析的能力。由于语音信号采集方便且隐蔽,不会给被测试者带来额外压力,容易得到较为真实的被测试者的信号,且不易受到其他生理参数的干扰,更具客观性和有效性。这使得语音测谎比其他技术具有天然优势,因此得到普遍关注和重视。

17.1 语音测谎系统的一般框架

一般来说，基于语音的谎言识别系统包括声音采集、预处理、特征提取、模型训练和模型评价五个部分（见图 17-1）。

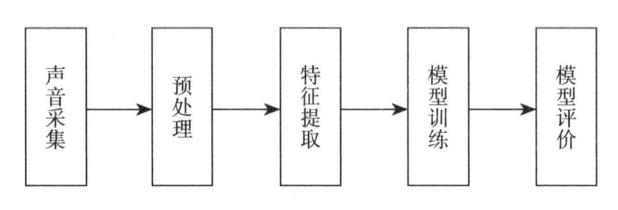

图 17-1　语音测谎识别系统

1.声音采集模块的主要功能是把发音人的原始声音记录下来，送到后续预处理模块。

2.预处理模块对采集到的原始声音做简单处理，方便后续语音特征的提取和计算。一般包括语音端点检测、预加重、加窗、分帧等基本步骤，也会涉及计算基频、能量等基本语音参数。基频的准确度直接影响后续的一些特征提取的准确程度。

3.特征提取模块是系统的重要组成部分，用来提取各种语音参数，这些参数能够在一定程度上表示原始语音的特点，因而后续可以用来识别谎言。这个模块通常也会进行特征选择，主要目的是选择具有高区分能力的特征参数，将与谎言相关较大的特征送给模型训练模块。这样的好处是能够减小模型参数，加快模型计算。

4.模型训练模块主要是借助一些机器学习算法对提取到的语音特征进行模式学习，挖掘出在什么特征模式下，该语音是谎言；在什么特征模式下，该语音是真实的。其输入接口是语音特征向量和样本标签，输出的是训练好的统计模型。

5.模型评价模块最终给出模型识别结果的性能指标，如常用的准确率、召回率和置信度等。准确率是指在识别出的所有谎言中，有多少个是真正的谎言；召回率是指送检的所有谎言中，有多少个谎言被识别出来了。

小结

本节主要介绍了基于语音的谎言识别系统的一般框架，并阐述了其中核心模块的主要内容和作用。本章后续内容将针对其中的主要模块展开详细介绍。

思考题

1. 语音测谎系统的一般框架包括哪些模块？
2. 如何评价语音测谎系统的性能？

17.2 声学特征与谎言相关性分析

基于语音声学特征的测谎技术相对于语音识别和说话人识别领域出现较晚，因此目前还没有成熟一致的研究成果表明哪些特征对谎言的识别具有较高的指示性。一般来说，会借鉴领域的其他相关任务所采用的特征，探索这些特征是否与谎言具有相关性。常用的语音特征一般包括韵律特征、音质特征和频谱特征这三大类。

17.2.1 语音的声学特征

1. 韵律特征参数

韵律特征参数在语音领域有着广泛的应用，主要是指说话人说话时不同的语气、语调等，在声学参数上表现为发音速率、短时能量和基音频率等参数随着时间的变化。如语速和能量可以反映说话者的情绪状态，也可以对说谎状态有所体现。当人信心满满自觉天衣无缝的时候，语速较快，语音的能量也会较高；而当谎言被拆穿的时候，会出现结巴、语速较慢、能量也较少的现象。

在各种韵律特征参数中，特别值得一提的是基音频率。根据声带是否振动，语音信号可以分为清音和浊音。清音由空气摩擦产生，声带不振动。人在发出浊音时，声带会周期性振动，肺部的气流经过声门、声道传播后，会形成一定准周期性的语音信号，该周期则被称为基音周期，周期倒数即为基音频率，简称基频。基频值的大小取决于声带大小、厚薄、松紧程度等。一般来说，女人的基频高于男人，儿童的基频高于成人的基频。基频及其相关参数在语音技术领域具有重要的作用。根据学者的研究发现，一般情况下，愤怒的人或者处在其他激动情绪下的人的基频较高，变化范围较大；情绪低落的人的基频较低，变化较为平缓。

2. 音质特征参数

音质特征参数反映发音时声门波形状的变化，即声音质量的变化（如鼻音和声道肌肉紧张程度等），主要包括共振峰、基频抖动、振幅抖动、谐波噪声比、松紧度、粗糙度、清晰度、明亮度、喉化度和呼吸声等。

（1）共振峰

共振峰是反映声道特征的一个重要参数。声道在发音时能够起到共鸣作用，元音与声道所产生的一组共振频率，就是共振峰。共振峰的主要特点一般用共振峰频率的位置和频带宽度来表示。由于谎言会引起人情绪、压力的变化，进而引起声道的变化，因此，共振峰也是谎言识别的重要特征参数之一。

（2）基频抖动

基频抖动是描述基频快速反复变化程度的物理量，体现了声音的粗糙程度和嘶哑程度。一般来说，说谎、焦虑这样的情绪变化会使大脑产生导致声带肌肉紧张、声道软硬改变的命令，进而造成声音频率的变化。影响基频抖动的因素除与个人发音特点有关外，还与情感剧烈变化而引起的语调、重音变化相关。我们感知到的基频抖动是一个综合作用的结果。在情感分析中，不同的说话模式下都有其特有的基频抖动分布模型。因此，在语音分析谎言中，在不同的语境下也会有不同的基频抖动分布模式。

（3）振幅抖动

振幅抖动是与基音抖动类似的物理量，反映的是振幅的周期性变化。它能够反映声音的嘶哑程度。基频抖动和振幅抖动都可以衡量语音信号中出现的微小变化程度，能够侧面反映声带振动的稳定性。

以上介绍的特征大多数是刻画声带发声变化的情况，而各个声道的变化也会给语音谎言识别提供参考。

3. 频谱特征参数

通常的频谱分析一般采用傅立叶变换来获得频谱信号。但是，傅立叶变换适合周期信号和平稳随机过程信号。在语音信号处理中，一般认为在 5 到 50 毫秒间，发音器官难以发生较大的变化，语音信号相对平稳，因此可以采用短时傅立叶变换获得语音信号的短时表示，也就是频谱特征参数。

（1）线性预测倒谱系数

线性预测倒谱系数（linear prediction cepstrum coefficient, LPCC）假定语音信号为自回归信号，利用线性预测分析技术，用十多个倒谱系数代表了共振峰的特性。前文已经介绍，谎言与声道变化有一定关系，因此，也会引起声道传输函数倒谱的变化，所以 LPCC 能够在一定程度上对谎言进行鉴别。

（2）梅尔频率倒谱系数

LPCC 在所有的频率表示上都是线性的，其实并不符合人耳的非线性听觉特性。人的听觉系统实际对不同赫兹频率信号有着不同的响应灵敏度。为了改变这一缺点，人们提出了梅尔频率倒谱系数，对语音有着更好的表示。在梅尔频域内，人耳对音调的感知为线性关系。比如，如果两段语音的梅尔频率相差两倍，则人耳听起来它们的音调也相差两倍。梅尔频率倒谱系数（mel-frequency cepstrum coefficient, MFCC）的计算方法是：先将线性频谱映射到梅尔非线性频谱中，然后转换到倒谱上。MFCC 自 1980 年提出后，在语音识别、语音情感识别等领域得到了广泛应用。

17.2.2 特征相关性自动分析方法

上文介绍了很多语音领域的相关特征，但并不是所有的特征都与谎言显著相关，因此筛选出与谎言识别相关性较大的特征就显得尤为重要。图 17-2 展示的是特征选择过程，首先从原始特征集合中通过一定选择方法得到一个特征子集，然后用模型评价函数对该特征子集进行评价，若评价结果比停止准则好就终止选择程序，否则就继续产生下一组特征子集，重复以上特征选择步骤。选出来的特征子集可以采用常用机器分类方法进行模型训练，通过分类准确度来衡量特征子集的好坏。由于该方法直接采用分类性能作为指标，因此一般能够获得针对特定识别任务较好的特征子集。

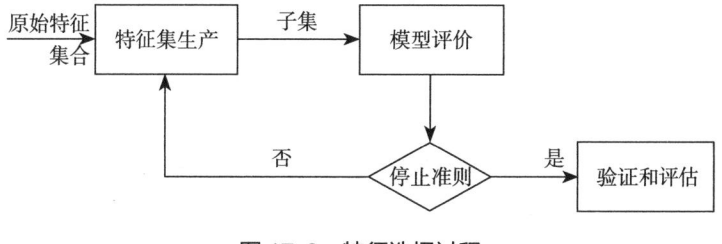

图 17-2 特征选择过程

17.2.3 语音声学特征谎言识别分析

我们已经用一些方法探索语音声学特征和谎言的相关性，并取得一些分析结果，很多人自然而然地在思考是否可以通过计算机进行自动化谎言识别。其实，这是个非常困难的工作。研究表明，人类并不擅长测谎，人类测谎的准确率仅比随机概率高一点点，即比50%高一点（Levine et al., 2005），这侧面反映了基于语音的自动谎言识别将会十分困难。

根据生活经验，人在说谎时，语速、语气等都会发生变化，比如语速变慢、语气变弱、不肯定、停顿较多等。说谎者为了掩饰心虚，也有可能不自觉地提高音量，还可能伴随重复，表达不连续、不完整等。由于说谎会引起情绪和生理的变化，因此也会改变语音发声和共振的特点，比如焦虑、害怕会使得喉部肌肉紧张，增加声门下方的空气压力，最终改变声音的音色。目前市场上在售的语音分析式测谎仪，主要以声音压力分析理论（voice stress analysis, VSA）为基础。该理论认为喉部肌肉微颤能够区分人是否紧张，技术上以人在紧张时发出的7~15赫兹范围内的语音微抖动为主要检测指标。以上提及的这些线索使测谎变得有迹可循，但必须指出的是，由于说谎在动机、事件严重程度和说谎者心理素质等不同因素的共同影响下变得非常复杂，不一定遵循前文提到的音量、音调的变高，而是更复杂综合的特征变化。虽然谎话语音和真话语音相比，所提取出的某个语音特征的整体分布趋势有所差别，但至今，并没有哪一个特征能被直接有效地用来测谎。

小结

本节主要介绍了语音测谎系统中常用的语音特征，主要包括韵律特征、音质特征和频谱特征。由于这三类语音特征较为繁多，且并不是所有的特征都与谎言显著相关，因此，本节也介绍了语音特征相关性的自动分析方法，用于实际语音测谎系统的特征降维和选择。从声音压力分析理论和生活经验分析出发，传统研究也得到了一些与谎言相关的声学特征，这使得基于语音的自动测谎成为可能。但是由于说谎背后的复杂性，谎话语音和真话语音的特征尽管有差异，但目前仍未找到直接简洁有效的谎言特征。这一课题仍值得进一步探索。

思考题

1. 语音常见的声学特征包括哪些？
2. 基频抖动与谎言有什么相关性？
3. 声音压力分析理论主要描述了什么现象？

17.3 语音线索自动识别

以上的研究多为分析研究，那是否可以通过自动的方式进行谎言识别呢？答案是肯定的，借助于机器学习方法，我们可以通过自动的方式挖掘语音特征与谎言之间的关系，从而自动识别谎言。相比于传统的基于生理信号的测谎技术，基于语音线索的谎言自动识别由于其隐蔽性具有更好的发展前途，逐渐被越来越多的学者关注。

17.3.1 语音谎言数据库

在统计机器学习方法中，数据库质量的高低将直接影响基于统计机器学习的语音测谎模型的性能，数据库是整个测谎系统的基石。以下为大家介绍一些常见的谎言数据库。

1. CSC 数据库

CSC（Columbia-SRI-Colorado Corpus）数据库（Enos et al., 2006）是美国哥伦比亚大学构建的谎言识别专业数据库。在录制语料库时，录音人如果通过谎言成功欺骗了对方，则可以多获得 100 美元的物质奖励。这一巧妙的设计使得该谎言语料录制的真实性大大增加。哥伦比亚大学一共邀请了 32 名母语为英语的学生作为参与者，其中，男女生各占一半。在录制开始时，参与者被告知整个活动是为了寻找 25 个符合"美国顶级企业家"潜质的人才，需要回答 6 个领域的问题用来判断参与者是否具备该潜质。参与者的得分实际上是被控制的，通过让两个领域得分较高使参与者相信他们在某两个方面符合要求，在两个领域得分较低，在剩余两个领域则正常。然后，面试官告诉参与者得分并通知他们不符合要求，同时也告诉他们可以申诉并说服面试官他们具备该潜质。如果欺骗成功，他们可以额外获得 100 美元。在交谈过程中，面试官可以随意问问题，而不是仅仅局限在固定的文本语句上。通过这样的方式，哥伦比亚大学一共获得了 15.2 小时的对话，每个对话 25~50 分钟，去掉面试官的语音，最终约有 7 小时的目标语音。

2. Idiap Wolf 数据库

相比于 CSC 数据库，Idiap Wolf 数据库是第一个在多个说话人情况下录制的谎言数据库，由瑞士 IDIAP 研究机构采集得到（Hung & Chittaranjan, 2010）。数据采集以狼人杀游戏为基本剧本，狼人为说谎者，其余村民等人的语音则为真实语音。该语料库通过头戴麦克风和三个同步的摄像机同时录制了音视频数据，因此除了谎言语音研究外，还可以分析引起怀疑的行为和动作。实验人员分为四组，每组平均 8~12 人。数据对每个人的角色进行了标注，同时标注了游戏结果。该数据集包含约 7 个小时的音视频对话数据。

3. DyVis 数据库

DyVis 数据库其实并不是为研究谎言而专门设计的，它是由剑桥大学的弗朗西斯·诺兰（Frances Nolan）团队于 2009 年录制的用于研究语音的动态变化的公开数据库（Nolan et al., 2009）。数据库由 100 个 18 至 25 岁的标准英语发音的男性参与者对话录音组成，共包含了 4 个场景：警察访谈，"帮凶"电话对话，段落朗读，句子朗读。这里面的警察访谈部分其实可以用来做谎言研究。在录制过程中，警察会询问参与者参与的贩毒时间相关的问题。采访完全模仿现实生活，也在回答过程中制造一些紧张气氛，可以营造更加逼真的效果，获取更真实的数据。

4. 多模态谎言数据库

多模态谎言数据库（Pérez-Rosas et al., 2014）录制了生理信号、热量和视觉三种模态下的谎言数据库。生理信号包括血容量脉冲、皮肤导电率、皮肤温度和腹呼吸率四个指标。热量信号采用分辨率 340×240 像素和每秒 60 帧的 FLIR（菲力尔）热视相机进行录制，视觉信息采用两个分辨率为 980×720 像素和每秒 30 帧的常规摄像机进行录制。参与者为 30 个高中生和大学生，25 男 5 女，年龄从 22 到 38 岁不等，全部用英语进行录制。该数据库录制了三个不同场景。第一个是犯罪场景，每一个参与者都被告知有或者没有偷窃 20 美元，需要尽力让审查员相信自己没有偷 20 美元；第二个场景是每个参与者被要求描述他们最好的一个朋友，可以是真实的观点或者是谎言，要求自由描述 2~3 分钟；第三个场景是描述对于堕胎的看法，每个参与者被要求想象自己在参与一个关于堕胎的辩论，自由陈述 2~3 分钟，可以是真实的看法或者是谎言。研究者从录制的有效数据中选择高质量的数据组成多模态谎言数据库。他们的研究发现生理信号和热量信号与谎言识别具有很大的相关性。

5. 苏州大学谎言数据库

SUSP-DSD 数据库是由苏州大学录制用于谎言研究的汉语语料（Fan et al., 2016）。在语料录制过程中尝试让参与者以自身经历为参考，围绕一个话题，自由准备一段 20 句左右的真话或谎话。由于参与者的话题选择涉及面较广，这样汇总起来的语料丰富，包含了很多日常口语词汇。参与录音的参与者共计 40 人，均为苏州大学母语为汉语的学生，普通话表达正常流畅，其中 20 个男生，20 个女生。语料的采样频率设为 48kHz，量化位数 16bit，立体声模式，音频格式为 wav。后续通过 Cool Edit 转化为 16kHz 采样，量化位数 16bit，单声道模式。参与者被要求提前准备一段描述自身经历的真话或者杜撰的谎话，但事先不知道录音时会被提问。在录音即将开始时才被告知会有面试官提问，若能成功骗过面试官（同样为苏州大学的学生），则能获得丰厚的报酬。这与实际生活中的说谎行为的发生比较吻合。大多犯罪分子为掩盖犯罪事实，会事先编好谎言以隐瞒罪行，但不知道什么时候会被警察传讯，也不知道会被问什么问题。有 34 位参与者采集到了真话和谎话语音。剔除掉表现被动、选择话题为无关紧要的事情、动机不明显的参与者，最后共选了 30 位参与者的录音进行标注，其中 15 位男生，15 位女生。

17.3.2　语音自动识别方法

在录制完谎言数据后，接下来该如何借助计算机自动识别谎言呢？包括哪些步骤呢？

基于语音的测谎分析本质上是一个典型的模式分类问题，因此模式识别领域中的许多算法都可被用于语音测谎分析研究，如线性判别器、Adaboost、随机森林、隐马尔可夫模型、高斯混合模型、支持向量机等。线性判别器是根据样本寻找谎言与真实语音之间的分类决策面，找到最优决策面，就可以解决问题。Adaboost 是一种迭代算法，它将多个弱分类器组合构建成一个性能较强的分类器，一般能获得较好的结果。随机森林是通过重采样技术构建不同的子样本集合，并训练不同的决策树模型，然后通过大量决策树的结果进行组合投票得到最终分类结果。高斯混合模型是将多个高斯分布进行混合表示，理论上可以拟合所有分布。研究表明，高斯函数对真实数据一般有较好的拟合优势。支持向量机具有良好的非线性建模能力和对小数据处理的鲁棒性，是一种常用的分类算法，在语音情感识别中表现出良好的性能。

近来，得益于大数据的发展和计算能力的提高，以深度神经网络为代表的深度学习获得了极大的发展。深度学习是目前非常热门的机器学习研究领域，它能够从数据中自动地提取多层特征并进行表征学习，相比传统的手工特征性能要好很多。它主要通过大数据的方式，采用一系列的非线性变换，逐层从原始数据中提取多层特征，能够对数据进行具体和抽象的不同层次的刻画，具有更强的建模和推广能力。深度学习方法为机器学习带来了革命性的进步，语音识别、计算机视觉和自然语言处理等领域在近几年都获得了许多重大突破。因此，也有很多研究者正探索深度学习在语音测谎中的应用。

那么，具体怎么采用统计机器学习方法进行谎言识别呢？以下主要介绍一些基于传统机器学习的谎言识别和基于深度学习的谎言识别的典型方法。

1. 基于 LDA 和 GMM 的谎言识别

潘等人（Pan et al., 2015）探索了不同的声学特征，如 MFCC（梅尔频率倒谱系数）、

PLP（线性预测参数）、基频、过零率在正常语音和谎言语音中的差异。在分析过程中，他们主要利用 MFCC 和 RASTA-PLP 分析男女发音的不同，在这个过程中没有对数据进行单独特殊处理。其中 MFCC 各阶系数在男性和女性之间的差异如表 17-1 和表 17-2 所示。正常语音和谎言语音的差别统计结果如图 17-3 所示。实验表明有些特征参数，如 MFCC、基频在正常语音和谎言语音中差异较大，差别程度达到 20% 左右。

表 17-1　男性在 MFCC 特征参数上的差异度　　　　　　　　　（单位：%）

特征	MFCC 1~12											
差别程度	4.62	9.59	14.52	5.58	7.51	11.07	7.27	2.70	19.14	45.63	28.03	7.01
特征	DELTA MFCC 1~12											
差别程度	10.49	43.05	16.46	6.63	16.13	8.42	23.60	26.89	25.01	32.04	33.30	32.66

表 17-2　女性在 MFCC 特征参数上的差异度　　　　　　　　　（单位：%）

特征	MFCC 1~12											
差别程度	8.20	15.34	12.21	14.23	16.36	31.67	17.84	19.85	9.69	7.87	14.54	8.01
特征	DELTA MFCC 1~12											
差别程度	1.98	6.22	18.22	8.64	2.06	20.64	2.76	14.55	17.04	28.02	7.56	5.73

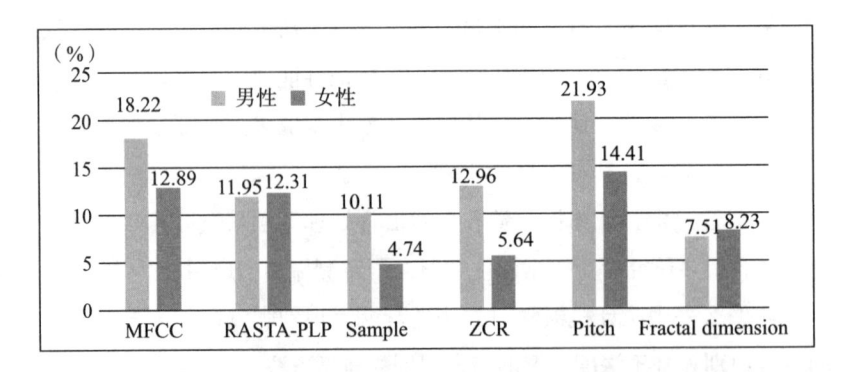

图 17-3　不同语音特征的正常语音和谎言语音的差别统计结果

同时，他们采用线性判别方法和高斯混合模型进行测谎。在男性和女性的语料中，

LDA 的平均准确率分别为 53.7% 和 54.7%，GMM 的平均准确率分别为 58.5% 和 58.4%。由实验可以看出，语音中含有的欺骗性信息，即使非常微弱，在某种程度上也是可以由声学特征分辨出来的。实验结果如表 17-3 和表 17-4 所示。

表 17-3　利用 LDA 方法在男性（M）和女性（F）上的谎言识别率

序号	1	2	3	4	5	6	7	8	9	10	11	12	13	14	15
M（%）	43.3	50.2	51.3	61.0	62.2	61.0	63.0	54.6	54.5	62.4	44.0	32.8	49.7	46.5	69.2
F（%）	63.3	61.2	47.0	28.2	40.6	49.1	64.3	58.0	69.0	55.0	49.0	62.4	59.0	78.4	36.3

表 17-4　利用 GMM 方法在男性（M）和女性（F）上的谎言识别率

序号	1	2	3	4	5	6	7	8	9	10	11	12	13	14	15
M（%）	52.6	58.1	48.7	69.2	70.5	63.3	55.9	63.1	59.6	66.6	41.8	40.7	56.8	52.5	78.0
F（%）	71.4	69.0	53.3	33.9	45.5	54.2	68.1	52.3	75.6	59.1	53.2	58.0	64.5	79.9	38.6

2. 基于深度学习和迁移学习的汉语谎言识别

针对测谎数据库大部分为英语的现状，苏州大学建立了汉语谎言语料库（Fan et al., 2016），并且在该语料库上做了大量分析工作。他们采用深度学习和迁移学习方法进行了语音测谎识别。整个实验的总体流程如图 17-4 所示。具体来说，他们首先收集了汉语谎言数据库，然后经过预处理进行语音特征参数提取，最后进行基于同性别谎言学习和基于跨性别谎言学习。

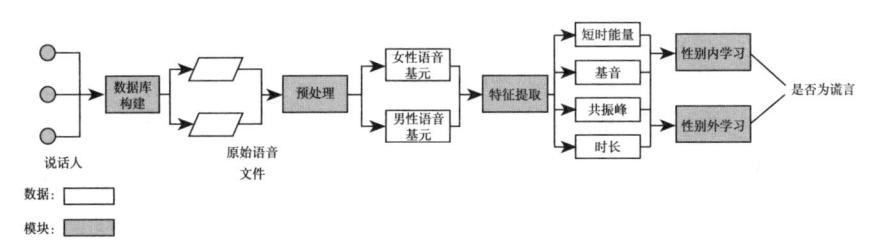

图 17-4　汉语测谎检测的总体流程（Fan et al., 2016）

这个工作探索的语音声学特征主要包括短时能量、基频、共振峰和时长等，并且提取包括最大值、最小值、均值、中值等在内的统计特征。他们采用逻辑回归（LR）、决策树

（J48）、多层感知机（MLP）、支持向量机（SVM）、Adaboost（GBDT）等方法进行了自动谎言识别，结果如表17-5所示。从表17-6可以看出GBDT在男性和女性上均获得了较高的准确率，而J48获得了较高的召回率和F1值。对于跨性别语音测谎而言，一个性别作为源域，另一个性别作为目标域。在表17-6中，列目录表示使用目标域的训练数据百分比，p_{fm}表示女性是源域而男性是目标域，p_{mf}表示男性是源域而女性是目标域。结果显示男性作为源域、女性作为目标域的谎言识别效果比较好。

表 17-5　不同模型在相同性别中的测谎性能比较

模型	男性 准确率	男性 召回率	男性 F1	女性 准确率	女性 召回率	女性 F1
LR	0.5982	0.6622	0.6286	0.6124	0.7321	0.6670
J48	0.5654	0.8469	0.6781	0.6681	0.7464	0.7051
MLP	0.5825	0.6194	0.6004	0.6443	0.7064	0.6739
SVM	0.6144	0.7204	0.6632	0.6315	0.7073	0.6673
GBDT	0.6238	0.7081	0.6633	0.7056	0.6802	0.6927

表 17-6　基于跨性别的 Adaboost 模型测谎性能比较

百分比	Adaboost p_{fm}	Adaboost p_{mf}	TrAdaboost p_{fm}	TrAdaboost p_{mf}
0.1	0.557	0.576	0.583	0.656
0.2	0.567	0.605	0.579	0.638
0.3	0.580	0.623	0.575	0.609
0.4	0.603	0.678	0.574	0.614
0.5	0.620	0.643	0.614	0.629

　　谎言检测涉及声学信号和听觉感知的非线性特性，但在实际中具有较高复杂性且较难提取这样的信息。因此，苏州大学提出了基于奇异值分解（K-SVD）的深度置信网络（deep belief network, DBN）算法（Hinton G.E., Osindero S., & Teh Y., 2006），组合了稀疏算法的高维数据线性分解能力和深度置信网络的深度非线性能力，能够提取重要的时序动态谎言相关结构特性（Zhou Y., Zhao H., & Pan X, 2015）。

　　具体来说，苏州大学首先利用汉明窗进行预处理，然后利用PCA进行特征降维，接着通过K-SVD算法实现语音的稀疏表示，并提取有效的特征表示，最终将频谱的稀疏分解系数输入DBN模型，提取深度特征，构建谎言识别模型，具体流程如图17-5所示。

第 17 章 语音线索

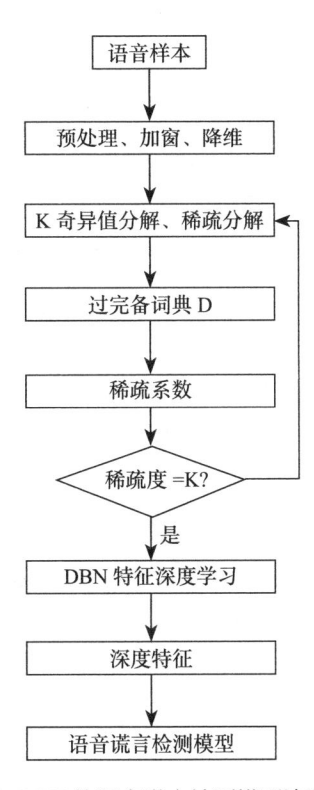

```
         ┌──────────┐
         │ 语音样本 │
         └────┬─────┘
              ▼
     ┌──────────────────┐
     │ 预处理、加窗、降维 │
     └────────┬─────────┘
              ▼
   ┌────────────────────────┐◄──┐
   │ K 奇异值分解、稀疏分解 │   │
   └───────────┬────────────┘   │
               ▼                │
       ┌──────────────┐         │
       │ 过完备词典 D │         │
       └──────┬───────┘         │
              ▼                 │
        ┌──────────┐            │
        │ 稀疏系数 │            │
        └────┬─────┘            │
             ▼                  │
        ◇稀疏度=K?◇─────────────┘
             │是
             ▼
     ┌────────────────┐
     │ DBN 特征深度学习│
     └────────┬───────┘
              ▼
        ┌──────────┐
        │ 深度特征 │
        └────┬─────┘
             ▼
    ┌──────────────────┐
    │ 语音谎言检测模型 │
    └──────────────────┘
```

图 17-5 基于 K-SVD 和 DBN 的语音谎言检测模型流程图（Zhou Y., Zhao H., & Pan X, 2015）

实验采用的语音特征是共振峰、短时能量和 MFCC。DBN 为 4 层，隐层节点数分别为 1600、900、400、225、49，学习率是 0.005，系统迭代数为 80。原始基本特征与稀疏特征这两种特征与深度特征的对比实验结果如表 17-7 所示。可以看出，样本数量的增加能明显提高系统性能，并且利用 DBN 学习到的深度特征能够实现最优效果，即 69.83%。

表 17-7 不同特征下的谎言识别性能比较

样本数	深度特征（%）	稀疏特征（%）	基本特征（%）
N = 1000	60.12	50.46	37.63
N = 2000	61.82	51.25	37.87
N = 3000	63.25	52.13	38.09
N = 4000	65.34	52.30	38.24
N = 5000	65.89	52.97	38.96
N = 6000	66.02	53.05	39.59
N = 7000	66.86	53.24	40.27

(续表)

样本数	深度特征（%）	稀疏特征（%）	基本特征（%）
N = 8000	67.23	54.32	41.48
N = 9000	68.67	55.43	42.56
N = 10000	69.83	56.42	45.78

小结

本节主要介绍了基于机器学习的语音自动测谎方法和系统。数据库是整个测谎系统的基石，本节首先介绍了5个与语音、语言相关的谎言数据库及其设计方法和数据规模，然后介绍了基于以 LDA 和 GMM 模型为代表的传统机器学习方法的谎言识别，以及基于深度学习和迁移学习的谎言自动识别方法。在苏州大学谎言数据库上，基于深度学习的语音测谎系统能取得近70%的准确率，表明了基于语音的自动测谎系统的可行性。

思考题

1. 谎言数据库一般如何构建？
2. 目前有哪些常用的谎言数据库？
3. 基于机器学习方法的谎言识别，与一般的语音识别、说话人识别问题有什么不一样？会有什么特殊问题？可以尝试用哪些技术手段来解决？

17.4 语音自动测谎的展望

这些工作不禁让人相信语音测谎技术正在逐步从幻想走向现实。但实际上，语音测谎技术在实际场合应用时还存在诸多困难。

首先，由于说谎语料较难获取，现有的语音谎言数据库大多不是发生在真实场景的，并且数据量较小，没有一个大规模、标准的高质量测谎语料库。现有的测谎语料库大部分都是英文，因此在这些数据库上的结论很难应用到我国的汉语实际情况下。除语料库问题外，目前没有相对有效的统一的语音谎言特征和模型。不同的语音特征组合和模型对测谎的效果只适用于特定实验环境或者特定语料库，实际应用环境下效果往往会差很多。因此，如何提高模型在不同数据下的性能是今后应首要解决的难题。

其次，噪声会影响语音声学特征的采集的准确性，进而会使得测谎精度下降。为了避免噪声的干扰，在某些应用环境下，使用者可以主动地控制测试环境的噪声情况，尽可能提供较好的录音环境，提高语音测谎的准确性。

每个人由于个性、性别、年龄、情绪等因素的不同，发音也会不同，这也导致了不同人在说谎时的外在表现不同，增加了测谎实用时的难度。未来可以增加被测试者个性评估过程，设置心理测试环节，确定被测试者的个性特征，尽可能提高测谎的准确率。

说谎的心理活动非常复杂，影响因素也较多。一些训练有素或者心理素质好的人也会控制表述方式，尽量使自己的表现和说真话时一致。这也会给测谎带来一定困难。因此，在未来实际应用时，有效地防止反测谎问题对于提高测谎的识别率也至关重要。

小结

本节详细分析了基于语音测谎的主要挑战，包括数据库的规模和建设标准、谎言相关的特征挖掘、由噪声引起的系统鲁棒性问题和说谎者的个性化问题等，并对未来发展趋势进行了展望。

思考题

1. 基于语音的测谎系统在应用时会面临哪些困难？
2. 说谎者个性化的问题是否能较好解决？
3. 基于语音的测谎技术未来有哪些提升方向？

第 18 章
多模态信息

《别对我说谎》中莱特曼博士可整合面部表情、肢体动作、声音及言谈等信息，从而推断某人是否在说谎。比如，说话时摸一下鼻子、摇头之前先轻轻点一下头、话语上生硬的重复都是说谎的迹象。回到现实生活中，人们能否通过言语或非言语线索来辨别某人在说谎呢？答案是肯定的。这些线索被称为多模态信息，对其整合利用有助于提高谎言识别率。

接下来，本章将会介绍多模态在不同学科的定义，概述不同场景下的多模态谎言数据库及构建方法。同时，本章还会针对多模态线索融合的方法及前景进行简要概述。

18.1 什么是多模态

多模态信息的整合利用在日常生活沟通和交流中很常见。比如，人们不仅进行语言表达和沟通，还会观察对方的身体姿势、面部表情及语气语调等，以获取更多信息。从个体感觉通道的角度来说，这些信息来自视觉通道、听觉通道和触觉通道。从信息的呈现形式来说，这些信息以文本、视频和音频的形式呈现。所以，人们在社交互动中搜集信息的方式和信息呈现的方式是多样的。

那么，多模态究竟指什么呢？众所周知，人类有多种不同的感觉通道，包括视觉、听觉、触觉、嗅觉和味觉等。你是否曾经有过这样的影院经历：吃着爆米花欣赏电影？你用眼睛看电影（视觉通道），用耳朵听对白（听觉通道），同时鼻子给你带来爆米花的香气（嗅觉通道），手抓爆米花往嘴里放，舌头感触到坚硬的爆米花慢慢融化（触觉通道），给你带来香甜美味的感受（味觉通道）。这些感觉通道使你与外界产生了信息交换，从而形成与五种基本感觉相对应的模态（桓欢，杨珊，李璇，2018）。

在科学领域，多模态这一概念最先兴起于语言学领域。在语言学中，模态是指交流的渠道和媒介，包括语言、图像、颜色、音乐等多种符号系统（桓欢，杨珊，李璇，2018）。多模态话语实际上是人类感觉通道在人际交往过程中综合使用的结果（陈集泓，2018；桓欢，杨珊，李璇，2018；朱永生，2007），是以多种感觉通道为渠道，以语言、图像、声音、动作等为手段和符号资源进行交互的现象（张德禄，2009）。有两种方式可以区分单模态和多模态（朱永生，2007）。第一种方式是以模态种类的数量为标准。只使用一种模态的话语叫作单模态话语，如用耳朵收听新闻广播（听觉模态），或者用眼睛看小说（视觉模态）（陈集泓，2018；朱永生，2007）。同时使用两种或两种以上模态的话语叫作多模态话语（朱永生，2007）。如进行视频聊天时，不仅用耳朵聆听对方说的话（听觉模态），同时用眼睛观看对方的表情（视觉模态）。日常生活中也有使用三种及以上模态的情况，如在上课时，学生不仅要听老师讲话（听觉模态），要看老师及老师呈现的课件（视觉模态），还要握笔写字（触觉模态），有时候（如上化学课）甚至还需要闻特殊的气味（嗅觉模态）。第二种方式则是以符号系统的多少为标准。同一种模态可以包含多个符号系统（朱永生，2007）。例如，默剧虽然只涉及视觉模态，但是既有文字、图像内容，又有动作。

经过多年发展，多模态的分析已经扩展到心理学、情感计算等领域。情感计算是一门包含人工智能、自然语言加工、认知心理学和社会科学的新兴跨学科领域（Poria et al., 2017）。在该领域中，模态特指数据的存在形式，比如文本、图像、视频、音频等文件格式。多模态则是指以超出一个模态的方式进行呈现。在心理学中，模态或者模式是指接受一个特定的基本感觉刺激，如视觉、味觉、听觉、嗅觉、触觉（Turk, 2014）。多模态便是指同时接受不同的基本感觉刺激。

综上所述，关于多模态的定义可从不同学科和研究领域的角度进行阐述，如表18-1所示。

表 18-1 多模态的定义

学科领域	多模态的定义
语言学	多模态话语实际是人类感知通道在交际过程中综合使用的结果（朱永生，2007），是以多种感觉通道为渠道，以语言、图像、声音、动作等作为手段和符号资源进行交互的现象（张德禄，2009）
情感计算	模态是指数据的存在形式，比如文本、音频、图像、视频等文件格式。多模态则是指以超出一个模态的方式进行呈现
心理学	模态或者模式是指接受一个特定的基本感觉刺激，如视觉、味觉、听觉、嗅觉、触觉（Turk, 2014）。多模态便是指同时接受不同的基本感觉刺激

在语言学的话语分析研究中，多模态话语分析显示出其优越性，突破了以往研究只关注语言系统和语义结构自身的局限（朱永生，2007），使话语意义解读更加全面，能够看到

其他非言语的符号系统在语言交互过程中发挥的作用（潘艳艳，李战子，2017）。同样，多模态分析对于谎言识别也显示出其优势。现实生活中说谎行为很复杂，在一定时段内往往同时伴随着生理生化指标和外在行为表现的各种变化。这些变化往往包含了多模态线索，其整合利用可以提高谎言识别率。英国的朴次茅斯大学的维吉等分析被试的真实和虚假描述，发现说谎者表现出更少的说明性动作、更多的手部动作、更多出现言语停顿、反应的潜伏期更长，判别分析结果显示，通过言语和非言语行为多线索的谎言识别率高于基于单线索的谎言识别率（Vrij et al., 2000）。因此，以系统的方式进行多线索分析能够获得更高的识别率（桓欢，杨珊，李璇，2018），如融合宏表情和微表情会比仅使用宏表情或微表情有较高的谎言识别率（Su & Levine, 2016）。所以，充分利用多模态数据已经成为进一步提高谎言识别率的重要途径。

那么，如何整合心理学和计算机方法搜集多模态数据，构建多模态数据库？在多模态数据库顺利建成之后，哪几类算法可以有效识别谎言？未来，在多模态信息的自动识别领域又可以做哪些新的尝试？也许，下述内容能给你一些启发。

小结

本节主要介绍了多模态在不同学科领域的定义。在心理学中多模态是指同时接受不同的基本感觉刺激。研究表明，充分利用多模态数据已经成为进一步提高谎言识别率的重要途径。

思考题

1. 请结合自身经历，举例说明生活中应用多模态信息的场景。
2. 请阐述多模态在不同学科领域的定义。

18.2　多模态谎言数据库

18.2.1　多模态谎言数据库概述

在谎言自动识别研究中，早期学者聚焦于单模态。但是，相比于仅仅依靠单一模态进行谎言识别，通过整合各类模态特征进行谎言识别的多模态法有着更高的准确率（Abouelenien, Mihalcea, & Burzo, 2017）。因此，多模态数据库的构建和基于多模态信息融合识别方法的发展，在谎言自动识别领域有重要意义。

如果把多模态谎言识别系统视作测谎专家，那么测谎专家的练就需要历经许多谎言实例的历练。这些实例便构成了多模态谎言数据库，通常包括说真话和说谎两方面的数据。在科学研究领域，多模态谎言数据库的构建都是基于已发现的谎言线索，通过精心设定的一系列实验场景或特定现实场景，采集人们在说真话和说谎时的多模态数据（如视觉非言语线索、言语内容和语音、热成像数据、神经生理生化反应等），并结合人工编码和计算机检测与识别技术对采集的多模态数据进行严格标定。实验场景数据可控性高，能够将一些无关因素剔除，具有确定的真假性，可以用来找到谎言关联性高的指标，指导谎言线索特征的选择和建模。现实场景通常取材于公开的录像视频或网络视频，并进行标定和建库，能够使多模态谎言识别系统更容易从实验室应用到现实世界。

基于实验场景的多模态谎言数据库有美国北得克萨斯大学佩雷斯（Perez）-罗赛斯（Rosas）团队构建的多模态谎言数据库（Abouelenien, Mihalcea, & Burzo, 2017）、中国科学院心理所傅小兰团队构建的交互情景下人类欺骗行为的多模态数据库（Qu et al., 2016; Yan et al., 2013; Yan et al., 2014）。基于现实场景的数据库有庭审现场谎言数据库（Rosas et al., 2015）和杀人游戏数据库等（Demyanov et al., 2015）。

1. 佩雷斯-罗赛斯团队多模态谎言数据库

该数据库收集了3种欺骗性场景（"模拟犯罪"、"最好的朋友"以及"堕胎"）中说谎和真实反应的生理指标、热成像指标、视觉非言语指标、语音指标。生理指标包括被试的体温、心率、血容量脉搏、皮肤传导和呼吸频率。热成像指标为脸部和上身的热成像值。视觉非言语指标为面部肌肉动作单元、强度、头部姿势。语音指标为韵律、能量、声音频率、光谱和感知系数。

2. 交互情景下人类欺骗行为的多模态数据库

本书研究团队基于伯贡等的人际交互欺骗理论，设计人际交互情景，构建交互情景下的人类欺骗行为的多模态数据库（见图18-1），集结了语音、身体姿态、面部表情的说谎信息（Burgoon et al., 1996）。

该数据库通过双人互动的实验范式搜集欺骗信息。实验中，一名被试扮演表演者，另一名被试扮演观察者。在显示器上向表演者呈现一对关系一致或不一致的名词和图片，要求表演者在欺骗条件下（见图18-2）误导观察者错误地判断屏幕上呈现的名词和图片的

图 18-1 人类欺骗行为的多模态数据库

关系,在真实表达条件下(见图 18-3)则真实描述屏幕上的名词。表演者在每种条件下描述 36 个名词,每次要求描述时长为 30 秒。观察者在欺骗条件下的任务是观察表演者并根据表演者的描述判断图片与名词的一致性,在真实表达条件下的任务是给表演者的描述打分。

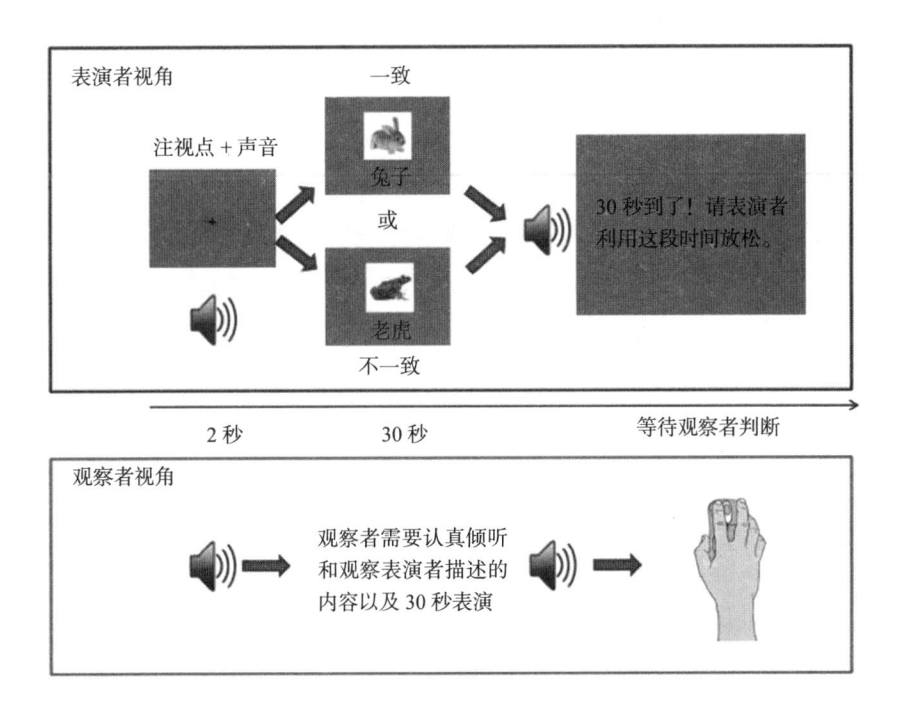

图 18-2 欺骗条件流程

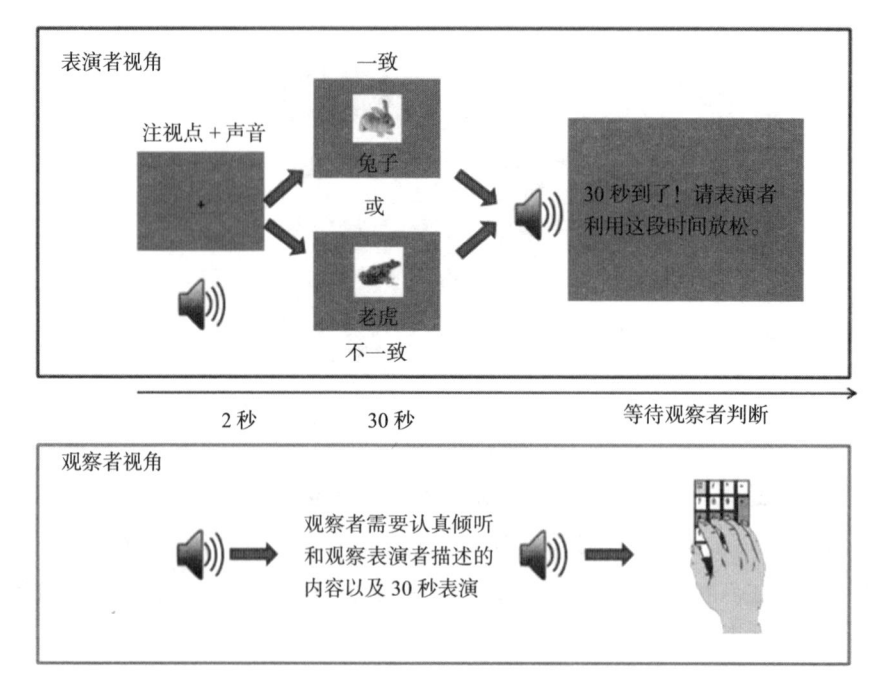

图 18-3　真实条件流程

3. 佩雷斯团队庭审现场谎言数据库

该数据库收集了法院真实案例的视频数据，共 121 个说谎和说真话的视频。以言语模态和非言语模态来构建一个多模态谎言识别系统，从而辨别目击者和被告的真实状态和欺骗状态。在进行法庭审判决定的时候，目击者和被告的讲述起到了重要作用。考虑到审判结果的高风险性，实施准确有效的计算方法来评估法庭证词的真实性，可以在审判过程中提供有效的支持。现实场景谎言数据库作为一种新兴的数据库，正是为了在真实的社会和生活场景中对谎言进行有效识别。首先，对视频的语言特征进行提取，同时手动标记在视频中呈现的手势等，将其作为非言语特征。其次，构建一个整合言语和非言语模态的系统，自动检测欺骗行为。通过实验发现，该系统的谎言识别率在 60%~75%，比随机猜测的成绩更好，也高于个体的谎言识别水平。

4. 杀人游戏数据库

该数据库的视频源于狼人杀电视节目，由杰米亚诺夫（Demyanov）等人（2015）进行整理。有 270 名被试参与，共 5 个小时。将"白天"阶段扮演狼人的游戏玩家标记为欺骗性行为，其他玩家标记为真实性行为。因此，数据库共包含 60 个欺骗性玩家和 210 个真实性玩家。由于"夜晚"阶段记录时间较短,并不包含讨论,因此数据库并不包含玩家"夜晚"阶段的表现。

18.2.2 多模态谎言数据库建库方法

以佩雷斯-罗赛斯团队构建多模态谎言数据库为例,基于实验场景构建多模态谎言数据库的建库通常包括三个步骤:说谎诱导,谎言线索记录和测量,多模态特征的提取和标定。基于现实场景的建库方法则主要涉及收集数据材料和特征提取标定。

1. 实验场景建库方法

(1) 说谎诱导

设计实验诱导说谎反应的产生是收集说谎反应指标的第一步。与情绪诱发的双人互动方法相似,佩雷斯和罗赛斯构建了"模拟犯罪"、"最好的朋友"和"堕胎"3个欺骗性的实验场景诱发欺骗反应(Rosas et al., 2015)。

以"模拟犯罪"场景为例。在这个实验中,被试分为欺骗组和真实组,采用被试间设计。两组被试进入实验室的私人领域寻找一个隐藏的信封,欺骗组的信封中藏有20美元的钞票,真实组的信封中没有20美元的钞票。在信封被找到后,被试会与主试进行一场面对面的访谈。在访谈开始前,每个被试被告知为了成功完成该项任务,他们不能向访谈者承认他们已经看到或者拿走了这张钞票。因此,真实组的被试说了真话,欺骗组的被试说了假话。

(2) 谎言线索记录和测量

在说谎反应被诱发后,主要测量被试的生理反应、功能热成像反应和行为反应。

对周围神经系统反应的测量方法一般是在被试的非优势手上套四个传感器,分别为血容量脉冲(BVP 传感器)、皮肤电导(SC 传感器)、皮肤温度(T 传感器)以及腹式呼吸传感器(BR 传感器),通过多模态编码器输出传感器数据,再用 Biograph ∞ 套件记录组合输出,以便可视化和控制数据采集过程中枢神经系统反应的测量,这就使得脑电信号和功能性磁共振成像技术在检测谎言的生理指标中得到应用。

在每次录音过程中,使用两部热感摄像机记录被试的脸部特写和上身反应。用 Flir Therma-Ca Researcher 软件(基于 Windows 系统开发的红外软件,一种捕捉、记录、研究高速热事件的分析和测量工具)获得热感特征。第一部相机记录脸部特写,第二部相机记录上身，包括头部、颈部和手臂。在网络摄像头记录的数据中，使用了罗技录音软件。使用两台计算机来控制获得的信号和视频。

通过录音记录，获取说谎者与说真话者的语言特征。"堕胎"和"最好的朋友"场景中的录音记录全部转化为文字记录，"模拟犯罪"场景中的访谈记录部分转化为文字记录。

（3）多模态特征的提取和标定

面部微表情：自动提取与眼睛、眉毛、鼻子、嘴唇和下巴的肌肉运动相对应的30个动作单元。此外，还提取微笑强度估计和头部姿势。每个特征都用CERT在帧级进行测量，然后为每个视频平均录制一个特征向量（Littlewort et al., 2011）。

语音的变化：提取韵律、能量、声音的概率、光谱和感知的系数，以表示语言的变化。使用OpenEar（一种用于声学特性提取的开源软件）（Eyben et al., 2009）。总的来说，得到一组28个声学特征。每个特征都使用25毫秒的帧采样和z标准来计算。由于每个特征都是在帧级得到的，所以平均每个特征值都超过了音频录制的所有帧，得到一个特征向量。

生理反应：通过处理来自每个传感器的原始信号获得生理特征。使用了一种叫作Biograph Infiniti Physiology Suite（用于分析生理数据的软件）的商业软件，以获得对温度、心率、血容量脉搏、皮肤传导和呼吸的生理评估。最后得到原始信号测量和每个生理反应的统计描述符，包括最大值、最小值、均值、标准差和平均振幅（Epochs）。

热响应：从热记录，得到两组不同的特征，一个对应于脸部温度，另一个对应于整个身体。每组都由原始测量的最小值和最高温度，以及均值和标准差等统计描述符组成。每一个特征都是在帧级测量的，然后平均除以热帧样本的数量。

2. 现实场景建库方法

现实场景谎言数据库的构建分为三个步骤（Abouelenien, Mihalcea, & Burzo, 2015）。

（1）数据收集

为了获得欺骗状态的多模态数据，首先需要确定多媒体来源，从而确保获取庭审录音及说谎和真实行为资料。其次，在数据收集过程中，目击者和被告的脸在整个剪辑视频中应该是清晰可见的，视频要保证足够的分辨率，从而可以看到目击者或被告的面部表情，声音也应该是足够清晰的，从而能够听到个体的声音，也能够理解他说了什么。考虑到数据库建立的目标和注意事项，数据收集会是一个漫长而艰苦的过程，包括网页挖掘、数据处理和分析，以及内容验证的几次迭代。

(2) 语言转化

表 18-2 显示了欺骗样本和真实样本剪辑的转化情况。

表 18-2　欺骗样本和真实样本剪辑的转化样本

真实组	欺骗组
我们走到客厅的壁炉前，这时威廉正坐在椅子上。他坐在那里，震惊的情绪还没消失，所以他们反复告诉他要趴下。现在我们三个人都脸朝下趴在木地板上，他们告诉我们"不要看，不要看"，然后他们开始翻找东西……	不，不。我没有，我和她的失踪完全没有关系。我很高兴她这么做了。我做到了。我做了了。当拉克消失的时候，我立刻给她打了电话。这并不是马上就发生的，是在拉克失踪后的几天，我打电话给她，告诉她真相。我结婚了，拉克失踪了，她那时还不知道

(3) 非言语行为标示

通过 MUMIN 编码方案可对视频中的手势进行标示（Allwood et al., 2007）。在 MUMIN 编码方案中，面孔包括了不同的面部表情，比如整张脸的表情、眉毛、眼睛、嘴巴动作、注视方向以及头部动作等多种面部表情。此外，该方案还包括一个用于一般面孔呈现的独立分类。在这个分类中，编码了四种面部表情：微笑、大笑、皱眉和其他。手的运动也以用手习惯和运动轨迹来表示。

小结

本节概述了几类基于实验场景和基于现实场景的多模态谎言数据库，并以佩雷斯-罗赛斯团队多模态谎言数据库和佩雷斯团队庭审现场谎言数据库为例，介绍了多模态谎言数据库的构建方法。基于实验场景构建多模态谎言数据库通常包括三个过程：说谎诱导，谎言线索记录和测量，多模态特征的提取和标定。基于现实场景的建库方法则主要涉及收集数据材料和特征提取与标定。

思考题

1. 请举例分别说明基于实验场景和基于现实场景的多模态谎言数据库构建方法。
2. 相比于单模态谎言数据库，构建多模态谎言数据库存在哪些优势和挑战？

18.3 多模态线索融合

以往研究发现的谎言特征相对零散，算法研究也相对碎片化，仍未找到让人一眼看破的"匹诺曹的鼻子"。无论是理论驱动的基础研究，还是数据驱动的算法研究，都未发现可用于谎言识别的单一可靠性指标。因此，基于多模态数据融合的谎言识别技术研究已成为新的发展方向。充分利用多模态数据成为进一步提高谎言识别率的重要途径，而数据融合技术也成为谎言识别技术研发中不可或缺的重要技术。初步研究表明，多维度数据融合可以提高谎言识别的准确度。例如，王等设计的测谎工具利用了皮肤温度、心电图、呼吸尾的二氧化碳压值、血氧饱和度以及其他生理信号（Wang & Leung, 2010）。大本（Ohmoto）等发现，说谎作为一种常见的行为方式，经常会被人们下意识地用来表达自己的心理状况，因此可以采用被试能够自行选择是否说谎的实验设计。他们的结果发现可以通过基于言语行为多维度数据的判别分析来进行谎言和真话之间的分类，并且在不采取其他个体特征的情况下达到68%的准确率（Ohmoto, Ueda, & Ohno, 2009）。因此，将心理学研究与计算机科学研究相结合，通过心理学研究获得可用于谎言识别的关键特征，通过计算机科学的数据融合方法进行数据融合，有助于提高自动识别的准确率（Bouma et al., 2016）。

18.3.1 多模态线索融合概述

第一，为了融合多维度数据，需要对多维度数据进行预处理，解决多维度线索融合在时间域上的归一化问题。以微表情这一线索为例，微表情视频可以看作沿着曲线进行采样的一系列图片，并通过把微表情视频当作拥有 n 个顶点的路径图 P_n，从而在低维流形上建立一个连续的方程。通过时域插值插成相同的值，从而使得多维度线索在时间域上进行归一化。

第二，对各维度线索进行检测和识别，即进行特征抽取和识别。在建立多模态谎言数据库后，首先要做的便是提取具有辨别性的模态特征。特征层将数据仓库中的样本进行噪声过滤，并通过特征提取的办法，将非结构化的粗数据转换为计算机可读的结构化向量。例如，密歇根大学的阿布勒宁（Abouelenien）等运用C4.5算法从建好的谎言数据库中提取了三类特征：语言特征、热感特征以及生理特征（Abouelenien, Mihalcea, & Burzo, 2016）。

第三，数据经过时间域上归一化以及特征抽取和识别后，可以利用时间域融合不同的维度特征信息（赵彦东，2017）。

18.3.2 多模态线索融合方法简介

多模态线索融合主要是对多种模态信息的综合处理，以获取更为准确而预测力更强的谎言识别融合指标。多模态数据融合的算法包括传统简单法、基于概率论的方法、基于模糊推理的方法以及人工智能算法等。神经网络算法、遗传算法、蚁群算法、深度学习算法、决策树算法等应用于数据融合领域，都属于人工智能计算方法。这些算法在方法层面上可划分为三种：多模态数据层融合、多模态特征层融合和多模态决策层融合。多模态数据层融合处于最底层，对各维度数据先融合，再提取特征，进而决策。多模态特征层融合处于中间层，先提取各个单维数据的特征，再对多特征进行融合以做出决策。多模态决策层融合处于最高层，先提取各个单维数据的特征并做出局部决策，再对多个基于特征的局部决策结果进行融合来做出决策（赵彦东，2017）。本节主要介绍曾在谎言线索识别领域应用过的决策层融合方法。

1. 决策树简介

作为一种基本的分类与回归方法，决策树计算复杂度不高，输出结果易于理解，对中间值的缺失不敏感，可以处理不相关特征数据。用决策树分类的过程通常如下：从根节点开始，对实例的某一特征进行测试，根据测试结果将实例分配到其子节点，此时每个子节点对应着该特征的一个取值，如此递归地对实例进行测试并分配，直到到达叶节点，最后将实例分到叶节点的类中（胡林林，2001）。决策树分类算法适用于数值型和标称型数据，通常有三个步骤：特征选择，决策树的生成，决策树的剪枝。

2. 决策树算法在谎言识别中的应用

（1）特征提取

在建立了多模态谎言数据库后，首先要做的便是提取具有辨别性的模态特征，例如，语言特征、热感特征以及生理特征（Abouelenien, Mihalcea, & Burzo, 2016）。

之后计算单一主题和整合主题热感特征、生理特征以及语言特征的增益率，找出在三类特征中，最具辨识力的特征。

通过将不同场景中的数据进行比较训练，可以提高谎言识别的准确率。然而，收集所有数据进行训练是不现实的。因此需要对没有训练过的数据进行测试，来验证其机器学习的程度。将"堕胎"场景、"最好的朋友"场景以及"模拟犯罪"场景分别作为测试项，同时在该场景作为测试项时，训练另外两种场景数据，结果发现对于热感特征来说，目前所拥有的数据规模足够识别其他场景的谎言数据，而语言特征的识别取决于场景的属性，同时其识别还需要扩大其数据规模。

（2）决策树生成

决策树一般使用递归方式生成，因此先考虑结束条件。生成决策树的结束条件有两个：其一，划分的数据属于一类；其二，所有的特征都已经被使用了。在第二种结束条件中，划分的数据可能并不完全属于一类，这时需要根据多数表决原则来确定该子数据集的分类。

在非结束条件下，首先应选择信息增益最大的特征，即热感特征，然后根据其分类。分类开始时，记录分类的特征到决策树中，然后在特征标签集中删除该特征，表示已经使用过该特征。根据选中的特征将数据集分为若干个子数据集，然后将子数据集作为参数递归创建决策树，最终生成一棵完整的决策树。为了防止过度拟合的情况，可以通过剪枝确定数据规模，从而产生最优的决策树模型对谎言进行识别。

小结

本节介绍了多维度数据融合预处理的必要性和方法，以及如何对各维度线索进行特征抽取和识别，同时详细介绍了决策层融合算法。

思考题

1. 请回顾一下多模态数据融合预处理的步骤和意义。
2. 请阐述多模态数据层融合方法的应用。

18.4 多模态线索识别展望：时间模式分析

18.4.1 时间模式相关背景

当某人想要对其他人说谎的时候，他可能会表现出一系列反常行为，比如不自然的面部表情、眼神闪躲、奇怪的身体姿势、不合逻辑的语言表达等。将这些行为进行定义和研究，是否可以反过来验证某人在说谎呢？有些线索，比如眼神中的厌恶、语气停顿、身体姿势的摇摆与欺骗之间不存在必然联系。这说明单个线索无法对谎言识别起到决定性作用。相比于仅仅依靠一个识别线索来进行判断，整合多条线索进行识别的准确率更高（Diana et al., 2015）。时间模式分析正是基于多条测谎线索整合的理念产生的一种对说谎行为进行分析的新兴方法。

18.4.2 方法假设

时间模式分析旨在运用识别算法揭示谎言行为的复杂结构。在人们工作、生活和娱乐的各类生活场景中，个体各类外显和内隐行为出现的顺序基于某一规律或固定的结构。值得一提的是，在该行为发生的当下，个体自身和周围人不一定能意识到该行为发生的原因和背后存在的规律。很多时候，个体行为的产生是未被觉察到的。也就是说，测谎者很难从意识层面获取说谎者复杂行为系统的时间结构，只能通过自然观察和数理统计的方法得知。

18.4.3 分析工具及分析过程

1. THEME 软件介绍

时间模式分析可以通过操作 THEME 软件包进行分析。THEME 是一款专门用来分析时间模式的观察软件包。THEME 的功能是将复杂模式简单化，并且通过模式之间的竞争解决行为组合冲突。经过分析后，只有最完整的时间模式得到保存，其余残缺模式被剔除。

2. 事件类型编码

在分析之前，也就是事件发生的观察期，需要对各种事件进行类型编码。每个事件类型都发生于时间量表上的一个时间单位。在编码过程中，非常重要的一点是，在选择事件类型和时间量表时，要考虑学习系统、事件模式类型和检测算法的可理解性与可操作性。

3. 案例分析

可以举一个简单的例子来说明如何使用 THEME 软件进行时间模式分析。比如，目前存在两种不同的事件类型 A（听晚课）和 B（吃晚餐）。事件 A 和事件 B 的发生次数是不同的。假设观察期是一周，在观察期内，事件 A 的次数是 3 次，事件 B 的次数是 7 次。

其分析过程如下。

第一步，用 THEME 软件检验一个零假设：事件 A 至少要在事件 B 发生过一次后才能发生，事件 A 与事件 B 需要间隔一定时间，且事件 B 的发生概率要显著高于偶然概率；在该案例中，事件 A 发生的时间自然在晚上，假设"事件 A 至少要在事件 B 发生过一次后才能发生"成立。事件 B 是人生活的日常安排，所以其发生概率要显著高于偶然概率。

第二步，在验证零假设存在之后，建立一个有上限和下限的时间窗，事件 A 和事件 B 之间的间隔被称为关键区间，比如晚课时间是在晚上 8 点，而吃晚餐的时间通常在晚上 6 点至 6 点半。因此事件 A 和事件 B 的关键区间是 1.5 小时至 2 小时。

第三步，THEME 需要再验证一个零假设：事件 A 和事件 B 是独立分布的，且事件 B 在整个观察期中，在每一个时间单位里有一个固定的发生概率（NB/T），即晚餐每天发生 1 次，固定发生概率为 7/7。NB 为事件 B 发生的次数，为 7 次，T 为观察期的持续时间，为 7 天。

第四步，如果事件 A 与事件 B 的关键区间被找到了，一个简单的时间模式（AB）便形成了：无论何时，事件 A 会在事件 B 发生之后才发生，且中间间隔一个关键区间。

第五步，当然，在真实的数据中，可能包含许多种事件类型。因此，除了要检验 AB 时间模式，还可能要检验 CD 这样的时间模式。所有单一的时间模式的发生可以当成一个事件的发生，因此单一时间模式又增加到数据中，在下一个模式检验的水平中成为事件的最基本类型，也就是一个事件相嵌的过程。

THEME 会不断循环以上过程，事件层层相嵌，找到整个检测模型中的关键区间。比如，在整个时间窗口中，出现了各种事件类型，如事件 T、事件 U、事件 B、事件 G、事件 Y 等。在第一级水平中，在事件 B 与事件 G 之间找到了关键区间。因此事件 B 与事件 G 构成了单一的时间模式，以基本事件类型进入第二级水平。在第二级水平中，发现 BG 与 Q 存在关键区间，因此 BG 与 Q 之间形成了复合的时间模式 [（BG）Q]。

当 THEME 将所有的事件类型都排列组合后以及找到所有级别上的关键区间后，停止以上循环。

18.4.4 评价

用 THEME 软件分析出来的结果并不能推断某个模式中的所有事件是相关联的，也就是说，不能因为有时间模式的存在，就推断这个模式中所有事件的发生是相关的。研究者所做的便是发现每一种模式和模式中所有事件的意义。同时，当其他行为与该模式中的行为同时发生时，这些模式难以被肉眼看到，也很难用一些常见的统计方法进行检验。主流的统计软件一般只有这类常见的统计方法，因此倘若无法用常见的统计方法检验，这些模式的操作性会受到无常用统计软件的限制。

时间模式分析法可以运用软件构建最完整的时间模式，构建出来的时间模式适用于多种行为系列和不同时间量表，因此在行为组织中的地位很重要。这也是这种方法最大的优势。

时间模式分析被应用于各种观察性研究，比如果蝇求偶行为。但是，在谎言识别领域运用此方法进行研究的文章较少。在欺骗性交流中的非言语行为扮演了非常重要的角色，因此，相比于单一言语线索，未来的研究可能关注于整体的行为模式。

从微小的细节到复杂的时间结构，都可能隐藏着欺骗的线索，而揭露谎言事件中的实时多层和平行结构是一件极具挑战性的事情。时间模式分析可能是一个合适的工具来定义和发现欺骗行为中重复的时间模式。由于人类在日常交际中难以意识到某种行为模式的存在，所以这种方法可以化解人类在此方面的难题。

小结

本节介绍了时间模式分析方法的相关背景、方法假设、分析工具、分析过程，以及对该方法的评价。时间模式分析可能是一个定义和发现欺骗行为中重复的时间模式的合适工具。

思考题

1. 请举例说明如何用 THEME 软件进行时间模式分析。
2. 思考一下时间模式分析在谎言识别中可能遇到的问题。

第 19 章
谎言识别的个体和群体差异

纷繁复杂的生活中，我们每一天不可避免会碰到大大小小的谎言，尤其是老人和孩子，好像更容易上当受骗。但在日常生活中，我们也常常听人们说"警察、法官都火眼金睛，一下子就能看出谁在说谎"。是否真有这种识别谎言的"奇人"呢？目前的多数测谎研究发现，谎言识别的准确率基本上是在 50% 至 60% 之间（Depaulo et al., 2003），但研究同时也发现，个体之间的谎言识别能力的确存在差异。本章就从性别、年龄、个性、民族与文化以及职业等方面介绍谎言识别的个体和群体差异。

19.1 谎言识别的性别差异

心理学研究发现，相比于男性，女性在解读非言语行为线索（如面部表情）方面更为擅长（Rosip & Hall, 2004），并且女性能够准确地推断出他人的想法或者感受（Klein & Hodges, 2001）。除此之外，女性也会花费更多的时间去思考非言语行为线索的含义（Hurd & Noller, 1988）。

早期研究发现，男女在谎言识别准确率上没有明显的性别差异（Ekman & O'Sullivan, 1991; Vrij & Mann, 2001），基本上都处于 50% 的随机猜测水平。国内研究发现大学生对谎话视频的识别准确率要高于对真话视频的识别准确率，但从统计指标上看，男性和女性在谎言识别能力上不存在显著的性别差异（曹文雯，2011）。元分析发现，谎言识别的准确率与谎言识别者的性别、受教育程度、自信程度、年龄、经历等均无显著的相关性（Aamodt & Custer, 2006）。

当谎言中有情绪性线索时（如悲伤的语调），被试的谎言识别准确率能够达到 64.35%；但是当谎言中没有情绪线索时，被试的谎言识别准确率仅为 36.09%（Warren, Schertler, &

Bull, 2009)。相比男性而言，女性更能读懂他人的情绪反应，对负性信息更敏感（Bianchin & Angrilli, 2012），如借助身体传递的情绪信息有助于谎言识别（Zloteanu, 2017）。随着年龄的增长，女性的谎言识别能力会逐渐增强，但是男性基本没有什么变化。这可能是因为男性自始至终谎言识别的能力就比较强，而女性则是在后天学习中不断提高自己的谎言识别能力的，由最初的"单纯"变得成熟（Bond, Thompson, & Malloy, 2005）。通常来说，男性相比于女性更善于逻辑思维，男性也许能通过更为准确的逻辑思维来辨别真伪和是否说谎；而女性却可能会靠当时的直觉感受，也就是女性经常挂在嘴边的"第六感"来进行判断，但是女性的这种"第六感"有时候并不十分可靠（林崇德，2002）。

尽管以往的科学实验研究从统计学的角度上没有发现男性和女性在谎言识别方面存在显著的性别差异，但是在谎言的接受度方面，许多研究发现了显著的性别差异。例如，男性比女性对谎言有更高的可接受度（Yeung, Levine, & Nishiyama, 1999）。相比于男性，女性对自我导向和他人导向两种说谎动机不同的谎言的接受度均明显高于男性，特别是说谎者为自己不熟悉的陌生人时，这也在一定程度上说明了为什么日常生活中女性比男性更容易上当受骗（Ning & Crossman, 2007）。同时有研究将性别因素考虑进去，把被试与材料中的说谎者分组为互为同性或者互为异性。结果发现，就整体而言，相比于互为异性时，互为同性时更可能允许出现谎言；进一步区分发现，女性参与者对谎言的接受度不会受到材料中说谎者性别的影响而出现变化，但是男性参与者则表现出不同的反应，男性被试对男性说谎者的谎言接受度更高（McDaniel, 2007）。尽管有上述研究证据，但是也有一些研究并没有发现说谎可接受度上的性别差异（Oliveira & Levine, 2008）。因此，关于性别与说谎可接受度之间的确切关系，还需要进一步的实证研究进行探究。

小结

本节主要介绍了在谎言识别方面的性别差异。在谎言识别率方面，男女之间并没有发现显著差异。但是，在谎言接受度方面，男性比女性对谎言有更高的接受度。

思考题

1. 男性和女性在识别谎言方面的表现如何？有何差异？
2. 在谎言接受度方面，男性和女性的差别是什么？

19.2 谎言识别的年龄差异

19.2.1 老龄化与谎言识别

老年人的谎言识别的能力会因其社会经验的积累而随着年龄不断提高，还是会因为其认知或神经功能的减弱而随着年龄增长呈现下降趋势呢？目前的科学研究成果更支持后面这种假设。最早探讨老年人与年轻人谎言识别能力差异的研究发现，相比于年轻的女性，年长的女性能够更好地判断他人是在说谎还是在说真话；但是没有发现年长的男性的谎言识别能力优于年轻的男性（Bond & Lee, 2005）。研究者认为，与他人更多的互动经验可能增强了女性老年人准确诠释社会行为的能力，而性别差异在上一节已经提及，有可能是男性的谎言识别能力自始至终都比较高。另外，近年的研究发现，谎言识别能力确实随年龄增长而提高，他们认为这是因为人们随着年龄增长而越加意识到外露的表情并不总是代表内心的感受。然而，此研究的样本大部分是学生，仅有少量被试超过50岁，由此，研究结果并不能推断老年人的谎言识别能力优于年轻人（Shaw & Lyons, 2017）。

相反，更多的研究证据表明谎言识别能力随着年龄的增长而下降。从视听信息同时呈现的视频中进行谎言判断时，刚迈入中年的人在谎言识别方面已表现出比年轻人更糟糕的趋势（Ekman & O'Sullivan, 1991）。当从消音（仅呈现视觉信息）和视听信息同时呈现的犯罪审讯视频中进行谎言判断时，老年人的谎言识别准确率均明显低于年轻人（Stanley & Blanchard-Fields, 2008）。这个发现与老年人更少留意到与欺骗紧密相关的言语和非言语线索的研究证据一致（Slessor et al., 2012）。例如，相比年轻人，老年人更少将说话结巴的行为解释为一个人正在说谎的提示线索。此外，老年人更可能持有过时且不太准确的观念。例如，他们认为说谎者倾向于讲更长的故事，并做更多的手势。相比年轻人，老年人更难从录像中区分谎言与真相（Ruffman et al., 2012; Slessor et al., 2014）。总的来说，目前的研究证据倾向于支持老年人的谎言识别能力要差于年轻人，并且部分研究者认为这样的年龄差异主要是由于老年人的神经功能衰退而使得他们更倾向于认为说谎者是值得信任的（Sweeney & Ceci, 2014）。

19.2.2 表情识别与谎言识别

说谎者会努力掩饰自己的真实感受，但是有时这些感受会以微表情的方式快速而短暂地泄露出来，因此，对微表情的准确识别可能是成功识别谎言的关键（Ekman &

Friesen, 1969）。此外，说谎者的恐惧、厌恶以及愤怒情绪的泄露可以被用于侦测他们的谎言（Frank & Ekman, 1997）。与这些假设相一致的是，谎言识别与快速呈现（40毫秒）表情识别存在显著的相关性，研究者认为谎言识别部分依赖微表情的识别能力，例如，说谎者通常在他们被拆穿谎言时短暂地泄露出恐惧的表情（Ekman, 2003）。研究发现，谎言识别的年龄差异与恐惧和内疚表情的识别有关，但需要注意的是，仅呈现时长较长的（1.5秒）普通表情的识别与谎言识别相关（Stanley & Blanchard-Fields, 2008）。然而，在该研究的6个谎言识别条件中，仅犯罪审讯的视觉条件存在表情识别与谎言识别的显著相关性（其他五个条件分别为：犯罪审讯的视听结合条件、犯罪审讯的听觉条件及其他三种谈个人见解的条件皆未发现此类相关），所以他们的研究证据似乎还不够充分。

快速呈现的（<0.5秒）微表情的识别与谎言识别的相关性与欺骗的背景似乎更为一致。那么，到底微表情识别还是普通表情识别才是谎言识别的关键呢？有研究直接考察了这一问题，发现微表情识别和普通表情识别均与谎言识别存在相关（Ruffman et al., 2012），这些结果可以在一定程度上说明表情识别能力的下降解释了谎言识别能力的老龄化。总的来说，从目前的研究证据来看，表情识别能力与谎言识别能力存在显著的相关，但是表情的呈现时长并不是影响谎言识别老龄化的关键因素。此外，近年的研究表明正性与负性表情识别的老龄化效应可能由不同的原因所致，正性表情主要与衰退的认知加工速度有关，负性表情与老年人对额外信息的需求有关（Zhao et al., 2016）。这提示可能不仅是表情呈现时长，具体哪一类表情也可能影响表情识别的老龄化效应，从而进一步影响老年人的谎言识别能力。

情绪识别与谎言识别的相关性也与其他的研究发现一致。例如，更好的情绪识别能力与老年人能够更好地识别不合时宜或失礼行为的能力相关（Halberstadt et al., 2011），也与老年人更少唠叨或啰唆相关。老年人过多唠叨或啰嗦更有可能是其不能侦测到倾听者的情绪反应（如感到无聊）所致（Ruffman et al., 2010）。因此，情绪识别与谎言识别的相关性的一种可能性解释是：说谎者发出了某种信号或情绪信息（可能仅仅是不安），人们能够识别这样的信息，从而做出正确的谎言判断。此外，值得注意的是，在以上两个相关研究里，情绪识别任务不仅包含面孔表情，还包含身体和语音表情的识别。但这一领域的科学研究成果尚不多，未来有必要进一步考察身体和语音表情的识别是否也与谎言识别密切相关。

19.2.3 其他可能与谎言识别相关的因素

微笑有时候是试图掩饰真实意图或表情的一种尝试，因此，微笑在某些情况下也可能是说谎的线索（Ekman & O'Sullivan, 1991）。值得注意的是，相比年轻人，老年人可能更倾向于接近一个展现假笑的个体（Slessor et al., 2010），可能由于老年人对假笑的错误诠释而导致更可能受骗。考虑到近年越来越多的老年人被卷入诈骗和骗局的问题，考察受骗与谎言易感性随年龄增长而增长的背后机制显得刻不容缓。除了与表情识别能力的老化相关，另外一个潜在的内在机制可能是与模仿他人行为的自动化趋势有关。实际上，研究表明抑制对说谎者假笑的模仿能够促进观察者更好地识别谎言（Stel, Van, & Olivier, 2009）。老年人表现出与年轻人相当的有意识（Bailey, Henry, & Nangle, 2009）与潜意识（Bailey & Henry, 2009）的愤怒和微笑表情的模仿能力。相比年轻人，老年人可能经历更为持久的模仿反应（Butler & Zacks, 2006）。因此，老年人识别谎言更困难的一个原因可能是老年人更难抑制对说谎者表情（如假笑）的模仿，从而使得他们更难识别谎言。

19.2.4 谎言识别的同龄效应

同龄效应指的是个体在做谎言判断时对与自身年龄相仿的人能做出更好的判断或者倾向于相信同龄人的现象。一方面，有研究者发现了老年人存在谎言识别的同龄效应：老年人倾向于认为说谎的老年人（与年轻人相比）更可能在说真话（Slessor et al., 2014）。相比对异龄组的年轻人进行判断，老年被试也对老年同龄组的判断更有信心，这种结果可以通过社会认知内群体/外群体模型进行解释（Sporer, 2001），该理论认为个体更可能相信与他们有相似特征的人群，并因此认为自己是内群体的一员（Yuki et al., 2005）。这同时反映了老年人对年轻人持有更多的怀疑（Moore & Statham, 2006），并且更不愿意相信年轻人。另一方面，有研究者认为谎言识别不存在同龄效应，虽然老年人识别老年群体比识别年轻群体是否在说谎表现得更好，但是年轻人也同样能够更好地识别老年群体是否在说谎（Ruffman et al., 2012）。此外，老年与年轻被试均没有认为同龄组的人更可能在说实话的倾向。那么如何解释以往研究结果的不一致呢？其中一种解释是同龄效应的经验解释论。与同龄组和异龄组的近期接触水平（经验水平）对同龄效应起着重要作用，例如，当考虑到被试与同龄组和异龄组人群近期接触的水平（如时间）时，那些与同龄组人群有更多接触的个体更难对异龄组人群的面孔表情进行正确识别（Ebner & Johnson, 2009）。

值得注意的是，现有研究均表明年轻人不存在谎言识别的同龄效应（Ruffman et al., 2012; Slessor et al., 2014）。如果内群体成员持有积极的信念，那么他们将预期外群体的人会帮助他们或者与他们合作，从而对外群体产生相对信任的积极信念（Williams, 2001）。因此，在年轻人中未发现显著的同龄效应可能是由于年轻人对老年人持有的信念所致。例如，对老年人常见的刻板印象是他们比年轻人更为诚实和值得信任（Johansson-Stenman, 2008; Slessor et al., 2012）。因此，在谎言识别的背景下，老年人可能更诚实这一信念减少了年轻人在谎言识别中出现同龄效应的可能性。总而言之，关于谎言识别的同龄效应仍具有争议，未来需要进一步考察与同龄和异龄个体的接触水平与谎言识别同龄效应强度的关系。

小结

本节主要介绍了有关老年人谎言识别能力的研究发现，并进一步阐述了导致谎言识别能力的老龄化（随年龄增长而下降）的相关因素。老年群体之所以易被卷入诈骗，与老年人的谎言识别能力的下降息息相关。总体而言，老年人的谎言识别能力低于年轻人。老年人的谎言识别能力的下降，除了与表情识别能力的老化有关，还可能与老年人模仿说谎者表情（如假笑）的自动化趋势有关。研究者认为由于老年人的认知或神经功能的衰退而使得他们更倾向于认为说谎者是值得信任的。无论年轻人，还是老年人，都认为老年人比年轻人更诚实或更值得信任。

思考题

1. 老年人的谎言识别能力的下降，其背后的机制或影响因素是什么？
2. 除了本节提及的内容，老年人更容易被卷入诈骗案的原因还可能包含哪些因素？

19.3 谎言识别的个性差异

19.3.1 不同人格个体的谎言识别能力

1. 内外倾向

我们对谎言的识别能力是自身认知方式的一种具体表现（陈少华，2002）。不同的认知方式与人格类型之间存在显著的相关性（Sánchez, Rejano, & Rodríguez, 2001）。在日常生活中，比较一致的刻板印象是，内向型的人被认为更加沉默寡言，更不善于交际，并且缺乏一定的看人说话技巧或察言观色的能力。因此，内向型的人谎言识别能力可能比外向型的人更差。而对比内向型的人，外向型的人在日常的人际交往中会被认为更为活泼，他们参与社交活动的经历更为丰富，与他人沟通交流的经验也更多，因此说谎的能力会更好（陆飞宇，2015）。

2. 黑暗人格三合一

马基雅维利主义者的谎言识别能力要好于非马基雅维利主义者（Wright, Berry, & Bird, 2012）。在高风险情境下（比如竞争环境中），性别和人格与谎言识别准确率存在显著的高相关性（Lyons et al., 2017）。具体而言，个体的马基雅维利主义人格特质会影响女性的谎言识别准确率，但对男性不会产生影响，也就是说马基雅维利主义的女性谎言识别能力要好于非马基雅维利主义的女性。此外，自恋人格特质与谎言识别准确率呈显著的负相关，即个体越自恋，谎言识别准确率越低，而且越是自恋的男性（而非女性）其谎言识别能力越差。这可能是因为，一方面，自恋使得其对自己的人格魅力过度自信，自以为是地相信别人不会欺骗自己；另一方面，自恋使得男性认为自己会一眼看穿欺骗他的人，而使其容易忽略别人说谎的一些线索，从而导致自恋男性的谎言识别能力较低。

研究者考察了精神病态与谎言识别能力的关系，让精神病态者区分说谎和说真话的视频，并没有发现精神病态与谎言识别能力之间存在显著的相关性（Martin & Leach, 2013）。在判断书面内容真假与否的任务中，也同样没有发现精神病态与谎言识别准确率存在相关性（Peace & Sinclair, 2012）。但在另一项研究中，采用了更具有生态性的任务，在线收集了原发性和继发性精神病态者识别真实生活中高风险情境下的情绪性谎言，分析发现，男性原发性精神病态与谎言识别能力呈显著正相关，即原发性精神病态男性的谎言识别能力更高；相反，女性原发性精神病态与谎言识别能力呈显著负相关，即原发性精神病态女性的谎言识别能力更低。这种结果的分离可能与男女加工社会情绪型信息的方式不同有关，女性更容易产生共情，导致会忽略某些谎言线索，从而造成谎言的识别能力较差（Lyons, Healy, & Bruno, 2013）。

19.3.2 特殊人群的谎言识别能力

1. 孤独症谱系障碍群体

研究者录制了一些视频，部分视频中的人在说谎，部分没有说谎，让被试找出视频中的说谎者。结果发现，在外在行为表现上，孤独症谱系障碍组与控制组在找出说谎者的分数上没有差异；但 fMRI 的数据却显示，在寻找说谎者的过程中，孤独症患者的神经系统的激活方式与正常人存在显著差异（Schipul et al., 2009）。采用真实情境下的谎言识别任务（大学生在一项面试任务中是否作弊），行为透明（通常称这些行为"透明的"人憨厚老实或本分实在，诚实则会明显表现出诚实线索，不诚实则表现不诚实线索）的健康个体孤独症倾向越高，谎言识别能力就越糟糕，这可能是因为高孤独症倾向个体的社交能力本身就较差，不善于察言观色（Williams et al., 2018）。

2. 焦虑与抑郁状态

处于高焦虑状态的被试,他们成功识别谎言的概率显著低于处于低焦虑状态的被试,高焦虑状态被试的谎言识别准确率基本处于 50% 的随机猜测水平(Depaulo & Tang, 1994)。研究者认为,相比于低社会焦虑的人,高社会焦虑的人之所以不擅长识别谎言,一方面可能是因为高焦虑使得其非常紧张,这种紧张感可以使得注意力集中并针对少数几个线索(认知负荷过高),这就意味着他可能会错失某些非常重要的识谎线索;另一方面也有可能是因为高社会焦虑个体害怕失败,这种害怕失败的情绪使其囿于自己的情绪,导致其识别谎言能力较低。但是也有研究发现,处于烦躁和抑郁状态的人的谎言识别准确率更高(Lane & DePaulo, 1999)。

小结

本节主要介绍了不同人格特质群体、人格障碍群体谎言识别能力的差异,以及一些特殊群体的谎言识别能力。外向型大学生与马基雅维利主义的女性谎言识别能力较好。孤独症群体、高焦虑者以及自恋特质的男性的谎言识别能力较差。精神病态特质与个体谎言识别能力之间的关系尚不明确。

思考题

1. 不同人格特质群体和人格障碍群体的谎言识别能力如何?
2. 特殊人群群体的谎言识别能力如何?

19.4 谎言识别的民族与文化差异

19.4.1 谎言识别的跨文化判断

最初考察跨文化谎言识别问题的研究对比了美国与约旦本科生的谎言识别能力(Bond et al., 1990),实验首先录下他们真实或虚构地描述某个喜欢或不喜欢的人的视频。随后,让其他美国与约旦本科生观看这些视频,并且要求判断视频中的人是在说实话还是在说假话。结果发现，被试对相同文化群体（美国被试识别美国人，约旦被试识别约旦人）而非跨文化群体的谎言识别准确率高于50%的随机猜测水平。具体而言，同文化谎言的平均识别率为56%，而跨文化谎言的平均识别率为49%。这一早期研究结果随后被更多的研究证实。例如，西班牙学生判断西班牙学生的谎言识别准确率为59%，但是当西班牙学生判断美国学生时准确率仅为51%（Lewis, 2009）。韩国与美国学生在一定程度上是基于自己的文化而不是行为的绝对标准而做出谎言判断的（Park & Ahn, 2007），这提示人们识别谎言是基于文化特定的线索，但这些线索在面对跨文化的情况下可能未必有效。

为什么谎言识别准确率在跨文化的情况下会降低呢？其中一个有影响力的解释是"规范违反模型"，该模型认为人们在对方违反了预期的规范行为时便做出他人在说谎的判断（Levine et al., 2000；也见Bond et al., 1992，"预期违反模型"认为无论行为是不是规范性的，当其与预期的行为冲突时便会让人产生嫌疑）。这些社会规范可能反映了非言语行为或"表达规则"（Ekman& Friesen, 1971），又或是副言语行为，例如，抑扬顿挫的语调。当对方行为方式不寻常且不符合预期的时候，另外一方要为其行为寻找合理的解释。但是，在缺乏其他信息的情况下，其行为不符合预期的一个合理解释是对方可能有点奸诈或者两面派。例如，对比阿拉伯人和美国人的对话情景发现，阿拉伯人比美国人更喜欢面对面交流，并坐得更靠近他人，有更多眼神接触，以及交谈的时候声音更大（Watson & Graves, 1966），这些行为差异导致美国人往往错误地将阿拉伯人的日常行为方式诠释为充满对抗性或敌对。

人们日常交流的行为规范确实存在文化差异。日本学生比美国学生更多地使用微笑以符合社交礼仪或适宜性，但更少表现出其内心的真实感受（Matsumoto & Kudoh, 1993）。显然，类似这样的非言语规范性行为的文化差异可能影响跨文化交流中的知觉可信度。与此观点一致，观察者会对做出奇怪且非预期行为的表演者给出更不诚实的评价，并且这样的结果不因表演者是在说真话还是在说谎而改变（Bond et al., 1992）。相似的，当荷兰警察评价视频表演者的嫌疑程度时，如果表演者展现的非言语行为与苏里南人的规范一致（相比与荷兰的规范一致），无论苏里南人，还是荷兰人，都会被判断为更有嫌疑。此研究结果表明行为的跨文化偏差能够超越视觉外观的偏差（如人种）而直接影响谎言识别（Vrij & Winkel, 1991, 1994）。由上述研究结果可知，在跨文化情景下我们对行为规范的刻板印象很可能会导致错误的谎言判断。

虽然目前的研究主要集中在非语言行为上，但违反规范行为对诚实性判断的影响也表现在言语行为上。研究者提出关于言语的四个准则，包括质量（如伪造行为）、数量（如删减行为）、相关性（如逃避行为）和方式（如模棱两可）（Grice, 1975）。美国学生认为违背了任意一个或多个准则的言语信息比没有违背准则的言语信息更不诚实（Levine & McCornack, 1992）。对中国香港的学生进行同样的实验，发现违背质量与相关性两个准则对诚实性判断的影响与对美国学生进行研究的实验结果一致，但违背数量和方式两个准则对诚实性判断的影响则未出现，即与美国学生的实验结果不一致。这一差异表明，中国香港和美国学生在言语信息上对什么才是违反规范的行为有不同标准，并由此可以推测至少在某种程度上这类差异是由文化造成的（Yeung et al., 1999）。简而言之，言语行为的规范性也存在文化差异，不同文化下的人群对什么才是规范的言语行为有不同的标准，这样的差异进一步影响我们对他人的诚实性判断。在做跨文化谎言判断的时候，社会规范与预期可能降低跨文化谎言判断的准确性，因此我们不能简单使用常用的假设来推断结论，而应基于诠释行为的文化特异性编码进行谎言识别。

19.4.2 谎言识别的跨文化调节因素

尽管研究表明违背社会行为规范会导致跨文化谎言或是诚实性的错误判断，但事实并非如此简单，跨文化的谎言识别还受其他因素影响。

1. 谎言的可接受性

跨文化谎言识别的第一个调节因素是在谎言的可接受性上存在相当大的文化差异。例如，中国和加拿大大学生对于亲社会谎言的看法存在较大分歧，相比加拿大学生，中国学生对亲社会谎言包容与接受度更高（Fu et al., 2001）。这个跨文化结果在儿童群体中也得到了验证（Lee et al., 2001）。此外，谎言可接受度的差异也会影响人们准备说谎的内容。集体主义文化占主导的萨摩亚人更倾向于在群体或家庭关注的事情上说谎，然而个人主义文化占主导的美国人更倾向于通过谎言来保护个人隐私问题（Aune & Waters, 1994）。美国雇员比以色列雇员更有可能为了私利而说谎（Sims, 2002）。新加坡人在谈论家庭问题时，说谎行为尤其普遍（Li, Triandis, & Yu, 2006）。这些文化差异可能影响着不同文化群体呈现不同谎言线索的程度，因为每个群体对于什么事情是可接受的以及什么事情是应该隐藏的有不同的期望与标准（Seiter, Bruschke, & Bai, 2002）。

2. 说谎认知

跨文化谎言识别的第二个调节因素是说谎认知的文化差异。当比较个人主义和集体主义的人群时，这个调节因素显得尤为重要，因为集体主义下的社会规范倾向于包容或者接受亲社会的谎言，所以相比个人主义文化下的个体，集体主义文化下的个体在某些情况下更容易产生说谎行为，而且说谎时没有那么愧疚。例如，当实验要求被试在一系列不同动机下对不同的互动对象说谎时，美国被试会比中国被试感到更加愧疚（Seiter &

Bruschke, 2007）。相似的，在针对新加坡被试的实验中，他们发现在商务谈判中，集体主义越强的个体，说谎越频繁（Li, Triandis, Yu, 2006）。

3. 说谎标志的错误认识

跨文化谎言识别的第三个调节因素是人们对说谎的标志存在普遍的错误认识。全球谎言研究小组 2006 年调查发现，超过 65% 的受访者将注视回避作为说谎的标志，其次是紧张和语无伦次等。此外，受访者报告有强烈的信念认为减少眼神接触、更多地改变姿势和自我接触等行为也是说谎的标志。这种信念的普遍性表明在做谎言判断时，所有文化的人都会使用一套共同的线索。这似乎与上文提及的跨文化与同文化条件下存在谎言识别准确率的差异矛盾。针对这一点，有两个主要但尚未经过验证的解释：第一个解释是来自不同文化的人使用不同的方式解读这些线索，他们虽然使用相同的线索，但会根据特定的文化编码来解读这些线索；第二个解释是人们所报告的线索与他们在判断中实际使用的线索几乎没有关系（Baumeister, Vohs, & Funder, 2007）。也就是说，人们无法准确地报告他们在做出判断时实际使用的线索。因此，有必要通过对人们的行为进行外部测量（如通过眼动追踪）而不是主观报告来确定他们做谎言识别判断时使用的实际线索（Maria & Bond, 2011）。

4. 说谎时使用的语言

跨文化谎言识别的第四个调节因素是人们对说谎的跨文化判断部分依赖说谎者在说谎时所说的语言。研究发现，实验参与者倾向于将使用第二语言谈论自己看法的人（与使用母语说话的人相比）判断为说谎者（Cheng & Broadhurst, 2005）。这种判断的结果是提高了对说谎者的准确识别，但也导致了对诚实者更多的错误指控，即表现出谎言偏见。与之相反的是真相偏见，其后果是减少了对诚实者的错误指控，但也减少了对说谎者的正确识别。此外，实验参与者在对使用母语的人做谎言判断时更容易表现出真相偏见，但在判断说第二语言的人时更容易表现出谎言偏见（Da Silva & Leach, 2013）。说谎者也自我报告当在使用第二语言时，其对于言语和非言语行为线索的控制能力更弱（Cheng & Broadhurst, 2005）。

5. 与其他文化的接触水平

跨文化谎言识别的第五个调节因素是个体经常暴露在其他文化中可以提高他们谎言判断的表现。接受阿拉伯非言语行为训练的英国工人比那些没有接受培训的英国工人更喜欢他们的阿拉伯对话者（Collett, 1971）。有研究者探究了告知人们非言语行为中的文化差异是否可以抵消谎言判断中的跨文化偏见这一问题。实验结果发现，学习了有针对性的文化行为规范信息的被试的谎言识别率得到显著提升,这表明谎言判断的跨文化偏见可以通过了解一些恰当的例子而得以避免(Castillo &Mallard, 2012)。因此,生活中个体可以通过增加对其他文化的了解与认识来提高跨文化谎言识别的准确率。

小结

本节主要介绍跨文化情境下的谎言识别研究以及与谎言识别相关的跨文化因素。谎言识别准确率在跨文化的情况下会下降,识别外国人的谎言比识别本国人的谎言的确更困难。不同文化下的人群对什么才是规范的非言语行为与言语行为持有不同的标准,这样的差异很可能会导致错误的谎言判断。尽管研究表明在跨文化背景下个体违背或偏离社会行为规范会导致他人对其做出错误的谎言判断,但事实并非如此简单,跨文化的谎言识别还受谎言的可接受性、说谎认知、说谎时所使用的语言等因素影响。

思考题

1. 在跨文化情景下谎言识别准确率有所下降,这背后的原因可能是什么?
2. 与谎言识别相关的跨文化调节因素包含哪些?

19.5 谎言识别的职业差异

本节将介绍专业人士和非专业人士在识别成人、儿童等人群的谎言方面的差异。我们将所有人群根据他们自身职业和谎言识别的能力程度划分为"非专业人士"(普通人)与"专业人士"。"专业人士"主要是指自身工作与测谎或谎言识别具有较为直接的相关性,且自身的职业能力要求他们掌握识别谎言的技能,如海关稽查人员、警察等;"非专业人士"是指自身工作与测谎或谎言识别没有明显的直接相关性,对谎言识别方面的职业能力也没有特殊要求的社会公众。

19.5.1 专业人士和非专业人士在识别成人谎言方面的差异

元分析发现人们在判断真实或虚假陈述时,平均准确率达到54%,仅仅略超过随机猜测水平（50%）（Bond & DePaulo, 2006）。专业人士像警察、测谎仪专家、法官、精神病学家这类人群的谎言识别能力和普通人（如大学生）均处于随机猜测水平（Ekman & O'Sullivan, 1991）。然而，秘密服务的特工人员的谎言识别准确率平均达到64%，其中超过半数的人达到70%以上，有的准确率甚至高达80%。美国中央情报局成员的谎言识别能力非常好，准确率达到73%（Ekman, O'Sullivan, & Frank, 1999）。有研究者在书中描述了具有较强的谎言识别能力个体的例子（O'Sullivan & Ekman, 2004），但这些"测谎奇才"究竟具备哪些具体技能或性格特征还不得而知。

之后，研究者们针对不同职业在谎言识别方面的差异这个问题又展开了研究，发现警察的识别准确率并没有明显高于学生。当陈述具有欺骗性时，学生和警察的谎言识别准确率基本相同；相反，当陈述真实时，学生的诚实性判断准确率反而明显高于警察，这是因为警察倾向于将所有陈述判断为欺骗性的（谎言偏见或偏向），从而使得他们的准确率低于学生（Garrido, Masip, & Herrero, 2004）。

在大多数人看来，囚犯算不上是识谎的专业人士，但是在识别非言语行为（如表情）的情况下，囚犯比普遍认为的专业人士（海关人员、警察等）有更高的谎言识别率（Granhag, Andersson, & Strömwall, 2001; Vrij & Semin, 1996）。其中，囚犯组识别谎言的准确率（67%~89%）要显著高于识别真话的准确率（35%~51%）（Bond & Lee, 2005）。还有研究对比了囚犯和大学生，发现囚犯在识别谎言方面的表现也同样优于大学生（Hartwig et al., 2004）。从目前的研究结果来看，囚犯组的谎言识别能力要好于非专业人士，原因可能在于他们有较多的说谎经验，并且从中获得了如何成功欺骗他人的充足反馈。

对于教师这一群体，能够准确识别学生的各种不诚实行为显得尤为重要。在谎言识别能力与说谎线索的信念方面，与学生和控制组（年龄与教育水平相同，行业不同）相比，教师并无显著差异，工作经验也与谎言识别的准确率无关（Ulatowska, 2017）。教师在识别真实和虚假语句方面仅略高于50%的随机猜测水平，而且有经验的教师并不比实习教师和师范生在谎言识别方面表现得更好。有趣的是，教师具有更强的证实偏向，由此导致在发现虚假信息方面比实习教师和师范生的准确率更低（Reinhard, Marksteiner, & Sporer, 2011）。此外，国外针对社会工作者谎言识别的研究发现，职业经验与真实和虚假信息的判断准确率无关，但是怀疑程度和情境熟悉度提高了测谎的精度（Reinhard et al., 2014）。

19.5.2 专业人士和非专业人士在识别儿童谎言方面的差异

有研究直接对比了不同职业群体识别儿童谎言的能力。通过考察教师、社会工作者、警察和非专业人士（本科生和研究生）对5~6岁儿童、青少年和成人的谎言识别能力差异，结果并未发现明显的职业差异，识别这三组群体的谎言识别率都在60%左右（Vrij et al., 2006）。另外一项研究通过一系列实验考察了警察、海关人员和大学生是否能够发现儿童的说谎行为，结果发现，当孩子们被简单地询问偷看玩具（孩子们被告知在研究者离开时不准偷看玩具）的事件时，成人组无法区分说谎者和诚实者；然而，当孩子们参与了道德推理任务或在接受询问前承诺讲真话时，对儿童谎言的识别会更准确（Leach et al., 2004）。此外，成人对儿童（5~7岁）和成人的谎言识别率并没有明显差异（Edelstein et al., 2006; Vrij et al., 2006）。特别是，成人在判断儿童真实的陈述方面表现很差，但是，也有研究发现，经常与儿童一起工作积累的相关经验可能有助于发现儿童说谎（Talwar et al., 2011）。总的来说，无论是否有测谎经验，成人识别儿童说谎的能力都是有限的。

针对与儿童朝夕相处的父母群体，父母在场的效果比不在场更好（Chahal & Cassidy, 2005），但是部分研究并没有发现此差异（Talwar & Lee, 2002; Vrij et al., 2006）。较早的一项研究发现父母比其他人更能判断自己孩子的谎言，59.6%的父母准确地预测了孩子（3~11岁）的说谎行为，母亲更难识别年龄大一点的孩子的谎言（Morency & Krauss, 1982）。但与该研究结果不同的是，更多研究发现父母可能在识别自己孩子的谎言时存在困难。例如，有研究考察了非家长组（本科生）、其他父母组（对别人的孩子进行评估的家长）和自己父母组（评估自己的孩子）对儿童的谎言的识别差异，结果发现对于儿童的诚实判断的准确率均处于随机猜测水平，而且他们对于自己的判断都有很大的自信（Evans, Bender, & Lee, 2016）。另一项研究的信号检测分析结果也表明父母有强烈的倾向相信他们的孩子是诚实的（Conway, 2015）。父母并不能很好地识别孩子的谎言的原因可能是父母与孩子的亲密关系导致其倾向于相信自己的孩子（Evans, Bender, & Lee, 2016）。

虽然已有很多研究考察了识别儿童的谎言的问题，但结果似乎不尽相同，很难就成人对儿童谎言的识别能力得出明确的结论。通过对45项实验研究（涉及7893名成年法官和1858名儿童）的元分析发现，成人可以准确地辨别诚实或谎言的平均比例为54%，仅略高于随机猜测水平，但存在统计上的显著差异。真实的陈述被正确归类为诚实的平均比例更高（63.8%），而说谎的比例被归类为不诚实的比例（47.5%）与随机水平没有区别。专业人士（如社工、警察、教师）的表现略好于非专业人士（如大学生）（Gongola, Scurich, & Quas, 2017）。

总的来说，成人并不善于识别儿童的谎言。即使是父母，也不能轻易判断儿童的说谎行为。对于专业人士来说，识别儿童的谎言的准确率与非专业人士差异不大，表现可能略好于非专业人士，但大多数研究发现这种差异在统计上不显著。

19.5.3 谎言识别的职业差异的影响因素

对于谎言识别的职业差异的影响因素来说，谎言中介、风险水平、信心水平等都会导致专业人士与非专业人士在谎言识别方面存在一定差异。

1. 谎言中介

在识别谎言时，人们往往会通过一定的途径来进行判断。例如，谎言中介就像是在识别谎言时，通过与他人的交谈或者观察对方的表情等途径来进行判断。人们可以通过很多途径（如视觉和听觉）来判断谎言。通过听觉、视听结合而做出谎言判断的识别率没有显著差异，但这两种途径的谎言识别率均明显高于仅靠视觉通道的谎言识别率。这可能是由于当观察者仅能依靠非言语视觉信息进行谎言判断时，他们会倾向于依赖那些不正确的刻板印象，导致做出错误判断（Bond & DePaulo, 2006）。因此，只依赖视觉通道的专业人士比能依赖听觉通道的专业人士更容易做出他人在说谎的判断（Bond & DePaulo, 2006; Mann et al.,2010）。

2. 风险水平

在实验室环境中可能并不具备真正的高风险情境，生态效度往往较差，可能并不能真正考察专业人士在实践中的真实测谎水平和能力。然而，即使在高风险情景下，警察在识别谎言方面也会出错，警察识别谎言的准确率只有57%（Vrij & Mann, 2001）。

3. 信心水平

有研究发现谎言的判断信心与判断准确率呈显著的正相关（Gongola, Scurich, & Quas, 2017）。相反，也有研究发现信心水平不能影响谎言判断的准确率，虽然专业人士比非专业人士更有信心，但却不一定是专业人士识别谎言的准确率更高（DePaulo & Pfeifer, 2010）。当信息有限时，高信心水平多会导致人们快速地做出决定（Levine & McCornack, 1992）。同样，如果过于自信，可能会降低学习测谎知识的动机，从而在谎言识别方面表现不好。

以往研究表明专业人士（大多是警察）谎言识别的能力与非专业人士基本无异，原因可能在于以下几点。其一，专业技能和经验不够。测谎方面的专业人士在识别谎言时也可能仅仅通过一些明显的信息来识别谎言。这可能是经验丰富的特工人员比其他非专业人士在谎言识别方面表现更好的原因。其二，专业人士并没有接受正规训练。专业人士的自身因素在很大程度上决定了谎言识别的准确率。其三，专业人士在判断时可能缺乏反馈，观察者在与说谎者交流时应得到及时反馈，但大多数专业人士都无法得到充分的反馈。其四，以往的实验很少是采用面对面互动的方式进行谎言识别，而是采用观看视频的方式进行谎言判断，这会使得专业人士无法施展问话的专业技能。

小结

本节主要介绍了谎言识别方面的不同人群（专业人士和非专业人士）的职业差异。在谎言识别率方面，大部分研究发现专业人士与普通人之间并没有显著差异。但是，像秘密服务的特工这类人在谎言识别能力上的确优于常人。不管是否有测谎经验，成人识别儿童说谎的能力是有限的，不同职业人群在识别儿童的谎言准确率方面没有显著差异。当儿童和成人对同一件事说谎时，识别儿童的谎言比识别成人的谎言更困难。不同职业人群的谎言识别差异还受到谎言中介、风险水平、信心水平等多种因素影响。此外，专业人士谎言识别的能力与普通人基本无差异的原因可能是技能熟练度不够、缺乏反馈、未接受正规训练和实验操纵等。

思考题

1. 专业人士和非专业人士识别成人和儿童谎言的能力如何？
2. 不同职业人群的谎言识别差异受到哪些因素影响？

第20章
谎言识别能力的提升

多数人学习说谎心理学都是为了能够更好地识别谎言。如何练就这样一双慧眼成了人类多年孜孜不倦的追求。随着科技的发展，人类发明了多种辅助识别谎言的技术和工具，从而使得谎言识别能力的学习和提升也出现了不同的分类、方法和途径。本章将详细介绍每种分类下的提升方法和途径，及其对应的有效性。

20.1 谎言识别的需求与分类

20.1.1 谎言识别的人群分类

第1章中介绍了谎言和欺骗的各种形式。很明显，对于某些谎言或欺骗是没有必要去学习如何识别的（Frank & Feeley, 2003）。例如，人际交往中的客套话、善意谎言、魔术的欺骗等。还有一些谎言是在一些特定的社会情境中，情境就已经预示着某一方肯定在说谎（Ekman, 1992）。例如，在谈判中，出价方一开始给出的价格肯定不会是底价。

除此之外，在生活中、商战里、职场上、婚恋中、谈判桌上，甚至孩子的嘴里都充满了谎言。因此对于绝大多数人来说，应该都希望自己能够识别谎言。但由于不同职业需要面对的对象不同，人们对于谎言识别的需求也不同，从而导致谎言识别能力提升的方式也不同。为了方便区分，这里简单地根据职业与谎言识别的相关程度将人群划分为两大类：第一类为职业人群，包括那些自身工作与谎言识别有直接的相关性，且岗位职责要求他们具备识别谎言能力的人，如海关稽查人员、国家安全人员、公安干警、执法人员、测谎事务所的专家等；第二类为非职业人群，其自身工作与谎言识别没有直接的相关性，岗位职责也没有对其谎言识别能力有任何特殊要求，普通老百姓多数属于此类。

20.1.2　职业人群的需求

公安干警肩负着打击犯罪、还原真相的重任，可能是最需要具备识别谎言能力的一类职业人群。狡猾的嫌疑人、为自保的证人、与被害人有利益关系的人都有可能说谎。公安干警要想缩短破案时间，找到侦查的突破口，缩小搜索罪证的范围，识破谎言无疑十分重要。

检察院和法院工作的执法人员的工作性质与公安干警有相似之处，也需要有较强的侦查能力、审讯能力和对伪证的甄别能力。那些有贪污、受贿、渎职等违法犯罪情节的公职人员可能会装无辜、说委屈、喊冤枉，也可能会装老实、假坦白、避重就轻，其反侦查能力和语言隐蔽性都会使得案件变得更复杂。所以，司法系统的执法人员也是十分需要具备识破谎言能力的职业人群。

在军事和国家安全方面，可以通过识别谎言发现伪装的间谍、企图制造袭击的恐怖分子和意图制造破坏的国家分裂分子。在海关工作方面，检查人员通过识别谎言发现携带违禁品或走私物品的人，以此决定是否对其进一步搜查和盘问。在选拔高级人才时，识别谎言的能力也显得特别重要。

20.1.3　非职业人群的需求

非职业人群在生活中也会碰到形形色色的谎言，其中较为常见的是传销和诈骗。

传销是一种依靠人与人来传播的非法的销售活动。传销组织通过金字塔状的欺骗网络，实施有组织的团伙行骗，是庞氏骗局的一种。传销人员可能从熟人（亲朋好友和邻居）下手，也会从生人（电话邀约、微信好友、传销课等）下手，用演练好的说辞和精心设计的骗局诱骗人们入局。

企鹅智酷调研在2017年3月15日发布的数据调查显示，71.5%的网民曾经被骗，97%的网民曾遇到电信诈骗，59%的网民称家里的老人买过虚假的药品、保健品、器材。该调研报告还指出，女性、老年人和未成年人更易受骗。骗子可能会冒充学校给学生发送"开学通知"，或者冒充栏目组发送中奖信息，或者冒充公安机关告诉你在你的包裹中检查出了违禁品。诈骗犯真是无孔不入。

在生活情景中，上下级之间、夫妻之间、买卖双方之间、亲人之间、朋友之间也都可能会出现谎言。自古以来，无论是职业人群的特殊职业需要，还是非职业人群对于人与人真诚交流的向往，都没有停止识别谎言、寻找真相的步伐。

小结

本节介绍了不同人群对于识别谎言的需求，并将所有人群分为职业人群和非职业人群。接下来展开介绍了职业人群和非职业人群对于识别谎言有哪些需求。

思考题

1. 结合实际情况，你认为自己属于需要识别谎言的职业人群还是非职业人群？请说明理由，并说出自己在哪些方面需要识别谎言。
2. 人们关于谎言识别能力的提升还有其他需求吗？对于人群还有其他分类方法吗？

20.2 非职业人群提升识别谎言能力的途径

职业人群和非职业人群提升识别谎言能力的途径和方法并不相同，因为职业人群可以使用辅助仪器进行测谎，而非职业人群主要依赖人工识谎。非职业人群不会购买昂贵又不便于携带的测谎仪，更不可能拿着测谎仪去测试自己身边的人是否说谎。所以，根据非职业人群的现实情况，他们较适合用以下途径和方法来提升识别谎言的能力。

20.2.1 图书与文献学习

在1989年以前，美国只有不到10%的执法人员学习过专门的谎言识别知识。他们当时的学习方式主要是看一些小册子、杂志文章和一些非实证研究的论文（Frank & Feeley, 2003）。例如，警察训练手册《犯罪的审问和供认》（Inbau et al., 2001）。这些材料里面介绍的也是一些没有经过证实的非言语线索，如摸鼻子、双手在胸前交叉等（Frank & Feeley, 2003）。

现在，除了只有职业人群才能接触的内部培训教材、手册和资料以外，可供非职业人群阅读的有图书、杂志、防骗手册、论文等多种文献形式。这些文献可大致分为通俗大众读物和专业文献两种。在各大书店和书城，人们都可以在畅销书专柜或心理学图书专柜找到它们。它们常常印有"FBI"（联邦调查局）、"CIA"（中央情报局）、"国际测谎专家"、"英联邦警探"、"法学博士"等字样，而且还能教人在"瞬间"或"一眼"就能识破谎言。但这些图书没有参考文献，缺少科学依据。

专业文献主要是专业刊物、学术论文集和教材，还有一些严谨的学术著作。本书也对这些专业文献进行了系统梳理和总结，给希望通过本书学习谎言识别的学习者提供一个更容易而全面的学习渠道。本书提到的说谎线索都经过了相关的实验验证，是比较可信的。无论对于职业人群，还是非职业人群，本书都可以成为值得信赖的学习资料。

20.2.2　网上学习和交流

如今网络资源十分丰富，非职业人群可以从以下常见途径找到相关学习材料：以测谎和识谎为主题的专业论坛、谎言识别的电子资料的下载网站（如电子书、图片、视频等）、有谎言识别教学短片的视频网站等。

在各个著名的网络视频门户网站上都能找到一些讲授如何识别谎言的视频，如"恋爱谎言识别""眼睛的秘密""如何识别谎言""如何一分钟识别谎言""识别爱情谎言"等，还有 TED 演讲《如何发现骗子》(How to Spot a Liar)。

通过各种社交平台和软件，学习者还能找到以谎言识别为兴趣的网友、QQ 群和朋友圈。通过加入这些网上学习圈子，可以找到兴趣相投的人，相互讨论交流，分享学习资源。

20.2.3　讲座学习

邪教、传销、电信诈骗、非法集资、金融诈骗、医疗诈骗等多为团伙行骗。因此，常与团伙行骗、诈骗的犯罪分子打交道的有关部门，如公安局、民政局、金融部门等，也会提供一些面向非职业人群的公益讲座。例如，某市民政局举办的"老年人防诈骗、防陷阱知识讲座"；派出所的民警给社区居民开展"防诈骗知识"讲座；某银行金融诈骗科的科长为大学生讲解校园贷和套路贷的知识等。猎网平台甚至为此编制了《猎网平台 2018 年全民防骗统一考试》的考试卷，帮助人们了解自己对防骗知识的掌握程度。这一类公益讲座往往都是以讲解骗局和骗术为主要内容的。通过对这些骗局和骗术的细节、步骤和关键点的详细介绍，能够让听众从中学会多留一个心眼，降低被骗的概率。

20.2.4 机构课程学习

非职业人群也有可能遇到一些提供与说谎相关课程的机构,如测谎研究所、测谎专业机构、公益组织、心理咨询机构或社工机构等。它们的课程形式多数以单次讲座、工作坊或系列课程为主。如一些心理咨询机构为了服务对象的需求(往往是情侣、夫妻、亲子)而开展时间较短(1~3个小时)的谎言识别的知识讲解。这类培训主要讲授一些识别谎言的线索,还有识别谎言的策略。有些策略巧妙利用说谎者的心理弱点,突破说谎者的心理防线,同样能起到攻破谎言的作用。比如下面这个利用识谎策略的历史故事(明朝,冯梦龙,《智囊全集》第三部"察智")。

李靖任岐州刺史时,有人告他谋反。唐高祖李渊命令一位御史来审判。御史知道李靖是被诬告的,就请求和原告同行。走过几个驿站后,御史假装原状纸丢了,非常恐惧,鞭打随行的官吏,于是请求原告再另外写一张状纸。之后御史将新状纸拿来和原状比对,内容果然大不相同。当天,他就回京师报告结果,唐高祖大惊,原告则因诬告而被判死罪。

一些企业的人事部门还会在面试、内部调查等特殊情景中引入测谎环节。针对企业用户,一些专业机构的专家专门开设了识人术的课程或工作坊。例如,NLP[①] 培训师的识人术课程中,可能会通过教授如何解读视觉线索(见图20-1)来识别谎言。视觉线索的基本观点是当人们解读记忆(真实或想象的事件),并且用思维读取或构造这一信息时,眼睛会以某种特定的方式移动。如当一个人描述过去的事情的时候,却出现了建构视觉影像的视觉线索,则很有可能这个人在说谎。

这类机构的培训缺乏监管,鱼龙混杂,也没有科学的培训体系,不能保证培训效果。不同的培训师资、不同的培训时长、不同的培训内容都影响着培训效果。对于科学严谨性要求不高的非职业人群,这些学习方式容易找到,容易理解,也容易应用到生活中(虽然不一定有效)。但是,这样学习是否能提升谎言识别能力无法评估,也没有专业权威的认证和结业证书。如果说价格便宜和节约时间成本是其优势,那不稳定的效果则是其劣势。

---

① NLP 是神经语言程序学(Neuro-Linguistic Programming)的英文缩写。N(Neuro)指的是神经系统,包括大脑和思维过程。L(Linguistic)是指语言,更准确一点说,是指从感觉信号的输入到构成意思的过程。P(Programming)是指为产生某种后果而要执行的一套具体指令。NLP 指我们思维上及行为上的习惯,就如同计算机中的程序,可以透过更新软件而改变(林之婷. NLP 技术及其在高校心理咨询中的应用 [J]. 当代教育实践与教学研究, 2018(11):180-181)。

对天生习惯用右手的人的视线线索的解读

V^R：记忆视觉影像（眼睛往上，往左）
A^R：记忆听觉的声音或话语（眼睛往左）
A：表示想起声音或话语（眼睛往下，往左）
V^C：建构视觉影像（眼睛往上，往右）
A^C：建构听觉的声音或话语（眼睛往右）
K：表示触觉感受（包括嗅觉与味觉，眼睛往下，往右）

图 20-1　视觉线索示意[①]

小结

本节介绍了非职业人群谎言识别学习的途径，主要有文献学习、网络学习、讲座学习和课程学习，还介绍了各种途径的内容和获取方法，及其优劣。

思考题

1. 你最愿意选择的学习方式和途径是哪一种？为什么？
2. 除了教材中列举的常见骗局和识别谎言的策略以外，你还见过或听过哪些骗局和策略？

20.3　谎言识别训练的有效性

当没有谎言识别线索的知识的时候，人们倾向于依赖启发法[②]来判断真伪，但启发法又

---

① 视觉线索模特为宁乙静老师。
② 启发法是一种认知判断规则，有利于个体凭借直觉解决信息缺乏的不确定性问题，具有不精确性的缺点（王甦，汪安圣．认知心理学 [M]．北京：北京师范大学出版社，1992: 15-16）。

很可能基于错误的逻辑，从而更不可信（Fiedler & Walka, 1993）。第 10 章至第 17 章给出了一些可能有效的谎言识别线索，问题是人们能否通过学习而掌握和运用这些线索来识别谎言呢？学习者是否能够通过专业训练来提高识别谎言的能力呢？为此，很多学者用实验去验证各种谎言识别训练和培训的有效性。有学者对 2003 年以前进行的谎言识别培训（11 个培训）进行了梳理，结果发现平均只有 4% 的培训对人们的谎言识别准确率有作用，结果似乎并不乐观（Frank & Feeley, 2003）。

20.3.1 针对非言语和副言语线索的训练的有效性

很多研究认为说谎存在一些非言语和副言语线索，如说谎者会减少点头、手和手指的移动、脚和腿的移动，会延迟反应时间（Sporer & Schwandt, 2006），会提高说话声音（Depaulo et al., 2003）。如果人们在恐惧时说谎，会增加头部移动；如果在内疚时说谎，则会减少头部移动（Sporer & Schwandt, 2006）等。

于是，研究者通过训练受训者关注这些特定线索，以验证这种训练对于提高谎言识别准确率的有效性。早期学者所提供的训练，或只教给受训者如何识别非言语线索（Vrij, 1994），或单独比较非言语线索和副言语线索（Depaulo et al., 1982）。结果显示，受过训练的特勤处特工对于说谎的非言语线索可以拥有高水平的警觉性（Ekman & O'Sullivan, 1991）。

随后研究者继续改进实验方法，将受训者分四组训练谎言识别能力，第一组只用语音线索，第二组只用视觉线索（非言语线索），第三组使用语音和视觉复合线索，第四组没有获得任何以上线索的训练（对照组）（Mark et al., 1997）。结果显示，受过训练的观察者要比没有受过训练的观察者在谎言识别上表现更好。而且，无论使用哪一种线索的受训者都比没有受过训练的观察者能更准确地识别谎言。其中，使用非言语线索和复合线索的受训者在谎言识别的准确率上比只使用语音线索的受训者要高。不过，训练能提升识别谎言的能力，但却不能提升判断真话的能力（Mark et al., 1997）。

总体来说，非言语线索和副言语线索的有效性并不十分显著，从而可以预见，使用这种培训课程提高谎言识别准确率的有效性也不会高（Hauch et al., 2014）。但是，当非言语线索的显性教学伴随着重复练习，并允许受训者评估说真话和说谎的例子，且给予有效反馈的时候，训练是最有效的（Vrij, 1994）。

20.3.2 针对言语内容线索的训练的有效性

这里所指的言语线索，不同于第 17 章所谈到的语音线索，而是指人工能够辨识的说谎者与说真话者在说话内容上的系统性差异。施特勒（Steller）和克恩肯（Köhnken）综合了多人的成果，开发了一个评价说话内容的 19 条真实性标准的列表，命名为基于标准的内容分析（CBCA）(Steller & Köhnken, 1989)。他们认为真实语句比虚假语句更符合 CBCA 的标准。例如，一段语句有逻辑结构，包含更多细节，则更有可能是真实语句。CBCA 的 19 条标准中得到证实的有：说真话者的描述会包含更多的细节，更多自我更正，更具有逻辑结构性，也会更多承认自己的记忆有缺失（Depaulo et al., 2003）。

尽管已有大量实验测试了 CBCA 各条标准的有效性（Vrij, 2005），但是却缺乏与 CBCA 培训相关的研究（Akehurst et al., 2004; Landry & Brigham, 1992）。于是，阿克赫斯特（Akehurst）等人（2004）设计了一个 4 小时的 CBCA 培训，分别培训职业人群（警员）、社工和非职业人群（大学生）(Akehurst et al., 2004)。结果显示，培训前三组参与者的平均谎言识别准确率差别不大（社工 72%，警员 66%，大学生 56%）。但培训后，社工的谎言识别准确率（77%）显著高于警员（55%）和大学生（61%）。然而，这三组参与者与自身相比，都没有获得显著提高。而且，警员在培训后不仅没有提高谎言识别准确率，反而降低了（Akehurst et al., 2004）。

开发者克恩肯（1987）曾经指出，CBCA 技术需由经验丰富的心理学家，花 3 周时间来仔细教授，学员才能学会（Köhnken, 1987）。所以，4 小时的简短 CBCA 培训有可能是导致阿克赫斯特等人设计的培训没有效果的原因（Akehurst et al., 2004）。另外，警员的谎言识别准确率之所以不升反降，可能是因为他们应用这个新技术有困难，他们难以放弃原来那套面谈技术（Memon et al., 1994）。

所以研究者就想到了采用混合非言语、副言语和言语内容线索的方式来进行训练，如雷德技术（Reid Technique）(Kassin & Fong, 1999)。还有研究者将现实监控、CBCA 和人际虚伪理论结合，创造出欺骗陈述评估标准（Assessment Criteria Indicative of Deception，ACID），并通过实验发现 2.5 小时的培训就能够让人们的谎言识别准确率从 61% 提升到 70%（Colwell et al., 2012）。相关研究结果显示，运用言语内容线索的培训比运用其他线索的培训更有效（Hauch et al., 2014）。

20.3.3 反馈对谎言识别训练的有效性

为了验证反馈的有效性，波特（Porter）等人（2000）为加拿大联邦假释官设计了为期两天的谎言识别培训。第一天与第二天培训相隔 5 周。实验分别被安排在这两天的培训之前和之后进行。实验内容不仅包括说谎基线能力的检测，还包括对培训中所获得技能的保留时间的检测（Porter et al., 2000）。为了检验实验效果和区分特定培训效果的目的，参与者被分为三组。第一组是反馈组，他们在对每一个视频进行是否说谎判断后都有准确的反馈。第二组是反馈+线索组，他们除了获得反馈信息外，还会获得说谎基线线索的信息。第三组是控制组，他们既没有获得反馈，也没有获得基线线索信息。结果显示，所有实验组（第一组和第二组）的谎言识别成绩都明显好于控制组，这说明培训和反馈都能够有效提高谎言识别准确率（Porter et al., 2000）。

沿着这个思路，很多研究者致力改善参与者谎言识别后所获得的反馈（Elaad, 2003; Porter et al., 2007）。为什么反馈这么重要？这可以用桑代克（Thorndike）的学习的效果律进行解释：积极反馈强化正确线索的选择，而消极反馈减少错误线索的选择（Thorndike, 1927）。所以，两种反馈都让人们的谎言识别准确率得到提升（Porter et al., 2007）。反馈能提升谎言识别准确率基于以下两种机制：第一，反馈导致受训者能找到有效的谎言线索，进而调整决策；第二，反馈意味着有一种让受训者"做出更小心判断"的社会需要，从而被激励表现得更好（Porter et al., 2000）。不过，如果仅仅只给出反馈（Zuckerman et al., 1985），或者培训时间过短都有可能导致训练的效果被严重低估（Vrij & Graham, 1997; Frank & Feeley, 2003）。所以，提供给受训者练习来测试他们的识别谎言能力会有帮助，但是这种练习不能过多，否则也会产生疲倦和厌烦（Deturck et al., 1990）。

20.3.4 认知谎言识别训练的有效性

研究者开始思考测谎者是否能够通过特别的访谈方案引出新的或增强存在的说谎线索（Vrij & Granhag, 2014）。目前被广泛应用且被验证的方法分别有策略运用证据技术和认知谎言识别方法（Granhag & Hartwig, 2015; Hartwig & Granhag, 2014; Vrij et al., 2015）。维吉等学者开发了一种认知谎言识别训练的方法，可以帮助测谎者增大说谎者说真话和说谎之间的认知线索的区别（Vrij et al., 2015）。说谎者显露出更多可以识别的说谎认知线索，从而促进测谎者识别谎言。这种认知谎言识别训练方法包含三部分：强加认知负荷，鼓励说谎者多说，问出乎意料的问题。

> 如果我们怀疑一个人说谎，就应该假装相信他，因为他会变得越来越神勇而自信，并更大胆地说谎，最后会自己揭开自己的面具。
>
> ——亚瑟·叔本华

研究者找来了50名警察进行这种训练，并在实施前后测量对比训练方法的有效性

(Vrij et al., 2015)。训练的具体内容包括：如何强加认知负荷，如倒叙故事、第二任务、强制转换任务；如何鼓励多说，如模范叙述、给予支持鼓励、模仿说谎者、绘画叙述；如何问意料之外的问题，如空间问题、过程与结果问题、重复问题。之后通过模拟犯罪的方法进行训练前后两次测试。结果显示，警察识别谎言的能力得到提升，但并不是每个受训者都能同等水平地应用所学到的这些技巧。研究者认为，一旦使用了这些所学的技巧，就能更好地引出说真话和说谎之间的差异（Vrij et al., 2015）。

维吉（Vrij）等人在2016年再次运用认知谎言识别方法对资深的警察进行培训，不同的是，这次由实践者（如退休的警察）代替研究者来讲授这些技巧，而且培训时长超过7小时（Vrij et al., 2016）。结果显示，培训的效果不大，但受训者问了恰当问题的比例更高。培训效果不显著的原因可能是讲授技巧的人的身份并不影响培训效果，培训时长是使受训者问出更多恰当问题的关键。

20.3.5 基于计算机和网络的谎言识别训练的有效性

前期研究发现，当给出关于说谎线索的明确说明，并伴随有重复的练习和评判例子时，受训者的表现是最好的（Vrij, 1994）。基于这些研究发现，乔治（George）等人（2004）为美国空军安全人员设计了一个训练识别谎言能力的软件Agent99（2004）。Agent99是一个以学习者为中心的基于互联网的多媒体培训系统，能够提供谎言识别知识说明、各种支持性材料、真实情景的谎言样例、专家分析，以及系统练习和反馈。乔治（George）等人（2004）用他们设计的Agent99来训练100名军官，发现应用这个软件和用传统授课的方式，在谎言识别知识的掌握和识别谎言准确率方面的效果是一样的（2004）。这样，基于电子设备的培训就可以成为一个可以接受的，更省钱省时的学习识别谎言的方式（George et al., 2004）。

这个网络版的Agent99也存在一些不足，如基于网络会存在安全问题和功能不够多的问题（Cao et al., 2004）。于是卡奥（Cao）等人（2004）将Agent99改成了用CD-ROM安装的计算机版，并增加了一些新功能，如搜索功能和评估工具。在原来Agent99已有的观看授课知识和观看样例模块之外，新增了一个虚拟教室模块（Cao et al., 2004）。这个新版本仍然可以有效地提高人们识别谎言的准确率（George et al., 2004），也有很好的可用性。

最后，卡奥（Cao）等人（2004）基于他们的研究，认为要使开发的谎言识别训练软件能有效提升受训者识别谎言的能力，需要做到以下几点：同步的多媒体课程、丰富的真实情境的样例、评估和及时反馈、学员自订的进度控制、高质量的音频和视频、充足的训练时间（Cao et al., 2004）。

20.3.6 谎言识别训练的副作用

有研究发现，培训可能会诱导个体更多地谎报或错报别人在说谎，或者错误地判断一些信息为说谎信息（David et al., 2002）。有研究进一步指出，有些培训对人们的测谎能力具有削弱作用，而且对警察的削弱作用比对大学生更加明显（Köhnken, 1987; Vrij, 1994; Vrij & Graham, 1997）。再加上早年人们都认为非言语行为和副言语行为是谎言识别的线索，所以那时即使是用于培训警察的专业测谎课程，也特别关注如何发现和识别这些线索（Siegfried & Barbara, 2007）。这使得有些培训课程不但没有提高学员的谎言识别能力，反而影响了这种能力（Meissner & Kassin, 2002）。

很多培训都忽略了受训者的需求，认为个体（尤其是执法人员）是缺少识别谎言的技巧的，所以需要识别谎言的培训（Depaulo & Pfeifer, 1986; Ekman & O'Sullivan, 1991; Vrij & Mann, 2001）。但弗兰克（Frank）认为执法人员虽然需要谎言识别能力，但却不怎么需要谎言识别培训（Frank & Feeley, 2003）：第一，并没有简单而完美的线索可以让执法人员简单学会；第二，执法人员即使学习了这些线索，也有一定概率会判断错误；第三，执法人员讨厌这种具有不确定性的结果；第四，假设嫌疑人说谎的可能性为75%，执法人员如果判定所有嫌疑人都在说谎，准确率就达到75%。因此，执法人员没有理由再去学习如何识别谎言（Frank & Feeley, 2003）。

还有，受训者对研究目的不知情、培训时间过短、培训方法不当、培训资源匮乏、培训计划缺失等问题都会导致培训效果不佳（Docan-Morgan, 2007）。为了应对培训的副作用和避免这些存在的问题，摩根（Morgan）专门设计了一个针对执法人员进行谎言识别训练研究的阶梯式模型，以提供一个总体概念框架，使谎言识别训练更加有效（Docan-Morgan, 2007）。

总体上看，一些训练项目的确快速提高了谎言识别的准确率（Deturck et al., 1990; Frank & Feeley, 2003），也有研究者认为只有极少训练能够取得高于65%（谎言识别准确率）的效果（Vrij et al., 2000）。除了前面谈到的重要影响因素外，谎言的研究者发现人们有一种天然相信别人在说真话的偏见会影响谎言识别能力（Marett et al., 2004）。而训练不仅能让交流者产生对方是否说谎的怀疑，还会使他们进入警觉状态（David et al., 2001）。尤其在可能发生说谎的时候进行训练，可以提高人们对于谎言识别的敏感性，配合周期性的提醒，能提高人们识别谎言的准确度（David et al., 2002）。

小结

本节介绍了谎言识别训练的有效性，并展开介绍了各种谎言识别训练的方法和实验验证过程。本节展开分析了训练识别非言语线索、副言语线索和言语线索的谎言识别的有效性，也分析了反馈、认知谎言识别方法和计算机与网络软件对于谎言识别的有效性。最后，本节特别谈到谎言识别训练也有可能会对谎言识别能力带来负面影响和反作用。

思考题

1. 请总结本节介绍的谎言识别训练的有效因素和方法。
2. 为什么不同职业的人群识别谎言的能力会存在差异？这种能力更多是先天的，还是后天的？真的可以通过训练来提升谎言识别能力吗？

20.4　职业人群提升谎言识别能力的途径

上一节提到的各种训练多数是面向职业人群开发的。职业人群除了可以参加前面那些专业的人工识别谎言的培训外，还可以接受借助测谎辅助仪器的培训。当测谎者借助测谎仪后，由合格的受过专业培训的测试人员进行测谎，谎言识别的准确率在85%~98%（兰剑彬，2010）。由于针对处于研发阶段的仪器（如基于ERP和fMRI技术的测谎仪器）和方法（如基于微表情、身体姿态等线索的测谎方法）还没有开展系统和规范的培训，下面介绍一下需要辅助设备的培训，培训方主要是测谎仪器制造商、软件开发方、测谎服务公司，以及高等院校。

20.4.1　测谎仪器制造商提供的培训

中国科学院自动化所心理测试工程中心是中国测谎仪首家研制单位，PG系列是其研制的拥有自主知识产权的测谎仪。PG系列不仅被职业人群广泛使用，也被心理学研究者使用。中国科学院自动化所心理测试工程中心也是中国公安部心理测试标准的起草、制定单位。该中心每3~5年会邀请中美测谎专家进行专业培训和开展实战研讨，研讨班的内容包含：（1）介绍美国最新的心理测试技术以及各种技术的理论基础、问题模式和评判标准；

（2）准绳问题的开发；（3）心理测试在就业中的应用；（4）测前谈话的技巧；（5）典型案例分析及现场演示。这些培训主要面向公检法系统和部队，并不适合非职业人群学习。

另外，一些测谎仪器制造公司提供的培训安排有美式测验技术的基础培训和操作培训。基础培训内容包括：什么是测谎，测谎技术的发展及现状，测谎技术的应用，软硬件安装及使用，测试具体步骤，操作规范与上机练习，心理学原理，POT 测试法，STIM 测试法，CQT 测试法，测试要求与程序，测试案例分析及图谱分析等。操作培训内容包括：动态犯罪心理分析，编题，测前谈话，测试控制及同步评图，综合评判，测后谈话。有的公司还会将认知综合检测法引入培训。

从培训课程的内容安排来看，测谎仪器制造商的培训往往都是基于自己所销售的测谎器材来进行的，而且培训内容多数和犯罪测谎有关。培训时间从 6 天到 10 天不等。培训结束后，由培训方提供结业证书。

20.4.2　软件开发方提供的培训

第 19 章提到，表情识别能力与谎言识别能力存在显著的正相关。换言之，人们可以通过提高识别表情（包含宏表情、微表情、弱表情）的能力来提高识别谎言的能力。为了提高识别微表情的能力，研究者还设计了专门而系统的训练方法和工具。除了针对军方开发的计算机软件（Agent99）以外，较出名的还有美国埃克曼团队开发的微表情训练工具 METT（Micro Expression Training Tool）和中国的申寻兵设计的 DMTT（Developing Microexpression Training Tool）。

微表情训练工具是埃克曼团队设计的专门训练微表情识别能力的软件。该训练工具系统包含前测、训练、练习、复习和后测五个阶段。前测是用于测试受训者训练前识别微表情的能力水平，并记录分数。后测是用于测试受训者训练后识别微表情的能力水平，并记录分数。通过对比前后分数的差异，可以知道训练的效果。其中复习阶段和训练阶段的内容是视频教学讲解。该训练工具中，使用两个中性面孔中间夹入一个快速闪现的有表情的面孔来模拟微表情。这样的方式虽然模拟了微表情快速闪现的特点，但是缺少了动态变化的过程。该训练工具里面有的表情的面孔强度较大，而且是突然快速闪现的，不免让人感觉突兀。事实上，很多微表情在出现的时候的强度十分微弱。这也导致模拟出来的微表情与真实微表情存在差异。

DMTT 基于前面介绍的 METT 的设计思路，由申寻兵进行改进设计完成，在 E-Prime 2.0 平台上运行。DMTT 训练开始时是一个包含 3 个子测试的前测。第一个子测试是情绪辨别力测试，包含高兴、悲伤、生气、惊讶、厌恶、恐惧、无表情和其他表情的 28 张面部表情图片。第二个子测试是微表情训练工具里的前测项目，包含 14 张人工制作的微表情图片。第三个子测试是微表情视频测试，包含 9 段从微表情数据库 CASME II 中摘选出来的真实微表情短片。紧接着是训练阶段，包含 3 部分内容。第一部分使用视频让受训者了解 6 种基本表情在人脸上是如何展现的。第二部分要求受训者完成微表情训练工具的测试练习，并给出每一次选择的对错反馈。第三部分是复习阶段，使用视频短片回顾并巩固已学到的知识。最后，DMTT 还包含与前测对应的后测，验证受训者的学习成果。相较之下，我国的 DMTT 培训工具的系统框架的完整性更好。

20.4.3 测谎服务公司提供的培训

测谎服务公司通常提供的服务有测谎仪销售、测谎培训、调查（诈骗、贪污、盗窃、勾结、泄密、商业间谍、行为不端等）、招聘员工（雇用前筛选）、忠诚问题（员工忠诚度、夫妻忠诚度等）、支持辩护律师、测谎咨询服务、短期决策者背景调查、民事诉讼纠纷、债务纠纷、其他具体问题（被害人虚假、夸大指控等）。

测谎服务公司有的时候也会组织测谎学习培训班，而且内容选择丰富多样：测谎鉴赏会（2 天）、图释义课程（1 周）、人事筛选课程（3 周）、快车基本测谎课程（7 周）、先进的测谎仪课程和认证（3 周）、基础测谎课程（12 周）。从课程的安排也可以看到，这些课程根据职业人群的需要，制定了从浅到深、从简到繁的不同级别的课程。完成基础测谎课程（12 周）甚至可以颁发美国测谎协会认证的证书。

20.4.4 高等院校提供的培训

目前中国的测谎员还是以短期培训为主（通常 1~2 周），颁发相应的结业证书。早在 1982 年，武伯欣教授就已经在东北师范大学和吉林大学给本科生讲心理学应用与美国"测谎"课（2017）。1991 年 10 月，公安系统举办了第一期测谎仪培训班（夏中锋，2004）。此后，需要进行专业测谎工作的不同单位也都组织了很多测谎专业培训。如 2017 年 11 月 7 日至 18 日，由中国心理学会法律心理学专业委员会与甘肃政法学院犯罪心理测试技术研究中心共同举办的"全国心理测试技术与案例侦审培训班"。这些都是针对测谎的职业人群由专业机构提供的培训，也都属于短期培训。这种短期的岗前培训难以提高测谎人员的专业素质，因而无法保证测谎结论的准确性（张泽涛，2003）。

美国有很多测谎培训专业学校，获得美国测谎协会承认的测谎院校有近 20 所。中国没有设立专门的测谎学校，但庄泽旋和刘少夫（2012）提出了"整体培训与重点培养相结合，岗位练兵与高校合作相结合"的培训方针。在中国，只有与高校结合，才有可能开展长期而系统的测谎培训。其中，中国人民公安大学是测谎领域最高学历的培养单位。中国人民公安大学从2004年开始招收测谎硕士研究生，2011年获得了招收测谎博士生资格，2012年开始招收测谎专业博士后（刘洪广，2014）。中国人民公安大学等高校将测谎技术的培训学习融入犯罪心理学和侦查心理学等课程，或者以专题讲座方式讲授（李永清，2010）。另外，甘肃政法学院犯罪心理测试技术研究中心从2006年开始招收犯罪心理测试技术的硕士研究生，培养测谎高级专业人才，它是我国唯一专门培养犯罪心理测试技术硕士研究生的教学科研单位。[①]

小结

本节介绍了职业人群提升谎言识别能力的途径，除了人工识谎训练以外，还有借助辅助性仪器的培训班。辅助性仪器多以多导生理仪为基础测谎仪。提供培训的主体包括测谎仪器制造商、软件开发方、测谎服务公司和高等院校。本节还介绍了这些非学历教育的培训班的培训内容、培训时长和获取证书情况。

思考题

1. 职业人群提升谎言识别能力的途径与非职业人群有什么区别？
2. 随着技术的进步，如果未来研究者找到了准确的谎言线索，是否能够仅仅依靠辅助机器来完成测谎，而不再需要培训职业人群进行测谎？

---

① 摘自甘肃政法学院犯罪心理测试技术研究中心官网介绍：https://fzxl.gsupl.edu.cn/xkgk/xkjj.htm。

第 21 章
走向应用的谎言识别

关于谎言与真实,有这样一则寓言故事:在很久以前,"谎言"和"真实"在河边洗澡。"谎言"先洗完了,故意穿了"真实"的衣服离开。"真实"洗完后,怎么也找不到自己的衣服。无奈之下,"真实"只好躲进河边的草丛中。但是,为了提醒路人不要被"谎言"蒙蔽,"真实"不停地向路人扔石头、木棍。"真实"期望路人能早点儿发现自己。

的确,真实一直就在我们身边,只是藏在暗处,需要我们去寻找;谎言也充斥在我们的生活中,还披着真实的外套大摇大摆地四处招摇撞骗。只有扒下谎言的外套,才能意识到眼见的是"谎言"而非"真实",才能进一步洞察生活的真实模样。

为了发现真相,人们已经研发出各种技术,找到了各种线索,积累了丰富的经验,并将这些经验与技术成功运用到社会生活的诸多领域。本章将主要介绍谎言识别在国家安全、司法审讯、临床诊断、商业活动以及日常生活中的应用。

21.1 谎言识别在国家安全领域的应用

识别谎言是国家安全工作中的常规工作。轰动一时的"9·11"事件,给各国敲响了警钟,如何进行行之有效的国家安全检查迫在眉睫。目前,谎言识别的手段与技术已被广泛应用于国家安全领域,在反间谍斗争中也立下了汗马功劳。

21.1.1 谎言识别应用于反间谍领域

美国最早开始将测谎技术应用于国家安全领域,主要起因是一项历时五年的反间谍测谎计划。该计划源于 1988 年美国颁布的一条国家防卫授权令,以维护国家安全和支持反间谍行动为由，委托美国国防部在全国范围内实施反间谍测谎计划。1994年，美国国防部报告了测谎数据结果：共测试17970人，其中，15人因服药或身体不适未完成全部测试，22人未得出确定结果，40人有说谎行为，17893人没有说谎行为。但是，这种全国性的反间谍测谎计划真能发现资深间谍吗？测谎技术与资深间谍谁更胜一筹？

罗伯特·菲利普·汉森（Robert Philip Hanssen）是FBI的资深间谍，他"成功"地背叛了美国15年。在2001年2月被捕之前，汉森为俄罗斯间谍人员连续15年提供了6000多份机密文件，内容涉及美国搜集到的世界各国的潜艇、核武器、化学武器等的绝密资料，也有潜伏在苏联和俄罗斯境内的美国间谍名单，还有美国对苏联和俄罗斯采取的间谍行动以及美国反间谍技术、资源与手段，甚至包括美国对俄罗斯间谍案的调查等绝密情报。泄密数量之多，内容之广，对美国造成的危害之大，都远远超出想象。也因此，汉森间谍活动被称为美国有史以来最严重的叛国行为。汉森被捕之后，美国参议院情报委员会主席严厉质问FBI和CIA，为什么汉森能够在美国"成功"潜伏15年？为何在事件发生之前，没有对FBI和CIA工作人员进行测谎筛查？

其实，早在里根任总统期间就曾下达总统令：为了保护国家安全，防止FBI泄露国家机密，需要对联邦政府工作人员进行不定期谎言测试。只可惜，这则总统令没有得到国会议员的支持。汉森间谍案的曝光，促使FBI重新审视其反间谍工作，并通过对FBI特工人员的测谎检测，进一步审查FBI人员是否"清白"。自此之后，美国一直非常重视国家安全领域的测谎工作。

比美国稍晚，英国到20世纪80年代才重视国家安全领域内的测谎，起因是1982年的一则幼童性侵案，而案件主角杰弗里·普赖姆（Geoffrey Prime）的公开身份是英国政府通信总部的翻译员。正是这起案件，使得普赖姆的间谍身份曝光。而在案件发生之前，普赖姆已经向苏联提供了长达10年的间谍情报。同样，也正是这起案件，促使英国政府开始使用测谎仪进行国家安全筛查。但是，与此同时，英国政府担心测谎仪的伦理问题。为此，英国政府委托英国心理学会审查测谎仪的信度、效度及伦理问题。最后的审查报告指出：因缺乏足够、准确和可靠的实验证据，测谎仪不足以作为一种科学的谎言检测手段。可见，测谎仪在国家安全领域的应用，虽重要，但举步维艰。

时至今日，测谎仪已普遍得到认可，并在国家安全领域广泛使用。很多国家都自主研发了测谎设备，如美国、日本、中国、以色列和韩国。但需要说明的是，因为缺乏结果一致性证据的支持，美国科学院测谎仪工作组认为测定结果目前仍不能成为决定性证据。

21.1.2 谎言识别应用于民航安检

民航安检是防止发生航空安全事件最重要的防护措施，主要技术是辨别非言语指标（Ormerod & Dando, 2015），这项技术源于以色列公共安全机构研发的"行为检测"技术。"行为检测"技术是将谎言识别研究成果与犯罪侦查讯问技术进行有效融合，目的是侦测出具有敌意或不良企图、可能对公共安全造成潜在威胁的嫌疑人，而这正是民航安检的主要目的。

借鉴以色列的成功经验和保罗·埃克曼的研究成果，美国交通运输安全部也研发了一套"基于观察的乘客筛查"技术（SPOT），并迅速应用于航空安检（Shen, Wu, & Fu, 2012; Weinberger, 2010）。从2003年开始，美国先在个别机场使用SPOT技术，到2007年，SPOT技术推广到42个机场，到2012年扩展到176个机场。

但是，公众曾质疑SPOT技术，认为该技术浪费钱却没什么用。的确，研发SPOT技术耗费了巨额资金（自2010年起，平均每年耗资超过2亿美元），而研究成果却以保密为由没有予以公开发表。后来，美国审计署提交了一份证据，证明了SPOT技术在安检领域的有效性，这项技术得以继续发展。时至今日，SPOT已升级为"行为检测与分析"技术，着眼于研究如何更有效地将行为观测技术（包括微表情技术）应用于航空安检领域。

除了美国之外，加拿大和英国也自主研发了类似的行为观测技术。目前，行为观测技术已扩展到海关缉私、边境保卫以及犯罪侦查等领域。

21.1.3 谎言识别应用于反恐斗争领域

反恐专业人士主要同嫌疑人斗智斗勇，试图通过嫌疑人的蛛丝马迹来识别谎言。目前，反恐专业人士的识别谎言能力越来越高，分析嫌疑人泄露的说谎线索（包括认知线索和情感线索等，更多内容请参阅前面相关章节）也越来越有效、准确。

为了提高识别谎言的能力，英、美等国家安全部门曾邀请埃克曼等专家对特工们进行谎言识别能力培训。埃克曼等人发现，微表情识别能力在一定程度上与谎言识别能力有关。埃克曼曾分析过本·拉登的有关录像（时间跨度为1996—2001年），主要关注本·拉登说话时的情绪表现。例如，说话时是迟疑还是自信，情绪是愤怒、厌恶还是轻蔑，以及基本情绪是否有变化等。例如，埃克曼发现，说到美国时，本·拉登的厌恶情绪越来越多（厌恶通常被认为是加害的先导情绪，愤怒则不是）。可见，微表情会出卖嫌疑人的内心世界。由此推测，提高微表情识别能力可以有效提升专业人士的谎言识别能力。

总之，伴随科学技术的发展，识别谎言技术在国家安全领域的应用越来越广泛。美国军队曾在阿富汗地区使用便携式测谎仪识别谎言，英国国防科学技术实验室（DSTL）考虑将 fNIRS 技术应用于国家安全领域。

小结

谎言识别在国家安全领域有着极其广泛与重要的应用。任何企图危害国家安全的犯罪分子必定要在相应场合（如安检口）撒谎，因此，在国家安全领域识别谎言有重大的应用价值。当前，谎言识别的有关技术已经被应用到机场安检、反间谍、反恐等相关方面。

思考题

1. 如何看待测谎技术在国家安全领域的应用？
2. 请谈谈测谎技术在国家安全领域的应用前景。

21.2 谎言识别在司法审讯领域的应用

"没有能保守的秘密，即使双唇紧闭，指尖也会说话，每个毛孔都泄露着秘密。"弗洛伊德如是说。"湛湛青天不可欺，未曾动念已先知"也形象说明了心理的外部泄露。智慧的古人早在 1000 多年前就已经开始运用有效线索来识别谎言，印度的"嚼米法"和"圣猴法"最为经典。在司法系统中，主要是如何更高效准确地找到外部有效线索来识别犯罪嫌疑人的谎言。

21.2.1 司法系统中的谎言识别

司法审讯就是审讯人与嫌疑人之间的博弈。在审讯中，嫌疑人经常谎话连篇。但只要是谎言，就会留下蛛丝马迹。审讯人就是透过蛛丝马迹，寻求审讯突破点。微表情作为一种重要线索，在其中扮演着重要角色（详见第 11 章）。

面部微表情能准确反映一个人的心理状态，是识别谎言的一把利器。研究表明，微表情（以恐惧、高兴、厌恶等为主）会泄露个体的谎言（Brinke et al., 2012; Shen, et al., 2021），并且微表情出现的频率与欺骗行为出现的频率有较高相关关系。例如，请求假释的犯罪嫌疑人，说真话时经常出现"悔恨"表情，说谎时更多出现微表情。更有意思的是，负性微表情后通常出现其他表情而不是试图恢复平静的中性表情。在审讯过程中，如果犯罪嫌疑人出现了恐惧、轻蔑、高兴等微表情，这就暗示嫌疑人可能在说谎（申寻兵，隋华杰，傅小兰，2017）。

如何识别"面瘫"嫌疑人是否说谎？事实上，"肌"不可失，说谎者的特定面部肌肉活动也可以出卖他。研究发现，诚实者的悲伤肌（皱眉肌和降口角肌）的收缩频率比说谎者更高，说谎者的假装悲伤肌（额肌）收缩频率更高（Ten Brinke, Porter, & Baker, 2012）。可见，除了面部表情外，身体语言也是识别嫌疑人谎言的重要途径。在某些警察手册中，也强调了身体语言是获取信息的重要渠道（Dente et al., 2005）。

此外，言语是沟通的桥梁。言语分析技术也是司法领域运用较广泛的谎言识别手段。前文曾详细介绍利用言语分析法识别嫌疑人的谎言，但是，嫌疑人也可能闭口不谈，或者提前想好逻辑缜密的对策。此时，我们又该如何在"无言无语"或者"花言巧语"中拨云见日呢？研究表明，嫌疑人在接受审讯时并非不愿意交谈（Baldwin et al., 1993; Moston, Stephenson, & Williamson, 1993）。但是，如何让嫌疑人在说话时露出破绽，这才是审讯的关键所在。目前，主要通过询问细节、顺序、周边情况以及控诉法等方法来与嫌疑人"交谈"。近些年，FBI 资深工作人员苏凡（Soufan）又研发出一套新方法。新方法能提高供词真实性，降低言语虚假性，同时还能诱发嫌疑人说出相关信息，甚至出现明显的谎言线索。目前，该方法在信息获取、获取供词和诱导识别谎言的线索方面都有较好的效果（Vrij, Hope, & Ronald, 2014）。

21.2.2　理性与客观看待

金无足赤，人无完人，即使专业人士，也无法确保谎言识别百发百中。弗兰克和埃克曼（1997）发现，警察、测谎仪专家、法官等司法人员的谎言识别准确率只有概率水平，而特工人员的准确率高达 64%（其中，超过半数人员能达到 70% 以上，甚至有人能达到 80%）。曼恩（Mann）等人（2004）发现，警察识别谎言的准确率为 66%，识别真话的准确率为 63%，警察谎言识别能力高于普通人。赫斯特（Hurst）和奥斯瓦尔德（Oswald）（2012）发现，普通人普遍存在真相偏见（倾向于认为人们诚实），警察存在谎言偏见（倾向于认为人们说谎）。

因此，应理性和客观看待测谎结果。在司法审讯中，不能将测谎结果过分夸大或者作为唯一的定罪证据，否则容易出现错判误判。17 岁非裔美国黑人特雷沃恩·马丁

（Trayvon Martin）被枪杀案便是经典的误判案例。案件嫌疑人乔治·齐默曼（George Zimmerman，白人，拉丁美洲人种）承认自己开枪杀死了马丁，但声称自己出于自卫。因此，案件调查的关键问题是齐默曼的行为是否出于正当自卫。为了得到有效证据，审讯时增加了测谎测验（重点分析语音压力参数）。审讯问题包括：目标问题（如"你和你开枪射杀的那个人有对峙吗？"）、相关问题（如"当你开枪打死那个家伙的时候，你在为你的生活忧心吗？"）、比较问题（如"你是否曾经超速行驶？"）（基于语音的谎言识别方法请参见第13章、第17章）。结果显示，嫌疑人没有说谎，被无罪释放。问题是，测试结果能否作为判案的重要依据？因为基于语音及生理唤醒的测谎方法，在判断嫌疑人是否说谎时的准确性与猜测水平相当（Eriksson & Lacerda, 2007）。因此，马丁案测谎结果的可靠性和真实性值得怀疑。更何况，在谎言测试中，所问问题都较简单，很容易作答，很难引起较大压力；即便测到了压力反应，也难以百分之百确信其在说谎。另外，生活中也不乏误判案例。在莎士比亚的《奥赛罗》中，奥赛罗将妻子苔丝狄蒙娜的压力表现错误地解读为说谎，并因此误解而最终导致她死亡。

谎言识别之所以会出错，是因为人们将谎言线索等同于谎言。以微表情为例，并非所有的说谎者都会出现微表情，微表情也不是某类人的专属标签，说谎者和讲真话者可能会出现相同的微表情（比如，同样害怕，但一个是害怕被发现，一个是害怕被冤枉）。因此，单凭微表情无法识别动机与企图。研究也发现，多数说真话者（52%）会出现悲伤的微表情，少数说谎者（26%）也会出现悲伤的微表情。而且，虽然说谎者出现了较多的厌恶、惊讶和高兴微表情，但只有40%的说谎者出现了厌恶表情，58%的说谎者还表露出惊讶表情，50%的说谎者有高兴表情。同时，16%~23%的说真话者也出现了上述三种微表情（Ten Brinke, Porter, & Baker, 2012）。因此，任何缺乏证据的判断都需要谨慎。说谎线索只能提示犯罪嫌疑人可能说谎，但不能据此判断嫌疑人一定说谎。

那么，如何在审讯中更有效地识别嫌疑人的谎言？维吉等人（2016）总结了适用于刑事司法系统，特别是调查访谈中的八个谎言识别技术：行为分析技术（Behavior Analysis Interview, BAI）、比较问题测试（Comparison Question Test, CQT）、增加认知负荷（Imposing Cognitive Load, ICL）、问意料之外的问题（Asking Unexpected Questions, AUQ）、鼓励受测者多说（Encouraging Interviewees to Say More, EISM）、有策略地使用证据（Strategic Use of Evidence, SUE）、可验证的取向（Verifiability Approach, VA）、隐藏信息测试（Concealed Information Test, CIT）。研究者进一步开发了十项标准，对上述八项技术的适用性进行评估。有关十项标准及其对八项技巧的评估结果，如表21-1所示。

表 21-1　谎言检测工具及其在司法审讯访谈中的应用

	BAI	CQT	ICL	AUQ	EISM	SUE	VA	CIT
1. 科学假设是否可验证	√	√	√	√	√	√	√	√
2. 命题是否已得到检验	√	√	√	√	√	√	√	√
3. 该技术是否已得到同行审阅并发表（篇）	< 5	> 25	5–10	5–10	10–20	10–20	5–10	> 25
4. 错误率是否已知	×	< 20%	≈ 30%	≈ 30%	≈ 30%	×	≈ 30%	< 20%
5. 该技巧理论依据是否被同行普遍接受？	×	×	×	√	√	√	√	√
6. 该技术是否能方便地整合到问讯中？	×	×	√	√	√	√	√	×
7. 该技术能否影响诚实被测试者的反应？	未知	未知	√	可能会	×	可能	×	未知
8. 该技术是否容易使用？	×	×	√ 练习后	√ 练习后	√	√ 练习后	√	×
9. 该技术是否能充分保护看上去有嫌疑的说真话者？	×	×	×	√	√	√	√	√
10. 该技术是否有防范应对自身的措施？	×	×	√	√	√	√	√	×
结论：该技术是否足够可靠、可推广且无争议，从而可纳入司法审讯？	×	×	×	可能，但需研究	√	√	可能，但需研究	×，但可辅助调查

随着谎言识别研究的深入，司法领域对谎言识别的目标靶心也在发生改变。过去通常使用监测焦虑或唤醒（如行为识别技术）和比对方法（如 CQT），现在逐步转向强调认知差异法（参见第 3 章、第 4 章有关内容），脑成像技术也被逐步应用于司法领域。2008 年 6 月，一名印度法官在审判一桩谋杀案时，将被告的脑部扫描图作为判定依据之一（Gaudet,2011）。但是，依据脑成像判定嫌疑人是否犯罪还为时尚早，而且用脑成像数据作为证据可能会侵犯嫌疑人的隐私权。如何将脑成像数据合理地应用于司法领域，未来还需深入探讨。

小结

在司法实践中，执法人员面对的嫌疑人或者犯罪分子撒谎的概率相对较高，执法人员大多数时候都要识别嫌疑人是否撒谎，行业的特殊性使得谎言识别在司法实践中有着广泛的应用。研究者们总结了八个在司法审讯当中应用较多的谎言识别技术，并对它们进行了评估，部分技术有着较高的准确率，得到了较多研究，一定程度上可用于辅助调查。

思考题

1. 司法审讯中的谎言识别技术各有什么优缺点？
2. 如何更有效地提高司法审讯中的谎言识别准确率？

21.3 谎言识别在临床诊断领域的应用

"望闻问切"四诊法至今仍在中医领域被广泛使用。研究发现，医生不仅依据病人的自我陈述来诊治，还通过观察病人的非言语信息来诊断病情（Slepian, Bogart, & Ambady, 2014）。因此，在临床领域，包括微表情在内的非言语信息也是医生诊断疾病的有效线索，而微表情最初也是医生在检测病人是否说谎时被发现的（参见第11章）。

21.3.1 识别真病与假病

病人一般都会如实陈述病情，但是"医疗碰瓷"事件不断发生，众多装病（特别是精神疾病）和不如实陈述病情的情况也时有发生（Rogers, 2008）。有的是为了经济利益，如一个人在交通事故、高危工作伤残等突发事件中谎称"受伤"，食品卫生领域的雇员害怕因健康问题而被解雇；有的是为了逃避，如员工为了逃避工作、学生为了逃课、儿媳为了逃避照顾老人等；有的是为了获得关注，如小孩为了博得父母疼爱、明星为了上热搜博眼球、恋人为了获得对方的关心等。

那么，如何识别是真病还是假病？美国《精神疾病诊断与统计手册》建议有如下四种情况之一者就应当怀疑其装病：（1）需要进行司法鉴定的疾病；（2）客观医学检验结果与主观症状差异较大者；（3）诊断疾病时不合作者；（4）反社会人格者。通常情况下，还可以通过症状描述做出诊断。一般装病者都会假装存在疼痛（如头疼）、疲劳、消化道不适等症状。罗杰斯（Rogers, 2008）总结了可能装病的十种现象，具体如下：（1）病人群体中极少出现的症状；（2）正常人群中不常出现的症状；（3）一般人身上不可能出现的症状；（4）

不可能同时出现的症状；（5）不存在的症状；（6）大量症状，且不可能在患者身上同时出现；（7）症状极度严重，且在真正患者身上较少出现；（8）某种疾病非常明显的症状；（9）临床观察到的症状和报告症状不符；（10）某种疾病的错误刻板印象的症状。

21.3.2 医学领域的谎言识别

一般来说，病人的行为反应都有一定的规律，并且可以预测。因此，病人的行为表现是医生识别病人是否说谎的有效线索。此外，微表情也是医生常用的有效线索。研究发现，正在经历痛苦煎熬的病人，其面部动作（如皱眉、张嘴）的频率和强度会增加，并会表现出更强烈、更持久的与疼痛相关的面部表情，有时还会因疼痛、焦虑而将注意力转移到疼痛体验上，进而导致疼痛反应增强。如果疼痛不频繁，病人很难有类似的情绪体验与反应。因此，当病人假装正在经历痛苦时，其面部动作往往是"表演性疼痛"，虽然也有"典型的痛苦"表情，但并非真正的痛苦表情，如抬眉（通常抬眉与惊吓反应有关）。研究者们（Hadjistavropoulos et al., 2011; Hill & Craig, 2002）还发现，真痛与假痛所诱发的表情出现频率和强度都不同，在时间特性上（如持续时间）也不同。此外，医生也常用客观量表来判断病人是否说谎，常用的是明尼苏达多相人格测验（MMPI）中的谎言子量表（L量表）。

儿童也经常装病。拉罗谢特等人（Larochette et al., 2006）认为，在儿童就医时，要留意儿童的小心思（如为了博得父母关注而装病，或者为了躲避吃药而假装不疼痛），避免因为被误导而出现误诊。在竞技比赛中，运动员也经常假装受伤。通过观察运动员的面部表情和肢体动作，便可知晓其真实情况。

医生只有掌握主动权，才可能戳破病人的谎言。微表情识别能力训练可以提高医生识别谎言的准确率。2002年，埃克曼（Ekman, 2002）首先研制出训练微表情识别能力的工具（METT）。该工具包含前测、训练、练习、复习和后测5个单元。研究表明，METT能在1.5小时内提高训练者的微表情识别能力（Ekman, 2002），训练后，微表情识别成绩平均提高30%~40%（Ekman, 2009）。安德烈（Endres）和莱德劳（Laidlaw）（2009）发现，METT的训练效果越好，医学学生的临床交流技能越高，对病人察言观色的能力也越高。

因此，在临床领域，医生不仅要有专业知识，也需要具备谎言识别能力。通过"望""闻""问""切"，诊断患者是真病还是装病，进而更为准确地判断病情。

小结

　　医生对病人的准确诊断有赖于对病人情况的全面了解，而这种了解很大程度上基于病人的自我陈述。出于不同的利益考虑，有时候病人在自述时可能会撒谎（如装病逃避责任），那么医生通过了解病人的各种非言语信息（言语上存在欺骗）来识别谎言就显得十分重要。一些训练（如微表情识别训练）可以帮助医生了解表情等非言语信息，提升他们通过表情识别谎言的能力。

思考题

　　1. 找一个运动员受伤的视频，利用所学知识进行分析，判断他是真疼，还是技术性装疼，并说明判断依据。
　　2. 试分析在医疗领域如何更好地识别谎言。

21.4　谎言识别在商业领域的应用

　　商业领域的谎言几乎无处不在，从公司到商场，从管理者的风险决策到员工的诚信与忠诚，从宣传广告到商品销售。谎言识别在商业领域也大有用武之地。

21.4.1　商业领域的谎言欺骗

　　在商业领域，风险控制是公司长久发展的关键，而识别谎言则是风险控制的重中之重。员工对公司是否忠诚，将直接与公司利益挂钩，一旦出现害群之马，经济损失将不可估量。在商品交易中，销售人员经常隐瞒产品缺陷，甚至对产品功能进行虚假宣传。例如，二手车里程表和车况、学校招生中的夸大宣传等（Carson,2010）。在商业谈判中，谎言更是无处不在，如虚报产品底价，故意回避对消费者的不利条款等。广告中也有很多谎言，如编造虚假广告，故意隐瞒产品信息，甚至巧打擦边球等。

　　为了防止商品欺骗，国家常会出台政策法规来保护消费者利益。例如，美国《反托拉斯法》规定，禁止各种非法垄断性、限制性或不正当的商业行为，而对消费者的不正当或欺骗行为是其主要禁止内容。同时，美国还设立联邦贸易委员会（FTC）（美国保护消费者的主要机构)来查处商业欺骗中的违法行为。FTC 对商业欺骗行为进行如下界定:营销人员亮出不实的可接受的最高价;卖方对普通消费者隐瞒产品或服务评估所需信息;销售人员声称卖方知道或者应该知道却言不符实的信息;隐瞒债权(如有,应说明);发布危及公众安全与健康的虚假或误导信息;发布与商品核心性能有关的信息中包含误导性或者错误信息。美国《联邦贸易委员会法》禁止不正当的竞争方法,制止对消费者采取不公正和欺骗的做法。

此外,在公司管理中,也需要谎言识别。

例 1:作为经理,你怀疑一名销售人员为了销售业绩而对客户说谎。

问:"吉姆,我注意到,销售部门的某个人对客户错误地描述了我们产品的信息。你认为我们该怎么把这事儿搞清楚?"

如果吉姆无辜,他很可能回答说:"我有些建议……""感谢你征求我的建议,我十分荣幸……"等。

如果吉姆就是说谎的销售人员,他可能会感到不自在,并向你保证自己绝不会做这种事。

例 2:你怀疑一名同事对老板说了你的坏话。

问:"吉姆,你会对背后捅刀子的事感到惊讶吗?这些人这么做的时候,肯定没想到这种事会被牵涉的人知道,对吗?"

如果吉姆急于转移话题,则意味着吉姆充满愧疚感,他很可能就是背后捅刀子的那个人。

如果吉姆对该话题兴趣浓厚,不避讳谈论,他很可能是"无罪之身"。

21.4.2 商业领域的谎言识别

考虑到员工忠诚度对公司利益的影响,公司通常采用标准化测验来测量员工的诚实程度。在 20 世纪 80 年代,有 10%~15%(员工超过 5000 名)的美国公司展开测试,主要集中在零售、银行、食品等领域,共测试了 250 多万人。随着员工盗窃率的升高,以及标准化测量效度的提高,更多公司开始对员工进行标准化测试(Camara & Schneider, 1994)。测试内容主要包括:是否参与了非法或不当活动,对非法或不当活动的态度,与不诚实相关的人格特征与思维方式,对假想不诚实行为的反应。但是,测试信度、效度受到了学者批评。尽管如此,此类测试确实有一定预测效度,得分较低者,很难成为理想员工。

总体来看，商业领域的欺骗行为主要是聚焦消费者注意、压制不期望消费者出现的想法，谎言的主要特征是刻意引导消费者使用感性思考系统进行思考（Kahneman,2011），只要启动理性思考系统，谎言便不攻自破。

小结

商业领域充斥着各种各样的利益冲突，伴随而来的是各种真假难辨的信息和隐藏的谎言，因此一个人在商业领域较好地识别谎言，可以直接避免被骗，从而避免遭受金钱损失。

思考题

1. 如何测试员工的忠诚度？
2. 列举商业领域的谎言实例，并分析说明如何识别谎言。

21.5 谎言识别在日常生活中的应用

生活中的谎言也无处不在。研究发现，大学生在与母亲对话时，每两次就有一次撒谎；女性通常为了顾及他人的感受而撒谎，而男性仅仅是为自己而撒谎（DePaulo et al., 1996）；在面对面交流时说谎让人坐立不安，而非面对面交流则能提供"安全感"，让人更可能撒谎。

21.5.1 贴近生活，走进生活

在亲密关系中，二人是否绝对诚实？答案是否定的。研究发现，在相互交流中，恋人中有1/3的时间会撒谎，超过了与其他人交流时撒谎的时间。幸运的是，结婚后，配偶之间的说谎次数大大减少，大约只有10%的交谈中存在谎言（DePaulo et al., 1996）。但是，骗婚行为时有发生。除了因图财而骗婚之外，同性恋者也常常为了避免世俗压力、隐瞒性取向而骗婚。

儿童也常因"小心思"而说谎。例如，小朋友拿了100元去交班级秋游费，但在路上偷偷花了2元，老师让他第二天将差的2元带来。放学回家后，小朋友向父母要2元，父母问那2元去哪儿了，小朋友说丢了。

成人则常常因为脸面而说谎，这在中国面子文化背景下尤为突出。作为一种文化，为了面子而说谎，一般不会产生太严重的不良后果，有时反而能够缓解人际交往中的紧张气氛，避免不必要的冲突，甚至对说谎者的心理健康也有一定的保护作用（如编造显赫身世来满足虚荣心）。

社交媒体是谎言的制造工厂。网络上的信息主要来自陌生人，而非已知或可信渠道。网络欺骗行为有时会带来不堪设想的后果（Fuller, Biros, & Delen, 2011）。例如，2008年10月，史蒂夫·乔布斯去世三年前，乔布斯因心脏病发作而被紧急送往医院的信息在网上被疯狂转发。这则信息是一名互联网记者在"未经编辑、未经过滤"的国际新闻网子网站（iReport.com）上发布的。虽然这则消息随后被纠正，但是有关乔布斯健康危机的假新闻依旧在网上持续发酵，给股市造成混乱和不确定性，并直接导致苹果公司当天股价的剧烈波动。此类事件在美国参议院竞选中也时有发生。例如，虚假推文事件、伊朗选举抗议活动事件以及自然灾害事件（如智利地震）等（Morris et al., 2012）。可见，网络消息纷繁复杂，真相扑朔迷离，网络谎言一旦发酵，便不可收拾，甚至出现不可控制的后果。

随着科技的发展，我们正逐步被网络媒体绑架。调查显示，1946—1964年出生的人中，约六成通过当地电视新闻等传统媒体了解政治新闻（Rubin, 2017），61%的千禧一代（1982—2000年出生）通过网络社交媒体获取政治新闻；1946—1964年出生的人中的年轻互联网用户也倾向于依靠社交媒体了解突发新闻、政治新闻、当地新闻以及国际事件。可以推测，在互联网上进行信息误导的影响面多么广泛。总的来看，网上误导信息的形式主要有掩盖、隐瞒和混淆视听三种。

此外，伴随着社交媒体的发展，媒体欺骗也应运而生，如虚报年龄、所在地等。在20世纪90年代前，写信是主要联系方式，信息传播速度较慢。在新媒体时代，个人观点与想法能在短时间内得到传播。利用这一点，欺骗者在网上传播谣言，提供虚假信息，制造虚假新闻，隐瞒事实真相。这些人往往被利益驱使，例如，发表虚假消息后造成股票价格波动，从中获利；发布虚假受害信息骗取社会捐赠。除了散播谣言等虚假信息，身份欺骗也是社交媒体欺骗的常见形式。一人可以注册多个账号，进而利用这些账号欺骗，自导自演一些陷阱大戏。例如，用一个账号对另一个账号发布虚假信息，以误导大众认为信息是真实的。尽管网络监管技术在同步发展，但防不胜防。我们应练就火眼金睛以识别网络信息的真假。当前，广泛使用基于文本的自动欺骗检测分析技术来识别社交网络欺骗。

21.5.2 日常生活中的谎言识别

在日常生活中，谎言更是无处不在。老年人更容易成为谎言受害者。针对老年人的欺骗行为，特别是经济诈骗行为，极易成功，媒体报道也屡见不鲜。这可能是因为老年人的谎言识别能力较差。研究发现，老年人对他人情绪、情感的感知能力显著下降（Sweeney & Ceci, 2014），老年人较难识别恐惧和悲伤表情（Keightley et al., 2006），对恐惧表情的识别能力逐渐下降（Calder et al., 2003; Phillips et al., 2014），识别惊讶与高兴情绪的能力也显著衰退，只有对厌恶表情的识别能力没有显著下降（Ruffman et al., 2008）。威廉姆斯（Williams）等人（2009）也发现，老年人较难识别恐惧和愤怒的面部表情。

老年人被骗会给其自身和家庭带来沉重的经济和心理压力。我国人口老龄化日益加重，据估算，到2030年，全国老年人口规模将会翻一番（国务院《中国老龄事业发展"十二五"规划》）。随之而来的是老年人被骗的问题。如何提高老年人的谎言识别能力是亟待解决的社会问题。既然老年人对他人情绪的感知能力显著下降，进而导致老年人识破骗局的能力变弱，那么能否通过提升老年人的情绪识别能力来提高其谎言识别能力呢？研究表明，这条路可行。基于微表情觉察能力与欺骗检测能力密切相关（O'Sullivan & Ekman, 2004），可以通过训练，提升老年人的情绪识别能力和微表情识别能力，进而提高老年人的谎言识别能力。研究发现，通过训练微表情识别能力，能提高参与者根据微表情线索检测欺骗行为的能力，在训练后，参与者的欺骗检测准确率超过70%（Frank, Maccario, & Govindaraju, 2009）。

除了微表情，非言语信息的检测能力与谎言识别能力也密切相关。研究发现，失语症患者具有高度有效的检测欺骗能力（Etcoff et al., 2000）。可能的原因是，失语症患者的语言功能受到损伤，需要借由觉察非言语线索来补偿其受损的语言功能。研究也发现，幼年成长经历不寻常的个体，如儿童受虐、家庭成员酗酒等，对非言语线索的觉察能力较强，觉察欺骗的能力也较强。因此，可以通过提升非言语信息检测能力来提高老年人识别欺骗的能力。

谎言充斥在日常生活的方方面面，虽然其变化多端，但是万变不离其宗。识别他人是否说谎，需要把握的第一个原则是其"陈述是否符合逻辑"。说谎者编造的故事（尤其在没有充分准备的情况下）常常无法把相关事件合乎逻辑地串联在一起。第二个原则是"符合准则条数越少，越有可能是谎言"，因为说谎时个体无法对其陈述内容做出合理解释，甚至前后逻辑不通。

魔高一尺，道高一丈。只要谎言存在，就需要谎言识别能力。最近一项对100多项相关研究的元分析发现，普通大众的谎言识别准确率约为54%。但是，谎言识别能力可以通过训练得到提高，特工的谎言识别能力就远远高于普通人（Frank & Ekman, 1997）。

今后，在谎言识别的应用研究中，应注重考虑如何诱发诚实反应，并遵照循证原则，筛选和评估有效的谎言线索，对被试的背景信息也要进行分析判断。另外，也可以考虑来自多模态（通道）的有效信息，进而提高谎言识别的准确率。研究者基于言语与非言语信息，研发了自动化谎言识别系统（对话或面试机器人），通过自动记录和分析话筒、摄像头、眼动追踪设备捕捉到的多模态信息，判断交谈对象是否说谎（Nunamaker et al., 2011）。

道虽迩，不行不至；事虽小，不为不成。谎言识别要广泛应用于不同领域，还有漫长的一段路要走。

小结

日常生活中有各种谎言，在社交媒体上也有各种各样的虚假消息。有些善意的谎言对人际交往有促进作用，但日常生活中大多数的谎言有较大的危害，需要我们辨别。

思考题

1. 媒体经常报道老年人被骗购买无效保健品，请思考如何帮助老年人不被欺骗。
2. 试分析如何在日常生活中更好地应用测谎技术。

参考文献

第 1 章　说谎与识谎

1. Aavik T, Abu-Hilal M, Ahmad F Z, Ahmad R A, Zhang Y. A world of lies [J]. Journal of Cross-Cultural Psychology, 2006, 37(1): 60–74.
2. Bond C F, DePaulo B M. Accuracy of Deception Judgments [J]. Personality and Social Psychology Review, 2006, 10(3): 214-234.
3. Bond C F, Levine T R, Hartwig M. New Findings in Non-Verbal Lie Detection. In PA Granhag, A Vrij, B Verschuere (Ed.), Detecting deception: Current challenges and cognitive approaches (pp. 37-58) [M]. Hoboken: Wiley, 2014.
4. Caso L, Maricchiolo F, Bonaiuto M, Vrij A, Mann S. The impact of deception and suspicion on different hand movements [J]. Journal of Nonverbal Behavior, 2006, 30(1): 1-19.
5. DePaulo B M, Lindsay J J, Malone B E, Muhlenbruck L, Charlton K, Cooper H. Cues to deception [J]. Psychological Bulletin, 2003, 129(1): 74–118.
6. DePaulo B M, Stone J I, Lassiter G D. Telling ingratiating lies: Effects of target sex and target attractiveness on verbal and nonverbal deceptive success [J]. Journal of Personality and Social Psychology, 1985, 48(5): 1191-1203.
7. Ekman P, Frank M G. Lies that fail. In M. Lewis & C. Saarni (Eds.), Lying and deception in everyday life (pp. 184-200) [M]. London: The Guilford Press, 1993.
8. Ekman P, Friesen W V. Hand Movements [J]. Journal of Communication, 2010, 22(4):353-374.
9. Ekman P, Friesen W V. The repertoire of nonverbal behavior: Categories, origins, usage and coding [J]. Semiotica, 1969, 1: 49-98.
10. Ekman P, Friesen W V. Unmasking the face: A guide to recognizing emotions from facial clues [M]. New York: Prentice-Hall, 1975.
11. Ekman P, O'Sullivan M. Hazards in detecting deceit. In D. C. Raskin (Ed.), Psychological methods in criminal investigation and evidence (pp. 297-332) [M]. New York: Springer, 1989.
12. Ekman P. Mistakes when deceiving [J]. Annals of the New York Academy of Sciences, 1981, 364: 269-278.

Ekman P. Telling lies: Clues to deceit in the marketplace, politics, and marriage [M]. New York: W. W. Norton & Company, 1985/2001.

13. Ekman P. Telling lies: Clues to deceit in the marketplace, politics, and marriage (2nd. ed.) [M]. New York: W. W. Norton & Company, 1992.

14. Enright K, Beattie T, Taheri S. Use of a hand-held bladder ultrasound scanner in the assessment of dehydration and monitoring response to treatment in a paediatric emergency department [J]. Emergency Medicine Journal, 2010, 27(10): 731-733.

15. Forsyth D R. Self-serving bias. In W. A. Darity (Eds.), International Encyclopedia of the Social Sciences (p. 429) [M]. Detroit, M I: Macmillan Reference USA, 2008.

16. Frank M G. Commentary: On the structure of lies and deception experiments. In S. J. Ceci, M. D. Leichtman, & M. Putnick (Eds.), Cognitive and social factors in early deception (pp. 127-146) [M]. Hillsdale, N J: Lawrence Erlbaum, 1992.

17. Honts C R, Devitt M K, Winbush M, Kircher J C. Mental andphysical countermeasures reduce the accuracy of theconcealed information test [J]. Psychophysiology, 1996, 33(1), 84–92.

18. Hurley C M, Frank M G. Executing facial control during deception situations [J]. Journal of Nonverbal Behavior, 2011, 35(2): 119–131.

19. Kraut R. Humans as lie detectors [J]. Journal of communication, 1980, 30(4): 209-218.

20. Liu J, Luo H, Zheng P P, Wu S, Lee K. Transdermal optical imaging revealed different spatiotemporal patterns of facial cardiovascular activities [J]. Scientific Reports, 2018, 8(1).

21. Masip J, Garrido E, Herrero C. Defining deception [J]. anales de psicologia, 2004, 20: 147-171.

22. Miller G R. Telling it like it isn't and not telling it like it is: Some thoughts on deceptive communi-cation. In J. I. Sisco (Ed.), The Jensen lectures (pp. 91-116) [M]. Tampa, F L: University of South Florida, 1983.

23. National Research Council. The polygraph and lie detection [M].Washington, D C: National Academies Press, 2003.

24. Pavlidis I, Eberhardt N L, Levine J A. Human behaviour: Seeing through the face of deception [J]. Nature, 2002, 415(6867), 35.

25. Vrij A, Nahari G, Isitt R, Leal S. Using the verifiability lie detection approach in an insurance claim setting [J]. Journal of Investigative Psychology & Offender Profiling, 2016, 13(3): 183-197.

26. Vrij A. Detecting lies and deceit. The psychology of lying and the implications for professional practice [M]. Chichester: John Wiley and Sons, 2000.

27. Vrij A. Detecting lies and deceit: Pitfalls and opportunities (2nd ed.) [M]. Chichester, England: John Wiley & Sons Ltd, 2008.

28. Walczyk J J, Schwartz J P, Clifton R, Adams B, Wei M, Zha P. Lying person-to-person about life events: A cognitive framework for lie detection [J]. Personnel Psychology, 2005, 58(1): 141–170.

第2章 谎言识别的过去、现在和未来

1. 盖世梅，李明和. 侦查询问强制机理范式研究 [J]. 法律方法与法律思维，2007，1：236-249.
2. 何家弘，张卫平. 外国证据法选译（上卷）[M]. 北京：人民法院出版社，2000.
3. 靳学仁. 刑讯逼供研究 [M]. 北京：中国检查出版社，2007.
4. 陆新淮. 论中国古代侦查制度的演变 [J]. 郑州经济管理干部学院学报，2005，20（2）：42-44.
5. 羊芙葳. 谎言的识别研究 [D]. 华中科技大学，2010.
6. Allen J J, Iacono W G. A comparison of methods for the analysis of event related potentials in deception detection [J]. Psychophysiology, 1997, 34(2): 234-240.
7. Ansley N. Development of deception criteria prior to 1950 [J]. Polygraph, 2008, 37(1): 17-25.
8. Bond C F, DePaulo B M. Accuracy of deception judgments [J]. Personality and Social Psychology Review, 2006, 10(3): 214-234.
9. Farwell L A, Donchin E. The truth will out: Interrogative polygraphy ("lie detection") with event related brain potentials [J]. Psychophysiology, 1991, 28(5): 531-547.
10. Hu X, Chen H, Fu G. A repeated lie becomes a truth? The effect of intentional control and training on deception [J]. Frontiers in Psychology, 2012, 3(488): 1-7.
11. Johnson A K, Anderson E A. Stress and Arousal [M]. In J. T. Cacioppo & L. G. Tassinary (Eds.), Principles of Psychophysiology: Physical, Social, and Inferential Elements (pp. 216-252). New York, NY, US: Cambridge University Press. 1990.
12. Kleinmuntz B, Szucko J J. Lie detection in ancient and modern times: A call for contemporary scientific study [J]. American Psychologist, 1984, 39(7): 766.
13. Kosslyn S M, Cacioppo J T, Davidson R J, Hugdahl K, Lovallo W R, Spiegel D, Rose R. Bridging psychology and biology: The analysis of individuals in groups [J]. American Psychologist, 2002, 57(5): 341.
14. Lacey J L, Kagan J, Lacey B C, Moss H A. The Visceral Level: Situational Determinants and Behavioral Correlates of Autonomic Response Patterns [M]. New York: International University Press, 1963.
15. Langleben D D, Schroeder L, Maldjian J A, Gur R C, McDonald S, Ragland J D, O'Brien C P, Childress A R. Brain activity during simulated deception: An event-related functional magnetic resonance study [J]. Neuroimage, 2002, 15(3): 727-732.
16. Larsen J T, Berntson G G, Poehlmann K M, Ito T A, Cacioppo J T. The Psychophysiology of Emotion [M]. Handbook of Emotions, 2008, 3: 180-195.
17. National Research Council. The Polygraph and Lie Detection [M]. National Academies Press, 2003.
18. Pavlidis I, Eberhardt N L, Levine J A. Human behaviour: Seeing through the face of deception [J]. Nature, 2002, 415(6867): 35.
19. Rosenfeld J P, Angell A, Johnson M, Qian J H. An ERP based, control question lie detector analog: Algorithms for discriminating effects within individuals' average waveforms [J]. Psychophysiology, 1991, 28(3): 319-335.

20. Spence S A, Farrow T F, Herford A E, Wilkinson I D, Zheng Y, Woodruff P W. Behavioural and functional anatomical correlates of deception in humans [J]. Neuroreport, 2001, 12(13): 2849-2853.
21. Van Bockstaele B, Verschuere B, Moens T, Suchotzki K, Debey E, Spruyt A. Learning to lie: Effects of practice on the cognitive cost of lying [J]. Frontiers in Psychology, 2012, 3: 526.
22. Vrij A. Detecting Lies and Deceit: Pitfalls and Opportunities [M]. John Wiley & Sons, 2008.
23. Vrij A. Detecting Lies and Deceit: The Psychology of Lying and the Implications for Professional Practice [M]. 郑红丽，译. 北京：中国轻工业出版社，2005.
24. Warmelink L, Vrij A, Mann S, Leal S, Forrester D, Fisher R P. Thermal imaging as a lie detection tool at airports [J]. Law and Human Behavior, 2011, 35(1): 40-48.

第3章 谎言研究的理论与方法

1. 羊芙葳. 全息审查偏离法——一种可普适的谎言识别方法 [J]. 湖南师范大学社会科学学报，2012，41（5）：124-129.
2. 杨晓黎. 鉴貌辨色，意在言外——从成语看汉民族的体态语 [M]. 见黄德宽（主编），安徽大学汉语言文字研究丛书：杨晓黎卷. 合肥：安徽大学出版社，2013: 240-246.
3. 叶小卉. GKT测谎测试的眼动研究 [D]. 浙江师范大学，2009.
4. 张筱晨，李学军. fMRI测谎技术及其在侦查中的作用 [J]. 山东警察学院学报，2009（6）：89-94.
5. Buller D B, Burgoon J K. Interpersonal deception theory [J]. Communication Theory, 1996, 6(3): 203-242.
6. Cutler B L, Zapf P A. APA Handbook of Forensic Psychology, Vol. 2: Criminal Investigation, Adjudication, and Sentencing Outcomes [M]. American Psychological Association, 2015.
7. DePaulo B M. Nonverbal behavior and self-presentation [J]. Psychological Bulletin, 1992, 111(2): 203.
8. DePaulo B M, Blank A L, Swaim G W, Hairfield J G. Expressiveness and expressive control [J]. Personality and Social Psychology Bulletin, 1992, 18(3): 276-285.
9. DePaulo B M, Kashy D A, Kirkendol S E, Wyer M M, Epstein J A. Lying in everyday life [J]. Journal of Personality and Social Psychology, 1996, 70(5): 979.
10. DePaulo B M, Lindsay J J, Malone B E, Muhlenbruck L, Charlton K, Cooper H. Cues to deception [J]. Psychological Bulletin, 2003, 129(1): 74.
11. Ekman P, Friesen W V. Nonverbal leakage and clues to deception [J]. Psychiatry, 1969, 32(1): 88-106.
12. Ekman P. Telling Lies: Clues to Deceit in the Marketplace, Politics, and Marriage (revised edition) [M]. WW Norton & Company, 2009.
13. Rosenfeld J P, Nasman V T, Whalen R, Cantwell B, Mazzeri L. Late vertex positivity in event-related potentials as a guilty knowledge indicator: A new method of lie detection [J]. International Journal of Neuroscience, 1987, 34(1-2): 125-129.
14. Walczyk J J, Harris L L, Duck T K, Mulay D. A social-cognitive framework for understanding serious lies: Activation-decision-construction-action theory [J]. New Ideas in Psychology, 2014, 34: 22-36.

15. Zuckerman M, DePaulo B M, Rosenthal R. Verbal and Nonverbal Communication of Deception1 [M]// Advances in Experimental Social Psychology. Academic Press, 1981, 14: 1-59.

第 4 章　说谎的认知

1. 崔茜，张庆林，邱江，刘强，杜秀敏，阮小林. P300 和 CNV 在 GKT 的延时反应范式中测谎效果的分离 [J]. 心理学报，2009，41（4）：316-328.
2. 伍海燕，傅根跃，臧燕红. 欺骗与诚实的 P300 的动机准备效应 [J]. 心理科学，2010，4：949-951.
3. Abe N, Suzuki M, Tsukiura T, Mori E, Yamaguchi K, Itoh M, Fujii T. Dissociable roles of prefrontal and anterior cingulate cortices in deception [J]. Cerebral Cortex, 2005, 16(2): 192-199.
4. Abe N, Suzuki M, Mori E, Itoh M, Fujii T. Deceiving others: distinct neural responses of the prefrontal cortex and amygdala in simple fabrication and deception with social interactions [J]. Journal of Cognitive Neuroscience, 2007, 19(2): 287-295.
5. Abe N, Okuda J, Suzuki M, Sasaki H, Matsuda T, Mori E, Tsukada M, Fujii T. Neural correlates of true memory, false memory, and deception [J]. Cerebral Cortex, 2008, 18(12): 2811-2819.
6. Abe N, Fujii T, Hirayama K, Takeda A, Hosokai Y, Ishioka T, Nishio Y, Suzuki K, Itoyama Y, Takahashi S, Fukuda H, Mori E. Do parkinsonian patients have trouble telling lies? The neurobiological basis of deceptive behaviour [J]. Brain, 2009, 132(5): 1386-1395.
7. Baumgartner K A, Ferrari S, Wettergren T A. Robust deployment of dynamic sensor networks for cooperative track detection [J]. IEEE Sensors Journal, 2009, 9(9): 1029-1048.
8. Baumgartner T, Gianotti L R, Knoch D. Who is honest and why: baseline activation in anterior insula predicts inter-individual differences in deceptive behavior [J]. Biological Psychology, 2013, 94(1): 192-197.
9. Boaz T L, Perry N W, Raney G, Fischler I S, Shuman D. Detection of guilty knowledge with event-related potentials [J]. Journal of Applied Psychology, 1991, 76(6): 788-795.
10. Bond J C F, DePaulo B M. Accuracy of deception judgments [J]. Personality and Social Psychology Review, 2006, 10(3): 214-234.
11. Carrión R E, Keenan J P, Sebanz N. A truth that's told with bad intent: an ERP study of deception [J]. Cognition, 2010, 114(1): 105-110.
12. Christ S E, Van Essen D C, Watson J M, Brubaker L E, McDermott K B. The contributions of prefrontal cortex and executive control to deception: evidence from activation likelihood estimate meta-analyses [J]. Cerebral Cortex, 2009, 19(7): 1557-1566.
13. Davatzikos C, Ruparel K, Fan Y, Shen D G, Acharyya M, Loughead J W, Gur R C, Langleben D D. Classifying spatial patterns of brain activity with machine learning methods: application to lie detection [J]. NeuroImage, 2005, 28(3): 663-668.
14. Fang F, Liu Y T, Shen Z. Lie detection with contingent negative variation [J]. International Journal of Psychophysiology, 2003, 50(3): 247-255.

15. Farah M J, Hutchinson J B, Phelps E A, Wagner A D. Functional MRI-based lie detection: scientific and societal challenges [J]. Nature Reviews Neuroscience, 2014, 15(2): 123-131.
16. Fu G, Xu F, Cameron C A, Heyman G, Lee K. Cross-cultural differences in children's choices, categorizations, and evaluations of truths and lies [J]. Developmental Psychology, 2007, 43(2): 278-293.
17. Ganis G, Kosslyn S M, Stose S, Thompson W L, Yurgelun-Todd D A. Neural correlates of different types of deception: an fMRI investigation [J]. Cerebral Cortex, 2003, 13(8): 830-836.
18. Garrett N, Lazzaro S C, Ariely D, Sharot T. The brain adapts to dishonesty [J]. Nature Neuroscience, 2016, 19(12): 1727-1732.
19. Greely H T, Illes J. Neuroscience-based lie detection: the urgent need for regulation [J]. American Journal of Law and Medicine, 2007, 33(2-3): 377-431.
20. Hakun J G, Seelig D, Ruparel K, Loughead J W, Busch E, Gur R C, Langleben D D. fMRI investigation of the cognitive structure of the Concealed Information Test [J]. Neurocase, 2008, 14(1): 59-67.
21. Hakun J G, Ruparel K, Seelig D, Busch E, Loughead J W, Gur R C, Langleben D D. Towards clinical trials of lie detection with fMRI [J]. Social Neuroscience, 2009, 4(6): 518-527.
22. Huettel S A, Song A W, McCarthy G. Functional magnetic resonance imaging [M]. 2004, 1, Sunderland, MA: Sinauer Associates.
23. Johnson J R, Barnhardt J, Zhu J. The contribution of executive processes to deceptive responding [J]. Neuropsychologia, 2004, 42(7): 878-901.
24. Kozel F A, Johnson K A, Mu Q, Grenesko E L, Laken S J, George M S. Detecting deception using functional magnetic resonance imaging [J]. Biological Psychiatry, 2005, 58(8): 605-613.
25. Kozel F A, Padgett T M, George M S. A replication study of the neural correlates of deception [J]. Behavioral Neuroscience, 2004, 118(4): 852-856.
26. Kubo K, Nittono H. The role of intention to conceal in the P300-based concealed information test [J]. Applied Psychophysiology and Biofeedback, 2009, 34(3): 227-235.
27. Kutas M, Hillyard S A. Reading senseless sentences: brain potentials reflect semantic incongruity [J]. Science, 1980, 207(4427): 203-205.
28. Langleben D D, Loughead J W, Bilker W B, Ruparel K, Childress A R, Busch S I, Gur R C. Telling truth from lie in individual subjects with fast event-related fMRI [J]. Human Brain Mapping, 2005, 26(4): 262-272.
29. Langleben D D, Schroeder L, Maldjian J A, Gur R C, McDonald S, Ragland J D, O'Brien C P, Childress A R. Brain activity during simulated deception: an event-related functional magnetic resonance study [J]. NeuroImage, 2002, 15(3): 727-732.
30. Lee T M, Au R K, Liu H L, Ting K H, Huang C M, Chan C C. Are errors differentiable from deceptive responses when feigning memory impairment? An fMRI study [J]. Brain and Cognition, 2009, 69(2): 406-412.
31. Lee T M, Liu H L, Tan L H, Chan C C, Mahankali S, Feng C M, Hou J, Fox P T, Gao J H. Lie detection

by functional magnetic resonance imaging [J]. Human Brain Mapping, 2002, 15(3): 157-164.

32. Meixner J B, Rosenfeld J P. A mock terrorism application of the P300-based concealed information test [J]. Psychophysiology, 2011, 48(2): 149-154.

33. Mohamed F B, Faro S H, Gordon N J, Platek S M, Ahmad H, Williams J M. Brain mapping of deception and truth telling about an ecologically valid situation: functional MR imaging and polygraph investigation – initial experience [J]. Radiology, 2006, 238(2): 679-688.

34. Moriarty J C. Flickering admissibility: neuroimaging evidence in the US courts [J]. Behavioral Sciences and the Law, 2008, 26(1): 29-49.

35. Rosenfeld J P, Cantwell B, Nasman V T, Wojdac V, Ivanov S, Mazzeri L. A modified, event-related potential-based guilty knowledge test [J]. International Journal of Neuroscience, 1988, 42(1-2): 157-161.

36. Rosenfeld J P, Labkovsky E, Winograd M, Lui M A, Vandenboom C, Chedid E. The complex trial protocol (CTP): a new, countermeasure-resistant, accurate, P300-based method for detection of concealed information [J]. Psychophysiology, 2008, 45(6): 906-919.

37. Rosenfeld J P, Soskins M, Bosh G, Ryan A. Simple, effective countermeasures to P300-based tests of detection of concealed information [J]. Psychophysiology, 2004, 41(2): 205-219.

38. Spence S A, Farrow T F, Herford A E, Wilkinson L D, Zheng Y, Woodruff P W. Behavioural and functional anatomical correlates of deception in humans [J]. Neuroreport, 2001, 12(13): 2849-2853.

39. Spence S A, Kaylor-Hughes C J, Brook M L, Lankappa S T, Wilkinson I D. 'Munchausen's syndrome by proxy' or a 'miscarriage of justice'? An initial application of functional neuroimaging to the question of guilt versus innocence [J]. European Psychiatry, 2008, 23(4): 309-314.

40. Spence S A, Hunter M D, Farrow T F, Green R D, Leung D H, Hughes C J, Ganesan V. A cognitive neurobiological account of deception: evidence from functional neuroimaging [J]. Philosophical Transactions of the Royal Society B: Biological Sciences, 2004, 359(1451): 1755-1762.

41. Sip K E, Lynge M, Wallentin M, McGregor W B, Frith C D, Roepstorff A. The production and detection of deception in an interactive game [J]. Neuropsychologia, 2010, 48(12): 3619-3626.

42. Sutton S, Braren M, Zubin J, John E R. Evoked-potential correlates of stimulus uncertainty [J]. Science, 1965, 150(3700): 1187-1188.

43. Tu S, Li H, Jou J, Zhang Q, Wang T, Yu C, Qiu J. An event-related potential study of deception to self preferences [J]. Brain Research, 2009, 1247: 142-148.

44. Vrij A. Nonverbal dominance versus verbal accuracy in lie detection: a plea to change police practice [J]. Criminal Justice and Behavior, 2008, 35(10): 1323-1336.

45. Wu H, Hu X, Fu G. Does willingness affect the N2-P3 effect of deceptive and honest responses? [J]. Neuroscience Letters, 2009, 467(2): 63-66.

46. Yin L, Hu Y, Dynowski D, Li J, Weber B. The good lies: altruistic goals modulate processing of deception in the anterior insula [J]. Human Brain Mapping, 2017, 38(7): 3675-3690.

第5章 说谎的情绪反应及生理变化

1. Akamatsu P, Uchida Y, Togawa Y. The measurement of the PGR [J]. Phylosophia, 1933.
2. Bach D R, Flandin G, Friston, K J, Dolan, R J. Time-series analysis for rapid event-related skin conductance responses [J]. Journal of neuroscience methods, 2009, 184(2), 224-234.
3. Barrett L F. Are emotions natural kinds [J]. Perspectives on Psychological Science, 2006, 1(1): 28-58.
4. Bayer M, Ruthmann K, Schacht A. The impact of personal relevance on emotion processing: evidence from event-related potentials and pupillary responses [J]. Social Cognition and Affective Neuroscience, 2017, 12(9): 1470-1479.
5. Ben-Shakhar G, Elaad E. The validity of psychophysiological detection of information with the Guilty Knowledge Test: A meta-analytic review [J]. Journal of Applied Psychology, 2003, 88(1): 131-151.
6. Bradley M T, Ainsworth D. Alcohol and the psychophysiological detection of deception [J]. Psychophysiology, 1984, 21(1): 63-71.
7. Bradley M T, Janisse M P. Accuracy demonstrations, threat, and the detection of deception - cardiovascular, electrodermal, and pupillary measures [J]. Psychophysiology, 1981, 18(3): 307-315.
8. Buller B, Burgoon J K. Deception: strategic and nonstrategic communication [M]. Daly J A, Wicmann J M. Strategic interpersonal communication. Hillsdale, NJ: Erlbatum, 1994: 191-223.
9. Buller D B, Burgoon J K. Emotional expression in the deception process [M]. Andersen P A, Laura K. Guerrero Handbook of Communication and Emotion: Research, Theory, Applications, and Contexts. New York: Academic Press, 1996: 381-402.
10. Carver C S, Harmon-Jones E. Anger and approach: Reply to Watson (2009) and to Tomarken and Zald (2009) [J]. Psychological Bulletin, 2009, 135(2): 215-217.
11. Deepika C L, Kandaswamy A, Pradeepa G. An efficient method for detection of inspiration phase of respiration in thermal imaging [J]. Journal of Scientific and Industrial Research, 2016, 75(1): 40-44.
12. DePaulo, B M, Kirkendol, S E. The motivational impairment effect in the communication of deception [M]. In J. C. Yuille (Ed.), Credibility assessment. Dordrecht, the Netherlands: Kluwer Academic Publishers, 1989: 51-70.
13. Ekman E, Friesen W V. Nonverbal leakage and clues to deception [J]. Psychiary, 1969, 32: 88-105.
14. Ekman P, Campos J J, Davidson R J. Emotions inside out: 130 years after Darwin's the expression of the emotions in man and animals (Annals of the New York Academy of Sciences Vol. 1000) [M]. New York: New York Academy of Sciences, 2003.
15. Ekman P, Rosenberg E L. What the face reveals: basic and applied studies of spontaneous expression using the Facial Action Coding System (FACS) (2nd ed.) [M]. New York: Oxford University Press, 2005.
16. Ekman P. Facial expressions of emotion - an old controversy and new findings [M]. Philosophical Transactions of the Royal Society of London Series B-Biological Sciences, 1992, 335(1273): 63-69.
17. Ekman P. Telling lies: Clues to deceit in the marketplace, politics and marriage [M]. New York: Norton, 1985.

18. Gable P, Harmon-Jones E. The blues broaden, but the nasty narrows attentional consequences of negative affects low and high in motivational intensity [J]. Psychological Science, 2010, 21(2): 211–215.
19. Graham F K, Clifton R K. Heart-rate change as a component of the orienting response [J]. Psychological Bulletin, 1966, 65(5): 305.
20. Grubin D, Madsen L. Lie detection and the polygraph: A historical review [J]. Journal of Forensic Psychiatry and Psychology, 2005, 16(2): 357-369.
21. Hirota A, Ogawa T, Matsuda I, Takasawa N. A model of the underlying mechanism of autonomic responses in the Concealed Information Test [J]. Japanese Journal of Physiological Psychology and Psychophysiology, 2009, 27(1): 17-34.
22. Honts C R, Reavy R. The comparison question polygraph test: A contrast of methods and scoring [J]. Physiology and Behavior, 2015, 143: 15-26.
23. Honts C, Handler M. Scoring respiration when using directed lie comparison questions [J]. Polygraph, 2014, 43 (3): 71-78.
24. Igosheva N, Taylor P D, Poston L, Glover V. Prenatal stress in the rat results in increased blood pressure responsiveness to stress and enhanced arterial reactivity to neuropeptide Y in adulthood [J]. Journal of Physiology-London, 2007, 582(2): 665-674.
25. Kircher J C, Kristjansson Sd, Gardner M K, Webb A. Human and computer decision-making in the psychophysiological detection of deception [D]. Utah Univ Salt Lake City Coll of Education, 2005.
26. Kircher J C, Raskin D C. Human versus computerized evaluations of polygraph data in a laboratory setting [J]. Journal of Applied Psychology, 1988, 73(2): 291-302.
27. Kircher J, Raskin D. Computer methods for the psychophysiological detection of deception [M]. Handbook of polygraph testing, 2002: 287-326.
28. Kreibig S D, Wilhelm F H, Gross J J, Roth W T. Cardiovascular, electrodermal, and respiratory response patterns to fear- and sadness- inducing films [J]. Psychophysiology, 2007, 44(5): 787-806.
29. Kreibig S D. Autonomic nervous system activity in emotion: A review [J]. Biological Psychology, 2010, 84(3): 394-421.
30. Kristina S, Matthias G. Effect of negative motivation on the behavioral and autonomic correlates of deception [J]. Psychophysiology, 2018, 56: e13284.
31. Leal S, Vrij A. Blinking during and after lying [J]. Journal of Nonverbal Behavior, 2008, 32(4): 187-194.
32. Lepine N N, Tajima T, Ogasawara T, Kasahara R, Koizumi H. Robust respiration rate estimation using adaptive Kalman filtering with textile ECG sensor and accelerometer [C]. In Engineering in Medicine and Biology Society (EMBC), IEEE 38th Annual International Conference, 2016: 3797-3800.
33. Levenson R W, Ekman P, Heider K, Friesen W V. Emotion and autonomic nervous system activity in the Minangkabau of West Sumatra [J]. Journal of personality and social psychology, 1992, 62(6): 972-988.
34. Lindsey K T, Rohan K J, Roecklein K A, Mahon J N. Surface facial electromyography, skin conductance, and self-reported emotional responses to light-and season-relevant stimuli in seasonal affective disorder

[J]. Journal of affective disorders, 2011, 133(1): 311-319.

35. Lubow R E, Fein O. Pupillary size in response to a visual guilty knowledge test: New technique for the detection of deception [J]. Journal of Experimental Psychology-Applied, 1996, 2(2): 164-177.

36. Lykken D T. The validity of the guilty knowledge technique - the effects of faking [J]. Journal of Applied Psychology, 1960, 44(4): 258-262.

37. Matsuda I, Hirota A, Ogawa T, Takasawa N, Shigemasu K. Within-individual discrimination on the Concealed Information Test using dynamic mixture modeling [J]. Psychophysiology, 2009, 46(2): 439-449

38. Ochsner K N, Phelps E. Emerging perspectives on emotion-cognition interactions [J]. Trends in Cognitive Science, 2007, 11: 317—318.

39. Panasiti M S, Cardone D, Pavone E F, Mancini A, Merla A, Aglioti S M. Thermal signatures of voluntary deception in ecological conditions [J]. Scientific Report, 2016, 6.

40. Pavlidis I, Eberhardt N L, Levine J A. Human behaviour: Seeing through the face of deception [J]. Nature, 2002, 415(6867): 35-35.

41. Perelman B S. Detecting deception via eyeblink frequency modulation [J]. PeerJ, 2014, 2, e260.

42. Pessoa L. On the relationship between cognition and emotion [J]. Nature Review Neuroscience, 2008, 9: 148-158.

43. Podlesny J A, Raskin D C. Effectiveness of techniques and physiological measures in the detection of deception [J]. Psychophysiology, 1978, 15(4): 344-359.

44. Putnam F W, Berlin L J, Amaya J, Greenberg M T. The developmental neurobiology of disrupted attachment: Lessons from animal models and child abuse research [J]. Enhancing Early Attachments: Theory, Research, Intervention, and Policy, 2005: 79–99.

45. Raskin D C, Hare R D. Psychopathy and detection of deception in a prison population [J]. Psychophysiology, 1978, 15(2): 126-136.

46. Stephens C L, Christie I C, Friedman B H. Autonomic specificity of basic emotions: Evidence from pattern classification and cluster analysis [J]. Biological Psychology, 2010, 84(3): 463-473.

47. Suchotzki K, Verschuere B, Van Bockstaele B, Ben-Shakhar G, Crombez G. Lying takes time: A meta-analysis on reaction time measures of deception [J]. Psychological Bulletin, 2017, 143(4): 428-453.

48. Ten Brinke L, Porter S, Baker A. Darwin the detective: Observable facial muscle contractions reveal emotional high-stakes lies [J]. Evolution and Human Behavior, 2012, 33(4): 411-416.

49. Tomash J J, Reed P. The generalization of a conditioned response to deception across the public/private barrier [J]. Learning and Motivation, 2013, 44(3): 196-203.

50. Verschuere B, Crombez G, De Clercq A, Koster E H W. Autonomic and behavioral responding to concealed information: Differentiating orienting and defensive responses [J]. Psychophysiology, 2004, 41(3): 461-466.

51. Zuckerman M, Depaulo B M, Rosenthal R. Verbal and nonverbal communication of deception [M].

Berkowitz L. Advances in experimental social psychology New York: Academic Press, 1981: 1-59.

第 6 章 说谎的意志过程

1. 陈静欣，苏彦捷．欺骗对象对 4—6 岁儿童欺骗意图理解的影响 [C]．全国心理学学术大会，2005．
2. 董珊珊，陈飞燕，何宏建．脑成像技术的测谎应用及其心理生理学基础 [J]．生物物理学报，2013，29（2）：94-104．
3. 范伟，钟毅平，傅小兰．自我控制对欺骗的影响 [J]．心理科学进展，2016，24（7）：997-1008．
4. 贺舟颖．不同动机类型下小学儿童说谎的发展研究 [D]．上海：上海师范大学，2010．
5. 黎建斌．自我控制资源损耗影响基于事件前瞻记忆 [D]．广东：广州大学，2012．
6. 李东林．5—9 岁儿童心理理论的发展及其与同伴接纳关系的研究 [D]．南京：南京师范大学，2008．
7. 林瑞文．注意执行控制网络的个体差异 [D]．福建：闽南师范大学，2016．
8. 刘娟．儿童一级与二级信念——愿望推理能力的发展 [D]．重庆：西南大学，2008．
9. 刘润刚，朱永新．大学生求职说谎行为倾向研究 [J]．社会心理科学，2006（6）：118-122．
10. 刘秀丽．学前儿童心理理论及欺骗发展的关系研究 [J]．心理发展与教育，2005，21（4）：13-18．
11. 刘秀丽，车文博．学前儿童欺骗的阶段性发展的实验研究 [J]．心理科学，2006，29（6）：1340-1345．
12. 刘秀丽，史华一，张娜．儿童白谎的研究回顾 [J]．东北师大学报（哲学社会科学版），2016（4）：146-151．
13. 刘秀丽，张娜．从心理理论视角诠释儿童的欺骗 [J]．东北师大学报（哲学），2014，5：246-250．
14. 刘秀丽．学前儿童欺骗发展的研究——从心理理论视角透析学前儿童欺骗的发展 [D]．吉林大学，2004．
15. 卢乐珍．幼儿道德启蒙的理论与实践 [M]．福州：福建教育出版社．1999：395-401．
16. 陆丽娟．心理理论训练对幼儿说谎的影响研究 [D]．上海：华东师范大学，2016．
17. 马金祥，温秀芳．幼儿撒谎心理及教育对策 [J]．潍坊教育学院学报，2004，17（4）：58-59．
18. 莫书亮．特定句法提示对 3—4 岁儿童错误信念理解的影响 [J]．心理学报，2007，39（1）：104-110．
19. 赛李阳．互动情境下谎言决策、反应和结果评价的神经机制的 fNIRS 和 ERP 研究 [D]．浙江：浙江师范大学，2012．
20. 史艺荃，周晓林．执行控制研究的重要范式——任务切换 [J]．心理科学进展，2004，12（5）：672-679．
21. 王丽，胡英君．大学生说谎行为的调查分析 [J]．宁波大学学报（教育科学版），2008，30（5）：107-110．
22. 王曦，李树义．意志品质与自我控制能力的实验研究 [J]．教育科学，2001，05：63-66．
23. 王益文，林崇德．"心理理论"的实验任务与研究趋向 [J]．心理学探新，2004，24（3）：30-34．
24. 夏艳芳．学生说谎行为的成因与矫正 [J]．湖北广播电视大学学报，2010，30（7）：44-56．
25. 肖澎湘．情绪效价、心理距离与自我衰竭对道德判断的影响 [D]．2018．

26. 徐芬，包雪华，傅根跃. 意图明确条件下小学儿童对说谎的理解与道德评价 [J]. 应用心理学，1999，1：31-36.
27. 徐芬，郭筱琳. 幼儿执行功能的发展对心理理论发展的影响 [J]. 心理与行为研究，2016，14（1）：70-79.
28. 徐芬，刘英，荆春燕. 意图线索对5—11岁儿童理解说谎概念及道德评价的影响 [J]. 心理发展与教育，2001，17（4）：35-39.
29. 杨丽珠，陈靖涵，王素霞，沈悦，孙岩. 内生意图性抑制：自我控制研究的新视角 [J]. 心理科学进展，2017，10：1631-1641.
30. 张娜，刘秀丽. 3—6岁儿童错误信念与白谎行为之间的关系：动机的调节作用 [J]. 中国临床心理学杂志，2014，22（6）：989-993.
31. 张文静，徐芬，张瑞平. 幼儿说谎行为的发展及其与说谎认知的关系 [J]. 应用心理学，2007，13（3）：237-243.
32. 张文新，赵景欣，王益文，张粤萍. 3—6岁儿童二级错误信念认知的发展 [J]. 心理学报，2004，36（3）：327-334.
33. 张西方. 意志心理概论 [J]. 河南大学学报（社会科学版），1999（2）：86-88.
34. 郑小蓓，孟祥芝，朱莉琪. 婴儿动作意图推理研究及其争论 [J]. 心理科学进展，2010，18（3）：441-449.
35. 周晓林. 执行控制——一个具有广阔理论前途和应用前景的研究领域 [J]. 心理科学进展，2004，12（5）：641-642.
36. 朱千，孟景，位东涛，陈红. 海洛因戒治者执行控制功能异常的电生理证据 [J]. 心理科学，2014（2）：473-477.
37. 朱艳新. 小学儿童对说谎的理解及道德评价研究 [D]. 河北大学，2003.
38. Bok S. Lying: Moral choice in public and private life [M]. Vintage, 2011.
39. Chandler M, Fritz A S, Hala S. Small-scale deceit: deception as a marker of two-, three-, and four-year-olds' early theories of mind [J]. Child Development, 1989, 60(6): 1263-1277.
40. Clark R A, Delia J G. The development of functional persuasive skills in childhood and early adolescence [J]. Child development, 1976, 47(4): 1008-1014.
41. Clark J E, Watkins D L. Static balance in young children [J]. Child Development, 1984, 55(3): 854-857.
42. Csibra G, Gergely G. 'Obsessed with goals': Functions and mechanisms of teleological interpretation of actions in humans [J]. Acta psychologica, 2007, 124(1): 60-78.
43. Ekman, P. Why lies fail and what behaviors betray a lie [M]. Credibility Assessment. Springer Netherlands. 1989.
44. Gallese V, Goldman A. Mirror neurons and the simulation theory of mind-reading [J]. Trends in Cognitive Sciences, 1998, 2(12): 493-501.
45. Gino F, Pisano G. Toward a theory of behavioral operations [J]. Manufacturing & Service Operations Management, 2008, 10(4): 676-691.

46. Hample D. Purposes and effects of lying [J]. Southern speech communication journal, 1980, 46(1): 33-47.

47. Kashy D A, Depaulo B M. Who lies? [J]. Journal of Personality & Social Psychology, 1996, 70(5): 1037-1051.

48. Keltikangas-Järvinen L, Lindeman M. Evaluation of theft, lying, and fighting in adolescence [J]. Journal of Youth & Adolescence, 1997, 26(4): 467-483.

49. Lee K, Ross H J. The concept of lying in adolescents and young adults: testing sweetser's folkloristic model [J]. Merrill-Palmer Quarterly, 1997, 43(2): 255-270.

50. Levine E E, Schweitzer M E. Prosocial lies: When deception breeds trust [J]. Organizational Behavior and Human Decision Processes, 2015, 126: 88-106.

51. Lewis M, Stanger C, Sullivan M W. Deception in 3-year-olds [J]. Developmental Psychology, 1989, 25(3): 439-443.

52. Lewis M, Sullivan M W, Stanger C, Weiss M. Self-development and self-conscious emotions [J]. Child Development, 1989, 60(1): 146-156.

53. Masip J., Sporer S. L., Garrido E., Herrero C. The detection of deception with the reality monitoring approach: a review of the empirical evidence [J]. Psychology Crime & Law, 2005, 11(1), 99-122.

54. Peskin J. Guise and guile: children's understanding of narratives in which the purpose of pretense is deception [J]. Child Development, 1996, 67(4): 1735-1751.

55. Peterson C C, Siegal M. Deafness, conversation and theory of mind [J]. Journal of Child Psychology & Psychiatry, 1995, 36(3): 459-474.

56. Peterson C C. The role of perceived intention to deceive in children's and adults' concepts of lying [J]. British Journal of Developmental Psychology, 1995, 13(3): 237-260.

57. Polak A, Harris P L. Deception by young children following noncompliance [J]. Developmental psychology, 1999, 35(2): 561-568.

58. Premack D, Woodruff G. Chimpanzee problem-solving: a test for comprehension [J]. Science, 1978, 202(4367): 532-535.

59. Premack D. The infant's theory of self-propelled objects [J]. Cognition, 1990, 36(1): 1-16.

60. Sartori L, Becchio C, Castiello U. Cues to intention: the role of movement information [J]. Cognition, 2011, 119(2): 242-252.

61. Seiter J S, Bruschke J, Bai C. The acceptability of deception as a function of perceivers' culture, deceiver's intention, and deceiver-deceived relationship [J]. Western Journal of Communication, 2002, 6(2): 158-180.

62. Seiter J S, Bruschke J. Deception and emotion: The effects of motivation, relationship type, and sex on expected feelings of guilt and shame following acts of deception in United States and Chinese samples [J]. Communication Studies, 2007, 58(1): 1-16.

63. Sip K E, Roepstorff A, McGregor W, et al. Detecting deception: the scope and limits [J]. Trends in cognitive sciences, 2008, 12(2): 48-53.

64. Sodian B, Taylor C, Harris P L, Perner J. Early deception and the child's theory of mind: false trails and genuine markers [J]. Child Development, 1991, 62(3): 468-483.
65. Talwar V, Lee K. Emergence of white-lie telling in children between 3 and 7 years of age [J]. Merrill-Palmer Quarterly, 20024, 8(2): 160-181.
66. Turner D. Moral weakness, self-deception and self-knowledge [J]. New Blackfriars, 1975, 56(662): 294–305.
67. Talwar V, Lee K. Development of lying to conceal a transgression: Children's control of expressive behaviour during verbal deception [J]. International Journal of Behavioral Development, 2002, 26(5): 436-444.
68. Wimmer H, Perner J. Beliefs about beliefs: representation and constraining function of wrong beliefs in young children's understanding of deception [J]. Cognition, 1983, 13(1): 103-128.

第7章 说谎的个体和群体差异

1. 樊洁, 邓敏, 梁宁建. 中学生诚信心理与自尊的关系研究 [J]. 心理研究, 2011, 04（4）: 88-92.
2. 樊越波, 黄丹, 易莉等. 孤独症谱系障碍儿童的欺骗研究进展 [J]. 中国健康心理学杂志, 2014, 22（3）: 466-468.
3. 黄希庭.《时间与人格心理学探索》自序与后记 [J]. 宁波大学学报（教育科学版）, 2006, 28（4）: 1-3.
4. 蒋伟雄, 廖坚, 刘华生 等. 反社会人格障碍患者说谎的功能磁共振分析 [J]. 中南大学学报（医学版）, 2012, 37（11）: 1141-1146.
5. 刘文, 李明. 儿童创造性人格的研究新进展 [J]. 湖南师范大学教育科学学报, 2010, 09（3）: 64-67.
6. 秦峰, 许芳. 马基雅维利主义者的工作绩效和职业成功——基于工作场所的元分析 [J]. 心理科学进展, 2013, 21（9）: 1542-1553.
7. 沙家明. 不同社会能力的大学生诚实与说谎的语音频谱差异 [D]. 硕士学位论文. 闽南师范大学, 2016.
8. 王英芊, 司继伟. 初中生创造性人格与说谎行为的联系：自尊的作用 [J]. 心理与行为研究, 2014, 12（2）: 161-166.
9. 张宁, 张亭玉, 张雨青 等. 中国人对说谎行为和谎言识别的信念及其群体差异 [J]. 人类工效学, 2011, 17（1）: 31-35.
10. Aavik T, Abu-hilal M, Ahmad F Z, Ahmed R A, Zhang Y. A world of lies [J]. Journal of Cross-Cultural Psychology, 2006, 37(1): 60-74.
11. Abeler J, Nosenzo D, Raymond C. Preferences for Truth-Telling [J]. Social Science Electronic Publishing, 2016.
12. Abe N, Fujii T, Hirayama K, Hirayama K, Takeda A, Hosokai Y, Ishioka T, Nishio Y, Suzuki K, Itoyama Y, Takahashi S, Fukuda H, Mori E. Do parkinsonian patients have trouble telling lies? The neurobiological basis of deceptive behavior [J]. Brain, 2009, 132(5): 1386-1395.

13. Abe N, Okuda J, Suzuki M, Sasaki H, Fujii T. (2008). Neural correlates of true memory, false memory, and deception [J]. Cerebral Cortex, 2008, 18(12): 2811-2819.
14. Abouelenien M, Pérezrosas V, Zhao B, Mihalcea R, Burzo M. Gender-based multimodal deception detection [C]. In: Symposium on Applied Computing (SAC). ACM, Morocco, 2017, 137-144.
15. Azizli N, Atkinson B E, Baughman H M, Chin K, Vernon P A, Harris E, Veselka L. Lies and crimes: Dark Triad, misconduct, and high-stakes deception [J]. Personality and Individual Differences, 2016, 89:34-39.
16. Ball C T, O'callaghan J. Judging the accuracy of children's recall: a statement-level analysis [J]. Journal of Experimental Psychology: Applied, 2001, 7(4): 331-345.
17. Beaussart M L, Andrews C J, Kaufman J C. Creative liars: The relationship between creativity and integrity [J]. Thinking Skills and Creativity, 2013, 9(2): 129-134.
18. Biziou-van-pol L, Haenen J, Novaro A, Liberman A O, Capraro V. Does telling white lies signal pro-social preferences [J]? Judgment and Decision Making, 2015, 10(6): 538-548.
19. Bond Jr C F, Atoum A O. International deception [J]. Personality and Social Psychology Bulletin, 2000, 26(3): 385-395.
20. Brewer G, Abell L. Machiavellianism and sexual behavior: Motivations, deception and infidelity [J]. Personality and Individual Differences, 2015, 74: 186-191.
21. Bruck M, Ceci S J, Hembrooke H. The nature of children's true and false narratives [J]. Developmental Review, 2002, 22(3): 520-554.
22. Buckner R L. Memory and executive function in aging and AD: multiple factors that cause decline and reserve factors that compensate [J]. Neuron, 2004, 44(1): 195-208.
23. Bussey K. Children's lying and truthfulness: Implications for children's testimony [M]. In S. J. Ceci, M. DeSimone Leichtman, M, Putnick (Eds.), Cognitive and social factors in early deception (pp.89-110). Hillsdale. NJ: Erlbaum, 1992.
24. Capraro V. Who lies? A meta-analysis of the effect of sex, age, and education on honesty [J]. Social Science Electronic Publishing, 2017.
25. Cheng K H W, Broadhurst R. The detection of deception: The effects of first and second language on lie detection ability [J]. Psychiatry Psychology and Law, 2005, 12(1): 107-118.
26. Childs J. Gender differences in lying [J]. Economics Letters, 2012, 114(2): 147-149.
27. Christie R, Geis F L, Festinger L, Schachter S. Studies in Machiavellianism [M]. New York, NY: Academic Press, 1970.
28. Cole T. Lying to the One you Love: The use of deception in romantic relationships [J]. Journal of Social and Personal Relationships, 2001, 18(1): 107-129.
29. Cropley D H, Kaufman J C, Cropley A J. Malevolent creativity: A functional model of creativity in terrorism and crime [J]. Creativity Research Journal, 2008, 20(2): 105-115.
30. De Dreu C K W, Nijstad B A. Mental set and creative thought in social conflict: threat rigidity versus motivated focus [J]. Journal of Personality and Social Psychology, 2008, 95(3): 648.

31. Depaulo B M, Ansfield M E, Bell K L. Interpersonal deception theory: theories about deception and paradigms for studying it: a critical appraisal of buller and burgoon's lnterpersonal deception theory and research [J]. Communication Theory, 1996, 3: 297-310.
32. Depaulo B M, Epstein J A, Wyer M M. Sex differences in lying: How women and men deal with the dilemma of deceit [M]. In M. Lewis & C. Saarni (Eds.), Lying and deception in everyday life (pp. 126–147). New York: Guilford Press, 1993.
33. Depaulo B M, Lindsay J J, Malone B E, Muhlenbruck L, Charlton K, Cooper H. Cues to deception [J]. Psychological Bulletin, 2003, 129(1): 74-118.
34. Depaulo B M. Nonverbal behavior and self-presentation [J]. Psychological Bulletin, 1992, 111(2): 203-243.
35. Dindia K, Allen M. Sex differences in self-disclosure: a meta-analysis [J]. Psychological Bulletin, 1992, 112(1): 106-124.
36. Donaghy W C, Dooley B F. Head movement, gender, and deceptive communication [J]. Communication Reports, 1994, 7(2): 67-75.
37. Dreber A, Johannesson M. Gender differences in deception [J]. Economics Letters, 2008, 99(1): 197-199.
38. Dussault M, Hojjat M, Boone R T. Machiavellianism and dating: Deception and intimacy [J]. Social Behavior and Personality: An International Journal, 2013, 41(2): 283-294.
39. Einav S, Hood B M. Tell-tale eyes: children's attribution of gaze aversion as a lying cue [J]. Developmental Psychology, 2008, 44(6): 1655-1667.
40. Ekman P, Friesen W V, O'Sullivan M, Scherer K. Relative importance of face, body, and speech in judgments of personality and affect [J]. Journal of Personality and Social Psychology, 1980, 38(38): 270-277.
41. Ennis E, Vrij A, Chance C. Individual differences and lying in everyday life [J]. Journal of Social and Personal Relationships, 2008, 25(1): 105-118.
42. Erat S, Gneezy U. White lies [J]. Management Science, 2012, 58(4): 723-733.
43. Feldman R S, Devin-sheehan L, Allen V L. Nonverbal cues as indicators of verbal dissembling [J]. American Educational Research Journal, 1978, 15(2): 217-231.
44. Feldman R S, Philippot P. Children's deception skills and social competence [M]. In G Goodman, & B Bottoms (Eds), Child's victims, child witness, (pp. 80-99). New York: Guilford Press, 1991.
45. Frank M G, Ekman P. The ability to detect deceit generalizes across different types of high-stake lies [J]. Journal of Personality and Social Psychology, 1997, 72(6): 1429-1439.
46. Fullam R, Mckie S, Dolan M. Psychopathic traits and deception: Functional magnetic resonance imaging study [J]. British Journal of Psychiatry, 2009, 194(3), 229-235.
47. Geis F L, Moon T H. Machiavellianism and deception [J]. Journal of Personality and Social Psychology, 1981, 41(4): 766-775.
48. Giammarco E A, Atkinson B, Baughman H M, Veselka L, Vernon P A. The relation between

antisocial personality and the perceived ability to deceive [J]. Personality and Individual Differences, 2013, 54(2): 246-250.

49. Gibson C B, Mcdaniel D M. Moving beyond conventional wisdom: Advancements in cross-cultural theories of leadership, conflict, and teams [J]. Perspectives on Psychological Science, 2010, 5(4): 450-462.

50. Gino F, Ariely D. The dark side of creativity: Original thinkers can be more dishonest [J]. Journal of Personality and Social Psychology, 2012, 102(3): 445-459.

51. Gneezy U. Deception: The role of consequences [J]. American Economic Review, 2005, 95(1): 384-394.

52. Gombos V A. The cognition of deception: The role of executive processes in producing lies [J]. Genetic Social and General Psychology Monographs, 2006, 132(3): 197-214.

53. Gozna L F, Vrij A, Bull R. The impact of individual differences on perceptions of lying in everyday life and in a high stake situation [J]. Personality and Individual Differences, 2001, 31(7): 1203-1216.

54. Greenwald A G, Banaji M R. Implicit social cognition: attitudes, self-esteem, and stereotypes [J]. Psychological Review, 1995, 102(1): 4-27.

55. Gylfason H F, Arnardottir A A, Kristinsson K. More on gender differences in lying [J]. Economics Letters, 2013, 119(1): 94-96.

56. Isenberg N A. Personality type and the successful liar [D]. Western Carolina University, 2011.

57. Ishiharail L, Brayne C. What is the evidence for a premorbid parkinsonian personality: A systematic review [J]. Movement Disorders, 2010, 21(8): 1066-1072.

58. Johnson R R. Confounding influences on police detection of suspiciousness [J]. Journal of Criminal Justice, 2006, 34(4): 435-442.

59. Jolliffe T, Baroncohen S. The strange stories test: A replication with high-functioning adults with Autism or Asperger Syndrome [J]. Journal of Autism and Developmental Disorders, 1999, 29(5): 395-406.

60. Jonason P K, Lyons M, Baughman H M, Vernon P A. What a tangled web we weave: The Dark Triad traits and deception [J]. Personality and Individual Differences, 2014, 70(70): 117-119.

61. Jung S, Vranceanu R. Experimental Evidence on Gender Differences in Lying Behaviour [J]. Revue Économique, 2017, 68(5): 859-873.

62. Kartch F. Book review: Deception: A young person's life skill? [J]. Journal of Language and Social Psychology, 2013, 32(2): 230-234.

63. Klaver J R, Lee Z, Hart S D. Psychopathy and nonverbal indicators of deception in offenders [J]. Law and Human Behavior, 2007, 31(4): 337-351.

64. Korman A K. Toward a hypothesis of work behavior [J]. Journal of Applied Psychology, 1970, 54(1): 31-41.

65. Kraut R E, Price J D. Machiavellianism in parents and their children [J]. Journal of Personality and Social Psychology, 1976, 33(6): 782.

66. Lewis M. The development of deception [M]. In M Lewis & C Saarni (Eds.), Lying and deception in

everyday life (pp. 90-105). New York, NY, US: Guilford Press, 1993.

67. Levitan S I, Levine M, Hirschberg J, Cestero N, An G, Rosenber A. Individual differences in deception and deception detection [C]. The Seventh International Conference on Advanced Cognitive Technologies and Applications, 2015, 52-56.

68. Li A S, Kelley E A, Evans A D, Lee K. Exploring the ability to deceive in children with Autism Spectrum Disorders [J]. Journal of Autism and Developmental Disorders, 2011, 41(2): 185-195.

69. Li Y, Fan Y B, Li J, Huang D, Wang X Q, Tan W L, Zou X B, Lee K. Distrust and retaliatory deception in children with Autism Spectrum Disorder [J]. Research in Autism Spectrum Disorders, 2014, 8(12): 1741-1755.

70. Lohse T, Qari S. Gender differences in deception behaviour – the role of the counterpart [J]. Applied Economics Letters, 2014, 21(10): 702-705.

71. Markus H R, Kitayama S. Culture and the self: Implications for cognition, emotion, and motivation [J]. Psychological Review, 1991, 98(2): 224-253.

72. Matsumoto D, Yoo S H, Fontaine J. Mapping expressive differences around the world: The relationship between emotional display rules and individualism versus collectivism [J]. Journal of Cross-cultural Psychology, 2008, 39(1): 55-74.

73. Mccarthy A, Lee K. Children's knowledge of deceptive gaze cues and its relation to their actual lying behavior [J]. Journal of Experimental Child Psychology, 2009, 103(2): 117-134.

74. Mccrae R R, Costa P T Jr. Toward a new generation of personality theories: Theoretical contexts for the five-factor model [M]. In J S Wiggins (Ed.), The five-factor model of personality: Theoretical perspectives (pp. 51-87). New York, NY, US: Guilford Press, 1996.

75. Menza M. The personality associated with Parkinson's disease [J]. Current Psychiatry Reports, 2000, 2(5): 421-426.

76. Meyers-levy J, Loken B. Revisiting gender differences: What we know and what lies ahead [J]. Journal of Consumer Psychology, 2015, 25(1): 129-149.

77. Newman M L, Pennebaker J W, Berry D S, Richards J M. Lying words: Predicting deception from linguistic styles [J]. Personality and Social Psychology Bulletin, 2003, 29(5): 665-675.

78. Oswald D P, Ollendick T H. Role taking and social competence in autism and mental retardation [J]. Journal of Autism and Developmental Disorders, 1989, 19(1): 119.

79. Oyserman D, Coon H M, Kemmelmeier M. Rethinking individualism and collectivism: evaluation of theoretical assumptions and meta-analyses [J]. Psychological Bulletin, 2002, 128(1): 3-72.

80. Perugini M, Leone L. Implicit self-concept and moral action [J]. Journal of Research in Personality, 2009, 43(5): 747-754.

81. Quas J A, Davis E L, Goodman G S, Myers J E B. Repeated questions, deception, and children's true and false reports of body touch [J]. Child Maltreatment, 2007, 12(1): 60-67.

82. Riggio R E, Salinas C, Tucker J. Personality and deception ability [J]. Personality and Individual

Differences, 1988, 9(1): 189-191.

83. Riggio R E, Tucker J, Throckmorton B. Social skills and deception ability [J]. Personality and Social Psychology Bulletin, 1987, 13(4): 568-577.

84. Rotenberg K J, Sullivan C. Children's use of gaze and limb movement cues to infer deception [J]. Journal of Genetic Psychology, 2003, 164(2): 175-187.

85. Ruffman T, Murray J, Halberstadt J, Vater T. Age-related differences in deception [J]. Psychology and Aging, 2012, 27(3): 543-549.

86. Russell J, Mauthner N, Sharpe S, Tidswell T. The "windows task" as a measure of strategic deception in preschoolers and autistic subjects [J]. British Journal of Developmental Psychology,1991, 9(2): 331-349.

87. Saarni C. An observational study of children's attempts to monitor their expressive behavior [J]. Child Development, 1984, 55(4): 1504-1513.

88. Schelleman-Offermans K, Merckelbach H. Fantasy proneness as a confounder of verbal lie detection tools[J]. Journal of Investigative Psychology and Offender Profiling, 2010, 7(3): 247-260.

89. Seiter J S, Bruschke J, Bai C. The acceptability of deception as a function of perceivers' culture, deceiver's intention, and deceiver-deceived relationship [J]. Western Journal of Communication (includes Communication Reports), 2002, 66(2): 158-180.

90. Serras Pereira M, de Lange J, Shahid S, Swerts M. A perceptual and behavioral analysis of facial cues to deception in interactions between children and a virtual agent [J]. International Journal of Child-Computer Interaction, 2018, 15: 1-12.

91. Shahid S, Krahmer E, Swerts M. Alone or together: Exploring the effect of physical co-presence on the emotional expressions of game playing children across cultures [M]. In Fun and games (pp. 94-105). Springer, Berlin, Heidelberg, 2008.09.

92. Siegman A W, Reynolds M A. Self-monitoring and speech in feigned and unfeigned lying [J]. Journal of Personality and Social Psychology, 1983, 45(45): 1325-1333.

93. Silva C S D, Leach A M. Detecting deception in second language speakers [J]. Legal and Criminological Psychology, 2013, 18(1): 115-127.

94. Simons T, Friedman R, Liu L A, Parks J M. Racial differences in sensitivity to behavioral integrity: attitudinal consequences, in-group effects, and "trickle down" among Black and non-Black employees [J]. Journal of Applied Psychology, 2007, 92(3): 650-665.

95. Slessor G, Phillips L H, Ruffman T, Bailey P E, Insch P. Exploring own-age biases in deception detection [J]. Cognition and Emotion, 2014, 28(3): 493-506.

96. Spence S A, Hunter M D, Farrow T F D, Green R D, Leung D H, Ganesan H V. A cognitive neurobiological account of deception: evidence from functional neuroimaging [J]. Philosophical Transactions of the Royal Society of London, 2004, 359(1451): 1755-1762.

97. Staal M A. Stress, cognition, and human performance: a literature review and conceptual framework [R]. Hanover, MD: National Aeronautics and Space Administration, 2004.

98. Stellwagen K K. Psychopathy, narcissism, and Machiavellianism: Distinct yet intertwining personality constructs [M]. In B Christopher, K Paticia, S Kurt, and B Tammy (Eds.), Narcissism and Machiavellianism in youth: Implications for the development of adaptive and maladaptive behavior (pp. 25-45). Washington, DC: American Psychological Association, 2011.
99. Stel M, Bommel M. Deception in Everyday Life: A one-day diary study about effects of deception, gender and type of deception on feelings and emotions [D]. Master Dissertations, University of Twente, 2017.
100. Strömwall L A, Granhag P A. Detecting deceit in pairs of children [J]. Journal of Applied Social Psychology, 2007, 37(6): 1285-1304.
101. Swerts M, Doorenmalen A V, Verhoofstad L. Detecting cues to deception from children's facial expressions: On the effectiveness of two visual manipulation techniques [J]. Journal of Phonetics, 2013, 41(5): 359-368.
102. Swerts M. Let's lie together: co-presence effects on children's deceptive skills [C]. In Proceedings of the workshop on computational approaches to deception detection (pp. 55-62). Association for Computational Linguistics, 2012.
103. Talwar V, Gordon H M, Lee K. Lying in the elementary school years: Verbal deception and its relation to second-order belief understanding [J]. Developmental Psychology, 2007, 43(3): 804-810.
104. Talwar V, Lee K. Development of lying to conceal a transgression: Children's control of expressive behaviour during verbal deception [J]. International Journal of Behavioral Development, 2002, 26(5): 436-444.
105. Talwar V, Lee K. Social and cognitive correlates of childrens' lying behavior [J]. Child Development, 2008, 79(4):866-881.
106. Talwar V, Murphy S M, Lee K. White lie-telling in children for politeness purposes [J]. International Journal of Behavioral Development, 2007, 31(1): 1-11.
107. Taras V, Kirkman B L, Steel P. Examining the impact of culture's consequences: a three-decade, multilevel, meta-analytic review of Hofstede's cultural value dimensions [J]. Journal of Applied Psychology, 2010, 95(3): 405-439.
108. Taylor P J, Larner S, Conchie S M, Menacere T. Culture moderates changes in linguistic self-presentation and detail provision when deceiving others [J]. Royal Society Open Science, 2017, 4(6): 170128.
109. Van Rossum W. Verschijnen voor de rechter: Hoe het hoort en het ritueel van Turkse verdachten in de rechtszaal. Amsterdam, The Netherlands: Uitgeverij duizend en een, 1998.
110. Verschuere B, Spruyt A, Meijer E H, Otgaar H. The ease of lying [J]. Consciousness and Cognition, 2011, 20(3): 908-911.
111. Vrij A, Akehurst L, Soukara S, Bull R. Let me inform you how to tell a convincing story: CBCA and reality monitoring scores as a function of age, coaching, and deception [J]. Canadian Journal of Behavioural Science, 2004, 36(2): 113-126.

112. Vrij A. Deception in children: A literature review and implications for children's testimony [M]. In H L Westcott, G M Davies, R H C Bull (Eds), Children's testimony: A handbook of psychological research and forensic practice, (pp. 175-194). Chichester: John Wiley and Sons, Ltd, 2002.
113. Vrij A, Granhag A. Good liars [J]. Journal of Psychiatry and Law, 2010, 38(1-2): 56-67.
114. Vrij A, Leal S, Granhag P A, Mann S, Fisher R P, Hillman J, Sperry K. Outsmarting the liars: The benefit of asking unanticipated questions [J]. Law and Human Behavior, 2009, 33(2): 159-166.
115. Vrij A, Mann S. Telling and detecting lies in a high-stake situation: The case of a convicted murderer [J]. Applied Cognitive Psychology, 2001, 15(2): 187-203.
116. Vrij A, Winkel F W. Cultural patterns in Dutch and Surinam nonverbal behavior: An analysis of simulated police/citizen encounters [J]. Journal of Nonverbal Behavior, 1991, 15(3): 169-184.
117. Vrij A, Semin G R, Bull R. Insight into behavior displayed during deception [J]. Human Communication Research, 1996, 22(4): 544-562.
118. Vredeveldt A, Wagenaar W A. Within-pair consistency in child witnesses: The diagnostic value of telling the same story [J]. Applied Cognitive Psychology, 2013, 27(3): 406-411.
119. Wang Q. Are Asians forgetful? Perception, retention, and recall in episodic remembering [J]. Cognition, 2009, 111(1): 123-131.
120. Weston W A, Dalby J T. A case of pseudologia fantastica with antisocial personality disorder [J]. The Canadian Journal of Psychiatry, 1991, 36(8): 612-614.
121. Yang Y, Tian Y, Fang J, Lu H, Wei K, Yi L. Trust and deception in children with autism spectrum disorders: A social learning perspective [J]. Journal of Autism and Developmental Disorders, 2017, 47(3): 1-11.
122. Yokota S, Tanaka M. Development of deceptive behavior in children with autism spectrum disorder [J]. Journal of Special Education Research, 2013, 2(1): 1-9.
123. Zhou L, Burgoon J K, Nunamaker J F, Twitchell D. Automating linguistics-based cues for detecting deception in text-based asynchronous computer-mediated communications [J]. Group Decision and Negotiation, 2004, 13(1): 81-106.

第 8 章 情境与个体偏好

1. 唐红红. 自我利益与社会公平冲突下的行为策略及其认知神经机制 [D]. 北京师范大学脑与认知科学院，2016.
2. Andreoni J, Bernheim B D. Social image and the 50-50 norm: A theoretical and experimental analysis of audience effects [J]. Econometrica, 2009, 77(5): 1607-1636.
3. Abdai J, Miklósi Á. The origin of social evaluation, social eavesdropping, reputation formation, image scoring or what you will [J]. Frontiers in Psychology, 2016, 7: 1772.
4. Argo J J, White K, Dahl D W. Social comparison theory and deception in the interpersonal exchange of consumption information [J]. Journal of Consumer Research, 2006, 33(1): 99-108.

5. Bordia P. Face-to-face versus computer-mediated communication: A synthesis of the experimental literature [J]. Journal of Business Communication, 1997, 34(1): 99-118.
6. Boles T L, Croson R T, Murnighan J K. Deception and retribution in repeated ultimatum bargaining [J]. Organizational Behavior and Human Decision Processes, 2000, 83(2): 235-259.
7. Battigalli P, Dufwenberg M. Guilt in games [J]. American Economic Review, 2007, 97(2): 170-176.
8. Besancenot D, Dubart D, Vranceanu R. The value of lies in an ultimatum game with imperfect information [J]. Journal of Economic Behavior and Organization, 2013, 93: 239-247.
9. Buller D B, Burgoon J K. Interpersonal deception theory [J]. Communication Theory, 1996, 6(3): 203-242.
10. Burgoon J K, Stoner G, Bonito J A, Dunbar N E. Trust and deception in mediated communication [J]. Paper presented at the Proceedings of the 36th Hawaii International Conference on System Sciences, Hawaii, 2003.
11. Croson R T. Information in ultimatum games: An experimental study [J]. Journal of Economic Behavior and Organization, 1996, 30(2): 197-212.
12. Croson R, Boles T, Murnighan J K. Cheap talk in bargaining experiments: Lying and threats in ultimatum games [J]. Journal of Economic Behavior and Organization, 2003, 51(2): 143-159.
13. De Fraja G. The origin of utility: Sexual selection and conspicuous consumption [J]. Journal of Economic Behavior and Organization, 2009, 72(1): 51-69.
14. Daft R L, Lengel R H. Organizational information requirements, media richness and structural design [J]. Management Science, 1986, 32(5): 554-571.
15. DePaulo B M, Kashy D A, Kirkendol S E, Wyer M M, Epstein J A. Lying in everyday life [J]. Journal of Personality and Social Psychology, 1996, 70(5): 979.
16. Ding X P, Sai L, Fu G, Liu J, Lee K. Neural correlates of second-order verbal deception: A functional near-infrared spectroscopy (fNIRS) study [J]. Neuroimage, 2014, 87, 505–514.
17. Duval S, Wicklund R A. A theory of objective self awareness [J]. Philosophy, x, 1972.
18. Dana J, Weber R A, Kuang J X. Exploiting moral wiggle room: Experiments demonstrating an illusory preference for fairness [J]. Economic Theory, 2007, 33(1): 67-80.
19. Eccles J S, Wigfield A, Schiefele U. Motivation to succeed. Handbook of child psychology: Social, emotional, and personality development, Vol. 3, 5th ed. [M]. Hoboken, NJ, US, John Wiley and Sons, Inc. 1998, 1017-1095.
20. Engelmann J B, Fehr E. The slippery slope of dishonesty [J]. Nature Neuroscience, 2016, 19(12): 1543-1544.
21. Forsythe R, Horowitz J L, Savin N E, Sefton M. Fairness in simple bargaining experiments [J]. Games and Economic Behavior, 1994, 6(3): 347-369.
22. Gneezy U. Deception: The role of consequences [J]. American Economic Review, 2005, 95(1): 384-394.
23. George J F, Carlson J R. Media selection for deceptive communication [J]. Paper presented at the

Proceedings of the 38th Hawaii International Conference on System Sciences, Hawaii, 2005.

24. Gibbs J L, Ellison N B, Heino R D. Self-presentation in online personals: The role of anticipated future interaction, self-disclosure, and perceived success in Internet dating [J]. Communication Research, 2006, 33(2): 152-177.

25. Garrett N, Lazzaro S C, Ariely D, Sharot T. The brain adapts to dishonesty [J]. Nature Neuroscience, 2016, 19(12): 1727-1732.

26. Greene J D, Paxton J M. Patterns of neural activity associated with honest and dishonest moral decisions [J]. Proceedings of the National Academy of Sciences, 2009, 106(30): 12506-12511.

27. Gneezy U, Rockenbach B, Serra-Garcia M. Measuring lying aversion [J]. Journal of Economic Behavior and Organization, 2013, 93: 293-300.

28. Güth W, Schmittberger R, Schwarze B. An experimental analysis of ultimatum bargaining [J]. Journal of Economic Behavior and Organization, 1982, 3(4): 367-388.

29. Gibson R, Tanner C, Wagner A F. Preferences for truthfulness: Heterogeneity among and within individuals [J]. American Economic Review, 2013, 103(1): 532-548.

30. Gur R C, Sackeim H A. Self-deception: A concept in search of a phenomenon [J]. Journal of Personality and Social Psychology, 1979, 37(2): 147.

31. Hu X, Chen H, Fu G. A repeated lie becomes a truth? The effect of intentional control and training on deception [J]. Frontiers in Psychology, 2012, 3: 488.

32. Hancock J T, Curry L E, Goorha S, Woodworth M. On lying and being lied to: A linguistic analysis of deception in computer-mediated communication [J]. Discourse Processes, 2007, 45(1): 1-23.

33. Hahn C, Fley B, Florian M, Spresny D, Fischer K. Social reputation: A mechanism for flexible self-regulation of multiagent systems [J]. Journal of Artificial Societies and Social Simulation, 2009, 10(1): 2.

34. Hurkens S, Kartik N. Would I lie to you? On social preferences and lying aversion [J]. Experimental Economics, 2009, 12(2): 180-192.

35. Hancock J T, Thom-Santelli J, Ritchie T. Deception and design: The impact of communication technology on lying behavior [J]. Paper presented at the Proceedings of the SIGCHI Conference on Human Factors in Computing Systems, 2004.

36. Hamlin J K, Wynn K, Bloom P. Social evaluation by preverbal infants [J]. Nature, 2007, 450(7169): 557-559.

37. Lundquist T, Ellingsen T, Gribbe E, Johannesson M. The aversion to lying [J]. Journal of Economic Behavior and Organization, 2009, 70(1): 81-92.

38. Lacetera N, Macis M. Social image concerns and prosocial behavior: Field evidence from a nonlinear incentive scheme [J]. Journal of Economic Behavior and Organization, 2010, 76(2): 225-237.

39. López-Pérez R, Spiegelman E. Why do people tell the truth? Experimental evidence for pure lie aversion [J]. Experimental Economics, 2013, 16(3): 233-247.

40. Miller G. The mating mind: How sexual choice shaped the evolution of human nature: Anchor [M].

Knopf Doubleday Publishing Group, 2011.

41. Mazar N, Ariely D. Dishonesty in everyday life and its policy implications [J]. Journal of Public Policy and Marketing, 2006, 25(1): 117-126.
42. Mazar N, Amir O, Ariely D. The dishonesty of honest people: A theory of self-concept maintenance [J]. Journal of Marketing Research, 2008, 45(6): 633-644.
43. Miller E K, Cohen J D. An integrative theory of prefrontal cortex function [J]. Annual Review of Neuroscience, 2001, 24(1): 167-202.
44. Turner R E, Edgley C, Olmstead G. Information control in conversations: Honesty is not always the best policy [J]. Kansas Journal of Sociology, 1975, 69-89.
45. Toma C L, Hancock J T. What lies beneath: The linguistic traces of deception in online dating profiles [J]. Journal of Communication, 2012, 62(1): 78-97.
46. Toma C L, Hancock J T, Ellison N B. Separating fact from fiction: An examination of deceptive self-presentation in online dating profiles [J]. Personality and Social Psychology Bulletin, 2008, 34(8): 1023-1036.
47. Tang H, Mai X, Wang S, Zhu C, Krueger F, Liu C. Interpersonal brain synchronization in the right temporo-parietal junction during face-to-face economic exchange [J]. Social Cognitive and Affective Neuroscience, 2015, 11(1): 23-32.
48. Tang H, Wang S, Liang Z, Sinnott-Armstrong W, Su S, Liu C. Are proselfs more deceptive and hypocritical? Social image concerns in appearing fair [J]. Frontiers in Psychology, 2018, 9: 2268.
49. Tang H, Ye P, Wang S, Zhu R, Su S, Tong L, Liu C. Stimulating the right temporoparietal junction with tDCS decreases deception in moral hypocrisy and unfairness [J]. Frontiers in Psychology, 2017, 8: 2033.
50. Tang H, Zhang S, Jin T, Wu H, Su S, Liu C. Brain activation and adaptation of deception processing during dyadic face-to-face interaction [J]. Cortex, 2019, 120: 326-339.
51. Van Swol L M, Braun M T, Kolb M R. Deception, detection, demeanor, and truth bias in face-to-face and computer-mediated communication [J]. Communication Research, 2015, 42(8): 1116-1142.
52. Van Swol L M, Paik J E. Deciding how to deceive: Differences in communication and detection between good and bad liars [J]. Communication Quarterly, 2017, 65(5): 503-522.
53. Welsh D T, Ordóñez L D, Snyder D G, Christian M S. The slippery slope: How small ethical transgressions pave the way for larger future transgressions [J]. Journal of Applied Psychology, 2015, 100(1): 114.

第 9 章 说谎得逞的影响因素

1. 张亭玉，张雨青. 说谎行为及其识别的心理学研究 [J]. 心理科学进展，2008，16（4）：651-660.
2. Albrechtsen J S, Meissner C A, Susa K J. Can intuition improve deception detection performance? [J]. Journal of Experimental Social Psychology, 2009, 45(4): 1052-1055.
3. Antonio P, Paola M. Self-deception, social desirability, and psychopathology [J]. Behavioral and Brain Sciences, 2011, 34(1): 37-37.

4. Asch S E. Studies of independence and conformity: a minority of one against a unanimous majority [J]. Psychological Monographs: General and Applied, 1956, 70(9): 1-70.

5. Bo F, Macgeorge E L. The influences of message and source factors on advice outcomes [J]. Communication Research, 2010, 37(4): 553-575.

6. Brinke L T, Vohs K D, Carney D R. Can ordinary people detect deception after all? [J]. Trends in Cognitive Sciences, 2016, 20(8): 579-588.

7. Buller D B, Burgoon J K. Interpersonal deception theory [J]. Communication Theory, 1996, 6(3): 203-242.

8. Burgoon J K, Proudfoot J G, Schuetzler R, Wilson D. Patterns of nonverbal behavior associated with truth and deception: illustrations from three experiments [J]. Journal of Nonverbal Behavior, 2014, 38(3): 325-354.

9. Chan C Y, Rowbottom D P. Self-deception and shifting degrees of belief [J]. Philosophical Psychology, 2019, 32(8): 1204–1220.

10. Chen M, Bell R A, Taylor L D. Narrator point of view and persuasion in health narratives: the role of protagonist-reader similarity, identification, and self-referencing [J]. Journal of Health Communication, 2016, 21(8): 908-918.

11. Cohen T R, Gunia B C, Kim-Jun S Y, Murnighan J K. Do groups lie more than individuals? Honesty and deception as a function of strategic self-interest [J]. Journal of Experimental Social Psychology, 2009, 45(6): 1321-1324.

12. Debey E, De Houwer J, Verschuere B. Lying relies on the truth [J]. Cognition, 2014, 132(3): 324-334.

13. Debono K G, Harnish R J. Source expertise, source attractiveness, and the processing of persuasive information: a functional approach [J]. Journal of Personality and Social Psychology, 1988, 55(4): 541-546.

14. Dejong W. An examination of self-perception mediation of the foot-in-the-door effect [J]. Journal of Personality and Social Psychology, 1979, 37(37): 2221-2239.

15. Depaulo B M, Lindsay J J, Malone B E, Muhlenbruck L, Charlton K, Cooper H. Cues to deception [J]. Psychological Bulletin, 2003, 129(1): 74-118.

16. Desteno D, Petty R E, Rucker D D, Wegener D T, Braverman J. Discrete emotions and persuasion: the role of emotion-induced expectancies [J]. Journal of Personality and Social Psychology, 2004, 86(1): 43-56.

17. Duran N D, Dale R, Mcnamara D S. The action dynamics of overcoming the truth [J]. Psychonomic Bulletin and Review, 2010, 17(4): 486-491.

18. Egan L C. Self-deception is adaptive in itself [J]. Behavioral and Brain Sciences, 2011, 34(1): 19-20.

19. Elaad E. Effects of goal- and task-oriented motivation in the guilty action test [J]. International Journal of Psychophysiology, 2013, 88(1): 82-90.

20. Evans J R, Michael S W, Meissner C A, Brandon S E. Validating a new assessment method for deception

detection: Introducing a psychologically based credibility assessment tool [J]. Journal of Applied Research in Memory and Cognition, 2013, 2(1): 33-41.

21. Fennis B M, Stel M. The pantomime of persuasion: Fit between nonverbal communication and influence strategies [J]. Journal of Experimental Social Psychology, 2011, 47(4): 806-810.

22. Fridland E. Reviewing the logic of self-deception [J]. Behavioral and Brain Sciences, 2011, 34(1): 22-23.

23. Funkhouser E, Barrett D. Robust, unconscious self-deception: strategic and flexible [J]. Philosophical Psychology, 2016, 29(5): 682-696.

24. Gamer M, Godert H W, Keth A, Rill H G, Vossel G. Electrodermal and phasic heart rate responses in the guilty actions test: comparing guilty examinees to informed and uninformed innocents [J]. International Journal of Psychophysiology, 2008, 69(1): 61-68.

25. George J F, Tilley P, Giordano G. Sender credibility and deception detection [J]. Computers in Human Behavior, 2014, 35: 1-11.

26. Gneezy U. Deception: the role of consequences [J]. American Economic Review, 2005, 95(1): 384-394.

27. Gorelik G, Shackelford T K. Culture of deception [J]. Behavioral and Brain Sciences, 2011, 34(1): 24-25.

28. Grieve R, Hayes J. Does perceived ability to deceive=ability to deceive? Predictive validity of the perceived ability to deceive (PATD) scale [J]. Personality and Individual Differences, 2013, 54(2): 311-314.

29. Gur R C, Sackeim H A. Self-deception: a concept in search of a phenomenon [J]. Journal of Personality and Social Psychology, 1979, 37(2): 147-169.

30. Hadar A A, Makris S, Yarrow K. The truth-telling motor cortex: response competition in M1 discloses deceptive behaviour [J]. Biological Psychology, 2012, 89(2): 495-502.

31. Hartwig M, Granhag P A, Stromwall L A, Doering N. Impression and information management: on the strategic self-regulation of innocent and guilty suspects [J]. The Open Criminology Journal, 2010, 3(2): 10-16.

32. Harvey A C, Vrij A, Leal S, Lafferty M, Nahari G. Insurance based lie detection: Enhancing the verifiability approach with a model statement component [J]. Acta Psychologica, 2017b, 174: 1-8.

33. Harvey A C, Vrij A, Leal S, Hope L, Mann S. Deception and decay: verbal lie detection as a function of delay and encoding quality [J]. Journal of Applied Research in Memory and Cognition, 2017a, 6(3): 306-318.

34. Hauch V, Blandón-Gitlin I, Masip J, Sporer S L. Are computers effective lie detectors? A meta-analysis of linguistic cues to deception [J]. Personality and Social Psychology Review, 2015, 19(4): 307.

35. Holm H J, Kawagoe T. Face-to-face lying - an experimental study in Sweden and Japan [J]. Journal of Economic Psychology, 2010, 31(3): 310-321.

36. Jiang L, Hoegg J, Dahl D W, Chattopadhyay A. The persuasive role of incidental similarity on attitudes and purchase intentions in a sales context [J]. Journal of Consumer Research, 2010, 36(5): 778-791.

37. Jordan S, Hartwig M. On the phenomenology of innocence: the role of belief in a just world [J].

Psychiatry Psychology and Law, 2013, 20(5): 749-760.

38. Kapoor H, Khan A. Deceptively yours: valence-based creativity and deception [J]. Thinking Skills and Creativity, 2017, 23: 199-206.

39. Kelman H C. Compliance, identification, and internalization three processes of attitude change [J]. Journal of Conflict Resolution, 1958, 2(1): 51-60.

40. Kim M. When similarity strikes back: the positive and negative role of character-audience similarity in anti-smoking campaigns [D/OL]. ProQuest Information and Learning, US, 2017. Available from EBSCOhost psyh database.

41. Koppensteiner M, Stephan P, Jaschke J P M. Moving speeches: dominance, trustworthiness and competence in body motion [J]. Personality and Individual Differences, 2016, 94: 101-106.

42. Kleinberg B, Verschuere B. The role of motivation to avoid detection in reaction time-based concealed information detection [J]. Journal of Applied Research in Memory and Cognition, 2016, 5(1): 43-51.

43. Leal S, Vrij A. Blinking during and after lying [J]. Journal of Nonverbal Behavior, 2008, 32(4): 187-194.

44. Levine T R. Truth-default theory (TDT): a theory of human deception and deception detection [J]. Journal of Language and Social Psychology, 2014, 33(4): 378-392.

45. Levine T R. New and improved accuracy findings in deception detection research [J]. Current Opinion in Psychology, 2015, 6: 1-5.

46. Levine T R, Kim R K, Blair J P. (In)accuracy at detecting true and false confessions and denials: an initial test of a projected motive model of veracity judgments [J]. Human Communication Research, 2010, 36(1): 82-102.

47. Levine T R, Serota K B, Shulman H, Clare D D, Park H S, Shaw A S, Shim J C, Lee J H. Sender demeanor: individual differences in sender believability have a powerful impact on deception detection judgments [J]. Human Communication Research, 2011, 37(3): 377-403.

48. Lin X L, Spence P R, Lachlan K A. Social media and credibility indicators: The effect of influence cues [J]. Computers in Human Behavior, 2016, 63: 264-271.

49. Lohse T, Simon S A, Konrad K A. Deception under time pressure: Conscious decision or a problem of awareness? [J]. Journal of Economic Behavior and Organization, 2018, 146: 31-42.

50. Lu A S. An experimental test of the persuasive effect of source similarity in narrative and nonnarrative health blogs [J]. Journal of Medical Internet Research, 2013, 15(7): e142.

51. Ma X Y, Xu F M, Wu X L, Pan J, Li T. Theoretical models, influencing factors and coping strategies of the persuasion effect [J]. Advances in Psychological Science, 2013, 20(5): 735-744.

52. Maddux J E, Rogers R W. Effects of source expertness, physical attractiveness, and supporting arguments on persuasion: a case of brains over beauty [J]. Journal of Personality and Social Psychology, 1980, 39(2): 235-244.

53. Magnusson M S, Burgoon J K, Casarrubea M. Discovering Hidden Temporal Patterns in Behavior and Interaction [M]. Vol. 111. Totowa, NJ, US: Humana Press, 2016.

54. Mccornack S A, Morrison K, Paik J E, Wisner A M, Zhu X. Information manipulation theory 2: a propositional theory of deceptive discourse production [J]. Journal of Language and Social Psychology, 2014, 33(4): 348-377.
55. Mercier H. Self-deception: adaptation or by-product? [J]. Behavioral and Brain Sciences, 2016, 34(1): 35.
56. Nahari G, Vrij A, Fisher R P. Exploiting liars' verbal strategies by examining the verifiability of details [J]. Legal and Criminological Psychology, 2012, 19(2): 227-239.
57. Newman L S. Motivated Cognition and Self-Deception [J]. Psychological Inquiry, 1999, 10(1): 59.
58. Ohanian R. Construction and validation of a scale to measure celebrity endorsers' perceived expertise, trustworthiness, and attractiveness [J]. Journal of Advertising, 1990, 19(3): 39-52.
59. Pallak S R, Murroni E, Koch J. Communicator attractiveness and expertise, emotional versus rational appeals, and persuasion: a heuristic versus systematic processing interpretation [J]. Social Cognition, 1983, 2(2): 122-141.
60. Pallak S R. Salience of a communicator's physical attractiveness and persuasion: a heuristic versus systematic processing interpretation [J]. Social Cognition, 1983, 2(2): 158-170.
61. Penrod S, Cutler B. Witness confidence and witness accuracy: assessing their forensic relation [J]. Psychology Public Policy and Law, 1995, 1(4): 817-845.
62. Reinhard M A. Need for cognition and the process of lie detection [J]. Journal of Experimental Social Psychology, 2010, 46(6): 961-971.
63. Reinhard M A, Sporer S L. Verbal and nonverbal behaviour as a basis for credibility attribution: The impact of task involvement and cognitive capacity [J]. Journal of Experimental Social Psychology, 2008, 44(3): 477-488.
64. Sabourin M. The assessment of credibility: an analysis of truth and deception in a multiethnic environment [J]. Psychologie Canadienne, 2007, 48(1): 24-31.
65. Schneider T J, Goffin R D. Perceived ability to deceive and incremental prediction in pre-employment personality testing [J]. Personality and Individual Differences, 2012, 52(7): 806-811.
66. Seron X. Lying in neuropsychology [J]. Neurophysiologie Clinique, 2014, 44(4): 389-403.
67. Serota K B, Levine T R. A few prolific liars [J]. Journal of Language and Social Psychology, 2014, 34(2): 138-157.
68. Smith M K, Trivers R, Von Hippel W. Self-deception facilitates interpersonal persuasion [J]. Journal of Economic Psychology, 2017, 63: 93-101.
69. Stawiski S, Tindale R S, Dykema-Engblade A. The effects of ethical climate on group and individual level deception in negotiation [J]. International Journal of Conflict Management, 2009, 20(3): 287-308.
70. Talwar V, Crossman A, Wyman J. The role of executive functioning and theory of mind in children's lies for another and for themselves [J]. Early Childhood Research Quarterly, 2017, 41: 126-135.
71. Vernham Z, Granhag P A, Giolla E M. Detecting deception within small groups: a literature review [J]. Frontiers in Psychology, 2016, 7: 1012.

72. Verschuere B, Spruyt A, Meijer E H, Otgaar H. The ease of lying [J]. Consciousness and Cognition, 2011, 20(3): 908-911.
73. Von Hippel W, Trivers R. The evolution and psychology of self-deception [J]. Behavioral and Brain Sciences, 2011, 34(1): 1-56.
74. Vrij A. Detecting lies and deceit: pitfalls and opportunities [M]. 2nd ed. Chichester: Wiley-Interscience, 2008.
75. Vrij A, Granhag P A. Eliciting cues to deception and truth: what matters are the questions asked [J]. Journal of Applied Research in Memory and Cognition, 2012, 1(2): 110-117.
76. Vrij A, Granhag P A, Mann S. Good liars [J]. Journal of Psychiatry and Law, 2010, 38(1/2): 77-98.
77. Walczyk J J, Runco M A, Tripp S M, Smith C E. The creativity of lying: divergent thinking and ideational correlates of the resolution of social dilemmas [J]. Creativity Research Journal, 2008, 20(3): 328-342.
78. Warmelink L, Vrij A, Mann S, Jundi S, Granhag P A. The effect of question expectedness and experience on lying about intentions [J]. Acta Psychologica, 2012, 141(2): 178-183.
79. Zhou L N, Zhang D S, Sung Y W. The effects of group factors on deception detection performance [J]. Small Group Research, 2013, 44(3): 272-297.
80. Zvi L, Nachson I, Elaad E. Effects of perceived efficacy and prospect of success on detection in the Guilty Actions Test [J]. International Journal of Psychophysiology, 2015, 95(1): 35-45.

第 10 章　生理反应

1. 崔海英，张蕾. 测谎仪的历史溯源及在美国的发展 [J]. 中国司法鉴定，2012，64（5）：149-153.
2. 崔茜，蒋军，杨文静，张庆林. 欺骗的神经机制和测谎应用：来自 fMRI 研究的证据 [J]. 心理科学进展，2013，21（9）：1629-1642.
3. 董珊珊，陈飞燕，何宏建. 脑成像技术的测谎应用及其心理生理学基础 [J]. 生物物理学报，2013，29（2）：94-104.
4. 郭群. 基于面部红外热图的恐惧情绪识别方法研究 [D]. 长沙：湖南大学，2017.
5. Cui Q, Vanman E J, Wei D, Yang W, Jia L, Zhang Q. Detection of deception based on fMRI activation patterns underlying the production of a deceptive response and receiving feedback about the success of the deception after a mock murder crime [J]. Social Cognitive and Affective Neuroscience, 2014, 9(10): 1472-1480.
6. Delgado-Herrera M, Reyes-Aguilar A, Giordano M. What deception tasks used in the lab really do: Systematic review and meta-analysis of ecological validity of fMRI deception tasks, Neuroscience (2021), doi: https://doi.org/10.1016/j.neuroscience.2021.06.05.
7. Henry S, Plemmons D. Neuroscience, neuropolitics and neuroethics: The complex case of crime, deception and fMRI [J]. Science and Engineering Ethics, 2012, 18(3): 573-591.
8. Honts C R, Hodes R L, Raskin D C. Effects of physical countermeasures on the physiological detection of deception [J]. Journal of Applied Psychology, 1985, 70(1): 177-187.

9. Honts C R, Reavy R. The comparison question polygraph test: A contrast of methods and scoring [J]. Physiology and Behavior, 2015, 143: 15-26.

10. Iacono W G, Ben-Shakhar G. Current status of forensic lie detection with the comparison question technique: An update of the 2003 National Academy of Sciences report on polygraph testing [J]. Law and Human Behavior, 2019, 43(1):86-98.

11. Kozel F A, Johnson K A, Grenesko E L, Laken S J, Kose S, Lu X, George M S. Functional MRI detection of deception after committing a mock sabotage crime [J]. Forensic Science, 2009, 54:220 –231.

12. Matsuda I, Nittono H, Allen J J B. Detection of concealed information by P3 and frontal EEG asymmetry [J]. Neuroscience Letters, 2013, 537: 55-59.

13. Meijer E H, Klein S N, Elber L, Ben-Shakhar G. Memory detection with the Concealed Information Test: A meta analysis of skin conductance, respiration, heart rate, and P300 data [J]. Psychophysiology, 2014, 51: 879–904.

14. Meijer E H, Verschuere B, Gamer M, Merckelbach H, Ben-Shakhar G. Deception detection with behavioral, autonomic, and neural measures: Conceptual and methodological considerations that warrant modesty [J]. Psychophysiology, 2016, 53(5): 593–604.

15. Reid J E, Inbau F E. Truth and Deception: The Polygraph ("lie-detector") technique [M]. Baltimore, Maryland: Williams & Wilkins, 1977.

16. Rosenfeld J P, Biroschak J R & Furedy J J. P300-based detection of concealed autobiographical versus incidentally acquired information in target and non-target paradigms. International Journal of Psychophysiology, 2006, 60: 251–259.

17. Rosenfeld J P, Cantwell B, Nasman V T, Wojdac V, Ivanov S, & Mazzeri L. A modified, event-related potential-based guilty knowledge test [J]. International Journal of Neuroscience, 1988, 42(1–2): 157–161.

18. Rosenfeld J P, Labkovsky E, Winograd M, Lui M A, Vandenboom C, Chedid E. The Complex Trial Protocol (CTP): A new, countermeasure-resistant, accurate, P300-based method for detection of concealed information [J]. Psychophysiology, 2008, 45(6): 906-919.

19. Rosenfeld J P. P300 in detecting concealed information and deception: A review [J]. Psychophysiology, 2020, doi: 10.1111/psyp.13362.

20. Scheuble V, Beauducel A. Individual differences in ERPs during deception: Observing vs. demonstrating behavior leading to a small social conflict [J]. Biological Psychology, 2019, 150: 107830.

21. Sokolov E N. Perception and the Conditioned Reflex [M]. New York: Macmillan, 1963.

22. Verkruysse W, Svaasand L O, Nelson J S. Remote plethysmographic imaging using ambient light [J]. Optics Express, 2008, 16(26): 21434-21445.

23. Ward A W. Evaluation of countermeasures in lie detection procedures [D]. New York: Fordham University, 1985.

24. Yang Z, Huang Z, Gonzalez-Castillo J, Dai R, Northoff G, Bandettini P. Using fMRI to decode true thoughts independent of intention to conceal [J]. Neuroimage, 2014, 99(10): 80-92.

第 11 章 基于面部线索的谎言识别

1. 梁静，李开云，曲方炳，陈宥辛，颜文靖，傅小兰. 说谎的非言语视觉线索 [J]. 心理科学进展，2014，22（6）：995-1005.
2. 申寻兵，隋华杰，傅小兰. 微表情在欺骗检测中的应用 [J]. 心理科学进展，2017，25（2）：211-220.
3. 吴奇，申寻兵，傅小兰. 微表情研究及其应用 [J]. 心理科学进展，2010，18（09）：1359-1368.
4. Adams-Quackenbush N M. The effects of cognitive load and lying types on deception cues [M]. Halifax: The Library Association, 2015.
5. de Wijk R A, Kooijman V, Verhoeven R H, Holthuysen N T, de Graaf C. Autonomic nervous system responses on and facial expressions to the sight, smell, and taste of liked and disliked foods [J]. Food Quality and Preference, 2012, 26(2): 196-203.
6. DePaulo B M, Lindsay J J, Malone B E, Muhlenbruck L, Charlton K, Cooper H. Cues to deception [J]. Psychological Bulletin, 2003, 129(1): 74-118.
7. Dionisio D P, Granholm E, Hillix W A, Perrine W F. Differentiation of deception using pupillary responses as an index of cognitive processing [J]. Psychophysiology, 2001, 38(2): 205-211.
8. Dunn S, Beach R, Wellington. TRUE LIES: A Guide to Reading Faces, Interpreting Body Language and Detecting Deception in the Real World [M]. Wellington: Stu Dunn, 2013.
9. Ekman P. Micro expression training tool (METT) and subtle expression training tool (SETT) [EB/OL]. San Francisco: Paul Ekman Company, 2003. https://www.eiagroup.com/product/micro-expression-training.
10. Ekman P. Emotions revealed: Recognizing faces and feelings to improve communication and emotional life [M]. New York: Times books. 2007.
11. Ekman P. Lie catching and microexpressions. In W. M. Clancy (Ed.), The philosophy of deception (pp. 118-133) [M]. Oxford: Oxford University, 2009.
12. Ekman P, Friesen W V. Nonverbal leakage and clues to deception [J]. Psychiatry, 1969, 32(1): 88-106.
13. Ekman P, Friesen W V, O'sullivan M. Smiles when lying [J]. Journal of Personality and Social Psychology. 1988, 54(3): 414-420.
14. Ekman P, Friesen W V. Unmasking the face: A guide to recognizing emotions from facial clues [M]. Los Altos: ISHK, 2003.
15. Ekman P, O'Sullivan M. From flawed self-assessment to blatant whoppers: the utility of voluntary and involuntary behavior in detecting deception [J]. Behavioral Sciences and the Law, 2006, 24(5): 673-686.
16. Frank M G, Svetieva E. Microexpressions and deception. In K. M. Manas & A. Avinash (Eds.), Understanding Facial Expressions in Communication (pp. 227-242) [M]. New Delhi: Springer, 2015.
17. Fukuda K. Eye blinks: new indices for the detection of deception [J]. International Journal of Psychophysiology, 2001, 40(3): 239-245.
18. Gottman J M, Coan J, Carrere S, Swanson C. Predicting marital happiness and stability from newlywed interactions [J]. Journal of Marriage and the Family, 1998, 60(1): 5-22.

19. Kim K, Lee Y, Kim H T, Lee J H. Detecting deception: Effect of auditory and visual stimuli on pupil dilation [J]. Social Behavior and Personality: an international journal, 2019, 47(3): 1-10.
20. Leal S, Vrij A. Blinking during and after lying [J]. Journal of Nonverbal Behavior, 2008, 32(4): 187-194.
21. Matsumoto D, Hwang H S. Culture and emotion: The integration of biological and cultural contributions [J]. Journal of Cross-Cultural Psychology, 2012, 43(1): 91-118.
22. Park K K, Suk H W, Hwang H, Lee J H. A functional analysis of deception detection of a mock crime using infrared thermal imaging and the Concealed Information Test [J]. Frontiers in Human Neuroscience, 2013, 7: 1-17.
23. Pinti P, Devoto A, Greenhalgh I, Tachtsidis I, Burgess P W, de C Hamilton A F. The role of anterior prefrontal cortex (area 10) in face-to-face deception measured with fNIRS [J]. Social Cognitive and Affective Neuroscience, 2021, 16: 129-142.
24. Porter S, ten Brinke L. Reading between the lies: Identifying concealed and falsified emotions in universal facial expressions [J]. Psychological Science, 2008, 19(5): 508-514.
25. Porter S, ten Brinke L, Baker A, Wallace B. Would I lie to you? "Leakage" in deceptive facial expressions relates to psychopathy and emotional intelligence [J]. Personality and Individual Differences, 2011, 51(2): 133-137.
26. Qu F, Yan W J, Chen Y H, Li K, Zhang H, Fu X. "You Should Have Seen the Look on Your Face…": Self-awareness of Facial Expressions [J]. Frontiers in Psychology, 2017, 8: 832-840.
27. Sackeim H A, Gur R C, Saucy M C. Emotions are expressed more intensely on the left side of the face [J]. Science, 1978, 202(4366): 434-436.
28. Takahashi T, Mitsuda K, Kelley R, Aarts H, Aharonian F, Akamatsu H, Akimoto F, Allen S, Anabuki N, Angelini L, Arnaud K. The astro-h x-ray observatory [M]. Amsterdam: Ultraviolet to Gamma Ray, 2012.
29. Vredeveldt A, Hitch G J, Baddeley A D. Eyeclosure helps memory by reducing cognitive load and enhancing visualisation [J]. Memory and Cognition, 2011, 39(7): 1253-1263.
30. Vrij A. Detecting lies and deceit: Pitfalls and opportunities [M]. New York: John Wiley & Sons, 2008.
31. Yan W J, Wu Q, Liang J, Chen Y H, Fu X. How fast are the leaked facial expressions: The duration of micro-expressions [J]. Journal of Nonverbal Behavior, 2013, 37(4): 217-230.
32. Zhang M, Fu Q F, Chen Y-H, Fu X. Emotional Context Influences Micro-Expression Recognition [J]. PloS one, 2014, 9(4): e95018.
33. Zuckerman M, DePaulo B M, Rosenthal R. Verbal and Nonverbal Communication of Deception [J]. Advances in Experimental Social Psychology, 1981, 14: 1-59.

第12章 基于身体姿态的谎言识别

1. 李昊原. 犯罪嫌疑人虚假供述的肢体语言研究 [D]. 中国人民公安大学，2017.
2. 李贺，曹莹莹，贺小玲，傅小兰. 欺骗的身体线索 [J]. 心理科学，2020，43（4）：904-910.
3. 曾秀平. 探析肢体语言在社会工作实务中的运用——以某心灵成长工作坊服务项目为例 [D]. 华中

师范大学，2012.

4. Blechko A, Darker I T, Gale A G. The role of emotion recognition from non-verbal behaviour in detection of concealed firearm carrying [C]. Proceedings of the Human Factors and Ergonomics Society Annual Meeting. Los Angeles, CA: Sage Publications, 2009, 53(18): 1363-1367.

5. Bond Jr C F, DePaulo B M. Accuracy of deception judgments [J]. Personality and Social Psychology Review, 2006, 10(3): 214-234.

6. Buller D B, Burgoon J K. Interpersonal deception theory [J]. Communication Theory, 1996, 6(3): 203-242.

7. Burgoon J K, Schuetzler R, Wilson D W. Kinesic patterning in deceptive and truthful interactions [J]. Journal of Nonverbal Behavior, 2015, 39(1): 1-24.

8. Caso L, Maricchiolo F, Bonaiuto M, Vrij A, Mann S. The impact of deception and suspicion on different hand movements [J]. Journal of Nonverbal Behavior, 2006, 30(1): 1-19.

9. Cody M J, O'Hair H D. Nonverbal communication and deception: differences in deception cues due to gender and communicator dominance [J]. Communications Monographs, 1983, 50(3): 175-192.

10. Coulson M. Attributing emotion to static body postures: Recognition accuracy, confusions, and viewpoint dependence [J]. Journal of Nonverbal Behavior, 2004, 28(2): 117-139.

11. DePaulo B M, Lindsay J J, Malone B E, Muhlenbruck L, Charlton K, Cooper H. Cues to deception [J]. Psychological Bulletin, 2003, 129(1): 74-118.

12. Ekman P, Friesen W V. Detecting deception from the body or face [J]. Journal of Personality and Social Psychology, 1974, 29(3): 288.

13. Ekman P, Friesen W V. Hand movements [J]. Journal of Communication, 1972, 22(4): 353-374.

14. Ekman P, O'Sullivan M, Friesen W V, Scherer K R. Invited article: Face, voice, and body in detecting deceit [J]. Journal of Nonverbal Behavior, 1991, 15(2): 125-135.

15. Ekman P. Telling Lies: Clues to Deceit in the Marketplace, Politics, and Marriage (Revised Edition) [M]. New York: WW Norton & Company, 2009.

16. Frank M G, Ekman P. The ability to detect deceit generalizes across different types of high-stake lies [J]. Journal of Personality and Social Psychology, 1997, 72(6): 1429.

17. Frank M G, Svetieva E. Deception [M]. In Matsumoto D, Frank M G, Hwang H S. (Eds.). Nonverbal Communication: Science and Applications. Thousand Oaks, CA: Sage, 2013.

18. Greene J O, Dan O'Hair H, Cody M J, Ten C. Planning and control of behavior during deception [J]. Human Communication Research, 1985, 11(3): 335-364.

19. Hartwig M, Bond Jr C F. Lie detection from multiple cues: A meta-analysis [J]. Applied Cognitive Psychology, 2014, 28(5): 661-676.

20. Inbau F, Reid J, Buckley J, Jayne B. Criminal Interrogation and Confessions [M]. Sudbury, MA: Jones & Bartlett Publishers, 2011.

21. Kita S, Özyürek A, Allen S, Brown A, Furman R, Ishizuka T. Relations between syntactic encoding

and co-speech gestures: Implications for a model of speech and gesture production [J]. Language and Cognitive Processes, 2007, 22(8): 1212-1236.
22. Mann S, Vrij A, Bull R. Suspects, lies, and videotape: An analysis of authentic high-stake liars [J]. Law and Human Behavior, 2002, 26(3): 365-376.
23. Matsumoto D, Hwang H C. Cultural similarities and differences in emblematic gestures [J]. Journal of Nonverbal Behavior, 2013, 37(1): 1-27.
24. Matsumoto D, Hwang H S. Body and Gestures [M]. In Matsumoto D, Frank M G, Hwang H S. (Eds.). Nonverbal Communication: Science and Applications. Thousand Oaks, CA: Sage, 2013.
25. Sporer S L, Schwandt B. Moderators of nonverbal indicators of deception: A meta-analytic synthesis [J]. Psychology, Public Policy, and Law, 2007, 13(1): 1-34.
26. Ten Brinke L, Porter S. Cry me a river: Identifying the behavioral consequences of extremely high-stakes interpersonal deception [J]. Law and Human Behavior, 2012, 36(6): 469-477.
27. Vrij A. Behavioral correlates of deception in a simulated police interview [J]. The Journal of Psychology, 1995, 129(1): 15-28.
28. Vrij A, Fisher R, Mann S, Leal S. Detecting deception by manipulating cognitive load [J]. Trends in Cognitive Sciences, 2006, 10(4): 141-142.
29. Vrij A, Granhag P A, Porter S. Pitfalls and opportunities in nonverbal and verbal lie detection [J]. Psychological Science in the Public Interest, 2010, 11(3): 89-121.
30. Vrij A, Mann S A, Fisher R P, Leal S, Milne R, Bull R. Increasing cognitive load to facilitate lie detection: The benefit of recalling an event in reverse order [J]. Law and Human Behavior, 2008, 32(3): 253-265.
31. Vrij A, Mann S, Leal S, Fisher R. 'Look into my eyes': Can an instruction to maintain eye contact facilitate lie detection? [J]. Psychology, Crime & Law, 2010, 16(4): 327-348.
32. Vrij A, Mann S. Deceptive Responses and Detecting Deceit [M]. In Halligan P W, Bass C M, Oakley D A. (Eds.). Malingering and Illness Deception (p. 3). Oxford: Oxford University Press, 2003.
33. Vrij A, Semin G R, Bull R. Insight into behavior displayed during deception [J]. Human Communication Research, 1996, 22(4): 544-562.
34. Zuckerman M, DePaulo B M, Rosenthal R. Verbal and Nonverbal Communication of Deception [M]. In Berkowitz L. (Ed.). Advances in Experimental Social Psychology. Cambridge, MA: Academic Press, 1981, 14: 1-59.

第13章 基于言语内容的谎言识别

1. 羊芙葳. 谎言的识别研究 [D]. 华中科技大学，2010.
2. Akehurst L, Manton S, Quandte S. Careful calculation or a leap of faith? A field study of the translation of CBCA ratings to final credibility judgements [J]. Applied Cognitive Psychology, 2011, 25(2): 236-243.
3. Alonso-Quecuty M L. Deception detection and Reality Monitoring: A new answer to an old question [J]. Psychology and Law: International Perspectives, 1992: 328-332.

4. Bogaard G, Meijer E H, Vrij A, Merckelbach H. Scientific Content Analysis (SCAN) cannot distinguish between truthful and fabricated accounts of a negative Event [J]. Frontiers in Psychology, 2016, 7: 243.
5. Burgoon J K, Floyd K. Testing for the motivation impairment effect during deceptive and truthful interaction [J]. Western Journal of Communication (includes Communication Reports), 2000, 64(3): 243-267.
6. Driscoll L N. A validity assessment of written statements from suspects in criminal investigations using the scan technique [J]. Police Studies, 1994, 17: 77-88.
7. Ekman P. Telling Lies: Clues to Deceit in the Marketplace, Politics, and Marriage (Revised Edition) [M]. New York: WW Norton & Company, 2009.
8. Esplin P W, Boychuk T, Raskin D C. A field validity study of Criteria-Based Content Analysis of children's statements in sexual abuse cases [C]. NATO Advanced Study Institute on Credibility Assessment, Maratea, Italy, 1988.
9. Gordon R, Gerrig R J, Franklin N. Qualitative characteristics of memories for real, imagined, and media-based events [J]. Discourse Processes, 2009, 46(1): 70-91.
10. Granhag P A, Andersson L O, Strömwall L A, Hartwig M. Imprisoned knowledge: Criminals' beliefs about deception [J]. Legal and Criminological Psychology, 2004, 9(1): 103-119.
11. Granhag P A, Stroemwall L, Olsson C. Fact or fiction? Adults' ability to assess children's veracity [C]. 11th European Conference on Psychology and Law, Lisbon, Portugal. 2001.
12. Granhag P A, Strömwall L A, Hartwig M. The SUE technique: The way to interview to detect deception [J]. Forensic Update, 2007, 88(January): 25-29.
13. Heydon G. Are police organisations suspending their disbelief in Scientific Content Analysis (SCAN)? [J]. IIIRG Bulletin, 2008, 1(1): 8-9.
14. Johnson M K. Reality monitoring: An experimental phenomenological approach [J]. Journal of Experimental Psychology: General, 1988, 117(4): 390-394.
15. Johnson M K, Raye C L. Reality monitoring [J]. Psychological Review, 1981, 88(1): 67-85.
16. Köhnken G, Steller M. The evaluation of the credibility of child witness statements in the German procedural system [J]. Issues in Criminological and Legal Psychology, 1988, 13: 37-45.
17. Masip J, Sporer S L, Garrido E, Herrero C. The detection of deception with the Reality Monitoring approach: A review of the empirical evidence [J]. Psychology, Crime and Law, 2005, 11(1): 99-122.
18. McDonough I M, Gallo D A. Separating past and future autobiographical events in memory: Evidence for a Reality Monitoring asymmetry [J]. Memory and Cognition, 2010, 38(1): 3-12.
19. Parker A D, Brown J. Detection of deception: Statement Validity Analysis as a means of determining truthfulness or falsity of rape allegations [J]. Legal and Criminological Psychology, 2000, 5(2): 237-259.
20. Ruby C L, Brigham J C. Can Criteria-Based Content Analysis distinguish between true and false statements of African-American speakers? [J]. Law and Human Behavior, 1998, 22(4): 369-388.
21. Smith N. Reading between the Lines: An Evaluation of the Scientific Content Analysis Technique

(SCAN) [M]. London: Home Office, Policing and Reducing Crime Unit, Research, Development and Statistics Directorate, 2001.
22. Sporer S L. Deception and cognitive load: Expanding our horizon with a working memory model [J]. Frontiers in Psychology, 2016, 7: 420.
23. Sporer S L, Schwandt B. Moderators of nonverbal indicators of deception: A meta-analytic synthesis [J]. Psychology, Public Policy, and Law, 2007, 13(1): 1-34.
24. Sporer S L, Sharman S J. Should I believe this? Reality Monitoring of accounts of self‑experienced and invented recent and distant autobiographical events [J]. Applied Cognitive Psychology: The Official Journal of the Society for Applied Research in Memory and Cognition, 2006, 20(6): 837-854.
25. Sporer S L. The less travelled road to truth: Verbal cues in deception detection in accounts of fabricated and self‑experienced events [J]. Applied Cognitive Psychology: The Official Journal of the Society for Applied Research in Memory and Cognition, 1997, 11(5): 373-397.
26. Steller M. Recent Developments in Statement Analysis [M]. In Yuille J C. (Ed.). Credibility Assessment. Dordrecht: Kluwer Academic, 1989: 135-154.
27. Undeutsch U. Beurteilung der glaubhaftigkeit von aussagen [Statement validity assessment] [M]. In Undeutsch U. (Ed.). Handbuch der Psychologie: Forensische Psychologie. Göttingen: Hogrefe, 1967, 11, 26-181.
28. Vanderhallen M, Jaspaert E, Vervaeke G. SCAN as an investigative tool [J]. Police Practice and Research, 2016, 17(3): 279-293.
29. Vrij A. Criteria-Based Content Analysis: A qualitative review of the first 37 studies [J]. Psychology, Public Policy, and Law, 2005, 11(1): 3-41.
30. Vrij A. Detecting Lies and Deceit: Pitfalls and Opportunities [M]. West Sussex: John Wiley & Sons, 2008.
31. Vrij A. Verbal lie detection tools: Statement Validity Analysis, Reality Monitoring and Scientific Content Analysis [M]. In Granhag P A, Vrij A, Verschuere B. (eds.). Detecting deception: Current Challenges and Cognitive Approaches. Hoboken: Wiley, 2015: 3-35.
32. Vrij A, Akehurst L, Soukara S, Bull R. Will the truth come out? The effect of deception, age, status, coaching, and social skills on CBCA scores [J]. Law and Human Behavior, 2002, 26(3): 261-283.
33. Vrij A, Ganis G. Theories in deception and lie detection [M]. In Raskin D C, Honts C R, Kircher J C. (Eds.). Credibility Assessment: Scientific Research and Applications. Oxford: Academic Press, 2014: 301-374.
34. Vrij A, Granhag P A, Porter S. Pitfalls and opportunities in nonverbal and verbal lie detection [J]. Psychological Science in the Public Interest, 2010, 11(3): 89-121.
35. Vrij A, Leal S, Granhag P A, Mann S, Fisher R P, Hillman J, Sperry K. Outsmarting the liars: The benefit of asking unanticipated questions [J]. Law and Human Behavior, 2009, 33(2): 159-166.
36. Walczyk J J, Harris L L, Duck T K, Mulay D. A social-cognitive framework for understanding serious

lies: Activation-decision-construction-action theory [J]. New Ideas in Psychology, 2014, 34: 22-36.

第14章 生理信号的自动识别

1. 曹晓宝. 论测谎工具的历史演变 [J]. 贵州警官职业学院学报，2006，18（002）：69-72.
2. 高军峰，司慧芳，于晓琳，顾凌云. 多导脑电复杂度特征的谎言测试研究 [J]. 电子科技大学学报，2017，46（4）：636-640.
3. 刘光远，温万惠，陈通，赖祥伟. 人体生理信号的情感计算方法 [M]. 北京：科学出版社，2014.
4. 孙彬彬. 混沌时序的特征量分析及相空间重构研究 [D]. 沈阳：东北大学，2008.
5. 杨越，傅根跃. 测谎研究的新进展 [J]. 应用心理学，2009，15（004）：322-328.
6. 张夔翼. 测谎中皮电反应的认知效应 [J]. 赤峰学院学报（自然科学版），2010，26（012）：147-149.
7. Coles M, Gale A, Kline P. Personality and habituation of the orienting reaction: tonic and response measures of electrodermal activity [J]. Psychophysiology, 2010, 8(1): 54-63.
8. Englehart K, Hudgins B, Parker P A, Stevenson, M. Classification of the myoelectric signal using time-frequency based representations [J]. Medical Engineering and Physics, 1999, 21(6-7): 431-438.
9. Jerritta S, Murugappan M, Nagarajan R, Wan, K. Physiological signals based human emotion Recognition: a review [C]. IEEE International Colloquium on Signal Processing and Its Applications, 2011: 410-415.
10. Jing Z, Barreto A. Stress detection in computer users based on digital signal processing of noninvasive physiological variables [C]. International Conference of the IEEE Engineering in Medicine and Biology Society, 2006, 1(1): 1355-1358.
11. Kim K H, Bang S W, Kim S R. Emotion recognition system using short-term monitoring of physiological signals [J]. Medical and Biological Engineering and Computing, 2004, 42(3): 419-427.
12. Lee T, Liu H L, Tan L H, Chan C, Mahankali S, Feng C M, et al. Lie detection by functional magnetic resonance imaging [J]. Human Brain Mapping, 2002, 15(3): 157-164.
13. Liu C, Wechsler H. A shape- and texture-based enhanced fisher classifier for face recognition [J]. IEEE Trans Image Process, 2001, 10(4): 598-608.
14. Merletti R, Parker P. Electromyography: physiology, engineering, and noninvasive applications [J]. SciTech Book News, 2004, 28(4): 90.
15. Peterson L E. K-nearest neighbor [J]. Scholarpedia, 2009, 4(2): 1883.
16. Suykens J, Lukas L, Dooren P V, Moor B D, Vandewalle J. Least Squares Support Vector Machine Classifiers: a Large Scale Algorithm [J]. Neural processing letters, 1999, 9(3): 293-300.
17. Synnott J, Dietzel D, Ioannou M. A review of the polygraph: history, methodology and current status [J]. Crime Psychology Review, 2015, 1(1):59-83.
18. Vedam S S, Keall P J, Kini V R, Mostafavi H, Shukla H P, Mohan R. Acquiring a four-dimensional computed tomography dataset using an external respiratory signal [J]. Physics in Medicine and Biology, 2003, 48(1): 45.

19. Wagner J, Kim J, André E. From Physiological Signals to Emotions: Implementing and Comparing Selected Methods for Feature Extraction and Classification [C]. IEEE International Conference on Multimedia and Expo, 2005: 940-943.
20. Wang Z. Based on physiology parameters to design lie detector [C]. IEEE International Conference on Computer Application and System Modeling, 2010, 8: 634-637.
21. Wilcox D, Sosnowski D. Polygraph examination of British sexual offenders: A pilot study on sexual history disclosure testing [J]. Journal of Sexual Aggression, 2005, 11(1): 3–25.

第 15 章　微表情

1. 梁静，颜文靖，吴奇，申寻兵，王甦菁，傅小兰. 微表情研究的进展与展望 [J]. 中国科学基金，2013，27（2）: 75-78.
2. 徐峰，张军平. 人脸微表情识别综述 [J]. 自动化学报，2017，43（3）：333-348.
3. Davison A K, Lansley C, Costen N, Tan K, Yap M H. SAMM: A Spontaneous Micro-Facial Movement Dataset [J]. IEEE Transactions on Affective Computing, 2018, 9(1): 116-129.
4. Davison A K, Merghani W, Lansley C, Ng C C, Yap M H. Objective Micro-Facial Movement Detection Using FACS-Based Regions and Baseline Evaluation[C]. IEEE international conference on automatic face gesture recognition, 2018: 642-649.
5. Ekman P, Friesen W V. Nonverbal leakage and clues to deception [J]. Psychiatry, 1969, 32(1): 88-106.
6. Ekman P. Telling lies: Clues to deceit in the marketplace, politics, and marriage (revised edition) [M]. WW Norton & Company, 2009.
7. Huang X, Wang S J, Liu X, Zhao G, Feng X, Pietikäinen M. Discriminative spatiotemporal local binary pattern with revisited integral projection for spontaneous facial micro-expression recognition[J]. IEEE Transactions on Affective Computing, 2017, 10(1): 32-47.
8. Husák P, Cech J, Matas J. Spotting facial micro-expressions "in the wild" [C]. 22nd Computer Vision Winter Workshop (Retz). 2017.
9. Li J, Soladié C, Séguier R. Local Temporal Pattern and Data Augmentation for Micro-Expression Spotting[J]. IEEE Transactions on Affective Computing, 2020.
10. Li X, Hong X, Moilanen A, Huang X, Pfister T, Zhao G, Pietikäinen M. Towards reading hidden emotions: A comparative study of spontaneous micro-expression spotting and recognition methods[J]. IEEE Transactions on affective computing, 2017, 9(4): 563-577.
11. Li X, Pfister T, Huang X, Zhao G, Pietikäinen M. A Spontaneous Micro-expression Database: Inducement, collection and baseline [C]. Proceedings of the 10th IEEE International Conference and Workshops on Automatic Face and Gesture Recognition, FG 2013, 2013.
12. Moilanen A, Zhao G, Pietikäinen M. Spotting Rapid Facial Movements from Videos Using Appearance-Based Feature Difference Analysis[C]. International conference on pattern recognition, 2014: 1722-1727.
13. Polikovsky S, Kameda Y, Ohta Y. Facial micro-expression detection in hi-speed video based on facial

action coding system (FACS) [J]. IEICE transactions on information, 2013, 96(1): 81-92.

14. Qu F, Wang S J, Yan W J, Li H, Wu S, Fu X. CAS(ME)^2: A Database for Spontaneous Macro-Expression and Micro-Expression Spotting and Recognition [J]. IEEE Transactions on Affective Computing, 2018, 9(4): 424-436.

15. Shreve M, Godavarthy S, Dmitry Goldgof, Sudeep Sarkar. Macro- and micro-expression spotting in long videos using spatio-temporal strain [C]. Proceedings of the Automatic Face and Gesture Recognition and Workshops (FG 2011), 2011 IEEE International Conference on, 2011, 51-56.

16. Tran T K, Hong X, Zhao G. Sliding Window Based Micro-expression Spotting: A Benchmark[C]. International Conference on Advanced Concepts for Intelligent Vision Systems. Springer, Cham, 2017.

17. Verma M, Reddy M, Meedimale Y R, Mandal M, Vipparthi S K. AutoMER: Spatiotemporal Neural Architecture Search for Microexpression Recognition[J]. IEEE Transactions on Neural Networks and Learning Systems, 2021.

18. Wang S J, He Y, Li J, Fu X. MESNet : A Convolutional Neural Network for Spotting Multi-Scale Micro-Expression Intervals in Long Videos[J]. IEEE Transactions on Image Processing, 2021.

19. Wang S J, Li B J, Liu Y J, Yan W J, Ou X, Huang X, Fu X. Micro-expression recognition with small sample size by transferring long-term convolutional neural network[J]. Neurocomputing, 2018, 312: 251-262.

20. Wang S J, Wu S, Qian X, Li J, Fu X. A main directional maximal difference analysis for spotting facial movements from long-term videos [J]. Neurocomputing, 2017, 230(2017): 382-389.

21. Wang S J, Yan W J, Li X, Zhao G, Zhou C G, Fu X, Tao J. Micro-Expression Recognition Using Color Spaces [J]. IEEE Transactions on Image Processing, 2015, 24(12): 6034-6047.

22. Warren G, Schertler E, Bull P. Detecting deception from emotional and unemotional cues [J]. Journal of Nonverbal Behavior, 2009, 33(1): 59-69.

23. Xia Z, Peng W, Khor H Q, Feng X, Zhao G. Revealing the invisible with model and data shrinking for composite-database micro-expression recognition[J]. IEEE Transactions on Image Processing, 2020, 29: 8590-8605.

24. Yan W J, Li X, Wang S J, Zhao G, Liu Y J, Chen Y H, Fu X. CASME II: An Improved Spontaneous Micro-Expression Database and the Baseline Evaluation [J]. PLoS ONE, 2014, 9(1): e86041.

25. Yan W J, Wu Q, Liu Y J, Wang S J, Fu X. CASME Database: A Dataset of Spontaneous Micro-Expressions Collected From Neutralized Faces [C]. Proceedings of the 10th IEEE Conference on Automatic Face and Gesture Recognition (FG 2013), Shanghai, China, 2013, 1-7.

第 16 章　姿态线索的自动识别

1. 陈益松，夏明 . 光学三角测量法及其在人体测量中的应用 [J]. 纺织学报，2012，33（12）：95-104.
2. 郝煜栋，赵洋，李达成 . 光学投影式三维轮廓测量技术综述 [J]. 光学技术，1998（5）：57-60.
3. 刘开余，夏斌 . 基于 Kinect 的实时人体姿势识别 [J]. 电子设计工程，2014（19）：31-34.

4. 王剑. 基于 MEMS 三轴加速度计的跌倒检测电路的设计 [J]. 自动化技术与应用, 2013, 32（6）: 81-84.
5. 谢非, 徐贵力. 基于支持向量机的多种人体姿态识别 [J]. 重庆理工大学学报（自然科学）, 2009, 23（3）: 138-143.
6. 郑莉莉, 黄鲜萍, 梁荣华. 基于支持向量机的人体姿态识别 [J]. 浙江工业大学学报, 2012, 40（6）: 670-675.
7. 钟金琴, 辜丽川, 檀结庆, 李莹莹. 基于分裂 EM 算法的 GMM 参数估计 [J]. 计算机工程与应用, 2012, 48（34）: 28-32.
8. Allen F R, Ambikairajah E, Lovell N H, Celler B G. Classification of a known sequence of motions and postures from accelerometry data using adapted Gaussian mixture models [J]. Physiological Measurement, 2006, 27(10): 935-951.
9. Andriluka M, Pishchulin L, Gehler P, Schiele B. 2D human pose estimation: New benchmark and state of the art analysis [C]. Computer Vision and Pattern Recognition (CVPR), 2014.
10. Bobick A F, Davis J W. The recognition of human movement using temporal templates [J]. IEEE Transactions on Pattern Analysis & Machine Intelligence, 2001, 23(3): 257-267.
11. Boulay B, Brémond F, Thonnat M. Applying 3D human model in a posture recognition system [J]. Pattern Recognition Letters, 2006, 27(15): 1788-1796.
12. Buccolieri F, Distante C, Leone A. Human posture recognition using active contours and radial basis function neural network [C]. IEEE Conference on Advanced Video & Signal Based Surveillance. IEEE, 2006.
13. Burgoon J, Adkins M, Kruse J, Jensen M L, Meservy T O, Twitchell D P, Deokar A, Nunamaker J F, Lu S, Tsechpenakis G, Metaxas D N, Younger R E. An approach for intent identification by building on deception detection [C]. Hawaii International Conference on System Sciences, 2005.
14. Burgoon J, Proudfoot J G, Schuetzler R, Wilson D. Patterns of nonverbal behavior associated with truth and deception: Illustrations from three experiments [J]. Journal of Nonverbal Behavior, 2014, 38(3): 325-354.
15. Cao L, Ou Y, Yu P S. Coupled behavior analysis with applications [J]. IEEE Transactions on Knowledge and Data Engineering, 2012, 24(8): 1378-1392.
16. DePaulo B M, Lindsay J J, Malone B E, Muhlenbruck L, Charlton K, Cooper H. Cues to deception [J]. Psychological Bulletin, 2003, 129(1): 74-118.
17. Global Deception Research Team. A world of lies [J]. Journal of Cross-Cultural Psychology, 2006, 37(1): 60-74.
18. Johnson S, Everingham M. Learning effective human pose estimation from inaccurate annotation [C]. Computer Vision and Pattern Recognition (CVPR), 2011.
19. Keerthi S S, Lin C J. Asymptotic behaviors of support vector machines with Gaussian kernel [J]. Neural Computation, 2003, 15(7): 1667-1689.

20. Liu C D, Chung Y N, Chung P C. An interaction-embedded HMM framework for human behavior understanding: With nursing environments as examples [J]. IEEE Transactions on Information Technology in Biomedicine, 2010, 14.
21. Magnusson M S. Structure and communication in interactions. In G. Riva, M. T. Anguera, B. K. Wiederhold, & F. Mantovani (Eds.), Communication to presence: Cognition, emotions and culture towards the ultimate communicative experience [M], 2006, 127-145.
22. Masoud O, Papanikolopoulos N. A method for human action recognition [J]. Image & Vision Computing, 2003, 21(8): 729-743.
23. Mattmann C, Clemens F, Tröster G. Sensor for measuring strain in textile [J]. Sensors, 2008, 8(6): 3719-3732.
24. Meservy. CBAS 2.0 [R]. Center for identification technology research, 2010.
25. Pérez-Rosas V, Abouelenien M, Mihalcea R, Burzo M. Deception detection using real-life trial data [C]. ACM on International Conference on Multimodal Interaction, 2015.
26. Sapp B, Taskar B. MODEC: Multimodal decomposable models for human pose estimation [C]. Computer Vision and Pattern Recognition (CVPR), 2013.
27. Shotton J, Sharp T, Kipman A, Fitzgibbon A, Finocchio M, Blake A, Cook M, Moore R. Real-time human pose recognition in parts from single depth images [J]. Communications of the ACM, 2013, 56(1): 116.
28. Silva G B S, Mello M P, Shimabukuro Y E, Rudorff B F T, de Castro Victoria D. Multitemporal classification of natural vegetation cover in Brazilian Cerrado [C]. Analysis of Multi-temporal Remote Sensing Images. IEEE, 2011.
29. Soomro K, Zamir A R, Shah M. UCF101: A dataset of 101 human actions classes from videos in the wild [J]. Computer Science, 2012.
30. Souto H, Musse S. Automatic detection of 2D human postures based on single images [C]. Sigraph Conference on Graphics, 2011.
31. Twyman N W, Elkins A, & Burgoon J. (2011). A rigidity detection system for the guilty knowledge test [C]. In HICSS-44 Symposium on Credibility Assessment and Information Quality in Government and Business.
32. Van Der Zee S, Poppe R, Taylor P J, Anderson R. To freeze or not to freeze: A motion-capture approach to detecting deceit [C]. Hawaii International Conference on System Sciences, 2015.
33. Veeraraghavan A, Chellappa R, Roy-Chowdhury A K. The function space of an activity [C]. Computer Vision and Pattern Recognition (CVPR), 2006.
34. Vrij A, Leal S, Granhag P A, Mann S, Fisher R P, Hillman J, Sperry K. Outsmarting the liars: The benefit of asking unanticipated questions [J]. Law and Human Behavior, 2009, 33(2): 159-166.
35. Weinland D, Ronfard R, Boyer E. A survey of vision-based methods for action representation, segmentation and recognition [J]. Computer Vision and Image Understanding, 2011, 115(2): 224-241.
36. Zuckerman M, Depaulo B M, Rosenthal R. Verbal and nonverbal communication of deception [J].

Advances in Experimental Social Psychology, 1981, 14: 1-59.

第17章 语音线索

1. Enos F, Benus S, Cautin R L, Graciarena M, Hirschberg J, Shriberg E. Personality factors in human deception detection: comparing human to machine performance [C]. Proceedings of the INTERSPEECH 2006 - ICSLP, Ninth International Conference on Spoken Language Processing, Pittsburgh, USA, 2006.
2. Fan C, Zhao H, Chen X, Fan X, Chen S. Distinguishing deception from non-deception in Chinese speech [C]. Proceedings of the International Conference on Intelligent Control and Information Processing, 2016.
3. Hinton G E, Osindero S, Teh Y. A fast learning algorithm for deep belief nets [J]. Neural Computation, 2006, 18.7: 1527-54.
4. Hung H, Chittaranjan G. The idiap wolf corpus: exploring group behaviour in a competitive role-playing game [C]. Proceedings of the International Conference on Multimedia 2010, Firenze, Italy, 2010.
5. Levine T R, Feeley T H, Mccornack S A, Hughes M, Harms C M. Testing the effects of nonverbal behavior training on accuracy in deception detection with the inclusion of a bogus training control group [J]. Western Journal of Communication, 2005, 69(3): 203-17.
6. Nolan F, Mcdougall K, Jong G D, Hudson T. The DyViS database: style-controlled recordings of 100 homogeneous speakers for forensic phonetic research [J]. International Journal of Speech Language and the Law, 2009, 16(1): 31-57.
7. Pan X, Zhou Y, Fan C, Fan C, Zou W, Ren Z, Chen X. A preliminary study on the feature distribution of deceptive speech signals [J]. Journal of Fiber Bioengineering and Informatics, 2015, 8(1): 179-93.
8. Pérez-Rosas V, Mihalcea R, Narvaez A, Burzo M. A multimodal dataset for deception detection [C]. Proceedings of the International Conference on Language Resources and Evaluation, 2014.
9. Zhou Y, Zhao H, Pan X. Lie detection from speech analysis based on K–SVD deep belief network model [M]. International Conference on Intelligent Computing, Springer International Publishing, 2015.

第18章 多模态信息

1. 胡林林. 决策树分类算法介绍 [J]. 商情，2001（12）：168.
2. 朱永生. 多模态话语分析的理论基础与研究方法 [J]. 外语学刊，2007（5）：82-86.
3. 张德禄. 多模态话语理论与媒体技术在外语教学中的应用 [J]. 外语教学，2009，30（4）：15-20.
4. 赵彦东. 基于深度学习的信息融合方法研究 [D]. 哈尔滨：哈尔滨工程大学，2017.
5. 潘艳艳，李战子. 国内多模态话语分析综论（2003—2017）——以CSSCI来源期刊发表成果为考察对象 [J]. 福建师范大学学报：哲学社会科学版，2017（5）.
6. 桓欢，杨珊，李璇. 多模态式大学英语课堂设计研究 [J]. 英语画刊（高级版），2018.
7. 陈集泓. 多模态理论视角下的高中语文文学类文本教学研究 [D]. 2018.

8. Burgoon J K, Buller D B, Floyd K, Grandpre J. Deceptive realities: sender, receiver, and observer perspectives in deceptive conversations [J]. Communication Research, 1996, 23(23): 724-748.
9. Vrij A, Edward K, Roberts K P, Bull R. Detecting deceit via analysis of verbal and nonverbal behavior [J]. Journal of Nonverbal Behavior, 2000, 24(4): 239-263.
10. Vrij A, Mann S. Detecting deception: the benefit of looking at a combination of behavioral, auditory and speech content related cues in a systematic manner [J]. Group Decision and Negotiation, 2004, 13(1): 61-79.
11. Allwood J, Cerrato L, Jokinen K, Navarretta C, Paggio P. The mumin coding scheme for the annotation of feedback, turn management and sequencing phenomena [J]. Language Resources and Evaluation, 2007, 41(3-4): 273-287.
12. Eyben F, Wollmer M. Schuller B. OpenEAR — Introducing the munich open-source emotion and affect recognition toolkit [C]. International Conference on Affective Computing and Intelligent Interaction and Workshops. IEEE, 2009.
13. Ohmoto Y, Ueda K, Ohno T. Real-time system for measuring gaze direction and facial features: towards automatic discrimination of lies using diverse nonverbal information [J]. AI and Society, 2009, 23(2): 187-200.
14. Wang C S, Leung A K. The cultural dynamics of rewarding honesty and punishing deception [J]. Personality and Social Psychology Bulletin, 2010, 36(11): 1529-1542.
15. Littlewort G, Whitehill J, Wu T F, Butko N, Ruvolo P, Movellan J, Bartlett M. The motion in emotion — A CERT based approach to the FERA emotion challenge [C]. IEEE International Conference on Automatic Face and Gesture Recognition and Workshops. IEEE, 2011.
16. Yan W J, Wu Q, Liu Y J, Wang S J, Fu X. CASME database: A dataset of spontaneous micro-expressions collected from neutralized faces [C]. The 10th IEEE Conference on Automatic Face and Gesture Recognition (FG), IEEE, 2013.
17. Turk M. Multimodal interaction: a review [J]. Pattern recognition letters, 2014, 36(36): 189-195.
18. Pérez-Rosas V, Abouelenien M, Mihalcea R, Burzo M. Deception detection using Real-life trial data [C]. Proceedings of the 2015 ACM on International Conference on Multimodal Interaction, 2015.
19. Demyanov S, Bailey J, Ramamohanarao K, Leckie C. Detection of deception in the Mafia Party Game [C]. 54th ACM International Conference on Multimodal interaction, ISBN, 2015.
20. Perez-Rosas V, Abouelenien M, Mihalcea R, Xiao Y, Linton C J, Burzo M. Verbal and nonverbal clues for real-life deception detection [C]. Proceedings of the Conference on Empirical Methods in Natural Language Processing (EMNLP), 2015.
21. Abouelenien M, Mihalcea R, Burzo M. Trimodal analysis of deceptive behavior [C]. Proceedings of the 2015 ACM on Workshop on Multimodal Deception Detection, 2015.
22. Diana B, Elia M, Zurlon V, Elia A, Maisto A, Pelosi S. Multimodal deception detection: a t-pattern approach [C]. 17th ACM International Conference on Multimodal Interaction, 2015.

23. Su L, Levine M D. Does "lie to me" lie to you? An evaluation of facial clues to high-stakes deception [J]. Computer Vision and Image Understanding, 2016, 147(C): 52-68.
24. Qu F, Wang S J, Yan W J, Fu X. CAS (ME) ^{2}: A Database of spontaneous macro-expressions and micro-expressions [C]. International Conference on Human-Computer Interaction, 2016.
25. Bouma H., Burghouts G, Hollander R, Zee S, Baan J, Hove J M, Diepen S, Haak P, Rest J. Measuring cues for stand-off deception detection based on full-body non-verbal features in body-worn cameras [C]. Spie Security Defence, 2016.
26. Abouelenien M, Mihalcea R, Burzo M. Analyzing thermal and visual clues of deception for a non-contact deception detection approach [C]. 9th ACM International Conference on PErvasive Technologies Related to Assistive Environments Article, 2016.
27. Poria S, Cambria E, Bajpai R, Hussain A. A review of affective computing: from unimodal analysis to multimodal fusion [J]. Information Fusion, 2017, 37: 98-125.
28. Abouelenien M, Veronica P, Burzo M, Mihalcea R. Detecting deceptive behavior via integration of discriminative features from multiple modalities [J]. IEEE Transactions on Information Forensics and Security, 2017, 12: 1042-1055.

第19章 谎言识别的个体和群体差异

1. 曹文雯.大学生谎言识别能力研究 [D]. 硕士学位论文.苏州大学，2011.
2. 陈少华.人格特质与认知操作关系的初步研究 [J]. 应用心理学，2002，8（4）：28-31.
3. 林崇德.发展心理学 [M]. 杭州：浙江教育出版社，2002.
4. 陆飞宇.大学生谎言识别的特点及不同性质情绪状态、内外倾人格对谎言识别的影响 [D]. 硕士学位论文.苏州大学，2015.
5. Aamodt M G, Custer H. Who can best catch a liar? A meta-analysis of individual differences in detecting deception [J]. Forensic Examiner, 2006, 15(1): 6-11.
6. Aune R K, Waters L L. Cultural differences in deception: Motivations to deceive in Samoans and North Americans [J]. International Journal of Intercultural Relations, 1994, 18(2): 159-172.
7. Bailey P E, Henry J D, Nangle M R. Electromyographic evidence for age-related differences in the mimicry of anger [J]. Psychology and Aging, 2009a, 24(1): 224-229.
8. Bailey P E, Henry J D. Subconscious facial expression mimicry is preserved in older adulthood [J]. Psychology and Aging, 2009b, 24(4): 995-1000.
9. Baumeister R F, Vohs K D, Funder D C. Psychology as the science of self-reports and finger movements: Whatever happened to actual behavior? [J]. Perspectives on Psychological Science, 2007, 2(4): 396-403.
10. Bianchin M, Angrilli A. Gender differences in emotional responses: A psychophysiological study [J]. Physiology and Behavior, 2012, 105(4): 925-932.
11. Bond C F, Depaulo B M. Accuracy of deception judgments [J]. Personality and Social Psychology Review, 2006, 10(3): 214-234.

参考文献

12. Bond C F, Omar A, Mahmoud A, Bonser R N. Lie detection across cultures [J]. Journal of Nonverbal Behavior, 1990, 14(3): 189-204.
13. Bond C F, Omar A, Pitre U, Lashley B R, Skaggs L M, Kirk C T. Fishy-looking liars: deception judgment from expectancy violation [J]. Journal of Personality and Social Psychology, 1992, 63(6): 969-977.
14. Bond G D, Lee A Y. Language of lies in prison: Linguistic classification of prisoners' truthful and deceptive natural language [J]. Applied Cognitive Psychology, 2005, 19(3): 313-329.
15. Bond G D, Thompson L A, Malloy D M. Vulnerability of older adults to deception in prison and nonprison contexts [J]. Psychology and Aging, 2005, 20(1): 60-70.
16. Butler K M, Zacks R T. Age deficits in the control of prepotent responses: Evidence for an inhibitory decline [J]. Psychology and Aging, 2006, 21(3): 638-643.
17. Castillo P A, Mallard D. Preventing cross-cultural bias in deception judgments: The role of expectancies about nonverbal behavior [J]. Journal of Cross-Cultural Psychology, 2012, 43(6): 967-978.
18. Chahal K, Cassidy T. Deception and its detection in children: A Study of adult accuracy [J]. Psychology Crime and Law, 2005, 73(3): 46-53.
19. Cheng K H W, Broadhurst R. The detection of deception: The effects of first and second language on lie detection ability [J]. Psychiatry Psychology and Law, 2005, 12(1): 107-118.
20. Claudine H, Frances W, Wilson H R. Aging disrupts the neural transformations that link facial identity across views [J]. Vision Research, 2008, 48(1): 9-15.
21. Collett P. Training Englishmen in the non-verbal behavioral of Arabs [J]. International Journal of Psychology, 1971, 6(3): 209-215.
22. Conway L. Detecting children's lies: Are parents accurate judges of their own children's lies? [J]. Journal of Moral Education, 2015, 44(1): 81-96.
23. Da Silva C S, Leach A M. Detecting deception in second - language speakers [J]. Legal and Criminological Psychology, 2013, 18(1): 115-127.
24. Depaulo B M, Lindsay J J, Malone B E, Muhlenbruck L, Charlton K, Cooper H. Cues to deception [J]. Psychological Bulletin, 2003, 129(1): 74-118.
25. Depaulo B M, Pfeifer R L. On-the-Job experience and skill at detecting deception [J]. Journal of Applied Social Psychology, 2010, 16(3): 249-267.
26. Depaulo B M, Tang J. Social anxiety and social judgment: The example of detecting deception [J]. Journal of Research in Personality, 1994, 28(2): 142-153.
27. Ebner N C, Johnson M K. Young and older emotional faces: are there age group differences in expression identification and memory? [J]. Emotion, 2009, 9(3): 329-339.
28. Ekman P. Emotions revealed: Recognizing faces and feelings to improve communication and emotional life [M]. New York: Henry Holt and Company, LLC, 2003.
29. Ekman P, Friesen W V. Constants across cultures in the face and emotion [J]. Journal of Personality and Social Psychology, 1971, 17(2): 124-129.

30. Ekman P, Friesen W V. Nonverbal leakage and clues to deception [J]. Psychiatry-interpersonal and Biological Processes, 1969, 32(1): 88-106.

31. Ekman P, O'Sullivan M, Frank M G. A few can catch a liar [J]. Psychological Science, 1999, 10(3): 263-266.

32. Ekman P, O'Sullivan M. Who can catch a liar? [J]. American Psychologist, 1991, 46(9): 913-920.

33. Edelstein R S, Luten T L, Ekman P, Goodman G S. Detecting Lies in Children and Adults [J]. Law and Human Behavior, 2006, 30(1): 1-10.

34. Evans A D, Bender J, Lee K. Can parents detect 8- to 16-year-olds' lies? Parental biases, confidence, and accuracy [J]. Journal of Experimental Child Psychology, 2016, 147:152-158.

35. Frank M G, Ekman P. The ability to detect deceit generalizes across different types of high-stake lies [J]. Journal of Personality and Social Psychology, 1997, 72(6): 1429-1439.

36. Fu G, Lee K, Cameron C A, Xu F. Chinese and Canadian adults' categorization and evaluation of lie and truth-telling about prosocial and antisocial behaviors[J]. Journal of Cross-Cultural Psychology, 2001, 32(6): 720-727.

37. Garrido E, Masip J, Herrero C. Police officers' credibility judgments: Accuracy and estimated ability [J]. International Journal of Psychology, 2004, 39(4): 254-275.

38. Gongola J, Scurich N A. Quas J A. Detecting deception in children: A Meta-Analysis[J]. Law and Human Behavior, 2017, 41(1): 44-54.

39. Granhag P A, Andersson L O, Strömwall L A, Hartwig M. Inmates' beliefs on deception: Unlocking the wisdom kept behind bars [C]. Proceedings of the 11th European Conference on Psychology and Law (Lisbon, Portugal), 2001.

40. Grice H P. Logic and conversation [M]. In P. Cole & J. L. Morgan (Eds.), Syntax and semantics: Vol. 3. Speech acts (pp. 41–58). New York: Academic Press, 1975.

41. Halberstadt J, Ruffman T, Murray J, Taumoepeau M, Ryan M. Emotion perception explains age-related differences in the perception of social gaffes [J]. Psychology and Aging, 2011, 26(1): 133-136.

42. Hartwig M., Granhag P. A., Strömwall L A., Andersson L. O. Suspicious minds: criminals' ability to detect deception [J]. Psychology Crime and Law, 2004, 10(1): 83-95.

43. Hurd K, Noller P. Decoding deception: A look at the process [J]. Journal of Nonverbal Behavior, 1988, 12(3): 217-233.

44. Johansson-Stenman O. Who are the trustworthy, we think? [J]. Journal of Economic Behavior and Organization, 2008, 68(3-4): 456-465.

45. Klein K J K, Hodges S D. Gender differences, motivation, and empathic accuracy: When it pays to understand [J]. Personality and Social Psychology Bulletin, 2001, 27(6):720-730.

46. Lane J D, Depaulo B M. Completing coyne's cycle: Dysphorics' ability to detect deception [J]. Journal of Research in Personality, 1999, 33(3):311-329.

47. Leach A M, Talwar V, Lee K, Bala N, Lindsay R. "Intuitive" lie detection of children's deception by law

enforcement officials and university students [J]. Law and Human Behavior, 2004, 28(6): 661-685.

48. Lee K, Xu F, Fu G, Cameron C A, Chen S. Taiwan and Mainland Chinese and Canadian children's categorization and evaluation of lie-and truth-telling: A modesty effect [J]. British Journal of Developmental Psychology, 2001, 19(4): 525-542.

49. Levine T R, Anders L N, Banas J, Baum K L, Endo K, Hu A D S, Wong N C H. Norms, expectations, and deception: A norm violation model of veracity judgments [J]. Communication Monographs, 2000, 67(2): 123-137.

50. Levine T R, McCornack S A. Linking love and lies: A formal test of the McCornack and Parks model of deception detection [J]. Journal of Social and Personal Relationships, 1992, 9(1): 143-154.

51. Lewis C C. To catch a liar: a cross-cultural comparison of computer-mediated deceptive communication [D]. Doctoral dissertation. Florida State University, 2009.

52. Li S, Triandis H C, Yu Y. Cultural orientation and corruption [J]. Ethics and Behavior, 2006, 16(3): 199-215.

53. Lyons M, Croft A, Fairhurst S, Varley K, Wilson C. Seeing through crocodile tears? Sex-specific associations between the Dark Triad traits and lie detection accuracy [J]. Personality and Individual Differences, 2017, 113:1-4.

54. Lyons M, Healy N, Bruno D. It takes one to know one: Relationship between lie detection and psychopathy [J]. Personality and Individual Differences, 2013, 55(6): 676-679.

55. Mann S A, Vrij A, Fisher R P, Robinson M. See no lies, hear no lies: differences in discrimination accuracy and response bias when watching or listening to police suspect interviews [J]. Applied Cognitive Psychology, 2010, 22(8):1062-1071.

56. Maria H, Bond C F. Why do lie-catchers fail? A lens model meta-analysis of human lie judgments [J]. Psychological Bulletin, 2011, 137(4): 643-659.

57. Martin K, Leach A M. Psychopathy and deception detection [J]. Personality and Mental Health, 2013, 7(2): 154-159.

58. Matsumoto D, Kudoh T. American-Japanese cultural differences in attributions of personality based on smiles [J]. Journal of Nonverbal Behavior, 1993, 17(4): 231-243.

59. McDaniel M A. Lying to your partner: Acceptability based on relationship phase, motive, and sex dyad [D]. Master Dissertations, Austin State University, 2007.

60. Moore S, Statham E. Can intergenerational practice offer a way of limiting anti - social behaviour and fear of crime? [J]. The Howard Journal of Crime and Justice, 2006, 45(5): 468-484.

61. Morency N L, Krauss R M. Children's nonverbal encoding and decoding of affect[M]. In R. Feldman (Ed), Development of nonverbal behavior in children (pp. 181-199). Springer, New York, NY, 1982.

62. Ning S R, Crossman A M. We Believe in Being Honest: Examining Subcultural Differences in the Acceptability of Deception [J]. Journal of Applied Social Psychology, 2007, 37(9): 2130-2155.

63. Oliveira C M, Levine T R. Lie acceptability: A construct and measure [J]. Communication Research

Reports, 2008, 25(4): 282-288.

64. O'Sullivan M, Ekman P. The wizards of deception detection [M]. In P.-A. Granhag & L. Strömwall (Eds.), The detection of deception in forensic contexts (pp. 269-286). New York, NY, US: Cambridge University Press, 2004.

65. Park H S, Ahn J Y. Cultural differences in judgment of truthful and deceptive messages [J]. Western Journal of Communication, 2007, 71(4): 294-315.

66. Peace K A, Sinclair S M. Cold-blooded lie catchers? An investigation of psychopathy, emotional processing, and deception detection [J]. Legal and Criminological Psychology, 2012, 17(1): 177-191.

67. Reinhard M A, Marksteiner T, Schindel R, Dickhäuser O. Detecting lies and truths in social work: How suspicion level and familiarity affect detection accuracy [J]. British Journal of Social Work, 2014, 44(2): 328-347.

68. Reinhard M A, Marksteiner T, Sporer S L. The case of Pinocchio: Teachers' ability to detect deception [J]. Social Psychology of Education, 2011, 14(3): 299-318.

69. Rosip J C, Hall J A. Knowledge of noverbal cues, gender, and nonverbal decoding accuracy [J]. Journal of Nonverbal Behavior, 2004, 28(4): 267-286.

70. Ruffman T, Murray J, Halberstadt J, Vater T. Age-related differences in deception [J]. Psychology and Aging, 2012, 27(3): 543-549.

71. Ruffman T, Murray J, Halberstadt J, Taumoepeau M. Verbosity and emotion recognition in older adults [J]. Psychology and Aging, 2010, 25(2): 492-497.

72. Sánchez M M, Rejano E I, Rodríguez Y T. Personality and academic productivity in the university student [J]. Social Behavior and Personality: An International Journal, 2001, 29(3): 299-305.

73. Schipul S E, Williams D L, Keller T A, Minshew N J, Just M A. Trustworthiness Judgments in Autism: An fMRI Study [C]. International Meeting for Autism Research, 2009.

74. Seiter J S, Bruschke J, Bai C. The acceptability of deception as a function of perceivers' culture, deceiver's intention, and deceiver deceived relationship [J]. Western Journal of Communication, 2002, 66(2): 158-180.

75. Seiter J S, Bruschke J. Deception and emotion: The effects of motivation, relationship type, and sex on expected feelings of guilt and shame following acts of deception in United States and Chinese samples [J]. Communication Studies, 2007, 58(1): 1-16.

76. Shaw H, Lyons M. Lie detection accuracy—the role of age and the use of emotions as a reliable cue [J]. Journal of Police and Criminal Psychology, 2017, 32 (4): 300-304.

77. Sims R L. Support for the use of deception within the work environment: A comparison of Israeli and United States employee attitudes [J]. Journal of Business Ethics, 2002, 35(1): 27-34.

78. Slessor G, Miles L K, Bull R, Phillips L H. Age-related changes in detecting happiness: Discriminating between enjoyment and nonenjoyment smiles [J]. Psychology and Aging, 2010, 25(1): 246-250.

79. Slessor G, Phillips L H, Bull R, Venturini C, Bonny E J, Rokaszewicz A. Investigating the "Deceiver

Stereotype": Do older adults associate averted gaze with deception? [J] Journals of Gerontology Series B: Psychological Sciences and Social Sciences, 2012, 67(2): 178-183.

80. Slessor G, Phillips L H, Ruffman T, Bailey P E, Insch P. Exploring own-age biases in deception detection [J]. Cognition and Emotion, 2014, 28(3): 493-506.

81. Sporer S L. Recognizing faces of other ethnic groups: An integration of theories [J]. Psychology Public Policy and Law, 2001, 7(1): 36-97.

82. Stanley J T, Blanchard-fields F. Challenges older adults face in detecting deceit: the role of emotion recognition [J]. Psychology and Aging, 2008, 23(1): 24.

83. Stel M, Van D E, Olivier E. You want to know the truth? Then don't mimic! [J]. Psychological Science, 2009, 20(6): 693-699.

84. Sweeney C D, Ceci S J. Deception detection, transmission, and modality in age and sex [J]. Frontiers in Psychology, 2014, 5: 590.

85. Talwar V, Crossman A, Williams S, Muir S. Adult detection of children's selfish and polite lies: Experience matters[J]. Journal of Applied Social Psychology, 2011, 41(12): 2837-2857.

86. Talwar V, Lee K. Development of lying to conceal a transgression: Children's control of expressive behaviour during verbal deception [J]. International Journal of Behavioral Development, 2002, 26(5): 436-444.

87. Ulatowska J. Teachers' beliefs about cues to deception and the ability to detect deceit [J]. Educational Psychology, 2017, 37(3): 251-260.

88. Vrij A, Akehurst L, Brown L, Mann S. Detecting lies in young children, adolescents and adults [J]. Applied Cognitive Psychology, 2006, 20(9): 1225-1237.

89. Vrij A, Mann S. Telling and detecting lies in a high-stake dituation: The case of a convicted murderer [J]. Applied Cognitive Psychology, 2001, 15(2): 187-203.

90. Vrij A, Semin G R. Lie experts' beliefs about nonverbal indicators of deception [J]. Journal of Nonverbal Behavior, 1996, 20(1): 65-80.

91. Vrij A, Winkel F W. Cultural patterns in Dutch and Surinam nonverbal behavior: An analysis of simulated police/citizen encounters [J]. Journal of Nonverbal Behavior, 1991, 15(3): 169-184.

92. Vrij A, Winkel F W. Perceptual distortions in cross-cultural interrogations:The impact of skin color, accent, speech style, and spoken eluency on impression formation [J]. Journal of Cross-Cultural Psychology, 1994, 25(2): 284-295.

93. Warren G, Schertler E, Bull P. Detecting deception from emotional and unemotional cues [J]. Journal of Nonverbal Behavior, 2009, 33(1): 59-69.

94. Watson O M, Graves T D. Quantitative research in proxemic behavior [J]. American Anthropologist, 1966, 68(4): 971-985.

95. Williams D M, Nicholson T, Grainger C, Lind S E, Carruthers P. Can you spot a liar? Deception, mindreading, and the case of autism spectrum disorder: Lie detection in ASD [J]. Autism

Research, 2018, 11(8):1129-1137.

96. Williams M. In Whom We Trust: Group Membership as an Affective Context for Trust Development [J]. Academy of Management Review, 2001, 26(3): 377-396.

97. Wright G R, Berry C J, Bird G. "You can't kid a Kidder": Association between production and detection of deception in an interactive deception task [J]. Frontiers in Human Neuroscience, 2012, 6(6): 1-7.

98. Yeung L N T, Levine T R, Nishiyama K. Information manipulation theory and perceptions of deception in Hong Kong[J]. Communication Reports, 1999, 12(1): 1-11.

99. Yuki M, Maddux W W, Brewer M B, Takemura K. Cross-cultural differences in relationship- and group-based trust [J]. Personality and Social Psychology Bulletin, 2005, 31(1): 48-62.

100. Zloteanu M. Emotions and deception detection [D]. Doctoral dissertation. University College London, 2017.

101. Zhao M F, Zimmer H D, Shen X, Chen W, Fu X. Exploring the cognitive processes causing the age-related categorization deficit in the recognition of facial expressions [J]. Experimental Aging Research, 2016, 42(4): 348-364.

第20章　谎言识别能力的提升

1. 兰剑彬.论犯罪心理测试原理及其在刑事领域中的应用 [D].硕士学位论文.华侨大学，2010.
2. 李永清.中美测谎制度之比较 [J].湖南社会科学，2010（4）：81-83.
3. 刘洪广.精专业晓前沿善应用高学历高层次警务技术精英人才培养——以认知脑电测谎博士生培养为例 [J].公安学刊——浙江警察学院学报，2014（2）：55-58.
4. 武伯欣.心理检测技术概论 [M].北京：中国人民公安大学出版社，2017.
5. 夏中锋."测谎"技术与现代司法 [D].硕士学位论文.中国人民大学，2004.
6. 张泽涛.美国测谎制度的发展过程对我国的启示 [J].法商研究，2003（6）：123-130.
7. 庄泽旋，刘少夫.关于建立健全测谎工作机制的调研报告 [J].法制与社会，2012（30）：152-152.
8. Akehurst L, Bull R, Vrij A, Köhnken G. The effects of training professional groups and lay persons to use Criteria-based Content Analysis to detect deception [J]. Applied Cognitive Psychology, 2004, 18(7): 877-891.
9. Cao J, Lin M, Deokar A, Burgoon J K, Crews J M, Adkins M. Computer-based training for deception detection: What users want? [J]. In International Conference on Intelligence and Security Informatics, 2004, 3073: 163-175.
10. David P B, Joey F G, Robert W Z. Inducing sensitivity to deception in order to improve decision making performance: A field study [J]. MIS Quarterly. 2002, 26: 119-144.
11. David B B, Krystyna D S, Frank G H. Interpersonal Deception: II. The inferiority of conversational participants as deception detectors [J]. Communication Monographs, 1991, 58(1): 25-40.
12. Depaulo B M, Lassiter G D, Stone J L. Attentional determinants of success at detecting deception and truth [J]. Personality and Social Psychology Bulletin, 1982, 8(2): 273-279.

13. Depaulo B M, Lindsay J J, Malone B E,Muhlenbruck L, Charlton K, Cooper H. Cues to deception [J]. Psychological Bulletin, 2003, 129(1): 74-118.
14. Depaulo B M, Pfeifer R L. On-the-job experience and skill at detecting deception [J]. Journal of Applied Social Psychology, 1986, 16(3): 249-267.
15. Deturck M A, Harszlak J J, Bodhorn D J, Texter L A. The effects of training social perceivers to detect deception from behavioral cues [J]. Communication Quarterly, 1990, 38(2): 189-199.
16. Docan-Morgan T. Training law enforcement officers to detect deception: A critique of previous research and framework for the future [J]. Applied Psychology in Criminal Justice, 2007, 3(2): 143-171.
17. Ekman P.Telling Lies: Clues to Deceit in the Marketplace, Politics, and Marriage [M]. New York: Norton, 1992.
18. Ekman P, O'Sullivan M. Who can catch a liar? [J]. American Psychologist, 1991, 46(9): 913-20.
19. Elaad E. Effects of feedback on the overestimated capacity to detect lies and the underestimated ability to detect lies [J]. Applied Cognitive Psychology, 2003(17): 349-363.
20. Fiedler K, Walka I. Training lie detectors to use nonverbal cues instead of global heuristics [J]. Human Communication Research. 1993, 20: 199-123.
21. George J F, Biros D P, Adkins M, Burgoon J K,Nunamaker J F. Testing various modes of computer-based training for deception detection [J].In International Conference on Intelligence and Security Informatics, 2004, 3073: 411-417.
22. George J F, Marett K, Burgoon J K, Crews J, Cao J, Lin M, Biros D P. Training to Detect Deception: An Experimental Investigation. In R. H. Sprague Jr. [M] (Ed.), Proceedings of the Hawaii International Conference on System Sciences. 2004, 37: 347-356.
23. Granhag P A, Hartwig M. The strategic use of evidence technique: A conceptual overview [J]. Detecting Deception: Current Challenges and Cognitive Approaches. 2015: 231-251.
24. Hartwig M, Granhag P A, Luke T. Chapter 1 - Strategic Use of Evidence During Investigative Interviews: The State of the Science [M]. Credibility Assessment. Elsevier Inc. 2014: 128-131.
25. Hauch V, Sporer S L, Michael S W,Meissner C A. Does training improve the detection of deception? A meta-analysis [J]. Communication Research, 2014, 43(3): 283-343.
26. Inbau F E, Reid J E, Buckley J P, Jayne B C. Criminal Interrogation and Confessions [M] (4th ed.). Gaithersburg, MD: Aspen, 2001.
27. Kassin S M, Fong C T. "I'm innocent!": Effects of training on judgments of truth and deception in the interrogation room [J]. Law and Human Behavior, 1999, 23(5): 499-516.
28. Köhnken G. Behavioral Correlates of Statement Credibility: Theories, Paradigms, and Results. In F. Lösel, J. Haisch, & H. Wegener [M] (Eds.), Advances in Legal Psychology: Psychological Research in the Criminal Justice System. Berlin: Springer. 1987.
29. Köhnken G. Training police officers to detect deceptive eyewitness statements: Does it work? [J]. Social Behaviour, 1987, 2(1): 1-17.

30. Landry K L, Brigham J C. The effect of training in criteria-based content analysis on the ability to detect deception in adults [J]. Law and Human Behavior, 1992, 16(6): 663-676.
31. Colwell L H, Colwell K, Hiscock-Anisman C K, Hartwig M, Cole L, Werdin K, Youschak K. Teaching professionals to detect deception: The efficacy of a brief training workshop [J]. Journal of Forensic Psychology Practice. 2012, 12: 68-80.
32. Marett K, Biros D P, Knode M L. Self-efficacy, Training Effectiveness, and Deception Detection: A Longitudinal Study of Lie Detection Training [M]. Intelligence and Security Informatics. Springer Berlin Heidelberg, 2004: 187-200.
33. Mark A D, Thomas H F, Lori A R. Vocal and visual cue training in behavioral lie detection [J]. Communication Research Reports, 1997, 14(3): 249-259.
34. Mark G F, Thomas H F. To catch a liar: Challenges for research in lie detection training [J]. Journal of Applied Communication Research, 2003, 31(1): 58-75.
35. Meissner C A, Kassin S M. "He's guilty!": Investigator bias in judgments of truth and deception [J]. Law and Human Behavior, 2002, 26(5): 469-480.
36. Memon A, Holley A, Milne R, Köhnken G, Bull R. Towards understanding the effects of interviewer training in evaluating the cognitive interview [J]. Applied Cognitive Psychology. 1994, 8: 641–659.
37. Porter S, Mccabe S, Woodworth M, Peace K A. Genius is 1% inspiration and 99% perspiration…or is it? An investigation of the impact of motivation and feedback on deception detection [J]. Legal and Criminological Psychology, 2007, 12(2): 297-309.
38. Porter S, Woodworth M, Birt A R. Truth, lies, and videotape: An investigation of the ability of federal parole officers to detect deception [J]. Law and Human Behavior, 2000, 24(6): 643-658.
39. Siegfried L S, Barbara S. Moderators of nonverbal indicators of deception: A meta-analytic synthesis [J]. Psychology, Public Policy, and Law. 2007, 13(1): 1-34.
40. Sporer S L, Schwandt B. Paraverbal correlates of deception: A meta-analysis [J]. Applied Cognitive Psychology, 2006(20): 421-446.
41. Steller M, Köhnken G. Criteria-based Statement Analysis, in Raskin, D.C. [M] (ed.), Psychological Methods in Criminal Investigations and Evidence. New York: Springer, 1989: 217-245.
42. Thorndike E L. The law of effect [J]. American Journal of Psychology, 1927, 39(1/4): 212-222.
43. Vrij A. The impact of information and setting on detection of deception by police detectives [J]. Journal of Nonverbal Behavior, 1994, 18(2): 117-136.
44. Vrij A. Criteria-based content analysis: A qualitative review of the first 37 studies [J]. Psychology Public Policy and Law, 2005, 11(1): 3-41.
45. Vrij A, Edward K, Roberts K P, Bull R. Detecting deceit via analysis of verbal and nonverbal behavior [J]. Journal of Nonverbal Behavior, 2000, 24(4): 239-263.
46. Vrij A, Granhag P A. Eliciting information and detecting lies in intelligence interviewing: An overview of recent research [J]. Applied Cognitive Psychology, 2014, 28(6): 936-944.

47. Vrij A, Graham S. Individual differences between liars and the ability to detect lies [J]. Expert Evidence, 1997, 5(4): 144-148.
48. Vrij A, Leal S, Mann S, Vernham Z, Brankaert F. Translating theory into practice: Evaluating a cognitive lie detection training workshop [J]. Journal of Applied Research in Memory and Cognition, 2015, 4(2): 110-120.
49. Vrij A, Mann S. Who killed my relative? Police officers' ability to detect real-life high-stake lies [J]. Psychology Crime and Law, 2001, 7(1-4): 119-132.
50. Vrij A, Mann S, Leal S, Vernham Z, Vaughan M. Train the trainers: A first step towards a science-based cognitive lie detection training workshop delivered by a practitioner [J]. Journal of Investigative Psychology and Offender Profiling, 2016, 13(2):827-844.
51. Zuckerman M, Koestner R, Colella M J. Learning to detect deception from three communication channels [J]. Journal of Nonverbal Behavior, 1985, 9(3): 188-194.

第21章 走向应用的谎言识别

1. 申寻兵，隋华杰，傅小兰. 微表情在欺骗检测中的应用 [J]. 心理科学进展，2017，25（2）：211-220.
2. Baldwin N, Harris J, Kelly D. Institutionalisation: Why Blame the Institution? [J]. Ageing & Society, 1993, 13(1):69-81.
3. Boush D M, Friestad M. Wright, P. Deception in the marketplace: The psychology of deceptive persuasion and consumer self-protection [J]. International Journal of Advertising, 2015, 29(1): 141-144.
4. Calder A J, Keane J, Manly T, et al. Facial expression recognition across the adult life span [J]. Neuropsychologia, 2003, 41(2): 195-202.
5. Camara W J, Schneider D L. Integrity tests: Facts and unresolved issues [J]. American Psychologist, 1994, 49(2): 112-119.
6. Carson T L. Lying, Deception: Theory and Practice [M]. Oxford: Oxford University Press, 2010.
7. Dente E, Ng J, Vrij A, et al. Tracking small hand movements in interview situations [C]. The IEE International Symposium on Imaging for Crime Detection and Prevention, London, UK, 2005.
8. DePaulo B M, Kashy D A, Kirkendol S E, et al. Lying in everyday life [J]. Journal of Personality and Social Psychology, 1996, 70(5): 979-995.
9. Ekman P. Lie catching and microexpressions [M]. In Martin, C. (Ed.). The Philosophy of Deception (pp.118-133). Oxford: Oxford University Press, 2009.
10. Ekman P. Micro Expression Training Tool（METT）[J/OL]. Retrieved April 15, 2009, from http://www.paulekman.com, 2002.
11. Endres J, Laidlaw A. Micro-expression recognition training in medical students: Apilot study [J]. BMC Medical Education, 2009, 9(1): 47.
12. Eriksson A, Lacerda F. Charlantry in forensic speech science: A problem to be taken seriously [J].

International Journal of Speech Language and the Law, 2007, 14(2): 169-193.

13. Etcoff N L, Ekman P, Magee J J, et al. Lie detection and language comprehension [J]. Nature, 2000, 405(6783): 139.

14. Frank M G, Ekman P. The ability to detect deceit generalizes across different types of high-stake lies [J]. Journal of Personality and Social Psychology, 1997, 72(6):1429-1439.

15. Frank M G, Maccario C J, Govindaraju V. Behavior and security. In P. Seidenstat & F. X. Splane (Eds.), Protecting Airline Passengers in the Age of Terrorism [M]. Santa Barbara: ABC-CLIO, 2009: 86-106.

16. Fuller C M, Biros D P, Delen D. An investigation of data and text mining methods for real world deception detection [J]. Expert Systems with Applications, 2011, 38(7): 8392-8398.

17. Gaudet L M. Brain fingerprinting, scientific evidence, and Daubert: A cautionary lesson from India. [J]. Jurimetrics, 2011, 51(6):293-318.

18. Granhag P A, Strömwall L A. Repeated interrogations: Verbal and non-verbal cues to deception [J]. Applied Cognitive Psychology: The Official Journal of the Society for Applied Research in Memory and Cognition, 2002, 16(3): 243-257.

19. Hadjistavropoulos T, Craig K D, Duck S, et al. A biopsychosocial formulation of pain communication [J]. Psychological Bulletin, 2011, 137(6): 910-939.

20. Hill M L, Craig K D. Detecting deception in pain expressions: The structure of genuine and deceptive facial displays [J]. Pain, 2002, 98(1-2): 135-144.

21. Hurst M, Oswald M. Mechanisms underlying response bias in deception detection [J]. Psychology Crime & Law, 2012, 18(8):759-778.

22. Kahneman D. Thinking, Fast and Slow [M]. New York: Farrar, Straus and Giroux, 2011.

23. Keightley M L, Winocur G, Burianova H, et al. Age effects on social cognition: Faces tell a different story [J]. Psychology and Aging, 2006, 21(3): 558-572.

24. Larochette A C, Chambers C T, Craig K D. Genuine, suppressed and faked facial expressions of pain in children [J]. Pain, 2006, 126(1): 64-71.

25. Mann S, Vrij A, Bull R. Detecting True Lies: Police Officers' ability to detect suspects' lies [J]. Journal of Applied Psychology, 2004, 89(1):137-49.

26. Morris M R, Counts S, Roseway A, et al. Tweeting is believing? understanding microblog credibility perceptions. [C] Proceedings of the ACM 2012 conference on computer supported cooperative work. Seattle Washington USA, 2012.

27. Moston S, Stephenson G M, Williamson T M. The incidence, antecedents and consequences of the use of the right to silence during police questioning [J]. Criminal Behaviour & Mental Health, 1993, 3(1):30-47.

28. National Research Council of The National Academies. The Polygraph and Lie Detection [M]. Washington: The National Academies Press, 2003.

29. Nunamaker J F, Derrick D C, Elkins A C, et al. Embodied conversational agent-based kiosk for automated interviewing [J]. Journal of Management Information Systems, 2011, 28(1): 17-48.

30. Ormerod T C, Dando C J. Finding a needle in a haystack: Toward a psychologically informed method for aviation security screening [J]. Journal of Experimental Psychology: General, 2015, 144(1): 76-84.
31. O'Sullivan, M, Ekman P. Facial expression recognition and emotional intelligence. In G. Geher (Ed.), Measuring Emotional Intelligence: Common Ground and Controversy, 2004, 91-111.
32. Phillips L H, Slessor G, Bailey P E, Henry J D. Older adults'perception of social and emotional cues [M]. In P Verhaeghen & C Hertzog (Eds.), The Oxford Handbook of Emotion, Social Cognition, and Problem Solving in Adulthood. Oxford: Oxford University Press, 2014: 9-25.
33. Rogers R. Clinical Assessment of Malingering and Deception [M]. 3rd. New York: Guilford, 2008.
34. Rubin V L. Deception detection and rumor debunking for social media. In L. Sloan & A. Quan-Haase (Eds.), The SAGE Handbook of Social Media Research Methods [M]. California: SAGE Publications Ltd, 2017: 342-363.
35. Ruffman T, Henry J D, Livingstone V, et al. A meta-analytic review of emotion recognition and aging: Implications for neuropsychological models of aging [J]. Neuroscience & Biobehavioral Reviews, 2008, 32(4): 863-881.
36. Shen X, Fan G, Niu C, Chen Z. Catching a Liar Through Facial Expression of Fear [J]. Frontiers in Psychology, 2021, 12:675097.
37. Shen X, Wu Q, Fu X. Effects of the duration of expressions on the recognition of microexpressions [J]. Journal of Zhejiang University-Science B, 2012, 13(3): 221-230.
38. Slepian M L, Bogart K R, Ambady N. Thin-slice judgments in the clinical context [J]. Annual Review of Clinical Psychology, 2014, 10, 131-153.
39. Sweeney C D, Ceci S J. Deception detection, transmission, and modality in age and sex [J]. Frontiers in Psychology, 2014, 5: 590.
40. Ten Brinke L T, Macdonald S, Porter S, et al. Crocodile Tears: Facial, Verbal and Body Language Behaviors Associated with Genuine and Fabricated Remorse [J]. Law & Human Behavior, 2012, 36(1):1-11.
41. Ten Brinke L T, Porter S, Baker A. Darwin the detective: Observable facial muscle contractions reveal emotional high-stakes lies [J]. Evolution & Human Behavior, 2012, 33(4):411-416.
42. U.S. Government Accountability Office (GAO).(2014).Aviation security: Rapid growth in expedited passenger screening highlights need to plan effective security assessments. https://www.gao.gov/products/gao-15-150.
43. Vrij A, Fisher R P. Which Lie Detection Tools are Ready for Use in the Criminal Justice System? [J]. Journal of Applied Research in Memory & Cognition, 2016, 5(3):302-307.
44. Vrij A, Mann S. Telling and detecting lies in a high - stake situation: The case of a convicted murderer [J]. Applied Cognitive Psychology, 2001, 15(2):187-203.
45. Vrij A, Hope L, Ronald P. Fisher. Eliciting reliable information in investigative interviews [J]. Policy Insights from the Behavioral and Brain Sciences,2014, 1(1): 129-136.

46. Weinberger S. Airport security: Intent to deceive? [J]. Nature, 2010, 465(7297): 412-415.
47. Williams L M, Mathersul D, Palmer D M, et al. Explicit identification and implicit recognition of facial emotions: I. Age effects in males and females across 10 decades [J]. Journal of Clinical and Experimental Neuropsychology, 2009, 31(3): 257-277.